近現代日本の民間精神療法

不可視《オカルト》なエネルギーの諸相

栗田英彦
塚田穂高
吉永進一【編】

国書刊行会

目次

近現代日本の民間精神療法——不可視《オカルト》なエネルギーの諸相

序論

はじめに

吉永進一

戦前日本で、呼吸法、静坐法などの健康法や、さまざまな民間療法が流行したことは知られているが、なかでも大正時代には霊術あるいは精神療法と呼ばれる治療法が流行した。暗示、気合、お手当、霊動（身体の自動運動）などによる奇跡的な治病、精神力の効果を証明するための鉄火術（灼熱の鉄棒を握る術）や刀渡り術（真剣の上に立つ術）といった見世物的な危険術、さらにはテレパシーなどの超心理現象なども、そうした療法家のレパートリーとなっていた。しかも、ひとかどの療法家たちは、団体を組織し、機関誌を発行し、会員の募集と術の宣伝に努めた。大正期には彼らの業界を指す「霊界」という語も生まれ、昭和三（一九二八）年に発行された『霊術と霊術家』（二松堂）という霊術家名鑑には、治療家の数は三万人とも書かれている。

どのような療法家が当時いたのか。『癒しを生きた人々』（専修大学出版局、一九九九年）の編者の一人、田邉信太郎は、大正期から昭和初期にかけての民間療法を次頁表1のように分類している（一覧表作成、吉永）。

表1　田邉信太郎による民間療法の分類（序章第五節より）

一　食物療法	石塚左玄、桜沢如一（食養法）、高木秀輔（断食療法）
二　呼吸法	岡田虎二郎（岡田式静坐法）、藤田霊斎（息心調和法）、二木謙三（腹式呼吸法）など
三　強健法	川合（肥田）春充（川合（肥田）式強健術）、中井房五郎（自彊術）、坂本謹吾（屈伸道）、西勝造（西式強健術）など
四　霊術（催眠術、宗教的行法、心霊学等の影響を受けたもの）	田中守平（太霊道）、江間俊一（心身鍛錬法）、松本道別（人体放射能療法）など
五　霊術（身体の自動運動を用いたもの）	五十嵐光龍（自働療法）、石井常造（生気自強療法）、岩田美妙（本能法）など
六　霊術（手のひらによる療法）	森田義郎（調精術）、川上又次（霊気療法）、山田信一（プラナ療法）、江口俊博（手のひら療治）、臼井甕男（レイキ）など
七　療術	一から六までに加えて、カイロプラクティック、オステオパシー、指圧などの手技療法、電気療法、光線療法、温熱療法など

これらの民間療法に加えて、催眠術や医学的な精神療法、大本教（正式名称、大本）が宣伝した鎮魂帰神法のような憑依技術、修験、密教、法華行者、御岳行者などの拝み屋、行者たち、あるいは修養運動など、さまざまな領域が、その周辺に広がっていた。

そして、さまざまな術が商業ベースで伝授され、それらの術のあいだを遍歴する者も少なくなかった。たとえば関戸皆如という無名の浄土宗僧侶がいる。彼は、体質改善のために、川合清丸『無病長生法』（日本国教大道社、一九〇一年）、あるいは白隠『夜船閑話』などを実践したことが機縁となり、大正時代に入ると以下のようにさまざまな霊術を実践している。

霊術の鍛錬を試みては、世の所謂霊界なるものを窺い得たるも、仏祖門下に出息入息しつつある眼精より之を見る時は其の程度の或るものに喫驚を禁じ得ざりしも、物質万能なる現代の一般人士に在つては霊術は確かに一味の清涼剤たるを失はざるものである。神相観相の学に天稟の性相や宿命を観じつつ、因果不昧の理を信じ、自己凝視に懺悔の涙熱き日もあり。江間式の静坐法と腹式呼吸法により、判断力断行力の養成を喜び、太霊道の霊子術にて、観念霊動の妙力を肯《うべな》ひ、濱口氏等の一世を驚かしたる気合術によりて自己鍛錬と其の威力を確かめ、大本教の虎の巻とせる鎮魂帰神の法によりて、内省の精神力や、交霊の妙術に信念を培ひ、さては諸霊術家の金科玉条として会員募集や客呼びの大看板とせる鉄火、刺針、刃渡り等の奇術的霊術より、光明観想、仙薬観想等の内外観法に至るまで、所謂観念法なるものの実修体験が色心二法を究明する仏教の活用上に発明する所尠からざるを感ぜしめられた。宗教意識の通俗的表明、具体的応用は、必ず此中より悟得せらるべきもの多きを思うて已まざるものである(1)。

興味深いことに、関戸が追い求めていたものは病気治療よりもむしろ、「自己凝視」「判断力断行力の養成」「自己鍛錬」「内省の精神力」などであった。霊術・精神療法は、他者治療であると同時に自己修養の技法でもあったこと、しかも、それらは宗教と区別されていたことは、この時期の療法の重要な特徴である。

霊術とほぼ同様の言葉に精神療法がある。医学的精神療法家の代表者、森田正馬（一八七四－一九三八）は、一九二一（大正一〇）年に発表した『精神療法講義』のなかで、以下のように嘆いている。

通俗では、物質療法といへば薬物とか電気とかの応用かと思ひ、精神療法といへば他人の精神なり観念なりの影響で病が治るものと思つて居る。結局は、病を治すものは草根木皮と呪咀禁厭とであると思つて居た古代の思想と五十歩百歩で、進歩した観方といふ事は出来ぬ。此の精神の影響といふ事は、終には所謂精神感応作用となり、フォーレルの所謂神経波といふ事と同様の思想の傾向で、或は動物電気とか、人体ラヂウム線とか、霊子の震動作用とかいふやうな事を考へたくなるのである。之は物を余り抽象的に考へて、実際から遠ざかるといふ事の弊害である。

更に、通俗精神療法に遠隔療法とか、真言宗の祈禱で同じ遠隔祈禱とかいふものがあるが、結局は所謂精神感応《テレパシー》であつて、同じ思想の傾向からつきつめた処の迷信である。(2)

つまり、当時、精神療法は、森田のような医学的療法を除けば、霊術とほぼ同じものを指しており、療法家たちにとっては霊術よりも認知度は高かったように思われる。(3)

昭和期に入ると、これらの術は急速に衰退していく。民間療法自体はさらに隆盛に向かっているが、より物理的な療法（田邉の分類では七の療術）に中心が移り、現在では野口整体、中村天風（一八七六―一九六八）、そしてレイキヒーリングといったものがわずかに大正時代の遺産を伝えるばかりで、新宗教に流れこんだ一部を除けば、多くのものは後継者もなく姿を消している。そして一九八〇年代、研究者が再発見するまで、霊術ブームは忘れ去られていた。

しかし、それらの術は忘れ去られたのかどうか。個々の技法の盛衰はともかく、宗教ではないが、宗教的な心身技法は今も盛んに実践されており、たとえば、マインドフルネス瞑想やヨーガなどは、その好例である。スピリチュアル、スピリチュアリティといった総称で呼ばれ、そのような心身技法が商業的に伝授され、個人は技法を自由に実践し、何らかの経験を得ようとする。あるいは、個人と大いなるものとの交流という、現在のスピリチュアルな風潮の特徴も霊術・精神療法に見られた。

実のところ、大正時代の霊術や精神療法の流行は、一九八〇年代に再発見されてから、つねに「現代」との対比で語られてきた。今まで十分に検討されてこなかったのは、現代と過去の対比ではなく、現代と過去、そしてそれ以前をつなぐ歴史の流れである。確かに大正期はブームであったが、これはどういう経路で生まれ、そしてどういう経路で消えていったか（あるいは、姿を変えていったのか）。問題は単純ではなく、ひとつは霊術・精神療法の技法と思想の系譜、そしてさまざまな技法が売買される社会的場がどうして大正時代と一九八〇年代以降に発生したのか、という二つの問題がある。本論集の意図はささやかなものであり、前者の視点から、今後の歴史研究の基礎を構築することにある。ただ、そこで問題となるのは、これだけ多様な領域から、どのように研究対象を切り取れば、その「流れ」が見えてくるのかということである。この序論では、まず先行研究を紹介した後、民間精神療法の略史について触れ、最後に精神、気、霊をめぐる治療法の思想史を論じておきたい。

一　先行研究

この領域は、今までどのように扱われてきたのか。まず三冊の先行研究を紹介しておこう。

最初に、霊術という語を発掘した井村宏次『霊術家の饗宴』（心交社、一九八四年）がある。井村は、霊術の発展と変容を、第一期（明治元年～三〇年）「気合術の時代」、第二期（～大正中期）「催眠術時代」、第三期（～昭和六年）「盛期霊術家時代」、第四期（～終戦）「霊術的宗教と霊術分解の時代」、第五期（戦後）「第二次新宗教時代」の五期に分けて分析しているが、今なお基本的には通用する時代区分である。これを簡単にまとめてみると、以下のようになろう。

霊術は二つの源泉からはじまる。ひとつは維新後、廃仏毀釈、祈禱禁止、西洋医学の普及という新政府の施策によって打撃を受けた修験道の遺産である。それらは単純化されて気合術のような治病術に変容し、あるいは真剣白刃取りなどの大道芸に流れ込んだとされる。修験者から気合術師に転じた濱口熊嶽（一八七八－一九四三）は、都市部に施術所を設け、多数の患者に安価な治療を提供し大成功を収めた。気合術はその後、霊術の重要な技法となる。もう一方の源泉は催眠術である。明治二〇年代には気合術と混交して幻術という日本的催眠術を生み出していた。明治三〇年代に霊術の祖と呼ばれる桑原俊郎（一八七三－一九〇六）が登場し、催眠術を変革する。催眠術の実験を繰り返すうちに、被術者の催眠を要せず、施術者の精神力だけで治療が可能であること、さらには超能力も発揮できることを「発見」し、修験の行う危険術の類も精神力によって再現可能とも主張した。この桑原説が、その後の霊術の理論面に大きな影響を及ぼした。そして、大正期になると田中守平（一八八四－一九二八）が太霊道で大成功を収め、急速に霊術の市場が拡大する。その影響で、陰陽道占術、密教、鎮魂帰神など、それまで秘術とされていたものが出版され、大正時代の霊術シーンが生まれたという(4)。つまり井村は、脱文脈化された伝統宗教的技法と呪術化した催眠術（あるいは心理学化した呪術）が結びついて霊術ブームは発生したと指摘している。

霊術は宗教とは一線を画していたが、第四期になると当局の取り締まりによって、霊術家たちは姿を消していく。精神療法派（井村の用語法では催眠術などの心理療法）は姿を消し、物理療法派は療術として生き延び、西式医学、野口整体、CI協会などの健康道へ鞍替えする動き、そして治病を売り物とする新宗教に模様替えする動きなどがあったという。そして、霊術は戦後の新宗教ブームの中でしっかりと生き残ったというのが、井村の分析である。

さらに井村は「霊術と霊術家」を分類して、暗示、催眠などの心理療法を中心とする「精神療法派」、手技療法、温熱光線療法などの物理療法を中心とする「療術派」、宗教教師が行う霊術、療術を指す「信仰派」、スピリチュアリズムを土台とする「心霊主義派」と並べて、「霊術派」という分類を設け、気合術、霊動術、触手術、手かざし、観念力、祈禱などを含めている（これは田邉の分類とほぼ同じである）。[5]霊術とは、その母体となった催眠術や信仰療法とは区別される呪術的な治療法であり、医学と宗教のあいだの領域に位置するということになるが、これは後述のように難しい問題を含んでいる。

井村の霊術論に影響を受けた宗教社会学の論文が、西山茂「現代の宗教運動――〈霊＝術〉系新宗教の流行と「2つの近代化」」である。西山は、一九八〇年代当時流行していた阿含宗などのオカルト的な技法主体の新々宗教と、大正期に流行した太霊道や大本教などの類似性に着目し、それらを〈霊＝術〉系新宗教と呼び、[6]「神霊・人間霊・動物霊とその構成素・作用などを操作し、それらの実在を「証明」したり、病気治しなどの除災招福をはかったりする反復的な霊術を、救済や布教の主要な武器とする新宗教」[7]と定義した。あるいは教義信条に重点を置く「信の宗教」に対して「術の宗教」とも呼び、日本社会は明治と第二次大戦後の二度の近代化を経験したこと、近代化の盛んな時期には「信の宗教」、大正時代と一九七〇年代以降という近代化の終焉期段階では、近代化がもたらす疲弊を非日常的な神秘経験によって回復しようとして非合理の復権が起こり、「術の宗教」が盛んになると分析している。

西山は、従前の一方向的な近代化論を見直す上で重要な指摘を行い、なぜ大正時代に霊術ブームが起こったのかという点について明快な回答を与えた。しかし、西山の論を敷衍すれば、一九八〇年代から今に至るまで第二の近代化の最終段階が続いていることになってしまうのではないか。

もう一点、宗教との関係という問題がある。井村は大正期の盛期霊術を宗教と独立したものと見なし、西山は太霊道を大本教と同じカテゴリーに含めている。確かに、霊的求道という側面は霊術には最初から見られた。たとえば、桑原俊郎は、キリスト教と仏教を心理学的な言説の上に融合させた理想宗教の構築を夢見ていた。あるいは太霊道では、太霊への信仰や独自の宇宙観など、その特徴は宗教運動のように見える。しかし、田中守平は太霊道の宗教化を改めて試みているほどに、宗教とは別と認識されていた。関戸の回想でも、宗教に接近しながらも、宗教とは区別されていた。霊術を宗教と分類するか否かは、外部のエティックな視点が大きく関わってくる。(8) その場合、宗教概念は自明のものではないという、現在の宗教概念批判もあり、問題はさらに複雑化してくるだろう。この点で、宗教という語を回避し、そして修養という宗教に隣接する文化を評価した『癒しを生きた人々』は、隘路からの出口を示唆した研究と言える。

『癒しを生きた人々』では、「癒しの運動群」という定義を用いて、大正時代の民間療法、宗教、医学などをひとつの領域にまとめあげ、現在の新霊性運動まで続く近代知のオルタナティブとして対象領域を設定した。同書では、霊術、大本教の鎮魂帰神法に加えて、食物療法、呼吸法（岡田式静坐法）、野口整体、森田正馬（森田療法）など、必ずしも歴史的には直接につながらないが共通性を持つ技法をひとつの領域にまとめあげたことで、新たな地平を開いた。同書中の概論によれば、「癒しの運動群」は、近代のメインカルチャーに対して代替性（オルタナティブ）を有するが、単純な近代・科学・合理の否定、あるいは伝統・宗教・非合理への回帰ではなく、近代と伝統、科学と宗教、合理と非合理のあいだでの第三の道の模索に成功したものである。さらに、この癒しの運動は、現代の新霊性運動と、①「からだと心、さらには魂や霊のレベルまで含んだ一つの有機的な全体としてとらえ(9)」ること、②環境との調和（同時に、無前提な社会統合の危険性）、③サブカルチャーとしての側面、④近代への代替性、という四点で連続しているとされている。これはさらに、編者の一人である島薗進の新霊性運動から現代スピリチュアル論(10)へとつながり、ひとつの通史のモデルを提示したといえる。

以上、要するに、井村は、霊術というカテゴリーを発掘し、宗教、科学とは独立した精神的技術として定義づけ、呪術的な性格を強調した。西山は、術を主体とする宗教の流れに霊術を位置づけ、改めて宗教というカテゴリーに含めた。『癒しを生きた人々』は、これに対して宗教という用語を避けつつ、さらに広い範囲を設定し、その背景にあった修養や養生論などの宗教周辺にあった伝統的身体論に着目した。

これらの中で「術の宗教」「癒しの運動群」は、周辺領域を広く含み、一面では創造的な視野を開いてくれるとはいうものの、現代的な視点からの意味づけが大きく、曖昧ではある。当時の用語法に根ざす井村の「霊術」概念は、歴史研究の出発点として優れてはいるものの、呪術的な部分に重点がおかれ、技法、思想面で精神療法と関係の深かった修養文化が除外されているという問題がある。また、大正時代の使用例を確認する限りでは、霊術よりも精神療法のほうが使用頻度が高い。そこで、以下、改めて「民間精神療法」という言葉を用いて、桑原俊郎以降の療法運動をひとつの領域として論じてみたい。

二　精神療法史の概略

井村は、霊術と精神療法を区分し、前者をオカルト的、後者を心理学的な療法に限定している。しかし、先に述べたように、当時の精神療法という語は霊術とほぼ区別なく使われていた。

精神療法の元祖となる人物は、霊術の祖とも言われた桑原俊郎である。彼自身は精神療法という名称の著作を残していないが、弟子の宅間巌（生没年不詳）が出版した『実験精神療法』（開発社、一九〇五年）に序文を寄せている。この宅間の著作が、国立国会図書館の目録によれば、「精神療法」という語を冠した最初の単行本であった。つまり「精神療法」という語は、最初から桑原の療法という意味が込められていたわけである。明治四一（一九〇八）年に催眠術への取り締まりが始まると(11)、催眠術師たちも催眠術という語を避けて精神療法家と自称するようになる。さらに、当時、催眠術の権威であった福来友吉（一八六九－一九五二）が千里眼・透視事件で東京帝国大学を休職の後に失職し、学者による催眠術治療の研究が道を閉ざされて、ますます民間治療者優位になる。大正時代、精神療法という語には、精神力による心身の治療、催眠や暗示による心身の治療、そして森田正馬などの医学者の実践していた精神治療法が含まれていたが、多数派は民間の精神療法家であった。

一方、霊術という用語も、桑原俊郎までさかのぼることができる。『教育時論』六四七号に、自身の治療術について「その術を見たるものは、鬼神も及ばざる霊術に愕《おどろ》く」(12)と書いている。ただし、ここで桑原の使った「霊術」の「霊」は、霊妙不可思議といった意味の形容詞であって、「霊」という実体を指しているわけではない。さらに桑原は、自身の方法を「精神霊動」と呼んでいるが、これも精神の「素晴らしい」動きという意味であり、霊という実体があるわけではない。精神療法に比べると霊術という語の普及は遅く、確認できる限りでは、霊術という語が再登場して広まるのは大正後期である。大正後期の霊術という語は、交霊、密教、祈禱などの呪術的な技法を指して用いられることも多く、その意味で井村の用語法は正しいのであるが、しかし、明治後期の桑原俊郎から昭和初期のお手当療治に至る全体を指すには、精神療法という用語の方が適当であり、誤解を招かないようにするならば、医学的なものと区別して、「民間精神療法」と呼ぶ方がふさわしいであろう。

次に、井村の霊術史の時代区分をもとにして、呼吸法の発生から、精神療法の変容・衰退までの歴史を略述しておく。気合術以外の伝統宗教の影響を勘案したこと、より時代区分の時期を明確にしている点を除けば、基本的には井村の構図を大きく変更したものではないが、終戦をもって終えているのは、オカルト的な精神療法という意味は終戦で一旦消え、戦後は医学的、心理学的な意味合いの精神療法が広まるからである。

表2　民間精神療法の時代区分と特徴

時期	特徴	人物名（療法、概念、組織など）
一　萌芽期（一八六八－一九〇三）	・宗教的技法の脱文脈化 ・催眠術の紹介	原坦山（惑病同源論） 濱口熊嶽（気合術） 川合清丸（無病長生法） 井上円了（催眠術）
二　精神療法前期（一九〇三－一九〇八） 一九〇三年　催眠術の流行 一九〇八年　警察犯処罰令（催眠術取締）	・精神療法 ・催眠術取り締まり問題 ・呼吸法の流行	小野福平（催眠術） 桑原俊郎（精神霊動） 古屋鉄石（催眠術） 木原通徳（鬼仏、養気療法） 岡田虎二郎（静坐法） 品田俊平（催眠術） 玉利喜造（霊気、邪気説） 藤田霊斎（息心調和法）
三　精神療法中期（一九〇八－一九二一） 一九一〇－一一年　千里眼念写事件 一九二〇年　岡田虎二郎、急逝 一九二一年　太霊道霊雲閣、火災焼失	・精神療法の変容（身体技法化） ・太霊道、全盛期 ・心霊研究とスピリチュアリズムの流行、鎮魂帰神の流行 ・呼吸法の流行と近世養生論（白隠「夜船閑話」など）の復活	檜山鉄心（心身修養療法） 渡辺藤交（日本心霊学会） 田中守平（太霊道） 栗田仙堂（リズム学院） 江間俊一（気合術） 松本道別（人体ラジウム） 鈴木美山（帝国健全哲学館） ラマチャラカ（ヨガ呼吸法）
四　精神療法後期（一九二一－一九三〇） 一九二八年　『霊術と霊術家』 一九二九年　田中守平死去	・精神療法家の増加 ・修養から治療へ	桑田欣児（帝国心霊学会） 松原皎月（洗心会） 大山霊泉（霊掌術） 山田信一（整体、プラナ療法） 臼井甕男（霊気療法）
五　療術期（一九三〇－一九四五） 一九三〇年　警視庁令第四三号「療術行為ニ関スル取締規則」 一九三二年　日本治療師会創立	・電気、光線、指圧、整体などの物理的生理的療法の隆盛 ・健康道・家庭療法化（臼井霊気療法、生気療法、本能療法、西式健康法） ・新宗教への展開（生長の家、世界救世教の立教）	大沢昌寿（カイロプラクティック） 杉田平十郎（電気療法） 玉井天碧（指圧） 藤井百太郎（藤井物理療法） 江口俊博（手のひら療治）

第一期（萌芽期）は、宗教実践が宗教という文脈から外されて、治療法化した時期である。たとえば原坦山によって治病法として再編された禅、川合清丸によって健康法として紹介された神仙術などがそれである。さらに井上円了などが、催眠術を精力的に紹介した時期でもあり、その後の精神療法の技法が準備された時期ともいえる。この後、催眠術の流行と取り締まり、催眠術の変容、身体技法の吸収と修養化、太霊道の盛衰、精神療法から療術への変容によって四つの時期に区別できる。

第二期（精神療法前期）は、桑原俊郎による『教育時論』への記事、竹内楠三『催眠術自在』（大学館、一九〇三年）の出版によって催眠術が大流行し、最終的には取り締まりを受けるまでの時期であり、精神療法家の数は少なく、基本的には催眠術が療法の中心であったが、桑原によって催眠術は急速に「再魔術化」されていく。また、催眠術の取り締まりによって、治療家たちは催眠術という語を避け、精神療法という語を用いるようになる。松村介石（一八五九-一九三九）の創始した折衷宗教、道会は心霊研究、藤田式呼吸法、肥田式強健術など、精神療法関係のさまざまな運動のハブとなっていく。

第三期（精神療法中期）は、精神療法の最盛期と言える。精神療法は、呼吸法などの身体技法を導入し、精神療法独自の技法を完成する。同時に、冒頭の関戸の引用にあるように、この時期は修養的な側面が強かった。太霊道や京都の日本心霊学会など、規模の大きな治療団体が出現している。どの団体も治療者養成を競った結果、治療家の数が急増し、職業として成立していく。理論的にも精神療法独自の宇宙論を構築した時期であり、とくに太霊道は、社会論、国家論、宇宙論を含む教理体系を展開し、太霊を本宮に祀るなど宗教的側面も強かったが、宗教に転身することはできなかった。太霊道以外にも規模の大小はあれ、科学や宗教に代わる独自の形而上学を唱える精神療法家は少なくなかった。なぜ、この時期の治療運動が政治思想や宇宙論までその範囲を伸ばしたかは明確な原因は不明であるが、ただ、すべてを含み込もうというベクトルが、精神療法に限らず、この時代の宗教、宗教類似の運動に見られたとは言える。[13] この時期、鈴木美山（生没年未詳）によってクリスチャン・サイエンスが紹介され、アメリカのヨーガ行者、ラマチャラカの著書が翻訳されるなど、海外の影響も顕著である。また、岡田式静坐法、大本教の流行した時期でもあるが、岡田虎二郎（一八七二 - 一九二〇）の逝去、太霊道本部の消失（一九二一年）、第一次大本事件（一九二一年）によって、ブームは沈静化する。

第四期（精神療法後期）は、大正期精神療法の末期であり、精神療法家が職業として成立した結果、修養的、形而上的側面よりも治療効果が重視されていく。桑田欣児（一八八七 - 一九七一）のように、太霊道などの他の精神療法団体で学んでから、療法家として独立する例が典型である。より実践的な効果と具体的な理論が求められ、カイロプラクティックなど、精神療法の周辺にさまざまな代替療法が出現しはじめる時期でもあり、民間療法の業界が出現しはじめる。その一方で、三期と四期を通じて、スピリチュアリズムの翻訳、密教、祈禱、交霊術、鎮魂帰神などの秘法の公開が盛んになる。呪術的な技法の総称として霊術という語が使われるようになるのは、この時期である。

第五期（療術期）になると、民間療法の中心をしめていた精神療法は急速に勢力を減少し、電気、光線、指圧、整体などの物理的な療法が盛んになる。民間療法全体を指す療術という語が作られ、療術への取り締まりも開始されるが、当局の取り締まり対象も主に物理的な代替療法であった。療術との区別をつけるため、精神療法の治療を呼ぶのに、霊術に療術を組み合わせた霊療術という語も用いられるようになるが、すでに療術の世界では少数派であった。

精神療法衰退の原因のひとつに井村は健康道への転換をあげていたが、これをここでは、専門家を要せずだれでも簡単に実践できることを特徴にした、家庭医学的な療法と呼んでいる。健康法だけでなく、臼井霊気療法、手のひら療治、生気療法のように、自己修養とお手当治療を組み合わせたもの、本能療法のように自動運動を用いるものがあった。

また、井村の指摘するように、宗教へ模様替えするものも多くあった。第三期の霊術運動が、宗教的な宇宙論や信仰対象を備えながらも、治療と宗教という領域のはざまにあって、世俗的な性格を維持せざるをえなかったのに対して、第五期では、同様の領域で、宗教の側に立つ新宗教が誕生する。谷口雅春（一八九三－一九八五）の生長の家、あるいは岡田茂吉（一八八二－一九五五）の世界救世教である。

精神療法は、大正期には、医学（科学）と宗教のあいだに、心身修養や心霊研究などとともに第三の領域を形成したと言える。それが昭和期に入ると医学（科学）、療術・家庭療法・健康道、宗教という三分法になり、精神療法の特徴的な技法などは家庭療法と宗教の一部に伝えられ、表面的には姿を消したわけであるが、宗教ならざる宗教的な治病技法の場は、療術などや、生長の家のような宗教周辺に存続したと見るべきではなかろうか。

三　精神、気、霊

さて、最後になぜ精神、あるいは精神療法という語が定着したのかを、思想的な面から論じてみたい。それは遠隔作用の理論づけにも関係する。

桑原の精神療法に呪術的な色彩を与え、森田のそれと区別する最大の要因は、遠隔作用が可能か否かということである。催眠術の歴史では、遠隔作用はその初期、発見者のフランツ・アントン・メスマー（一七三四－一八一五）の時代からある。動物磁気という不可視の流体が、接触しなくても被術者に影響を与えるという説であり、メスメリズムのパスという手かざし療法では、相手に接触せずに手技を行う。この流体説については、日本でも、明治一九（一八八六）年には最初の催眠術の翻訳書『動物電気概論』ですでに紹介されている。しかし、当時はすでにナンシー派の心理説、あるいはシャルコーの神経病理説が医学界の主流であり、流体説が反響を呼んだとは思われない。この流体説をより科学的な体裁で展開したものが、近藤嘉三『魔術と催眠術』（穎才新誌社、一八九二年）である。著者の近藤は、「精神作用即ち心性の感通力に因て人及ひ諸動物の心身を支配し或は物質の変換を試るの方術[14]」である魔術は可能であると断言している。個の精神力は、その個体の身体だけでなく、直接には接触のない他の心身、さらには無生物までを動かしうる。その説明として近藤は、脳内の神経分子の振動と伝達ガスを挙げる。そして、桑原俊郎がもっとも影響を受けた催眠術書がこの本であった。

桑原俊郎は東京高等師範学校卒業、静岡師範学校の漢文教師を務めていたころ、『魔術と催眠術』を読んで催眠術に目覚めた。催眠術実験を繰り返すうちに、精神力によって透視、念力などの超常現象や遠隔治療が可能であることを「発見」し、さらに催眠術実験を重ね、一九〇三（明治三六）年に『教育時論』にその催眠術論を発表し、人気を博している。[15]

桑原の功績は、第一に、言語的、物理的媒介を超えた遠隔作用が可能であることを自己の体験をもって語ったことであり、第二にその経験を基礎づけるために、中国哲学、仏教、宗教学、心霊研究などを組み合わせて理論を構築したことである。

ただし、彼の体系には媒体にあたるようなものは存在しない。彼にとって精神自体が、心身二元論的な存在ではなく、エネルギー、物、心の元なる存在であったからである。

心といふのは、精神論中に毎々いつた通り、一の動力で、物を動かす力である。宇宙は、この力で満ち充ちしてをるのである。この力の凝集は、物質となる。物質散ずれば、復、元の力に帰す。万有は、此の力の活動から起り、此の力の活動から散ずるものである。で、宇宙は心ばかりと謂ふことになる。(16)

したがって、ある精神(エネルギー)が他の物質の精神(エネルギー)を操作する上で、何らかの媒体を要しないということになる。

あるいは、宇宙中の物体の精神は、ひとつに集まって宇宙大の精神(大我、共通の精神)を形作っている。この大我が、個人の精神(小我)が感応することで、超常的な現象を起こしうる。人間の心がものを思うのは、精神の動揺であって、「この動揺さへ止めば、もとの共通の精神である。絶対的楽地の精神である。予輩は、之を不動の精神と謂はむとするものである」(17)。この不動の精神とは宇宙の大精神の分派である。つまり、人間の精神は無念無想にいたれば、宇宙を動かす大精神につながり、その精神を動かすことで万物に内在する精神を動かし、その結果、さまざまな現象を引き起こすことが出来る。つまり精神修養が必要になってくる。(18)このメタ宗教的な大我論と精神修養の組み合わせは、大正期精神療法の宇宙論に大きな影響を与え、太霊道をはじめとする大半の精神療法がこの大我＝小我という構図を採用している。

近藤と桑原を比較してみると、いずれも遠隔作用と意志の魔術を認めるのだが、興味深いことに、前者の方がより科学的、客観的な記述であるのに対して、後者は哲学的、主観的な記述になっている。近藤は物心二元論を崩さず、神経と伝達ガスによって科学的体裁を整えようとしているのに対して、桑原は「脳の振動」に代えて「精神の霊動」を措定するなど、より哲学的、主観的な説明になっている。つまり桑原の議論は近代化に逆行するように見える。それにもかかわらず、桑原の説はかなりの影響力があった。たとえば精神霊動という用語をもっとも早く利用した例のひとつは、加瀬神洲『呼吸術』（大学館、一九〇五年）であり、加瀬は呼吸術の「目的が精神の霊動にある」（四頁）と述べ、精神力を強調している。あるいは、題名から桑原の影響をうかがわせる竹内周子編『精神療法』（東京養生院、一九一〇年）がある。医師の竹内章とその妹で霊能者の竹内周子による精神療法論である。竹内章は桑原の語彙を借りて、「所謂精神療法とは斯くの如き精神の霊動に倹つて、肉体の障害を除き疾病を医する事」（四頁）という定義を下しているが、その内容は、竹内章による説得療法（精神力の効果を患者に納得させること）と竹内周子によるお手当療法である。周子の理論も、やはり桑原の精神理論に負うところ大である。

其奥に潜むで居る清浄無垢神の様な不可思議なる精神、強いて言へば宇宙の大霊と全体なる精神を応用するのであります。……一口に申せば神の力（人間の霊性）を借りるのだと神秘的の解釈を下すことになるのであります。平生の精神でさへ肉体に対して前に申上げた様な作用を起こすのですから、況して其奥に秘そむで居る神の如き大精神はどれ丈けの作用を持つて居るものであらうか。(19)

このように、桑原の理論がそれなりの説得力を持っていた理由は、桑原の物心一元論は、桑原の催眠術論と同年に出版された黒岩周六『天人論』（万朝報社、一九〇三年）にも共通し(20)、大我、小我論は井上哲次郎（一八五五－一九四四）の宗教理論にも共通する。つまり、本人が超常現象を実践できたという点を除けば、その理論は当時の知識人たちの認める範囲内であったからであろう。

さらに、もう一人、重要な理論家として、ここで檜山鉄心（鋭）（一八七二－？）をあげておきたい。檜山は技法と理論の両面で、桑原の精神療法を更新した人物であり、呼吸法、養生論などの修養文化を意識的に精神療法に接合した人物である。彼は文部省師範学校中学校高等女学校教員検定試験に合格して、広島幼年学校の歴史教授になり、その後精神療法家に転じた。最初は、催眠術師、古屋鉄石（生没年未詳）の精神研究会に属し、成田不動の断食堂で断食をして霊能を開発したと自称している。霊能の由来はともかく、岡田式や藤田式などの呼吸法を発展させ、霊動（自動運動）、お手当という精神療法の標準的な技法を開発した精神療法家である。正座、合掌、観想を組み合わせて自動運動（霊動）を起こし、手からそのエネルギーを伝えて治療する、というパターンは、その後の精神療法の元となった。

彼の理論も桑原のそれを引き継ぎ、宇宙の本体は、物、心、力の要素を含み、時間、空間、そして不可思議力を有するとされる。元来は名づけようがないが、これを仮に精と呼び、精が進化して生命力を発揮させるものを神という。精と神の無形的現象が心、有形的現象が身、そして心と精と神を称して精神という。精神を働かせるとは宇宙の大精神に接触することで、一面ではその支配を受け、他面ではその力を利用することになる。宇宙には、この精が放射する精気（エーテル）が充満している。

エーテルとは空中に瀰漫せる一大偉力を指して云へるなり、空気を呑吐すれば、此ものは空気と共に呑吐することを得、此ものは物質に非ず、予が謂ふ所の大精神と同一若くは大精神より一たび化生したるものなり。(21)

ここでエーテルとは光を伝える媒質という物理学的な意味ではなく、空気中に含まれるエネルギー概念となっている。しかも、それは宇宙に充満する精神と同一でもある。エーテルのような流体説は、ラマチャラカのプラーナ説の紹介もあって、檜山以降の精神療法家に人気を博した。エーテル、プラーナ以外にも、ラジウム、オーラ、霊気、生気など、さまざまなエネルギー概念が精神療法に入っている。心身二元論などの影響によって、精神や霊が実体的なものとイメージされるようになったために、媒介物の概念を導入する必要があったとも言えるし、治療体系に呼吸法が入ってきたために、呼吸の超常的効果を説明する上で、現実の空気を生命エネルギーや大いなる存在に結びつける、擬似科学的用語が必要であったともいえる。民間精神療法は、伝統的宗教技法の治療法・修養法化（坦山の禅、川合の神仙術、濱口の気合術）、催眠術の呪術的な変容を源泉として発生し、最終的には健康法、家庭療法、新宗教へと流れ込んで姿を消していった。鍵となる用語は「生気」「電気」へと移っていったが、それは「精神」の概念と無縁ではなく、それを補完するものであったと言えよう。

註

（1）関戸皆如「諸霊術と生気」『生気普及会々報』三五号、一九三〇（昭和五）年一〇月一五日、八頁。
（2）森田正馬『精神療法講義』日本変態心理学会、一九二一年、四－五頁。
（3）一九二九年（昭和四）年には精神療法家の番付が発行されている。真生会同志社編集部『桑田会長』（真生会同志社、一九六二年）によると、桑田欣児は、一九二九年二月、清水英範主宰の修霊教化団発行の「全国新興精神療法家番付」で東の正横綱、同年四月『通俗医学』の「精神療法家信望投票」で第一位、同年一一月、同じく清水主宰の精神界社発行「精神療法家大番付」で検査役となっている（同書、二八三頁）。
（4）井村宏次『霊術家の饗宴』心交社、一九八四年、三〇二頁。
（5）昭和八年に出版された柿本庄六『療術行為取締問題』（日本医事新聞社、一九三三年）では、精神療法という分類に、精神療法（指圧、触手）八七名、気合術六〇名、暗示術五三名、電気放射療法（テノヒラ）一九二名が含まれている。
（6）西山茂「現代の宗教運動――〈霊＝術〉系新宗教の流行と「2つの近代化」」（大村英昭・西山茂編『現代人の宗教』有斐閣、一九八八年、一七七頁）。

（7）西山前掲、一七一頁。
（8）井村にとって霊術とは、「心と身体を連続的にとらえ、内界が外界を支配するための、超常的な霊的精神的回路」（『霊術家の黄金時代』ビイング・ネット・プレス、二〇一四年、三八頁）であり、宗教から区別されるべき技術である。それは一面で人々の物質的、肉体的（そして現代では精神的）な必要に応えるものであったが、他面、霊術は宗教と混同され、秘術で信者を集める霊術的宗教が横行し、本来の宗教的宗教への障害ともなっているという。
（9）田邉信太郎・島薗進・弓山達也編『癒しを生きた人々――近代知のオルタナティブ』専修大学出版局、一九九九年、二八一頁。
（10）「先進国では自らの生き方や考え方が、世俗主義や合理主義にそったものではなく、自己を越えた大いなる存在や超越的領域との関わりに導かれていると考えている人が増えてきた。しかし、彼らはそれを「宗教」という言葉でよぶのを好まない。彼らは伝統的な宗教や熱心な信徒が集団を形作るような教団的宗教になじめないと感じている。指導者に従う同心者の共同体を形作るのではなく、個々人が自由に「スピリチュアリティ」を養い、同じような考えをもつ者同士の相互関係はネットワーク的な緩やかなものがよいと考えている。こうした人たちは自分が「宗教的ではないがスピリチュアル」だという自覚を持っていることが多い」（島薗進『現代宗教とスピリチュアリティ』弘文堂、二〇一二年、九〇頁）。
（11）一九〇八年（明治四一）年、「濫に催眠術を行う者は三〇日以下の拘留に処す」という警察犯処罰令（現在の軽犯罪法）が出されている。「濫に」とあるように、所轄警察署が恣意的に運用できた。
（12）桑原俊郎「催眠術に就て」『教育時論』六四七号、一九〇三（明治三六）年四月五日、二〇頁。
（13）たとえば大本教の政治や経済を含む皇道思想、あるいは報徳思想に基盤を置き、精神療法をとりいれた井口丑二（一八七一―一九三〇）の神国教や松本君平（一八七〇―一九四四）の徳教があった。
（14）近藤嘉三『魔術と催眠術』穎才新誌社、一八九二年、五頁。なお一八九二年八月に初版、一〇月に再版が出ているが、ここでは後者から引用した。

(15) 桑原の伝記については、拙稿「解説　民間精神療法の時代」(吉永進一編『日本人の身・心・霊――近代民間精神療法叢書⑧』クレス出版、二〇〇四年)中、『精神霊動』解説(二九―三一頁)を参照のこと。

(16) 桑原俊郎『精神霊動(改版)』開発社、一九一〇年、三七七頁。全体にわたる圏点は省略した。

(17) 桑原前掲『精神霊動(改版)』二五一頁。

(18) 宅間は『実験精神療法』の附録で、清沢満之(一八六三―一九〇三)の「絶対他力の大道」の論を引きながら、次のように病者の修養を説いている。「唯、それ、絶対他力なり。生けるも、死するも、病むも、苦しむも、楽しむも、悲しむも、皆、これ、絶対の妙用なれば、一切を挙げて之に乗託したる時、茲に所謂、無量寿となるなり。疾患の治否は、最早、問ふ所にあらざるなり」(同書、九八頁)。

(19) 竹内周子編『精神療法』東京養生院、一九一〇年、二一頁。

(20) 黒岩周六『天人論』では、同一の世界は二つの認識形態によって、自観(主観的精神)と他観(客観的物質世界)という二つの様態をとり、自己認識において感得されるエネルギーを「心霊」と呼ぶと論じている。「現象は他観なり、実体は自観なり、他観は物質にして自観は生命なり、心力なり、生命心力を併称して心霊と云ふ」と述べ(同書、二六頁、圏点は削除)、物質と心霊は一体、視点が異なるだけで、「宇宙は物質の海にして実は心霊の海たるなり」(同書、二七頁、圏点は削除)と結論づけている。桑原がより実体的、黒岩は認識論的という差はあるが、酷似した宇宙論である。

(21) 檜山鋭『心身修養療法』研精会、一九一四年、一二三頁。なおこの本には医科大学に精神療法科に設置を求める建議書がついている。檜山は科学的研究の対象になりうると信じていた。

I　流入する科学的エネルギーとヨーガ

第一章　物理療法の誕生——不可視エネルギーをめぐる近代日本の医・療・術

中尾麻伊香

はじめに——霊と Ray

一九世紀末のX線や放射線の発見は、科学界においていまだ解明されていない新種の光線発見ブームを巻き起こした。一九世紀から二〇世紀にかけて、電気と磁気の性質が科学的に解明されていき、放射線の性質の解明とともにこれらの不可秤量《ふかひょうりょう》　流体《りゅうたい》が電磁波として定位されていく。[(1)] エーテル粒子やN線など、その後否定される発見もこの時期に相次いで報告されるが、このような時期に登場したのが千里眼である。千里眼が流行現象となると、科学者たちはその科学的解明を試みる。一九一〇年九月一七日に東京帝国大学で行われた御船千鶴子の千里眼実験は失敗に終わったが、翌日の『東京朝日新聞』の記事から、その模様をうかがい知ることができる。そこには、「元良博士は極めて真面目な顔をして「レイが透るとすれば——」とか何とか言ひ出したら一時も黙つては居られないと言つたやうな田中館《ママ》博士は「レイとは霊か、ラヂエーシヨンか」と反問をして元良博士が光線と云ふレイだと返答すると」などと記されており、心理学者と物理学者の Ray と霊をめぐる混乱を伝えている。[(2)]

霊とRayをめぐる混乱の背景を理解するのは難しいことではない。肉体のない身体を可視化したX線は目に見えない存在について人々が信じるきっかけを与え、強力な放射能によって刻々とその性質を変化させていくラジウムは物質が生きているという考えを呼び起こした[3]。新しい物質観は、写真術の発明などと相まって流行していた心霊主義を活気づけ、心霊現象を科学的に解明できるかもしれないという科学者や霊術家たちの期待を生み出す。ウィリアム・クルックス（一八三二－一九一九）やオリヴァー・ロッジ（一八五一－一九四〇）といった物理学者が心霊現象の解明にのめり込み、霊術家もまた科学知識に深い関心を寄せ、それらを解釈していった。心霊関係の文献を多く日本に紹介し、翻訳者・評論家としても知られる高橋五郎（一八五六－一九三五）は、一九一〇年に出版した『心霊万能論』の第二章「物と霊――唯物論と唯心論」のなかの一節「X光線とラヂウム――物質固体の霊化」で、放射線の性質を説明することで霊の存在を示そうとしている[4]。

近代日本における霊と放射線の蜜月関係は、科学者が心霊現象を科学的に解明することに失敗した千里眼事件によって、一旦終わりを遂げたかに見えた[5]。しかしその後、霊術は勢いを増し、大正期には電磁波や放射線といった不可視エネルギーをめぐる科学知識をその療法に取り入れる霊療術が数多く登場することになる[6]。明治末期から昭和初期にかけて大流行した霊術や精神療法などの民間療法において、霊術家たちはしばしば「霊気」「霊念」「霊子」といった用語のみならず、「ラジウム」「放射能」といった電磁波や放射線をめぐる用語をその療法名につけていた[7]。これを霊療術による科学知識の曲解や歪曲と見ることも可能かもしれない。先行研究において霊療術はしばしば近代合理主義に対するアンチテーゼとして、科学や医学とは異なる次元のものとして解釈されてきた。例えば本書第I部第二章に収録されている奥村大介の論考は、不可秤量流体をめぐる思想史という観点から、松本道別《ちわき》の電気・放射線療法をメスメリズムの再来として論じている。

本章では、このような霊療術と科学をめぐる理解に新たな視点を導入しようとする。大正期に入っても霊療術と最先端の科学は、考えられているより親しい関係にあった。それは霊術家が科学知識を参照していたということだけではない。近代科学に基づいたアカデミズム医学においても、霊療術の世界で行われていたものと同様の、不可視エネルギーを用いた療法が行われていたのである。本章では、これまで主に霊療術や民間療法といった非科学の文脈で理解されてきた怪しげともいえる療法が、正統とされていた医学のなかで進展していたことを示す。そして、西洋医学が漢方医学・民間療法と合流し、ある一つの療法を形成していた――それは現在に至る――ことを示したい。

一八七四年（明治七）の医制により、漢方医学から西洋医学への転換が打ち出され、漢方医たちが医学制度のなかから排除されていったことは、よく知られている。これ以降、漢方だけでなく、鍼灸や按摩といった療法も、民間療法として存続していくこととなる。しかし東洋と西洋という異なる出自を持った二つの医学は、精神療法や霊術などの民間療法を含め、治療法という医療における重要な部分で、重なりあっていた。西洋医学と漢方医学・民間療法の橋渡しとなる療法、それが本章で検討する物理療法である。以下本章では物理療法の前段階からそれが日本に導入される過程、そして物理療法がどのように医学の架け橋となったかを検討していく。

一　電磁気から神経まで

物理療法は、電気や光や水といった、物理的に身体に作用するエネルギーを用いた療法のことである。まずは物理療法が誕生するまでの、電気や磁気を用いた治療史を概観する。(8)

磁気を用いて患者の治療を試みた磁気療法の先駆的存在とされるのは、パラケルスス（一四九三－一五四一）である。

医師として働く傍ら磁石の研究を行っていたウィリアム・ギルバート（一五四四－一六〇三）は、電気測定機器を考案し、電気治療の先鞭をつけた。電気や磁気といった不可秤量流体の性質をめぐって、ガルヴァーニ（一七三七－一七九八）による動物電気説、メスマー（一七三四－一八一五）の動物磁気説、アレッサンドロ・ボルタ（一七四五－一八二三）の電気流体説、といったさまざまな説がだされた。一八一八年、メアリー・シェリー（一七九七－一八五一）は著書『フランケンシュタイン』において、電気を用いて怪物を生み出した。

生命エネルギーの源として捉えられていた電気は、医科学研究の道具としても用いられるようになっていき、一八世紀末には電気刺激が生理実験に用いられはじめる。生理学の大家ヨハネス・ピーター・ミュラー（一八〇一－一八五八）は、感覚神経に対して機械刺激、温熱刺激、電気刺激などを与え、それぞれの感覚神経がそれ固有の感覚を生じさせることを示した。ミュラーは一八三三年に出版した著書のなかでこれを「特殊神経エネルギー（Spezifische Sinnesenergien）」として紹介、[9]人々の知覚のあり方を大きく変容させることとなる。[10]ミュラーの弟子の一人であったロベルト・レーマク（一八一五－一八六五）らによって、神経・細胞の治療に電気刺激が用いられていく。[11]

電気療法の黄金期といわれる一八世紀後半から二〇世紀初頭にかけては、さまざまな電気治療器具が開発されたが、それらが西洋における医学の一領域を形成していくのは一九世紀後半のことである。[12]ドイツの医師ヒューゴ・フォン・ツィームセン（一八二九－一九〇二）は、レーマクのガルヴァーニ療法（galvanotherapy）を進め、電気療法の重要な教科書となる『医学における電気（*Die Electricität in der Medicin*）』を一八五七年に出版している。ツィームセンは刺激によって筋収縮をおこす身体部位を特定し、それを数多くのイラストを用いて図示した。彼は水療法にも取り組み、これらの療法を内科学の一領域として確立させた。この分野の療法が、後に神経内科学や物理療法学として日本の医学界にも導入されることとなる。

ところで西洋における電気療法は、長崎を通じて江戸時代の日本にも伝わっていた。平賀源内（一七二八－一七七九）、橋本曇斎（一七六三－一八三六）、宇田川榕菴（一七九八－一八四六）、佐久間象山（一八一一－一八六四）が、西洋の書物を参照してエレキテルと呼ばれる電気治療器を製作している。[13] エレキテルは治療器としても用いられたが、しばしば見世物として用いられた。明治期には電気は流行現象となり、同時期に流行したコックリさんと同様、新奇な現象あるいは遊戯として、人々の心を捉えた。[14] 一八八六年に出版されたコックリさんの遊び方を指南した「人身電気の図画」というパンフレットには、「コックリさんと称ふる遊戯物は全く人身電気（Human Electricity）の作用にて活動く者なり此今流行の睡眠術と同様の新寄事なり」として、コックリさんの原理を電気の作用とみなしている。[15] 世紀転換期には、「サンデン電気帯」などの電気を生命エネルギーとみなした健康器具や治療器具が多く現れた。[16] 民間における電気療法などの療術行為は目に余るようになり、地方長官から内務省にこの取り締まりの要請がしばしば寄せられるようになる。しかし内務省は積極的な取り締まりを行わなかった。その理由は、療術行為の実態が医療とは程遠いものであったからとされる。[17]

巷で電気療法が流行し、その取り締まりが全国各地で要請されていたのと同じころ、アカデミズム医学においても電気療法が導入された。日本の医学において電気治療に初めて取り組んだのは、内科学を確立した一人、東京帝国大学の三浦謹之助（一八六四－一九五〇）である。一八八九年から一八九二年にかけてドイツとフランスで神経内科学を学んだ三浦は、帰国後に電気療法や水治療法を始めた。しかしこれらの療法は、当時は装置の性能が不十分であったことなどからあまり振るわなかったとされる。電気療法は、物理療法の一種として、この二〇年余り後に医療分野の一つとして確立されていくこととなる。その過程において重要となるのは、新たな装置を用いた新しい光線療法、そして放射線医学であった。

二　光線治療から放射線医学まで

一九世紀末、ヴィルヘルム・コンラッド・レントゲン（一八四五－一九二三）は、陰極線の研究をしている最中に新種の光線を発見する。X線は、科学界はもとより、社会のさまざまな分野に大きなインパクトをもたらしたが、医療においては発見から間もなく、皮膚疾患などの治療に用いられるようになり、癌治療にも用いられていく[18]。このような治療が素早く始められた背景には、当時行われていた新しい光線療法があった[19]。光線療法の歴史は長く、古くはヒポクラテスが太陽光線を用いて行った例が知られているが、機械装置によって生み出される人工的な光線に身体表面を晒すという治療法がこのころ確立されていた。近代的な光線療法の道を切り開いたのは、ニールス・フィンセン（一八六〇－一九〇四）である。フィンセンは、太陽光線と同じ連続スペクトルを人工的に放射するカーボンアーク灯を発明し、皮膚結核などの治療に貢献した[20]。

X線と並んで放射線医学の道を開いたのは、一八九八年にキュリー夫妻によって発見されたラジウムである。放射性物質のなかで比較的短い半減期を持つラジウムは、その強い放射能によって生体に強い影響を及ぼした。ピエール・キュリーや医師たちによるラジウムの生物に対する影響研究の結果、ラジウムが病気の細胞を破壊し、皮膚疾患や腫瘍、その他の癌を治す作用があることが早い段階で明らかにされた。日本では一九〇三年、物理学者の田中舘愛橘が欧州からラジウム一〇ミリグラムを購入して帰国し、ラジウムを用いた治療研究が開始された[21]。最初にラジウムを用いた治療に着手したのは、東京帝国大学で電気治療を試みていた三浦謹之助であった。三浦は一九〇四年に内科学会総会および東京医学会例会でラジウムを参加者に披露し、これを用いた治療の取り組みについて伝えた。三浦がラジウムについて東京医学会例会で行った講演が『神経学雑誌』第三巻第一号に収められているが、これは日本で初めて出されたラジウムに関する研究論文とされる。[22]この論文において三浦はラジウムが皮膚、神経、網膜に作用を及ぼすことを伝え、患者にラジウムを照射した結果判明したこととして、ラジウムに鎮痛作用があること、内腫や癌腫については数年後にならなければ効果がわからないこと、リウマチには効かず皮膚潰瘍を起こすことがあることを伝えている。ラジウムを用いた治療法の研究は一九一〇年代になり急速に広まっていった。[23]例えば一九一〇年には『東京医学会雑誌』および『東京医事新誌』に眞鍋嘉一郎と石谷伝一郎による温泉におけるラジウムの研究が発表され、『皮膚科及泌尿器科雑誌』および『日新雑誌』に土肥慶蔵による外科的療法についての研究結果が発表されている。一九一一年には東京帝国大学皮膚科でラジウム治療がはじめられた。

放射線は医学のなかに組み込まれていった。その模様をみていくと、一九〇八年に陸軍軍医学校の軍陣外科学の一分科としてレントゲン放射学教室が設置されたのを皮切りに、大学や病院に、レントゲン学や放射線学という名称をつけた講座が登場していく。一九一三年には、レントゲン研究会と大阪ＲＲ（レントゲン・ラジウム）会がそれぞれ東京と大阪に設立され、後の日本レントゲン学会の母体となった。一九一四年には放射線医学を扱う専門雑誌『医理学療法雑誌』が創刊された。そして一九二三年には日本レントゲン学会が創立される。[24]ここで留意したいことは、これらの学術団体が狭義のレントゲンや放射線のみを扱っていたわけではないことである。『医理学療法雑誌』には、レントゲン治療などの放射線医学を中心に、電気光浴や水治療、温熱療法などについての論文が掲載されている。[25]また、日本レントゲン学会の学会趣意書には次のように記されている。「一九世紀の後半より勃興発達したる医学的理学療法は物理学及び化学の進歩に誘掖せられ且つ一般医学の研鑽の明らかになると共にその応用の途は拡大せられ……。同人ら茲に新たに日本レントゲン学会を起し会誌を発行し学術会を開きレントゲン診断、レントゲン治療、ラジウム療法、光線治療（日光及び人工光線治療）、電気治療、高周波線治療、水治療法、温泉治療、高地治療、熱気治療、吸入治療等全ての理学的療法に関する一切の研究を公にし且つその進歩発達を期せんと欲す」。すなわち、この段階において、放射線医学はその他の理学的療法と切り離されたものではなかった。

X線やラジウムの発見を契機に新たな医学分野として発展していく放射線医学は、その黎明期において放射線にとどまらない光線、電気、水などを用いる療法の探究も含んでいた。それは、身体に物理的に作用するエネルギーを用いた療法という共通点を有していたからといえる。そこから新たに登場するのが、物理療法学である。[26]

三　物理療法の導入

放射線の医療利用の進展とあいまって、医学界において水・光・熱・電気・放射線といった身体に物理的に作用するエネルギーの治療的効果が注目されると、これらを用いた療法――物理療法、あるいは物理的療法、理学的療法――の確立が求められるようになる。一九一一年春、東京帝国大学の三浦（内科）、土肥（皮膚科）、青山（内科）の提唱で、物理的療法研究のために医学者を海外派遣することが決定された。そこで白羽の矢がたち留学に赴いたのが眞鍋嘉一郎（一八七八－一九四一）であった。眞鍋は一九一一年からドイツ、オーストリア、アメリカに留学し、内科学、とりわけ物理療法を学んだ後、一九一四年に帰国して東大講師となる。

帰国した眞鍋を中心に、日本の医学界に物理療法が導入されていく。その様子を見ていきたい。眞鍋は一八七八年、愛媛県新居郡西条町に生まれ、一九〇四年東京帝国大学医科大学を卒業し、その後医科大学で助手を務めた。[27]一九〇八年に大学院に進学し、このころ医学界の一大関心となっていた放射線の研究を始めた。石谷伝一郎とともに温泉におけるラジウム含有量の調査を行い、日本全国にラジウム温泉が登場するきっかけを作った[28]。先述した海外留学を経て、一九一六年、東京帝国大学の青山内科内に設置された物理的療法研究所の主任となる[29]。眞鍋が教授に就任した一九二六年、内科物理療法学講座が開講される。ところでこの翌年には中泉正徳を主任教授とした放射線学講座が新設されており、物理療法学と放射線医学はそれぞれ独立していたといえる。

眞鍋らが行った物理療法、物理的療法の実態はどのようなものであったのだろうか。初期の物理的療法研究所では主に水治療法と簡易な電気マッサージ療法が行われていた[30]。物理療法学教室の研究業績は、一九四五年（昭和二〇）以前のものに限っても、アレルギー・血清、温泉、運動器疾患、感染症、呼吸器、抗生物質、循環器、消化器、造血器リンパ組織、腫瘍、神経系、診断技術検査法、代謝、内分泌、放射線関係、物理医学・リハビリテーション、リウマチ、原病、ベーチェット氏病といった分野にわたっており、その報告媒体も日本医事新報、日本温泉気候学会雑誌、日本内科学会雑誌、東京医学会雑誌などをはじめ多岐にわたっている[31]。

物理療法がどのような位置に置かれていたかを、一九二八年に出版された『大連医院概要』からうかがうことができる。同書には「物理療法科」について説明する項目で、「臨床医学の最終目的は治療にあり、薬餌療法と相俟て物理療法の必要なるは一般医家の認むる所、物理療法をたゞ単に一種の医家の余技又は低級なる補助医術なるが如く認めたる時代は既に去り、今や各臨床化を通ずる本科の応用は益旺盛となり」とあり、物理療法が薬餌療法とともにその他の療法よりも低く見られていたこと、そしてそのような風潮が変化して、さまざまな臨床応用に用いられてきているることを伝えている。その変化の背景には、物理療法に用いられる機器の性能が向上したことと、その使用法が確立されたことが挙げられる。物理療法のなかでも電気療法においては、治療に用いる装置の性能が重要であった。物理的療法研究所では、一九二〇年に「ルゾック氏電流」の実地応用を発表、これは「本邦治療界に一新機軸を提供し延いて無痛感電治療器の創作と応用普及の導火線」となったとされる[32]。

それでも物理療法学は、放射線医学のなかで周縁的な位置に置かれていた。それは一九三三年に起こった日本レントゲン学会の分裂事件からうかがうことができる。この年、日本レントゲン学会から分裂して日本放射線医学会が設立された。そのきっかけとなったのは、四月の学会総会で眞鍋嘉一郎が次期会長に当選したことであった。この決定に不満を持った会員らが協議し、新聞紙上に声明書を発表したのである。そこで彼らは、「非専門家」である眞鍋が専門学会の会長を務めることに不満の意を示し、日本レントゲン学会の脱会と新たな学会の組織を宣言したのであった。その年の八月には日本放射線医学会が四五二名の名を連ねて発足した。初代会長はレントゲン学の専門家で慶應義塾大学教授の藤浪剛一が務めた。分裂の経緯からは、眞鍋の専門とする物理療法学をレントゲン学と認めないものが一定数いたことがわかる。新学会設立と同時に発行された『日本放射線医学会雑誌』第一巻第一号は放射線（紫外線を含む）を照射することによる生理的作用やその治療効果に関する報告がその大部分を占めており、より広範な理学的療法を扱っていたレントゲン学会とは一線を画そうとしていたことがわかる。これ以降、一九四〇年に日本レントゲン学会と日本放射線医学会が合同して日本医学放射線学会が誕生するまで、学会の分裂状態が続いた[33]。新しく誕生した日本医学放射線学会の初代会長に就任したのは眞鍋嘉一郎であった。眞鍋が会長に推薦されたのは、学会分裂の経緯を考えると、分裂側が譲歩した政治判断があったのではないかと考えられる。

物理療法の第一人者眞鍋は日本医学放射線学会会長に就任した翌年、癌で逝去する。この時までに内科物理療法学講座は発展を遂げており、三澤敬義（一八九四 - 一九七二）が眞鍋の後任となる。三澤が編者となり一九四三年に出版された『物理療法』という書物を見てみたい[34]。三澤による序言には、「蓋し物理療法とは、光線、温熱、寒冷、水、温泉凡ての物理的エネルギーを使用して疾病の治療を試みるものであるから之等は専ら天然のエネルギーを応用する自然療法である。而も一方近代の物理療法は此等の天然の物理的エネルギーに加ふるにレントゲン線やラヂウム、超短波、紫外線、赤外線等の人工的に作つた物理的エネルギーをも疾病の治療に応用して居る」と記されている。また、物理療法は戦時において負傷兵の治療に役立つこと、その後の療法として温泉療法、マッサージ、水治療法、電気療法などが必須であることが「今次の大東亜戦争に於ても実際に立証されて」いるとある。各章はそれぞれ専門の医学博士によって書かれており、物理療法が進展し、さまざまな疾患の治療に用いられるようになっていたことがうかがえる。[35]

四　医学と療術の結びつき

ここまで物理療法がアカデミズム医学の中に導入されていく過程をみてきた。続いてこの物理療法をめぐる医学と民間療法との接点を検討したい。

この間、民間療法において電気や磁気を用いたものや科学用語を用いて効能を唱えたものは枚挙に暇がない。例えばベテラン霊術家、木原鬼仏の主宰した団体、霊明行道本部が編集した『霊明行道聖典』(心霊哲学会、一九二〇年)の目次を見てみると、第一六巻「化学破壊術」第二章「元素破壊法」、第一七巻「物理学破壊術」、第二二巻「比較霊明術」第一八章「人身ラヂウム術」などが登場する。健康器具の類も多く売りだされた。前島震太郎なる人物は、磁気を用いた健康器具オキシヘーラーを考案し、売りだしている。これは電磁方程式を完成したマイケル・ファラデーの「オキシパシー」(電磁気反応による酵素療法を唱えたもの)の理論に着想を得て考案したものとされ、前島はこの普及を目的とした「オキシヘーラー奨励会」を設立している。[36]

これらの民間療法に対し、医師たちは警鐘を鳴らしていた。例えば一九二二年三月五日発行の『日本医事新報』の巻頭では、「素人療器の流行　無害無効に非ず実は有害無効也」という見出しをつけ、ラヂオレーヤー、オキシヘーラー、オキシパサー真空療法といった療器をその最たるものとして糾弾し、「当局の勇敢猛烈なる取締を望む」と記している。三月一五日にも「非科学的国民を善導し行く事は医師会の任務也」という見出しで、これらの療器に騙される無知な国民を医師会が導かなければならないと論じている。医師たちが警鐘を鳴らすように、療術師たちは科学用語を用いてその療器を宣伝していたものの、それらの療器の性能の科学的根拠は怪しいものであった。

一方、療術師たちは西洋医学のみを行う医師に対し、自らの治療法が優れていることを訴えた。彼らを活気づけたものの一つが、「物理療法」であった。彼らはこの分野において鍼灸や漢方医学が西洋医学よりも進んでいると主張していくのである。藤井百太郎という人物は一九二五年に出版した『万病一元論』において、神経の活動が活発であれば病には至らないという持論を展開し、鍼灸療法をさらにすすめた「藤井式圧戟治療法」を提唱した。一九三二年に出版された『藤井物理療法の真髄』の冒頭には仏教学者の山川智應（一八七九－一九五六）による「『藤井物理療法の真髄』を讃する詞」が収められている。曰く、「私は東洋医術の特産たる鍼灸が、支那より輸入せられ、今や千数百年の後、吾等の日本において、斯の如き新生命を与へられたる新療法となりて、電気磁気に待つところなく、以てポケツトに収むべき簡明なる一握りの黄金棒が、掌中に燦たる光輝を放ち、日本をはじめて世界各国に、悩める多くの病者を救ひ、不断の健康を与ふべく首途するを祝福し、藤井物理療法は、日本的に最も要領を得たる療法として、之を『日本要療法』と目《むづ》くるも可なりと考へ、往けや『日本要療法』！　往《ゆ》いて万国の患める病者を救へと、欣然として推讃の筆を擱くものである」。山川は国柱会の創始者田中智学の高弟で、指導的思想家の一人であったが、国柱会は組織的に藤井療法を宣伝していた。藤井の治療法は鍼灸師たちの賛否両論を集めていたが、中川清三は一九三三年、「藤井氏の功績は何も霊器？の発明にあるのではなく、皮膚鍼……それも僅か真皮に達する程度の刺戟でも、鍼を多数にし、主として経絡により広汎なる部位に施す時は、古来の鍼灸と同一の効果を挙げ得ると云ふ事を実証した点にある」と評価し、「療器は其の必要に応じ改良工夫された皮膚鍼に過ぎない」としている。(37)

物理療法の原理と実際は、鍼灸や漢方医学、その他の民間療法で行われていた療術と似たものであった。療術師たちは、鍼灸や漢方医学、ひいては日本の医学の先進性を訴えたのであった。著述家の中山忠直（一八九五－一九五七）は、一九二七年に『漢方医学の新研究』という著書を出版し、西洋医学に対する漢方医学の優秀性、さらには日本の医学の優秀性を説いた。中山は「鍼灸は世界無比の物理療法」として、これまで鍼灸が迷信やまじないのように考えられていたことを嘆き、鍼灸こそが最も進んだ学であると主張する。曰く、「現代の生理学や病理学は外見的には甚だ発達しているやうであるが、その実質から考ふるときは、東洋医学よりも文字通りに数千年（黄帝時代）遅れてゐると云わざるを得ぬ」云々。(38)同書は一七版を重ねるベストセラーとなり、明治期以降西洋医学の下位的存在に置かれていた鍼灸師を活気づけた。一九一二年ごろから加藤式無痕灸（その療法名は幾度か変更されている）を唱え、鍼灸師の賛否両論を呼んでいた加藤幾太郎は一九三〇年に『特許器械専用　日本式無痕性灸医学』という書物を出版しているが、その出版社名は京都物理療法時論社となっている。加藤に薫陶を受けた平田内蔵吉（一九〇一－一九四五）は一九三二年に皇方医学研究会を設立、肥田春充とともに「国民体操」を生み出すこととなる。

療術師への追い風となったのは、一九三〇年に出された療術をめぐる法令である。この年の一〇月二九日、東京都で「療術行為に関する取締規制」が出されたのを皮切りに、他県でも類似の法令が出されていく。この法令は、資格を持たずに療術行為を行っているものを登録制とすることで、合法化するとともに取り締まりの対象とするものであった。(39)療術は、ここに医療類似行為として認定されたのであった。一九三二年の警視庁の調査によれば、届出をした療術師は、電気療法一四一七名を筆頭に、手技療法五八一名、温灸療法四三四名、精神療法三九二名、温熱療法二六二名、高周波電気療法および磁気熱療法二一六名、光線療法二七六名、保健療法六九名、その他療法八五名と、計三七三二名に達した[40]。この時期の東京府医師会の会員数は五八六〇名で、届け出を行っていないものを含めた療術行為者の数は、正規の医師と大差ないほどであった。

療術師が多数あらわれ、多くの患者を獲得していたことは、西洋医学のみを正統医学としてきたことに対する医師の自省を生み出すことにもなった。科学的な医療に疑問を感じ、療術行為に共感を寄せる医師も少なくなかった。鈴木晃仁は、療術行為がひろがりを見せていた昭和戦前期の日本における医療の多元性について論じた論考において、「西洋から輸入された医科学を進歩普及させることを無条件に善としていた価値観が、正統の医療職の内部から反省される状況が、医師と療術行為者という多元的な医療の二つの要素の間の摩擦から生まれていた」ことを指摘している[41]。

このようななか、医師と民間の療術師の垣根を超えた会合などがもたれ、両者の交点を探る模索がなされるようになる。このとき、両者の共通基盤を築く可能性を秘めたものが、鍼灸や漢方医学の考えと似通った性質を有していた物理療法であった。一九三一年九月には、大阪で「物理療法座談会」が開催されている。出席者はその肩書きを列挙すれば、大阪府衛生局長、兵庫県立病院内科部長・医学博士、大阪帝大病院・医学博士、明治鍼灸学校長、大阪市民病院レントゲン科長、大阪回生病院・医学博士、兵庫県立盲学校長、薬剤師、鍼灸医、などとなっている。この会では「物理療法の定義から、レントゲン、電気療法、水治療法、鍼灸療法等に就て其長所、短所、適応症、禁忌性、法規との関係等に渉つて忌憚なき意見の交換が行はれましたが、鍼灸の方面では、青地、山崎、今関、保実の諸氏が其の長所と近来の著しき発展と物理療法として最古で最新の療法であることを力説された」と報告されている[42]。物理療法という一つの療法のもとに、西洋医学の専門家と鍼灸・漢方医学の専門家が、その交点を探った座談会であったといえる。

これまで見てきたように、鍼灸が物理療法の先駆であるということは療術師がしばしば説いたことであったが、物理療法のなかでも電気療法は、西洋医学と民間療法のどちらにおいても実践されていた。そこで重要となるのが電気治療器の性能である。電気の理論から技術的な応用までを網羅した『アルス電気工学大講座』という講座シリーズ一九巻が一九二七年から一九三六年にかけてアルス出版社から出版されているが、一九三六年に出版された『アルス電気工学大講座　補巻』は「電灯照明」と「医療電気」の二部立てとなっている。「医療電気」は眞鍋嘉一郎と日野壽一との共著で、電気療法の分類と定義が試みられており、ここには「電気刺激療法」「イオン導入療法」「感応静電気療法」「空気イオン療法」「高周波電流療法」「超短波療法」「其の他の電気応用療法」と実に多くの療法が紹介されている。それらは、例えば「感応静電気の治療的使用法」（図1）や、「高周波電流療法」の一種としてヂアテルミー（温熱療法）を頭部にかける療法（図2）などを含む。当時民間で電気機器を用いて行われていた療法の多くは、ここに網羅されている療法に区分されうるであろう。このとき電気業界は、照明器具の販売などを通して電気の利用拡大を図っていたが、医療従事者たちも電力業界とともに、その治療における利用を拡大していたといえる。そのターゲットとなったのは、電気療法を行う医師や療術師たちだったのだろう。

このように医師と療術師は物理療法という療法のもとに接近していく。医師と療術師との接近の背景には、西洋医学からの脱却と新しい東洋医学の樹立という共通の目標もあった。彼らの関心は、同時期の国粋主義の高まりとも連動していた。鍼灸や漢方医学が西洋医学に対する東洋医学、そして日本の医学の優れた点を主張していたことはすでに見たが、霊療術が流行り、国粋主義が高まりを見せていた時代、少なくない医師たちもまた、西洋医学からの脱却と新しい医学の樹立を模索していた。眞鍋嘉一郎もそのような医師の一人であった(43)。それは、眞鍋が医学のなかでは周縁的な領域と見なされがちであった物理療法を専門としていたことと無関係ではないように思われる。

　これまで見てきたように、明治期に正統と異端と区分された医師と療術師は、時に対立関係になることもあったが、昭和初期には、物理療法という治療行為と西洋医学からの脱却という関心を共有するに至る。もちろん療術師も医師も一枚岩ではなく、両者は制度上交わることもなかった。しかし同じ方向を向いて、医・療・術を行っていたのではないだろうか。

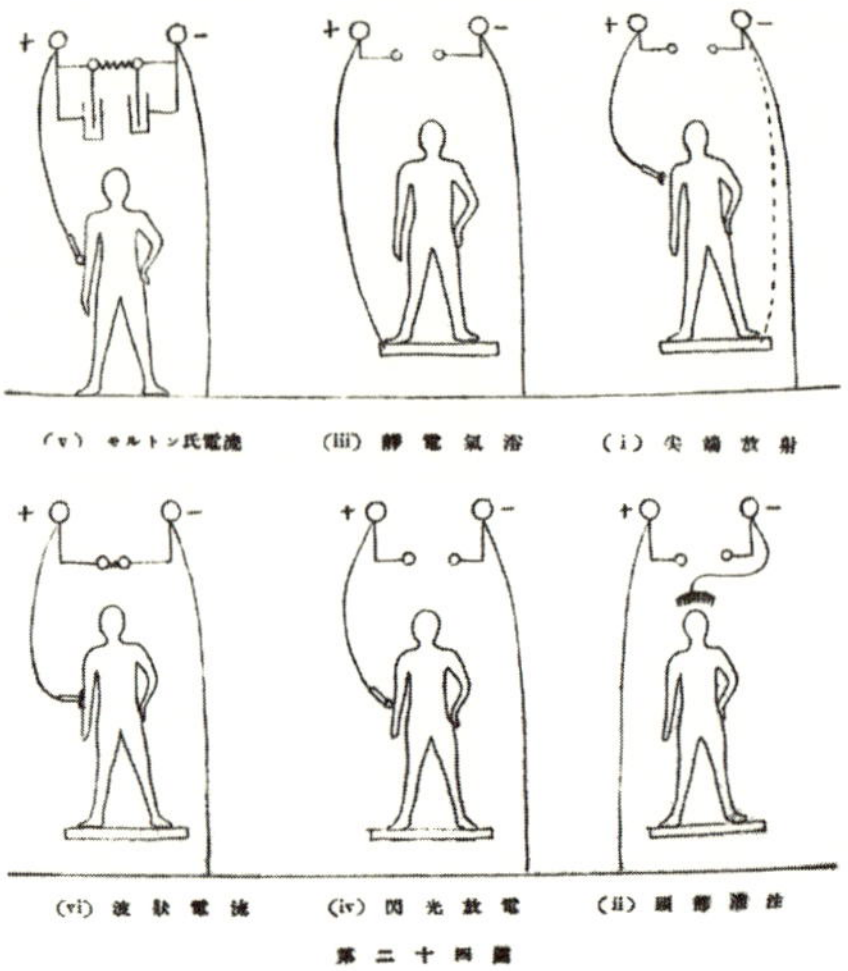

図１　「医療電気」(『アルス電気工学大講座　補巻』アルス、1936年) 26頁

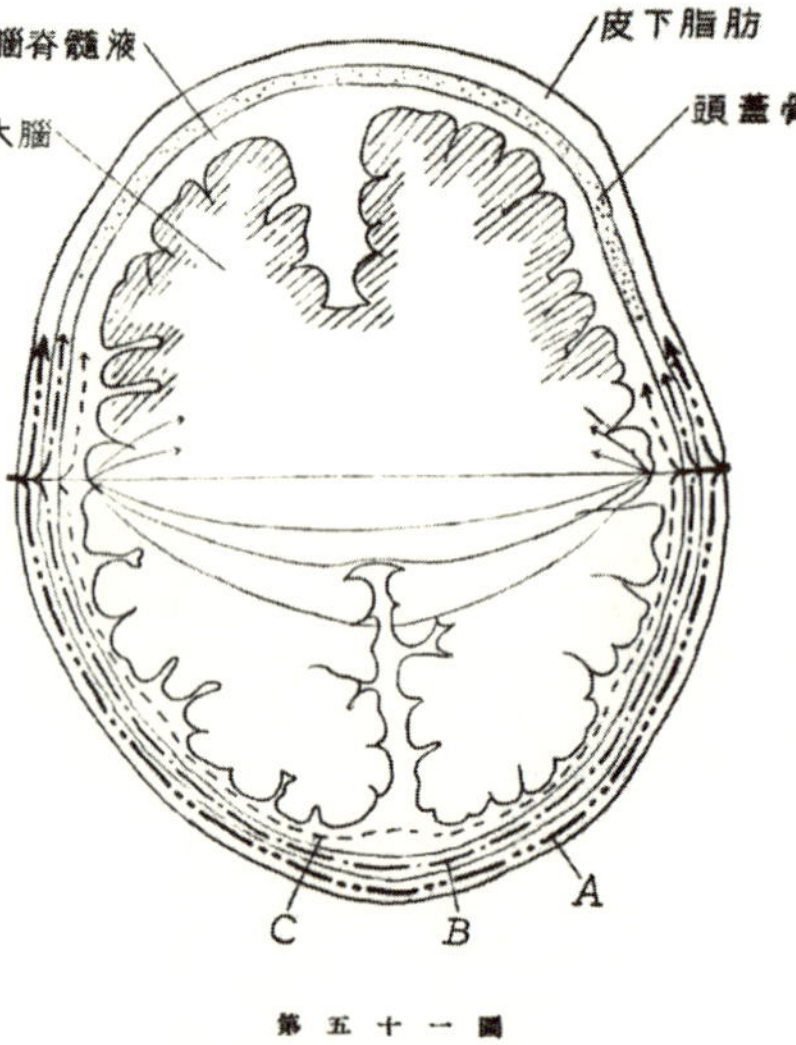

図２　「医療電気」(『アルス電気工学大講座　補巻』アルス、1936年) 62頁

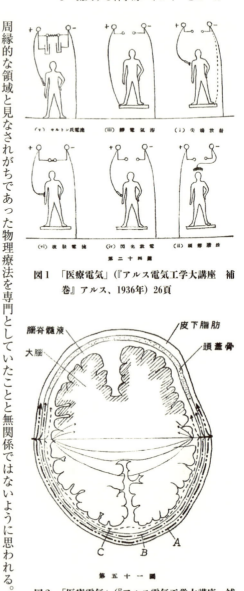

おわりに

本章では、近代日本に物理療法が誕生し、医学と霊療術をまたいで広まった過程を眺めてきた。物理療法という観点から医学と民間療法におけるその実践を辿ってみれば、まずそれは民間において取り入れられ、医学において確立され、さらに民間に広まっていった。医学において物理療法とされたものは、光療法、光線療法、物理療法、マッサージ、電気、光線、水、温熱、気候療法、温熱療法《ヂアテルミー》などである。これらが、物理療法という名のもとに医療の一分野として確立された。医学と民間療法では、装置などには精度などの相違があったであろうが、その目的と方法は重なりあっていた。

医学も霊療術も、「病を治す」ということを目的にしている限り、国家に庇護されるか否かという違いはあるものの、その根本に大きな違いはない。大正期の民間療法の俯瞰的研究を行った田邉信太郎は、医学と霊療術の対立を指摘し、療術師が行っていた各種療法は、「非科学的というより〝未科学〟的な領域を先取りしていた」と指摘している[44]。電気療法をはじめとした物理療法の例においては、それは科学であったとも未科学であったともいうことができる。物理療法は、電磁波や放射線をめぐる科学知識に刺戟されて生まれ、展開したが、その身体との関わりについては、必ずしも科学的に解明されるものではなかった。

物理療法の実際は、医学ではなく医術、あるいは療術と呼ぶのが相応しい。それは近代医学の矛盾を体現している。近代医学は科学的な医学を志向していたが、医療においては人間存在の統一的な理解が必要であり、専門分科する志向を持った科学とは相容れない。物理療法は、医療と科学という二つの異なる営みのはざまに生み落とされた療法であった。

物理療法は現在、医学のなかでは理学療法や作業療法という名で存続している。民間療法においても電気療法、光線療法、温熱療法といった名で存続している。物理療法がこのように医学と民間の双方で生きながらえているのは、その効果が科学と非科学のあいだにあるからに他ならない。不可視エネルギーが身体にどのように作用するかは、いまだ未知数——数値化することが不可能——である。それは、計測しえない心身の状態によって左右されうる。それゆえ、Rayと霊は、ともにこの世界に存在し続けているのである。

註

（1）電磁波は電場と磁場によって形成される波で、電波、赤外線、紫外線、X線、γ線などが含まれる。α線やβ線といった粒子線は含まない。

（2）「十四博士の驚嘆　千鶴子の千里眼　実験見事に成功」『東京朝日新聞』一九一〇年九月一八日朝刊、五頁。

（3）Luis A. Campos, *Radium and the Secret of Life* (Chicago; London: University of Chicago Press, 2015).

（4）高橋五郎『心霊万能論』前川文栄閣、一九一〇年、四七頁。高橋は一九一〇年に発表した別の著作『新哲学の曙光』でも、放射能を霊魂の作用と類似的にとらえて説明している。

（5）一柳廣孝は、千里眼事件は近代日本において、非科学的なものが科学によって排除された事件と指摘している。一柳廣孝『〈こっくりさん〉と〈千里眼〉——日本近代と心霊術』講談社、一九九四年。

（6）ここでは霊術と療術をあわせ、霊療術という言葉を用いる。霊療術については以下の文献に詳しい。田邉信太郎『病いと社会』高文堂出版社、一九八九年。

（7）井村宏次『霊術家の黄金時代』ビイング・ネット・プレス、二〇一四年、一九七頁。

（8）不可視エネルギーを用いた療法をめぐる先行研究として、一六世紀から二〇世紀までの電磁波・放射線療法を包括したマーガレット・ローボトムらによる通史がある。Margaret Rowbottom and Charles Susskind, *Electricity and Medicine: History of Their Interaction*（San Francisco: San Francisco Press）, 1984. 吉永進一は、不可秤量流体を「精妙な流体」として論じている。吉永進一「「電気的」身体――精妙な流体概念について」『舞鶴工業高等専門学校紀要』第三一号（一九九六年）、一一三―一二〇頁。日本を対象としたものとして、紫外線を扱った金凡性やX線を扱ったロー・シーリンらによって装置と国家や身体との関係などが検討されている。金凡性「紫外線をめぐる知識・技術・言説」『現代思想』第三五巻第一一号（二〇〇七年）、一八七―一九三頁。Shi Lin Loh, *Irradiated Trajectories: Medical Radiology in Modern Japan*. Doctoral dissertation, Harvard University, Graduate School of Arts & Sciences, 2016. ピエール＝イブ・ドンゼはX線装置の普及から日本の医療の経済化を論じている。Pierre-Yves Donzé, *Making Medicine a Business X-ray Technology, Global Competition, and the Transformation of the Japanese Medical System, 1895–1945*（Basingstoke, Hampshire: Palgrave Macmillan, 2018）.

（9）Johannes Müller, *Handbuch der Physiologie des Menschen für Vorlesungen*, 1833.

（10）ジョナサン・クレーリー（岡田温司・大木美智子・石谷治寛・橋本梓訳）『知覚の宙吊り――注意、スペクタクル、近代文化』平凡社、二〇〇五年。

（11）その息子エルンスト・レーマクは、一八九五年に『開業医のための電気診断法と電気療法の入門書（*Grundriss der Elektrodiagnostik und Elektrotherapie für Praktische Ärzte*）』を出版している。

（12）当時利用されていた電気は、静電気（フランクリン電気）、直流電気（ガルヴァーニ電流）、誘導電流（ファラデー電流）、高周波電流（ダルソンヴァール電流）の四種類である。

（13）東徹『エレキテルの魅力――理科教育と科学史』裳華房、二〇〇七年。前島正裕「明治時代の電気治療器に関する基礎的研究」*Bulletin of the National Science Museum. Series E, Physical Sciences & Engineering*, 28, 13–20, 2005. 前島正裕

「明治初期の電気産業と職工」*Bull. Natl. Mus. Nat. Sci.*, Ser. E, 30, 15–22, 2007.

(14) 日本における電気の受容に関しては、田中の研究がある。田中聡『電気は誰のものか』晶文社、二〇一五年。マイケル・ディラン・フォスターは妖怪の科学としてコックリさんや人身電気の流行を検討している。Michael Dylan Foster, *Pandemonium and Parade: Japanese Monsters and the Culture of Yōkai* (Berkeley, Calif.; London: University of California Press, 2009). マイケル・ディラン・フォスター（廣田龍平訳）『日本妖怪考――百鬼夜行から水木しげるまで』森話社、二〇一七年。

(15) 小島百三編『人身電気の図画――一名コツクリサンの理解』小島百三、一八八六年。

(16) 田中聡『健康法と癒しの社会史』青弓社、一九九六年、九九－一〇〇頁。

(17) 例えば一九〇三年、衛生局長から「電気機器ヲ使用シ電気療法営業ヲナサントスル者ニ対スル取締方照会ノ件ハ未ダ医業ノ体ヲナサザルヲ以テ行フモ直チニ私為医業トハ認メ難ク候得共、斯ル医業ニ紛ハ敷キ営業ヲナス者ニ対シテハ相当御取締相設ヶ方可然」という通牒が出されている。

(18) 日本の科学者たちもX線に大きな関心を寄せ、その追実験などを行ったが、X線治療をいち早く取り入れたのは軍陣医学であった。ドイツにいた軍医の芳賀栄次郎は一八九八年の帰国時にジーメンス＝ハルスケ社のX線装置を購入して日本に持ち帰り、日本におけるX線治療の道を開いていく。

(19) 舘野之男編『原典で読む放射線治療史』エムイー振興協会、二〇〇一年、一八－一九頁。

(20) フィンセンはこの功績により、一九〇三年にノーベル医学生理学賞を受賞している。集中光放射線による疾病の治療への貢献によって医学に新しい道を開いたことが表彰理由であった。

(21) 田中舘はラジウム五ミリグラムを二個購入し、一個は東大に、一個は京大に分けられた。

(22) 三浦謹之助「らぢゅーむニ就テ」『神経学雑誌』第三巻第一号（一九〇四年）、二六－三〇頁。

(23) ラジウムを用いた治療法に関して医学雑誌に発表された論文数は一九一一年を皮切りに増え、一九一三年から一九一五年にかけては急激に増えている。後藤五郎編『日本放射線医学史考　明治大正篇』日本医学放射線学会、一九六九年。
(24) 日本レントゲン学会は会長に東京帝国大学医学部教授（外科）の田代義徳、委員に藤浪剛一、岩崎小四郎、眞鍋嘉一郎、片山国幸、金子魁一、肥田七郎の六人が名を連ねた。第一回の総会では、特別講演として西川正治による「レントゲン線のスペクトルム」、眞鍋嘉一郎による「水治療法装置の注意」が開催された。
(25) 『医理学療法雑誌』は日本レントゲン学会が創立されるとその機関誌に吸収されることとなる。
(26) 大学によっては物理療法学がレントゲン学講座のなかに置かれたりすることもあった。
(27) 眞鍋については以下の文献がある。眞鍋先生伝記編纂会『眞鍋嘉一郎伝記』大空社、一九九八年。三澤敬義「眞鍋嘉一郎先生」『日本医事新報』第一三八八号（一九五〇年）二一五－二一六頁。
(28) 中尾麻伊香「近代化を抱擁する温泉――大正期のラジウム温泉ブームにおける放射線医学の役割」『科学史研究』岩波書店、第二六八号（二〇一三年）一八七－一九九頁。中尾麻伊香『核の誘惑――戦前日本の科学文化と「原子力ユートピア」の出現』勁草書房、二〇一五年。
(29) 眞鍋はこの年、日本内科学会総会で、「レントゲン線及びラヂウムの内科的実地応用」という特別講演を行い、一九一八年には、第五回日本医学会総会で、「鉱泉及び気候療法に於ける二、三の理学的要素の意義」という特別講演を行っている。
(30) 物療内科同窓会編『東京大学医学部内科物理療法学教室五〇年史』物療内科同窓会、一九六六年、一九頁。
(31) 日本温泉気候学会は、物理療法学講座が母体となって一九三五年に設立された。
(32) 前掲『東京大学医学部内科物理療法学教室五〇年史』二一頁。
(33) 分裂から合併に至った大きな理由として、中立の立場の会員にとっては両学会に参加するため学会費や旅費がかさみ、合同を希望するものが多かったことが挙げられる。

(34) 三澤敬義編『物理療法』金原商店、一九四三年。
(35) 同書の章立ては「大気解放療法」「水治療法」「日光療法」「器械療法」「電気療法」「放射線療法」「内科領域に於ける物理療法」「小児科領域に於ける物理療法」「産婦人科領域に於ける放射線療法の近状」「産婦人科領域に於ける理学的療法」「皮膚科領域に於ける物理療法」「泌尿器科領域より見たる物理療法」「眼科領域に於ける物理療法」「耳鼻咽喉科領域に於ける物理療法」「精神科領域に於ける物理療法」となっている。
(36) 前掲『健康法と癒しの社会史』一〇二頁。オキシヘーラーが売りだされた時期は不明であるが、次の書籍に牛込のオキシヘーラー協会が紹介されており、これ以前には売りだされていたと考えられる。西川光次郎《みつじろう》『最新健康法全書』丙午出版社、一九一六年。
(37) 中川清三『お灸の常識』曲肱堂、一九三四年、四二 - 四四頁。
(38) 中山忠直『漢方医学の新研究』宝文館、一九二七年、二八七 - 二八八頁。
(39) 具体的にどのようなものが療術とされていたかというと、東京都で出された規制には「疾病ノ治療又ハ保健ノ目的ヲ以テ光熱器械器具其ノ他ノ物ヲ使用シ若ハ応用シ又ハ四肢ヲ運用シテ他人ニ施術ヲ為ス」(柿本庄六『療術行為取締問題』日本医事新聞社、一九三三年、二一 - 三頁)とある。一二月二日に神奈川県で出された「医業似類行為取締規制」には、「業トシテ物理療法、電気療法、精神療法、心霊術其ト称シ医業類似ノ行為ヲ他人ニ施ス者」とある。
(40) 前掲『療術行為取締問題』一五 - 一六頁。
(41) 鈴木晃仁「治療の社会史的考察」『分別される生命――二〇世紀社会の医療戦略』法政大学出版局、二〇〇八年、一二九 - 一六二頁、一四〇頁。
(42) 「物理療法座談会」『日本鍼灸雑誌』第三三〇号(一九三一年)、二一頁。ここで名前の挙げられている四名は、青地正皓、山崎良斎、今関秀雄、保実弥一郎である。
(43) 眞鍋は、博士号の取得を拒否するなど、アカデミズムの世界にいながらその世界への反骨心を持っており、それを矜持としていた。眞鍋が東洋医学への関心を深めたことにはいくつかの要因があった。眞鍋は一九三三年に再びヨーロッパを訪ね、ヒットラー政権下のドイツで日本に尊敬の念が抱かれていることを肌で感じ、東洋への誇りを持つ。また、一九四〇年ごろから南京国民政府の駐日大使を務めていた医師の褚民誼と親しい関係となり、褚との交流を通して東洋医学への見識を深めていった。そして、「日本が西洋医学を採用して、著しく進歩の成績を挙げたのは敬服に値ひするが、古来の漢方医学を軽視して、これを葬り去つたやうな態度は遺憾とせざるを得ない。この際寧ろ支那医学と科学的な現代医学とを折衷して、こゝに東洋新医学といふやうなものを建設することが、両国医人の責務ではないか」と考えるようになったという。前掲『眞鍋嘉一郎伝記』二三〇頁。

（44）　前掲『病いと社会』一七五頁。

第二章　松本道別の人体放射能論——日本における西欧近代科学受容の一断面

奥村大介

はじめに

本章は日本の明治期から昭和前期にかけて主張された或る独特の自然観・人体観を、「放射能」と「不可秤量流《ふかひょうりょうりゅう》体《たい》」という科学的概念に注目して考察するものである。そこには西欧科学思想受容期に特有の綺想的な思想文化が見出される。それは帝国大学を中心とするアカデミズムからは遠い、いわば辺縁にあった人物である霊術家・松本道別《まつもとちわき》（一八七二［明治五］－一九四二［昭和一七］）を通して描き出される日本近代の一断面である。

本章では、まず第一節で日本の伝統思想と幕末以降に導入された西欧の近代科学思想の関係を概観する。ついで第二節で本章の中心テーマとなる「不可秤量流体」という科学思想史上の重要概念について概説する。第三節ではその不可秤量流体概念の日本での受容の状況を、第四節では放射能概念の神秘主義的受容に触れる。そして第五節で松本の思想について検討する、という構成をとる。松本にたどり着くまでの前置きがいささか長くなるが、「不可秤量流体」概念とその日本での受容史という比較的特殊な主題を対象とするため、諒とされたい。第一節から第四節までは日欧米の比較科学文化史のような性格をもつであろう。

一　伝統思想と近代科学思想

日本近代の科学思想はどのように形成されたのか。歴史的にみるならば、英・米・独・仏・蘭など西欧各国に由来するさまざまな科学思想が、制度化された概念装置がない段階の知的世界へと無秩序な奔流のように流れ込んだことによって形成されたのが、日本近代の科学思想の原型であった。欧米由来のさまざまな科学思想は、翻訳され、紹介され、断片化された形で近代日本の知的世界に移動され、その世界のなかで、欧米においては存在しなかった関係性が作られ、新たな意味が形成された。そこに起きたのは、個々の思想の移植ではなく、個々の思想が互いに関係をもつための新たな言説空間が日本語で形成されたという出来事である。そして、その言説空間では古来の思想と西欧科学思想が混交体を生じ、合理性と神秘性、普遍性と特殊性、近代と前近代、科学と科学外、西欧と日本との往還といった現象がしばしば起こっている。

二、三の例を挙げよう。明治期の医師・石塚左玄（一八五一［嘉永四］－一九〇九［明治四二］）の栄養理論は〈食養〉と呼ばれる。食養においては、伝統的な漢方医学で陽性の食品とされてきたものをナトリウム・イオンの多いものに分類し、陰性の食品とされてきたものをアルカリ・イオンを多く含む食品に分類し、もって〈夫婦アルカリの説〉と名付けた。これはナトリウム塩を夫、カリウム塩を妻になぞらえたものであり、二種のイオンを漢方医学の背景を成す易学の陰陽説に対応させた理論とみることができる。あるいは、進化論の受容に大きな貢献のあった生物学者・丘浅次郎（一八六八［明治元］－一九四四［昭和一九］）は、進化思想から帰結すると彼が主張する人類の破局的な未来像を仏教の無常思想に重ねている。時代を下れば、第二次大戦直前から戦中に喧伝された、いわゆる〈日本的科学〉というものがある。この主張は、通常「普遍的」なものとみられる自然科学を日本という固有の歴史的・民族的文脈に置き、日本人の精神性に即した独自の科学をつくることを目指すもので、代表的な論者である生理学者の橋田邦彦（一八八二［明治一五］－一九四五［昭和二〇］）は、禅仏教の概念に通じており、仏教的な「物心一如」の全体論で西欧生理学の全体論《ホーリズム》を読み変え、さらにはそれを国粋主義的全体主義に結びつけた。

　むろん、近代の科学思想の黎明期に、前近代的な思想が科学との混交体を生じることは西欧世界でも起こっている。フランス大革命を経た啓蒙《リュミエール》＝光の世紀の末期には、理性を信仰・崇拝するという〈至高存在の祭典〉（Fête de l'Être Suprême）なるものがパリで開催されている。さらにロマン主義の時代になると、啓蒙理性が照らし出した科学的概念によって人間の精神や神の顕現といった伝統的な哲学・神学上のテーマが翻訳される。これをロマン主義から自然主義（そこには自然科学主義と呼びうる成分が含まれる）への移行期の現象とみてもよい。前世紀のガルヴァーニ（Luigi Galvani, 1737–1798）やフランクリン（Benjamin Franklin, 1706–1790）らによる電気学の発展を受けて、一九世紀ドイツ・ロマン派の詩人ノヴァーリス（Novalis, 1772–1801）は人間精神の本体や世界の根源を電気火花の放電現象だと考え、哲学者バーダー（Franz Xaver von Baader, 1765–1841）は雷の電光に神の顕現を見た。

　だが、日本近代に起こった現象のなかには、こうした例よりも一層複雑で、はるかに胡乱なものがある。出自も論理的水準もまったく異にする概念どうしが奇妙な結合を起こし、奇怪な学説を産み出している。つまり、西欧においては、仮にも同じ西欧文化のなかでの連続性を保ったまま、科学が哲学・宗教・文学などと混交している。言い方を変えるなら、もともとギリシャ・ローマの古代から初期近代まで、渾然一体となった知を形成したものが一八世紀ごろから分化して学問の諸領域を形成し、今度はそれぞれの学問領域のなかで生まれた概念が、領域相互を横移動していると捉えることができ、いわばもともと根は一つであったものが相互作用をしているということになる。これに対して、日本では日本的な思想の上に西欧近代科学を乗せるという二重構造が生じた。そこに日本の特殊事情がある。

我が国の科学史・科学論の研究者はこの事情をどのようにとらえているだろうか。たとえば村上陽一郎はこのあたりの経緯を『日本人と近代科学』（一九八〇）のなかで、概略、次のようにまとめている。(1) まず、西欧近代科学の思想的な基層構造には、①主観と客観の分離、②擬人主義の否定、③目的論の排除と機械論的自然観、④自然の支配、⑤進歩の思想、⑥個体主義がある。(2) 日本が西欧近代科学を輸入した際は富国強兵という目的があり、これらの基層構造をなす理念は日本文化の基層にある理念とは大きく相違するものだが、その相違にはさしあたり目をつぶり、技術的知識としてのみ科学を移入した。だから、日本の思想的な基層構造はそのまま保たれ、その上に技術的体系として西欧近代科学が構築されたのである。西欧近代科学の基層構造と日本の思想文化的な基層構造とは、少なくとも表面上は対立・葛藤を生じることがなく、それは言い換えれば西欧近代科学によって日本思想や文化の基層構造が変化を被ることはなかった、ということでもある。村上の議論を概括すれば以上のようになる。要するに「和魂洋才」とか「東洋道徳、西洋芸術」という文化の二重構造を指摘するもので──多くの史料の博捜と緻密な論理的検討に裏付けられてはいるが──さほど奇異なものではなく、実際この図式は相当妥当なものだと今日でも認めることができよう。(3)

あるいは、渡辺正雄にも『日本人と近代科学』（一九七六）という題をもつ著作があり、このなかでは、日本における近代科学の導入ないしは西洋の学術文化の摂取には基本的に三つの問題点があったと指摘される。すなわち、「①それを産み出した思想的・文化的基盤を顧慮することなしに技術的に導入し模倣し利用してきたこと。②西洋の学術文化の諸分野の相互間にわたる密接な関連性を顧慮することなしに、専門細分化した各分野を個々別々に学びとって来たこと。③導入した西洋の科学文化と日本在来のものとの間に何らの関連をつけることもなしに、両者を無関係のまま併存させていること」[4]。これも大筋で、間違った見立てだとは思われない。ただ、③の点については疑義がある。この点は渡辺自身も、丘浅次郎が「ドイツで学んだ生物学と進化論を、日本的な無常思想の思考枠で再構成して消化」したことを挙げて、「例外的なケース」としている[5]。

だが、村上や渡辺がいうように、西欧近代科学と日本文化は前者の導入期から近年にいたるまで、常に「二重構造」であり、「和魂洋才」の姿をとり続けてきたのか。また渡辺がいうように、西洋の学術文化と日本在来の文化には何の連関をもたなかった場合が大多数で、丘のようなケースは例外に留まるのであろうか。どうやらそうでもないらしい、ということを本章は示そうとする。日本近代の科学思想のなかでも、通常の科学史のなかであまり注目されない人物、つまり帝国大学を中心とする科学界の表舞台とは遠い場所にいた人々の科学思想に注目するならば、必ずしも、そうとは言えない例がみつかる。さきほど胡乱なものと書いたのは、まさにそのような事例である。本章の検討対象となる事例、松本道別の思想の分析を通して、日本近代における西欧科学の受容には、村上の述べるような単純な二重構造ではない混沌とした言説が満ちており、この時代の言説空間が一種の混在郷（l'hétérotopie）[6]の様相を呈していることを示したい。この混在郷のなかで、本章が注目するのは「不可秤量流体」という概念である。

二　不可秤量流体

不可秤量流体（les fluides impondérables）とは、文字どおり、重さや体積などを計量できない――しばしば目にも見えず知覚することもできないとされる――流体のことである。もともと西欧の近世・近代の科学思想のなかで物理・化学・生物現象を説明するために導入された概念であり、熱現象を説明するために想定されたカロリック（le calorique）、燃焼現象の説明のために用いられたフロギストン（le phlogistique）、生体のさまざまな仕組みの説明原理であった動物精気（les esprits animaux）、そして光や重力を伝えるとされたもっとも普遍的な流体であるエーテル（l'éther）など、各種の「微細な流体」（les fluides subtiles）が仮想された。化学理論の発展、生理学・解剖学的知識の蓄積、熱力学の形成によって、フロギストン、動物精気、カロリックなどが否定され、各種のエネルギー概念や生体の定量可能な電気・化学的作用（神経の電位変化や内分泌系の作用）として理解されるようになっても、エーテルが本当に存在するのか否かという問題は、一九世紀末あるいは二〇世紀初頭まで、西欧の科学思想において、重大な関心事であり続けた。(7)

もともとエーテルは古代ギリシャの自然学で、地上世界を構成する四元素（地水火風）とは異なる、天上界の構成要素として想定されていた物質であったが、近世以降、磁力、重力、光、電気などを伝える媒質としての役割が与えられた。西欧の自然思想は古代以来伝統的に「離れた物体のあいだに働く力」、すなわち遠隔作用（l'action à distance）を認めず、磁力、重力、光、電気（放電）など、見かけ上、離れた物体間に働くようにみえる現象は、何らかの媒介物（le médium）の存在を想定することで説明された。エーテル（そして、さまざまな不可秤量流体）は、そのような媒介物に他ならない。時代や論者によっては、電気や磁気そのものが不可秤量流体として概念化されたり、あるいは火が不可秤量流体と考えられたこともある。(8)

西欧における不可秤量流体の学説史のなかで、本章後半で論じる日本近代の科学思想との関わりにおいても、ひときわ重要なのは動物磁気（le magnétisme animal）である。動物磁気とは、ドイツに生まれ主としてパリで活躍した医師メスメル（Franz Anton Mesmer, Frédéric-Antoine Mesmer, 1734–1815）が提唱した概念である。(9)メスメルが一八世紀末に行なった動物磁気治療術〈メスメリスム〉（le mesmérisme）は、宇宙にあまねく拡がる不可視にして不可秤量の磁気流体をコントロールし、人体内部のこの流体の流れを整えることで、心身の疾患を治療するという術であった。今日では、一種の催眠術と考えられるこの療術は、一八世紀末の欧州各地そして新大陸をも席巻する一大流行となる。[10]

メスメルの一派は調和協会なる結社をつくってメスメリスムの普及をはかり、この活動は順調に成果をあげる。そしてこの協会は、フランス大革命へと至る政治的急進思想を育む秘密結社のような役割をも果たす。一七八四年、このメスメリスム熱を看過できなくなったルイ一六世（Louis XVI, 1754–1793）は王立科学アカデミーならびに王立医学アカデミーの会員からなる審査委員会、さらに王立協会からなる調査委員会を発足させる。両委員会の結論は、〈磁気流体〉なるものの物理的に存在する証拠は全く見出されないというものであり、メスメリスムは想像力（l'imagination）の作用と結論づけられた。[11] 以後、メスメリスム批判の著作が次々と刊行されるようになる。さらに同年、プロイセン大公の前で行なった治療実演が失敗に終わり、メスメルは激しく落胆し、翌年パリを去って歴史の表舞台から姿を消した。[12] メスメルが消息を絶つのと相前後して、弟子のピュイゼギュール侯爵（Marquis de Puységur, 1751–1825）は動物磁気治療術を〈磁気睡眠〉（le sommeil magnétique; 磁気による眠り）と捉えるようになる。これは後の〈催眠〉（l'hypnotisme）概念へとつながるものであり、メスメリスムは、動物磁気という不可秤量の実体による治療術としては医学史の後景へと退くことになる。

とはいえ英語圏を中心として、メスメリスムを不可秤量流体の作用としてとらえる論者は一九世紀に入っても一定数存在しつづける。たとえば、米国でもっとも知られたメスメリストの一人であったドッズ（John Bovee Dods, 1795–1872）は一八七四年の著作『メスメリスム哲学六講』[13] で、なおも不可秤量流体の存在を認める実体論を主張している。この書物では、人間の神経のなかには「神経‐生命的流体（a nervo-vital fluid）が充たされており、この流体は電気から作られる」、「神経系は磁気流体（the magnetic fluid）を含んでいる」[14] といったことが明確に主張されている。同書は刊行後一箇月で三〇〇〇部を完売したとされ[15]、大きな影響をもったことが見てとれる。あるいは英国においては、ロンドン大学の医学教授にして王立医学外科医協会会長という権威ある医師エリオットソン（John Elliotson, 1791-1868）も一八三七年ごろからメスメリスムに関心をもちはじめ、英国で最初の著名なメスメリストとなるが、彼もまた磁気流体によってメスメリスム現象を説明する実体論の立場に立っていた。[16]大陸ヨーロッパを中心にみれば、メスメリスムは催眠現象として理解されるようになるが、英語圏を中心に、不可秤量流体によって説明する立場も、必ずしも主流派ではないが、一定の影響力を有していたわけである。[17]

この点は、のちにわれわれが日本近代のメスメリスム受容史をみる上で重要になる。大陸ヨーロッパでも、メスメリスムは一九世紀に入ると治療実践としてこそ下火になるが、文学、哲学、政治思想、宗教思想など広範な文化領域に影響を与え続ける。[18]たとえばP・B・シェリー（Percy Bysshe Shelley, 1792-1822）が「磁石のように引きつけ合う恋人たちの眼《まなこ》」という詩行を『鎖を解かれたプロメテウス』（一八二〇）のなかに書き、[19]バルザック（Honoré de Balzac, 1799-1850）の短篇「ことづけ」（一八三三）に「説明できない磁力のような魅力（attraction magnétique）」[20]という表現がみられるのは、文化史における動物磁気概念、あるいはメスメリスムの端的なあらわれに他ならない。[21]

ここで、メスメリスムの動物磁気流体を含めて、西欧の文脈における不可秤量流体について、概念史的に整理しておくならば、次のように言えるだろう。

①離れた物体のあいだに働くように見える磁力、重力、光、放電現象などは、一七世紀ごろから離在物体間を仲介する不可秤量流体という実体を媒質とする作用として理解されてきた。それが一九世紀には、化学、生理学、熱力学の発展により各種のエネルギーとして理解されるようになった。また電磁場理論と細密な実験によって、エーテルは理論的に不要であるのみならず、実測的にも観測されなかった。

②生体にかかわる不可秤量流体である動物磁気による治療術メスメリスムは、動物磁気という実体の作用ではなく、

施術者がとる言動による催眠効果であると理解されるようになった。

この二点は、哲学者カッシーラーが『実体概念と機能概念』（一九一〇）[22]で述べたように、実体概念（不可秤量流体）から機能概念（エネルギーや場の理論、催眠の理論）への推移として理解することができる。そして、次の点も改めて確認しておきたい。

③英語圏を中心に、不可秤量流体を説明原理とするメスメリスムの論者が一九世紀半ばの時点でも一定数存在していた。また、文学や哲学の領域で、磁気流体という概念は残響し続けた。

以上が初期近代から一九世紀末までの西欧科学思想史における「作用」や「力」の科学理論をめぐる、きわめて大まかな整理である。

このような西欧の科学思想史上の概念布置が、近代の日本にはどのように移入されたのか。それが無論、単純な「移入」などという事態でないことは、われわれが当時の日本の思想的・文化的状況を「混在郷」と捉えたことから、すでに大方予測がつくであろう。次節では、この混在郷に、西欧では消滅したはずの不可秤量流体がどのように流れ込み、いかなる反応をもたらしたのかを明らかにする。そこにはまさに「メスメル化された＝催眠にかけられた《メスメライズド》」とでも評するべき文化的流行が生じていた。

三　日本におけるメスメリスムの受容と流行

森鷗外（一八六二［文久二］－一九二二［大正一一］）の伝記小説で知られる医師・渋江抽斎（一八〇五［文化二］－一八五八［安政五］）には息子がおり、渋江保（一八五七［安政四］－一九三〇［昭和五］）といった。鷗外の『渋江抽斎』（一九一六［大正五〕）にも保が登場する、というより、この小説の後半では準主人公のような人物として保があらわれることは述べるまでもないだろう。その渋江保は渋江易軒という筆名で催眠術関係の書物を明治後期に多数上梓している(23)。そのなかには『人身磁力催眠術』（一九〇九〔明治四二〕）と題されたものがあり、この書名にある「人身磁力」こそ、メスメルの動物磁気にほかならない。

　メスメリスムは日本でかなり早い時期に紹介されている。確認しうるかぎりの初出は、一八七三年（明治六年）に刊行された柴田昌吉・子安峻編『附音挿図　英和字彙』（日就社）であり、Mesmerism の項目に「動物磁石力（ドウブツジシヤクリヨ《（ママ）》）」という訳が与えられている。メスメリスムについてまとまった単行本としては、一八八五年（明治一八年）に鈴木万次郎の〈訳述〉で『動物電気概論』（岩藤錠太郎）という書物が刊行されている。この本にはどこにも著者名が記されていないが、ドッズの著作群から抄訳されたものであると推定できる。この訳書の題をみてもわかるとおり、動物磁気概念と動物電気《ガルヴァニスム》概念のあいだに混同ないし交錯が生じていることも重要である（同様の交錯はヨーロッパでもドイツ・ロマン派の文学や哲学にみられる）。

　このように、明治期においてメスメリスム＝催眠術は日本に盛んに紹介され、一種の文化的な流行現象の様相を呈している。たとえば、夏目漱石の『吾輩は猫である』（一九〇五〔明治三八〕）には、苦沙弥先生が医師の甘木から催眠術を施される（が、まったく催眠にかからない）という描写がある。また、さきに言及した森鷗外にも『魔睡』（一九〇九〔明治四二〕）という小説がある。これは妊娠中の妻が医師に魔睡術（催眠術）をかけられ眠っているあいだに凌辱されたのではないかという疑念をもつ夫（大学教授）の心情吐露という体裁の物語である。あるいは、谷崎潤一郎の『幇間』（一九一一〔明治四四〕）では、梅吉という芸者が幇間の三平に催眠術をかけ、実際には術は効いていないのだが、三平は梅吉を喜ばせるために催眠にかかったふりをするという場面がある。バルザックやシェリーら一九世紀前半の西欧の文学者が催眠のテーマを扱ったように、二〇世紀初頭の我が国の文学にも、紹介されたばかりの催眠術がさっそく描かれていたわけである。

ところで、いま「メスメリスム＝催眠術」という書き方をしたが、両者が等号で結ばれうるものかどうかという点については、実はもう少し繊細な議論が必要である。日本にメスメリスムが移入された一九世紀後半、大陸ヨーロッパではすでにメスメリスムは動物磁気という不可秤量流体による実体的な作用と考える〈物理説〉ではなく、施術者の言動が患者に与える催眠効果として機能的な現象と捉える〈心理説〉が主流となっていた。だが、英米を中心に、不可秤量流体概念としての動物磁気を認める物理説のメスメリスム論者が一九世紀半ばにも存在していた。それは前述のドッズやエリオットソンといった論者たちであり、またメスメリスムの影響下にオドの力（Lebenskraft Od）なるものを主張したドイツの化学者ライヘンバッハ（Karl Ludwig Freiherr von Reichenbach, 1788–1869）であった。[24] したがって、メスメリスムを意味する言葉が日本語の言説空間に出現することが確認できる一八七〇年代においては、メスメリスムを催眠術という機能概念としてとらえる書物も、不可秤量流体の作用として実体概念としてとらえる書物も、ともに我が国で読まれていた可能性が高い。

本章冒頭で述べたように、同一の現象を扱っていたとしても、著者や刊行地、刊行時期、記述言語、その現象を解釈する立場を異にする書物が、まさに無秩序な奔流のごとく流れ込み、解読され、それらが断片的な形で翻訳・紹介されて日本語の知的空間のなかに入り込み、個々の思想は新たな意味と、新たな相互関係を形成するようになった。ここに起きたことは、メスメリスムを例にとるなら、かたやメスメリスムを催眠術と訳する機能論、かたやそれを動物磁石力と訳するような不可秤量流体による実体論、さらには渋江の『人身磁力催眠術』という書名の「磁力催眠」という表現に見られるように両者いずれとも決し難い、あるいは両者の混交というべき立場などが入り乱れる状況であった。それは西欧におけるメスメリスムが、物理説／心理説という立場の概念上の綱引きを中心としつつ、概念の細部が違うために無数のヴァリエーションによって混沌としていた状況に輪をかけて、さらなる混沌の様相を呈していた。

四　放射能概念

「磁気」治療の流行の一方で、「放射線」発見の報もほどなく神秘主義と結びついた。一八九五年（明治二八年）レントゲン（Wilhelm Röntgen, 1845–1923）がX線を発見すると、その情報をいち早く得た東京大学の物理学者・山川健次郎（一八五四［嘉永七］–一九三一［昭和六］）[25]は直ちに追試を行なっている。X線は物体を「透視」する。するとほどなくして、X線を使わずとも物体を「透視」し遠方の知覚を得る能力をもつという女性、御船千鶴子（一八八六［明治一九］–一九一一［明治四四］）、さらには透視に加えて、X線が写真乾板を感光させるように「念写」ができるという女性、長尾郁子（一八七一［明治四］–一九一一［明治四四］）が現われる。御船の能力を確かめる透視・千里眼実験を東京帝国大学の心理学者・福来友吉（一八六九［明治二］–一九五二［昭和二七］）らが、長尾の透視・念写実験は他ならぬ山川自身が立ち会って行なっている。世にいう「千里眼事件」である[26]。

このように西欧近代科学が流入して混沌とした言説空間に、これからわれわれは一人の〈霊術家〉を見出そうとする。彼はさまざまな心霊説を放射線・放射能の概念で読み変え、独自の心霊思想を構築した。そして、その背景にあったのはメスメリスムであった。前置きが長くなったが、以下、松本道別のケースに即して、この近代西欧科学と神秘思想をめぐる混在郷の一端を覗いてみることにしよう。

五　不可秤量流体概念と日本思想の混交――松本道別の人体放射能論

松本道別は大正期から昭和前期に活動した霊術家である。松本の名は日本近代の思想史・文化史において一世代前では言及されることが少なかった[27]。松本の思想と実践が知られるようになったのは、田邉信太郎『病いと社会』（高文堂出版社、一九八九）、田邉信太郎・島薗進・弓山達也編『癒しを生きた人々』（専修大学出版局、一九九九）、島薗進『〈癒す知〉の系譜』（吉川弘文館、二〇〇三）などの優れた研究書、そして一九九〇年に二つの書肆からほぼ同時に刊行された松本の主著『霊学講座』（初版全四巻、人体ラヂウム学会本部霊学道場、一九二七［昭和二］‐一九二八［昭和三］）のリプリント版[28]によってである。

まずは松本の来歴を簡単に紹介しておきたい。松本道別、本名・順吉は一八七二年（明治五年）、伊勢に生まれたと伝えられる[29]。幼少のころは体が弱く病気が絶えなかったという。中学時代には自由民権思想に興味をもって校長と対立したり、仏教の修行のために京都の禅寺に入ったりもしたという。松本によれば、彼の家は国学の流れを汲む家系で、その出自と自由民権思想から得た影響が彼をしてのちに〈皇室中心社会主義〉なるものを唱導させることになったと考えられる。学校は「早稲田の学園を出」[30]たと述べている。早稲田を出たのちは国典の研究に専念し、本居宣長流の復古神道をとなえた[31]。その後、一九〇五、六年（明治三八、九年）ごろ、「猛烈なる社会主義を実行」した結果、兇徒聚集罪の首謀者として逮捕・投獄され、一九一〇年（明治四三年）まで獄中に過ごす[32]。この時代、多くの政治犯たちが獄中でさまざまな思想的経験――思想の深化、進展、あるいは転向――をしているが、松本もその例に洩れない。彼は厳冬の監獄で粗末な獄衣の骨身に染みる寒さ、そんな酷虐な状況でも風邪ひとつひかない自分の体、鉄柵の窓外

に囀《さえず》る雀、等々、経験することすべてを思索の糧とした。同時に、生物学や進化論についても研究したという。(33)

獄中での思索・研究から松本が得た結論は、概略、次のようなものであった。まず、人間は進化の過程で直立二足歩行を獲得した。その結果、立って歩くということが内臓器官を圧迫する。そして、自由になった前足（両手）によってさまざまな発明をするようになり、火食を始めた。その結果、胃腸が弱くなり活気活力が失われた。さらに被服を発明したことにより、天与の毛皮を失った。爾来、人間は神の恩寵から見放されている。いかに自然を征服し利用しても、自然から復讐を受ける。だから医学の進歩にもかかわらず、人間の身体は虚弱になるばかりである。これは自然からの天罰なのだ。だから一日も早く「人為的から目覚めて自然に還り、自然的生活を履行せねば滅亡は目前である」(34)。この結論を胸に、出所後の松本は極力、自然的生活を励行した。それは「動物を基準」とするもので(35)、火食を避け、日光浴をし、水浴びをし、深呼吸をする、というものであった。その結果、健康は良好に、体格も立派になったという。

松本はさらに強健になる途を求めて、当時流行の岡田虎二郎（一八七二［明治五］－一九二〇［大正九］）による〈岡田式静坐法〉や田中守平（一八八四［明治一七］－一九二九［昭和四］）の〈太霊道〉などの身体技法・霊術を試みる(36)。そうした研究のなかから、松本は〈人体ラヂウム〉なる着想（のちに人体放射能と改称）を得るにいたる。人体ラヂウムについては、本節後半で詳細に検討するが、簡単に説明するなら、人体には固有の放射能があり、この放射能をコントロールすることで病気の治療ができるというものである。ともかくこの概念の研究と普及をはかるため、彼は一九一七年（大正六年）に〈人体ラヂウム学会〉を設立し会長となる。会員を募り、講習会を開き、人体ラヂウムによる疾病治療などを実践する。一九二二年（大正一一年）には『人体ラヂウム療法講義』第一巻（人体ラヂウム学会）を刊行。この前後から、松本は交霊術の研究に本格的に打ち込む。一九二七年（昭和二年）から翌年にかけて、人体ラヂウム説と交霊術をまとめた松本の集大成というべき主著『霊学講座』全四冊を刊行。以後も人体ラヂウム説の研究、講演、著述、そして治療実践を続け、一九四二年（昭和一七年）、病没している。

　松本は基本的に、終生霊術家として生きた。その意味では、彼の来歴は、若いころの投獄など、いくつかの出来事を除けば、比較的平坦なものであるとみることができる。だが、『霊学講座』に述べられている彼の思想は、驚異と綺想に満ちており、なおかつ同時代の自然科学を豊かに吸収したもので、通俗的な文体で書かれていながら、なかなかに知的な趣きをもつ。以下、『霊学講座』を主たるコーパスとして、彼の人体ラヂウム説を検討してみよう。

　まず、全篇の冒頭「例言」において、「本講座は予の世界的発見にかゝる人体放射能を経とし、古今東西一切の霊術の精髄を緯として組織せる我が霊学を講述せるもの」であることが宣される[37]。では、その人体放射能とはなにか。松本がこの概念の着想を得た契機が述べられている。彼は先述のとおり、出獄後、生物学や進化論、端的にいって生命とは何かという問題を考え続けていた。田中守平のいわゆる霊子作用にも注目したが、それは「昔メスメルの唱道した動物磁気と同一作用で、生命の根本作用などゝは請取れない[38]」というわけで、またしてもメスメルであるが、彼はメスメリスムには慊《あきた》らなかったようである。「予は生物学や進化論の傍ら、当時日本の学会にも大分やかましくなつて来たラヂウムの研究を始めた。併し非常に高価の物で到底手に入れる訳に行かぬので、僅に書物の上で研究する許りであつたが、一日『萬朝報』紙上で、独逸ハイデルブルグ大学の助手、ドクトル、カースなる人が、人体の内臓にラヂウム作用のあることを発見したと云ふ記事を読んだ。其以前から学界の一問題となつてゐた念写などと対照して、之が予の頭脳に大なるヒントを与へて、人体ラヂウムという概念が葦芽《あしかび》のごとく角《つの》ぐみ初めたのである[39]」。

　これだけの情報だと、カースという人物と彼の「発見」が具体的にどのようなものなのか特定することは難しい。ともかくも、松本は早速実験を行なう。それは、メスメリスムに満足しなかった松本が考えただけのことはあって、実に大胆なものであった。すなわち、暗示などの可能性を排除しきれない生理・心理現象を実験対象としたのではなく、物理作用を対象とする実験を行なった。彼はラジウムの放射線が水晶を変色させるという情報を得ていた。そこで手許の不透明な水晶で「試験」してみると、「手に握つてゐる部分が段々あかるく透明になつてき」て、さらに「強く息を吐き懸ければ、一個の水晶は首尾よく透明となつた」という。しかもこの現象は、松本の述べるところでは、再現性があった。彼は約一箇月の実験期間で数十の不透明水晶に呼気を吹き付け、水晶の個体差で透明になる程度こそ違ったものの、「人体放射能の作用は不透明の水晶を透明に変ぜしめる」と断言しうる成績は挙げた、というのである。[40]さらに松本は同様の方法で角砂糖を褐色にする実験に成功し、さらには一九一七年（大正六年）、硫化亜鉛の感光板を呼気で感光させることにも成功したと述べている。[41]

この結果に気を良くした松本は新聞各紙に連絡をとる。だが取材に来たのは『国民新聞』のみで、その報道も感光板を入手した商店の支配人による否定的なコメントを附したものであった。そこで今度は、松本の先輩で親密な人物であったという和田垣謙三（一八六〇［万延元］－一九一九［大正八］）[42]を介して、かつて念写の検証実験を行ない当時は東京帝大総長となっていた山川健次郎に実験を依頼するも返事が来ない。松本によると「和田垣博士に催促すると、『事情は斯うである。先づ山川総長から理科大学の長岡半太郎博士に廻した所、之は変態心理に属する問題だらうとて文科の松本亦太郎博士に移した。しかるに松本博士も亦、之は生理に属するからとて更に医科に転送した。医科では学長の青山胤通博士が書類を一見して、之は一寸わかつた奴だと言つて、物理的療法の眞鍋嘉一郎氏に廻したから、軈《やが》て何とか言つて来るだらう。』との事である」[43]。結局、松本の人体ラヂウムは帝大の教授陣からは相手にされなかったようである。

松本は自力で研究を続け、この人体ラヂウムが出す放射線が「アルハー〔アルファ〕線」であることを「発見」する。[44] その後、独自の人体ラヂウム検出装置を考案するなどして、物理的研究を進める。松本は生物学や進化論の研究に熱中するようになってからは「純粋の唯物論者として無神無霊魂を主張」してきたが、人体放射能の研究が進むにつれて、「西洋の科学者の心霊研究」からも影響を受け、心霊論に傾いていったという。[45]

さて、以上のような経緯で「発見」され、松本を心霊術へと導いていった人体ラヂウムあるいは人体放射能とは、より具体的にはどのような概念なのだろうか。松本の講述に今少し耳を傾けてみよう。

松本は『霊術講座』第三冊学理篇で、ラジウムや放射能について、一般的な説明をしている。[46] それは当時の科学の状況を鑑みるに、かなり妥当で的確なものである。彼が参考文献として挙げている書物のなかには、一九二一年に核崩壊や同位元素の研究でノーベル化学賞を受賞している英国の化学者ソディ（Frederick Soddy, 1877–1956）の *The Interpretation of Radium*（New York: Putnam's Sons, 1909）など、相当水準の高い文献も見出される。[47] 松本はラジウムのような物質のもつ通常の放射能と、人体の放射能が同じ物理的性質を有することを説明する。彼がもっとも重視するのは感光物質を光らせる作用を両者ともにもつことで、一九一七年（大正六年）の硫化亜鉛感光板の実験に不備があったこと（購入時点で微量のラジウムが附着していたと推測される）を認めた上で、翌年新たに粉末状または結晶状の硫化亜鉛を用いて実験を行なった。購《あがな》った業者からラジウムが混入していないことは確認した上で、直接指先で捏ねてみると、硫化亜鉛は青い光を放った。このとき松本は人体放射能の存在を確信したという。[48] 松本は人体放射能がラジウム放射能と同じような物理作用をもつとして、水晶や氷砂糖などの変色、網膜への感光、電離作用などを挙げている。

そして、いよいよここからが彼の霊学思想と直接かかわるのだが、次のようなことを述べている。すなわち、「〔……〕ラヂウムのアルハー線は陽電気性である。而して凡ての電気は人体の神経を刺激して一種の震動を起さしめるものであるから、ラヂウムを人体に接触することに因つて震動の起るのは固より当然のこと、思ふ」[49]。田中守平や渡辺藤交（一八八五［明治一八］－一九七五［昭和五〇］）ら霊術家たちは〈霊動〉という身体の自動運動が治癒の原動力となると考えていた。松本がラジウムや電気の作用を身体に〈震動〉をもたらすものとみなしている点は、霊学思想との接点として重要である。また、人体放射能と呼吸との重要な関係が指摘される。松本は「呼吸が人体放射能を発生する」といい、それを原子崩壊の理論で説明している。さらに彼は「吾人の生命の本体たる心霊は［……］無形ながらも全て一種の放射能体であつて、ラヂウムの如く絶えず放射能を出しつゝある」とまで言うのである。(50)

そして、人体が放射能をもち、また放射線の刺激によって心身に変化が生じるということから松本は、この人体放射能を治療に応用しようという考えを抱くようになる。一九一九年（大正八年）ごろから病気治療の実験を始め、最初は家人・友人に試し、いずれも奏功したという。(51)だが、難病の治療はなかなか思うように成果を挙げられず、さらなる研究の必要を痛感する。松本は生理・解剖の研究に励み、和漢の医学、マッサージ、鍼灸から骨相学、手相学、ヨーガ、祈禱、その他一切の心身をめぐる技法・知識を比較研究する。この研究のなかから、やがて交霊術の探究へと進む。その全容は『霊学講座』の第四冊帰神交霊篇に詳述されている。だが、本章では彼の霊学思想の全体を扱うことはとてもできない。ここでは、人体ラヂウム・人体放射能説のみを検討する。この説を簡単にまとめれば次のようになるだろう。

人体は放射能をもっている。その人体放射能はラジウムの放射能と同様の物理的・生理的性質を有し、人間の心身に影響を与えることができる。そして、人間の心霊がそもそも形のない放射性物質である。

このように整理してみると、もはや明らかであろう。人体放射能説は二〇世紀初頭の日本に生まれたメスメリズムに他ならない。メスメリズムは金属の磁気と同様に生物体にも磁気があり、その磁気は金属の磁気と類比的なものであって、人間の心身にも影響を与えるという主張であった。メスメル自身は動物磁気の物理的性質を実測する実験は行なっていないこと、人間の魂の本体が無形の磁性体だとまでは必ずしも主張していないという点で、松本のほうが過激であるが、論理構造としてはメスメリスムとほぼ同一である。すでに引用したように、松本はメスメリスムに批判的な——というよりは不満足だという——記述もしているが、次のようにも述べている。「西洋では未だ人体《ヒウマン》放射能《ラヂオアクチヴイチイ》の理論や名称を知らぬから、依然として動物磁気《アニマルマグネチズム》と云ふ。そして霊憑は全て霊媒者の動物磁気を利用して出現するものだと云ふ」(52)。つまり彼は人体放射能と動物磁気、すなわちメスメリスムの想定する不可秤量流体が同じものであることを認めているのである(53)。

ところで、松本の〈人体ラヂウム〉あるいは〈人体放射能〉の概念が、メスメルの磁気流体のごとき仮想的な「微細流体」「不可秤量流体」の概念であることは今や明らかであるが、彼はそれをなぜラジウム、放射能などという不穏な名で呼んだのであろうか。そもそも、メスメリスムなどについてもかなり正確な知識をもっていた松本が、人体や生命の問題を研究するために、磁気や電気ではなくラジウムや放射線に注目したのはなぜか。それはやはり、ラジウムや放射能が当時の最先端科学であったことが大きいだろう。ドイツ・ロマン派の詩人や哲学者たちが詩的直感の源泉や神の現われを当時の最新科学であったガルヴァーニ電気（動物電気）や雷の電気説に求めたように、人間の神秘的な能力や神的存在を信じる人々がしばしば参照するのは最新の科学なのである。

ちなみに、ラジウムとか放射能などときくと、現代のわれわれは危うげなものを思い浮かべるが、松本の時代、事情は今日と大きく異なっていた。「ラヂウム」（ラジウム le radium）といえば、フランスの科学者マリ・キュリー（Marie Curie, 1867–1934）が夫ピエール・キュリー（Pierre Curie, 1859–1906）とともに発見した放射性元素であることは言うまでもない。Radium の語源はラテン語の radius（光・放射）。-ium はラテン語の名詞語尾で近代語では主に金属元素名の語尾として用いられる。だからラジウムとは文字どおりには〈放射する元素〉の意味である。また「放射能」（la radioactivité）

もマリ・キュリーの作った言葉で、ラジウムのような特定の物質が放射線を出す能力を指す。

今日のわれわれは放射性元素が人体にとって危険であることを知っている。だが、ラジウムが発見された一八九六年（明治二九年）当時、放射線の危険性はまだ西欧でも充分に知られていなかった。放射線被曝の危険性はレントゲンがX線を発見した一八九五年にある程度認識されており、一九世紀末から二〇世紀前半にかけて、徐々に放射線障碍の存在が明らかになってきたが、人体にとって放射線が有害であることが決定的に証明されるには一九四五年に広島と長崎で起こった、あの惨禍を俟たなければならない。それまでの間、放射線の人体への影響ははっきりとは知られておらず、今日もラジウム温泉などにその名残があるように、放射線は（少量であれば）むしろ人体に有益だとする考え方も決して奇異ではなかった。だから、松本が自説の中心概念とした人体ラヂウム・人体放射能も、彼が活躍した大正から昭和初期において、今日ほどに危険な印象を人々に与えるものではなかったのである。[54]

結び

本章では西欧科学思想由来の概念が日本の明治から昭和初期にどのような形で移入され、どのような思想や文化を生み出したかということを松本道別の思想を例に検証した。中心となったのは人体に流入し、また人体から放射される不可秤量流体の概念であり、松本にとってそれは「人体ラヂウム」ないしは「人体放射能」であった。そして、いずれも着想の重要な源泉はメスメリスムであった。メスメリスムは日本近代において、催眠術として移入されたとするのが今日一般的な理解であるが、実際には単なる催眠現象、つまり術者の言動による暗示や想像力の作用という機能論的な概念枠のなかにあったのみならず、メスメル当人の活躍した一八世紀末の西欧においてそうであったように微細な流体による実体的な作用という概念枠のなかで捉えられるケースもあった。松本にはこのような実体論的視点が強いことが本章における分析では明らかになった。

謝辞

本章の執筆にあたって、鈴木晃仁・慶應義塾大学教授（医学史）からご教示を受けた。心より御礼を申し上げる。本章は科研費（課題番号10J05482ならびに14J09575）による研究成果の一部である。

註

（1）村上陽一郎『日本人と近代科学』新曜社、一九八〇年、一〇－一七頁。

（2）この六点を西欧近代科学の基本理念とする考えは、今日の観点からすればいくらか留保があるが（村上自身も同書のなかでこれらの六点にいくつかの留保を設けている）、ここではひとまず、西欧近代科学に、いくつかの思想的基層構造があるということが確認できれば充分であるから、各項目の妥当性については踏み込まない。

（3）ただし、村上が西欧近代科学の基層構造としてキリスト教の創造論を挙げているのは正しいとして、日本の基層文化に言及し「われわれはかつて、自然の創造主という概念をもたなかったし、創造主がこの世界に貫徹させている強い意志の存在を認める、という考え方ももたなかった」（村上、前掲書、二二頁）と述べている点には疑問を覚える。『古事記』、『日本書紀』に現れる天之御中主神、高御産巣日神、神産巣日神（造化三神）はキリスト教のそれとは異なるとはいえ（そしてキリスト教的な天地創造と日本神話の天地開闢を単純に同一視するわけにはいかないとはいえ）、やはり一種の創造主とみるべきであろう。すくなくとも記紀の成立した八世紀以降、創造神の観念をわれわれは有していた。

（4）渡辺正雄『日本人と近代科学』岩波新書、一九七六年、七頁。

（5）　同書、六頁。

（6）　Michel Foucault, *Les mots et les choses*, Paris: Gallimard, 1966. Réimp., Gallimard, 2005, p. 9. Cf. フーコー、渡辺一民・佐々木明訳『言葉と物』新潮社、一九七四年。

（7）　近代的な不可秤量流体としてのエーテル概念は一九世紀の後半をもって、ひとまず役割を終える。一八六四年にマクスウェル（James Maxwell, 1831–1879）が提唱した電磁場の概念によって、電気や磁気は場として伝播するということが明らかになる。場（field）とは不可秤量流体のごとき実体ではなく、いわば空間の緊張状態のようなものであり、離在物体間の作用は場の性質によって直接的に伝わるとされた（同時にこのときマクスウェルの理論によって、電気と磁気は互いが互いを形成する電磁場として統合された）。さらに、エーテル概念を科学思想史の後景へと押しやったのは、一八八七年に米国の二人の物理学者マイケルソン（Albert Michelson, 1852–1931）とモーリー（Edward Morley, 1838–1923）によって行なわれたエーテルの実測実験であった。きわめて細密に行なわれたこの実験で、エーテルは観測されなかったのである。遠隔作用という〈力〉の概念から〈場〉の概念への変遷については、Mary Hesse, *Forces and Fields: The Concept of Action at a Distance in the History*, London: Nelson, 1961（Mineola [N.Y.]: Dover Publications, 1999）を参照。しかし、かつてエーテル概念が担った機能の少なくとも一部は、最新の理論物理学においても「零点エネルギー」や「ヒッグス粒子」などが担っていると考えられる。これらを実質的にかつてのエーテル概念とみなしてもよいのではないかという考えが今日でもあり、エーテル概念が完全に消滅したとは断言できない。この点については、たとえば次の文献を参照。Edmund Whittaker, *A History of the Theories of Aether and Electricity*, Rev. and enl. ed. London: Nelson, 1951（ホイッテーカー、霜田光一・近藤都登訳『エーテルと電気の歴史』講談社、一九七六年、上巻、二頁）。竹内薫『「場」とはなんだろう』講談社、二〇〇〇年、二四一－二四二頁。大栗博司『重力とは何か』幻冬舎、二〇一二年。

（8）　不可秤量流体の概念史については、Hélène Metzger, *Newton, Stahl, Boerhaave et la doctrine chimique*, Paris: Alcan, 1930、島尾永康『物質理論の探究』岩波新書、一九七六年を参照。また、人体と不可秤量流体の関係については、吉永進一

「「電気的」身体――精妙な流体概念について」『舞鶴工業高等専門学校紀要』第三一号、一九九六年、一一三－一二〇頁、が極めて重要な論攷である。

(9) Mesmer はドイツ出身の人物だが、動物磁気治療術についてはパリでの活動期が重要であり、本章のために参照したメスメルの著作も主に仏語文献であるため、名前の表記はフランス語で「メスメル」とし、彼の療術も「メスメリスム」とフランス式に表記する。後述するように我が国では古くから英語経由で紹介されてきたため、「メスマー」「メスメリズム」という表記も多い。

(10) メスメリスムを今日の催眠術に相当するものと捉え、精神医学史のなかに位置づけた古典的研究としては、Henri Ellenberger, *The Discovery of the Unconscious*, New York: Basic Books, 1970（エレンベルガー、木村敏・中井久夫監訳『無意識の発見』上下巻、弘文堂、一九八〇年）を参照。また、一八世紀末から一九世紀前半にかけての欧州におけるメスメリスム流行に関する社会史的研究としては、Robert Darnton, *Mesmerism and the End of the Enlightenment*, Cambridge [Mass.]: Harvard UP, 1968（ダーントン、稲生永訳『パリのメスマー』平凡社、一九八七年）を参照。

(11) エレンベルガー、前掲訳書、上巻、七六頁。

(12) 彼はその後、ヴィーンを経てスイスの小村に居住し、一八一五年三月に没するまで、静かな余生を送った。

(13) John Bovee Dods, *Six Lectures on the Philosophy of Mesmerism*, New York, 1847. 参照した版は New York: Fowlers & Wells, 1854 である。

(14) Ibid. p. 16.

(15) 吉永、前掲「「電気的」身体」一一八頁。

(16) Janet Oppenheim, *The Other World: Spiritualism and Psychical Research in England, 1850–1914*, Cambridge [England]: Cambridge UP, 1985. オッペンハイム、和田芳久訳『英国心霊主義の抬頭』工作舎、一九九二年、二七三－二七四頁。

(17) ただし、英国についていえば、エリオットソンのように磁気流体を認める立場は全体としては少数で、一八三〇－

四〇年代には多くの医学者が動物磁気の存在に懐疑的であった。オッペンハイム、前掲訳書、二七四－二七五頁を参照。

(18) 例えば英語で mesmerize（原義は「メスメル化する」「メスメル流の術を施す」）という動詞は「催眠にかける」「(催眠術にかけたように人を) 魅了する」という意味で今日でも用いられる。

(19) P. B. Shelley, *Prometheus Unbound*, 1820, Act IV. Cf. シェリー、石川重俊訳『鎖を解かれたプロメテウス』岩波文庫、一九八二年。

(20) H. Balzac, *Le Message*, 1833. *Œuvres complètes de H. de Balzac*, Paris, A. Houssiaux, 1855, tome II, p. 362. Cf. バルザック、水野亮訳「ことづけ」『知られざる傑作　他五篇』岩波文庫、一九二八年。

(21) このような例は一九世紀の西欧文学に無数に見られる。文学史におけるメスメリスムの影響については、Maria Tatar, *Spellbound: Studies on Mesmerism and Literature*, Princeton [N.J.]: Princeton UP, 1978（タタール、鈴木晶訳『魔の眼に魅されて』国書刊行会、一九九四年）を参照。

(22) Ernst Cassirer, *Substanzbegriff und Funktionsbegriff*, Berlin: B. Cassirer, 1910（カッシーラー、山本義隆訳『実体概念と関数概念』みすず書房、一九七九年）。本章では Funktionsbegriff を「機能概念」と訳した。

(23) そのいくつかを挙げるならば、『以心伝心術――心理応用』『最近接神術――原理応用』『嶄新催眠術』『降神術――Spiritism 原理応用』『人身磁力催眠術』『遠距離催眠術』『神通力自在――原理応用』『自己催眠術自在――原理応用』（以上はすべて大学館、一九〇九年）。ほかに複数の英書から渋江易軒名で編訳した書物に『火星界の実況――降神術奇効』（大学館、一九一〇年）がある。渋江保とメスメリスムについては、長山靖生『奇想科学の冒険』平凡社新書、二〇〇七年、第六章を参照。

(24) ライヘンバッハは化学史においてはパラフィンやクレオソートの発見者として記憶される。一八四〇年代頃から〈オド〉の探求に着手し、オドの力について言及した単行本著作としては、おそらく次の文献が最古である。Karl

Ludig von Reichenbach, *Odisch-magnetische Briefe*, Stuttgart: J. G. Cotta, 1852.

(25) 物理学者。イェール大卒。一八七六年、東京開成学校（翌年、東京大学に改組）教授補。一八七九年、東京大学教授。一九〇一年、東京帝国大学総長。東大初の日本人物理学教授。

(26) この経緯については、一柳廣孝『〈こっくりさん〉と〈千里眼〉――日本近代と心霊学』講談社、一九九四年に詳しい。

(27) 斯界の準古典的な概説書となっている荒俣宏『世界神秘学事典』（平河出版社、一九八一年）、井村宏次『霊術家の饗宴』（心交社、一九八四年）などにも、その名は拾われていない。

(28) 田邉信太郎解説、壮神社、全四巻＋解説付録、一九九〇年。大宮司朗解説、八幡書店、全一巻、一九九〇年。本章では壮神社版を引用底本とした。

(29) 本章で松本の生没年を一八七二－一九四二とした根拠は、国立国会図書館ＯＰＡＣの人物データ、ならびに田邉信太郎『闇の知の跋渉――松本道別の痕跡』（松本道別『霊学講座』復刻版付録、壮神社、一九九〇年）による。本名が順吉であることは、田邉、同書、三六－三七頁。以下、松本の来歴については、松本自身の記述（主著『霊学講座』）に加え、田邉、前掲書（一九九〇年）に依拠している。

(30) 松本道別講述『霊学講座』第三冊学理篇、一頁。「早稲田の学園」とあるのは、早稲田大学のことか。同大学は一八八二年（明治一五年）、東京専門学校として開校。一九〇二年（明治三五年）に早稲田大学と改称。

(31) 同書、同頁。

(32) ほぼ同時期、大杉栄（一八八五年［明治一八］－一九二三年［大正一二］）がやはり兇徒聚集罪で投獄されている。なお松本は大杉や福田英子といった社会主義者と交流があったようである（田邉、前掲『闇の知の跋渉』一四頁）。

(33) 当時、日本で最初の進化論についての啓蒙書、丘浅次郎『進化論講話』（開成館、初版一九〇四年）が刊行された直後であり、進化論はいわば最先端科学であった。

(34) 松本、前掲『霊学講座』第三冊学理篇、四－五頁。

(35)　同書、六頁。
(36)　岡田と岡田式静坐法については小堀哲郎「坐――岡田虎二郎と岡田式静坐法」、田邉ほか編、前掲『癒しを生きた人々』所収四七－八六頁を参照。田中と太霊道については、吉永進一「太霊と国家――太霊道における国家観の意味」『人体科学』人体科学会、第一七巻第一号、二〇〇八年、三五－五一頁を参照。
(37)　松本、前掲『霊学講座』第一冊例言、一頁。以下『霊学講座』引用文の強調はすべて原文による。なお原文では強調圏点として黒ビュレット（・）と白ビュレット（◦）が用いられているが、この弁別は必ずしも重要とは思われないので、以下、引用に際してはこれらを区別せず、黒ゴマ点（﹅）で統一する。
(38)　松本、前掲『霊学講座』第三冊学理篇、八頁。
(39)　同書、同頁。
(40)　同書、九頁。
(41)　同書、九－一〇頁。ただし、この実験には不備があったことにやがて松本は気がつく。同書、三二頁参照。
(42)　経済学者。帝大卒。一八八六年、帝大法科大学教授。一八九八年、同大農科大学教授。
(43)　松本、前掲『霊学講座』第三冊学理篇、一一頁。
(44)　同書、一三頁。
(45)　同書、一五－一六頁。ここで彼が西欧の科学者の心霊研究と述べているのは、英国で一九世紀半ばから二〇世紀初頭に、クルックス（Sir William Crookes, 1832–1919）やウォーレス（Alfred Wallace, 1823–1913）といった名だたる科学者たちをも巻き込んだ、心霊主義思潮を指すと推測される。オッペンハイム、前掲『英国心霊主義の抬頭』参照。
(46)　松本、前掲『霊学講座』第三冊学理篇、一七－三一頁。
(47)　同書、一八頁。
(48)　同書、三三頁。

（49）同書、四一頁。

（50）同書、四四頁。このあたりは「放射能」という語が「放射線」の意味で用いられている。また、松本が人体ラヂウムと人体放射能を同一だとする場合、人体放射能は「人体放射能物質（人体放射性物質）」の意味で用いていると理解したい。

（51）同書、一四頁。

（52）同書、四七頁。

（53）そして引用後段の霊憑・霊媒といった記述は明らかにエリオットソンらの系統の英国心霊主義を念頭に置いていると推測される。松本、前掲『霊学講座』第四冊帰神交霊篇、一三頁には「英国心霊研究協会の浩瀚《こうかん》なる報告書」を参照した旨が述べられている。

（54）今日でも放射能泉の例のように、低線量放射線は人体の細胞を活性化し、健康上の有益性があるとする主張がある。このような効果を〈放射線ホルミシス〉と呼ぶ。ホルミシス学説の歴史については、以下の文献を参照。堂前雅史「放射線ホルミシス効果」『生物学史研究』第六八号、二〇〇一年、五七‐五九頁。原爆投下以前の日本人が原子核エネルギーや放射線、放射性物質などをどのようなイメージで捉えていたかについては未解明な部分が多い。次の文献は投下前の原爆のイメージを通して、戦前日本における核の表象を分析した貴重な研究である。中尾麻伊香『核の誘惑——戦前日本の科学文化と「原子力ユートピア」の出現』勁草書房、二〇一五年。

第三章　ウィリアム・ウォーカー・アトキンソン――別名、ヨギ・ラマチャラカ

フィリップ・デスリプ（佐藤清子訳）

序論

ヨギ・ラマチャラカは、近代ヨーガが世界的に普及するまでの歴史を語るうえで、触れないわけにはいかない人物である。一九世紀から二〇世紀への転換期以来、西洋のヨーガ学習者も東洋のヨーガ教師も、ラマチャラカの著作を活用してきた。ラマチャラカの著作は超自然的治癒と人格の変容をもたらすとされ、その教えは世界中で学ばれている。一〇〇年以上ものあいだ、多くのヨーガ教師、インド宗教研究者、芸術家にとって、ヨーガの技法と哲学に触れる入り口となったのはヨギ・ラマチャラカであったし、それは今日でも変わっていない。

しかし、ヨギ・ラマチャラカは実在の人物ではなく、ウィリアム・ウォーカー・アトキンソンというアメリカ人の筆名であった。アトキンソンは人生の途中に弁護士としてのキャリアを離れ、非常に多作で影響力のある著述家となり、三〇年間で少なくとも一ダースの異なる偽名を使って、一〇〇冊以上の本と約七〇〇本もの雑誌論文を執筆した。セロン・Q・デュモンなら催眠術とメスメリズムの著作、スワミ・パンチャダーシなら「東洋のオカルティズム」の

著作というように、アトキンソンは偽名ごとにそれぞれ違う主題を扱ったが、彼が著した著作群には一貫性がある。その中心的関心は、精神の力と普遍の法則を、個人的で実用的な利益へと結びつけることであった。

ここ二、三〇年のあいだに書かれた、フィジカル・カルチャー(1)やメタフィジカルの伝統(2)についての研究を見れば、地球全体を周回し、歴史をまたぐ、巨大な運動があったことはもはや驚きではない。トランスナショナルなネットワークや、あらゆる種類の境界線や障壁を越えて活動する人々、印刷物や思想のやり取りを、研究者たちは次々と明らかにしてきた。

ヨギ・ラマチャラカの著作は同じように伝播していった運動のなかでも、特に大きな影響力のあった一例であり、運動が伝わった力学、すなわち、どのようにして、なぜそれが伝播したのかを詳細に検討するための格好の事例となるだろう。ヨギ・ラマチャラカの著作には三つの主要素が存在する。それは神智学、初期のセルフヘルプと結びついたフィジカル・カルチャー、そしてニューソートやさまざまな形態の精神療法に見られるような、精神についてのメタフィジカル的概念である。この三つはアトキンソン自身にも、ラマチャラカの著作にも影響を与えていた。そしてラマチャラカの著作はこの三つの要素を備えていたからこそ、地球全体に渡って広範に普及することができた。

一　ウィリアム・ウォーカー・アトキンソン

ウィリアム・ウォーカー・アトキンソンは、南北戦争開始直後の一八六二年、メリーランド州ボルティモアに住む中産階級の家庭に生まれた。家業の食料雑貨商を継ぐと思われたが、若きアトキンソンは二〇代前半に何らかの精神的耗弱に陥り、ついには突然失踪して自殺未遂を犯した。彼は精神的健康を取り戻す上で、A・P・シネットの『密教』（*Esoteric Buddhism*）を通じて神智学を学び始め、その後もこの教えから離れることはなく、自身の著作のなかで、明に暗に言及した。未発表だが、アトキンソンが最後に書いていたのは神智学の入門書だった(3)。

二〇代から三〇代前半のアトキンソンは、天職を探す若者だったらしい。彼は合衆国の東側半分をめぐり、転職を繰り返していた。ビジネスの世界ではしばしば、売上高や昇進は、カリスマやエネルギーのような不思議な力が関わる問題のように見える。アトキンソンはビジネスの世界で「頭角」をあらわそうと、フィジカル・カルチャーの教えや、初期のセルフヘルプに傾倒していたと思われる。

一八九〇年代初頭、アトキンソンは自分の天職を法律に見出した。彼はペンシルヴァニア州アレンタウンの弁護士のもとで修行し、法律家として成功した。師を継いでキャリアを固めつつあるまさにその時、アトキンソンは何ら問題がないはずの法的資格の譲渡を断わられるという説明のつかない目にあい、身体的にも精神的にも健康を崩し始めた。一九〇〇年初頭、アトキンソンはまた失踪したが、数週間後、謎めいたかたちで再び姿を現した。

この数週間に何が起こったのか、アトキンソンは明瞭に述べてはいないが、シカゴ心理学学校のハーバート・A・パーキン博士によって一大変容を遂げたことがはっきりしている。パーキンは医師であり、催眠術の医療への応用に深く傾倒して、それを「暗示療法」と呼んでいた。アトキンソンは治療のため、また、精神療法を学ぶためにパーキンのもとに赴いた。パーキンの治療によって自分自身が癒され、他の人々が癒されるのを目撃したことは、アトキンソンに天啓をもたらし、人生の転機となったようである。その後、アトキンソンは家族とともにシカゴに移住し、メタフィジカルの著述家、講演家という第二のキャリアを開始した。最初の仕事は医療催眠術についてのパーキンの『暗示』誌（*Suggestion*）においてだった(4)。

二　ヨギ・ラマチャラカ

第二のキャリアの開始後、わずか二、三年で、アトキンソンはヨギ・ラマチャラカという偽名による最初の著作を書き始めた。この名前の由来は定かではない。サンスクリット語としても文法的に意味が通らないものである。この名前の起源については二つの可能性がある。一つ目は、アトキンソンが育ったボルティモア市で一八八二年九月に開催された、大きな路上祝祭である。オリオール団という名で知られた友愛組合は、東洋をテーマに「インドの叙事詩」と題した巨大な夕刻のパレードを主催した。この時おそらく一九歳だった若き日のアトキンソンは、この大行列とその中心にあった「ラーマ・チャンドラ」という名の大きな山車《だし》を見ていたと思われる。もう一つは、「ラーマ・プラサーダ」という神智学の著述家である。その著作『呼吸の科学とタットヴァ哲学——自然の素晴らしき力』（*The Science of Breath and the Philosophy of the Tattvas*）は一八九四年に再版され、アトキンソンは確実にこれを読んでいた。

ラマチャラカの著作は当初、郵送される簡単な通信教育のコースとして登場した。それらはすぐにまとめて出版されて最初の二冊の著作となり、最終的には全一三冊となった。これらはすべてシカゴに拠点をおくヨギ出版協会によって出版された。四年間の中断ののち、アトキンソンは一九一六年から一九一八年にかけて、『先進思想』誌（*Advanced Thought*）の一連の論文で再びこの偽名を使用した。この雑誌もまた、ヨギ出版協会を運営していたのと同じ人々によって出版されていた。これらの書籍をすべて合わせれば、販売部数は恐らく何百万部にものぼったと推測される。そしてこのすべてが今日でも出版販売され続けている。

一九〇三年　ヨーガ哲学と東洋オカルティズムについての通信教育コース
一九〇四年　ヨーガ哲学と東洋オカルティズムについての一四講義
一九〇四年　ヒンドゥー・ヨーガの呼吸の科学
一九〇四年　ハタ・ヨーガとよき生のヨーガ哲学
一九〇六年　ラージャ・ヨーガ講義
一九〇六年　心霊治療の科学
一九〇七年　バガヴァッド・ギーター——師からのメッセージ
一九〇七年　ウパニシャッドの精神——賢者の言葉
一九〇七年　グニャーニ・ヨーガ講義
一九〇七年　神秘キリスト教講義
一九〇八年　インドの哲学と宗教による内面の教え
一九〇九年　ヒンドゥー・ヨーガの実践水治療法
一九一二年　死を越える生(5)

これらの書籍は互いに補完する関係にあり、哲学的理論、身体運動や呼吸法の実践方法、それらを補強するための科学的証拠をそれぞれ異なる分量含んでいた。すべての著作をつなぐ糸は、ラマチャラカとしてのアトキンソンの声である。その声は権威的ではあるが感じがよく、励ましを与えるような、西洋の読者にとって馴染み深いものだった。

目立った二つの例外的著作は、アトキンソンがヨギ・ラマチャラカとして編集し、一九〇七年のはじめに世に出した二冊の本、『バガヴァッド・ギーター』と『ウパニシャッドの精神』である。他の一冊とは異なり、この二冊はそれ以前に翻訳されたテキストをまとめ直した新版であり、アメリカ人読者のためにパッケージし直されていた。これらはアトキンソンがロサンゼルスにいたあいだ、ババ・バラティという人物と知り合ったことによって作り上げられたと思われる。バラティはクリシュナ信者でインドから来た伝道師だった。[6] アトキンソンはバラティについて好意的に記しており、バラティの『インドの光』誌（*The Light of India*）に二本の論文を寄稿した。二人はまた、ロサンゼルスのブランチャード・ホールでともに壇上に立って講演を行った。このホールは、一九世紀から二〇世紀の世紀転換期には、ロサンゼルスのメタフィジカル界の心臓部だった。

ラマチャラカの批判者たちは、（どれほどおかしな評価基準に則っていようとも）ラマチャラカの著作が本格的なヨーガの教えを示すものではない、あるいはアトキンソンはインドのヨギを騙《かた》る詐欺師だったといって退けようとするが、アトキンソンがバラティと繋がりをもっていたことはこうした意見と対立する重要な点である。また、アトキンソン自身がそうした意図をまったく持たなかったようにも思われる。彼にとって「ヨギ」とは人間の理想の形であって、それは彼と同時代の人々が「真の淑女」や「完璧な紳士」について語るのと同じようなことだった。この理想のヨギという器を通じて、アトキンソンは、人間が身につけることができる最高の性質と、彼がそれまでに出会ってきた最高の教えが最終的に生み出すものを思い描いた。アトキンソンによれば、ヨギとは壮健で、自然と無限なるものとに調和し、活動的で生産的な社会の一員だった。

ヨギ・ラマチャラカの著作中に示されたヨーガとは、どのようなものだったのだろうか。それは主に、神智学、初期のセルフヘルプと結びついたフィジカル・カルチャー、ニューソートや医療催眠術に見られる精神についての神秘的概念という、前述した三要素の混合体だった。

神智学はアトキンソンの理想のヨーガに哲学的枠組みを与えた。ヨーガとは人類の自然な進化と進歩の一部を成しており、他の諸伝統を補完し、それらとともに響き合うことによって、神智学的な意味での永遠の知恵と普遍の真理を指し示すものだった。アトキンソンはまた、神智学の著述家ラーマ・プラサーダに大きな影響を受けていたように思われる。ラーマ・プラサーダの著作『呼吸の科学とタットヴァ哲学――自然の素晴らしき力』は『ヒンドゥー・ヨーガの呼吸の科学』の一〇年前に出版され、彼が使用したヨーガの仕組みや宇宙論について、詳しく説明していた。また、アトキンソンが自著の思想を補強するために使用した科学的著作が、神智学の雑誌から取られたことを示す証拠がある。ラマチャラカの名前で出版された最初のものは、神智学者メイベル・コリンズの著作『途上の光』(*Light on the Path*)の紹介文であり、ラマチャラカとしての最後の文章は、『先進思想』誌上に発表された『途上の光』学習者のための一連の講義だった。

次に、ラマチャラカの著作中でアトキンソンが提示した呼吸と身体運動は、フィジカル・カルチャーに刺激をうけたものだった。ラマチャラカが提唱した訓練は、毎日一〇分から一五分間、自宅で道具をほとんど使わずに運動を行うというものであったが、これはフィジカル・カルチャーでは標準的なものだった。アトキンソンはしばしば、フィジカル・カルチャーの特定の著作から直接内容を借用し、呼吸と運動を完全に模倣して、それをヨーガの技法として提示した。ラマチャラカの著作『呼吸の科学』の構成が、アーサー・ルイス・ホーパーディクソンの『呼吸の技術の身体発達への応用』(*The Art of Breathing as Applied to Physical Development*)から取られたことははっきりしている。この本は一八九六年にイギリスで最初に出版されたものである。また、『呼吸の科学』で説明されるある歩行運動は、『美しき身体――デルサルトの哲学』(*The Body Beautiful: According to the Delsartian Philosophy*)から取られていた(7)。

フィジカル・カルチャーに刺激を受けたこのような運動が含まれていたために、ヨギ・ラマチャラカの著作は決定的に他とは異なるものになった。ヨーガについての他の著作はほとんどが哲学的なものだったが、ラマチャラカの読者たちはどこでも簡単に、そしてすぐに、ラマチャラカの教える運動を行うことができた。簡単にいえば、彼らはヨーガやヨギについて読んだり、想像するのではなく、ヨーガを自分でやって自分がヨギになることができたのだ。この運動はまた、書籍の文脈から簡単に切り離すことができ、その結果として、数多くの教師たちによって用いられ、利用された。

最後に、アトキンソンはニューソートと精神療法に親しんでおり、それらを通じて得られた精神の概念は、ラマチャラカの著作全体を貫く標準的な説明枠組みを提供した。そこでの「精神」は他人と相互に影響を与え合う能力を持つとされ、遠隔治療やインドのヨギの奇跡や呪いなど、当時信じられていた奇想天外なヨギの力を説明するものとなったのである。アトキンソンによるプラーナという力の概念は、彼が親しんでいたメタフィジカル的、セルフヘルプ的な世界で使われた多くの思想と調和的に機能することができた。プラーナは思考や精神を、食事や呼吸する空気や身体的健康と結びつけるものだった。

三　ラマチャラカの著作の拡散

現在から過去を振り返ってみれば、ラマチャラカの著作が国際的な成功を収めたのには、いくつかの実際的な理由があったといえる。スワミ・ヴィヴェーカーナンダの著作よりも一〇年遅れたとはいえ、アトキンソンのヨーガの著作は西洋で出版された最初期のものであり、一九二〇年代に登場する溢れるほどの書籍やパンフレットよりも早かった。また、ラマチャラカの著作はフランス語、スペイン語、ドイツ語、ロシア語、日本語といった複数の言語にすぐさま翻訳された。

全体を一つの作品としてとらえれば、ラマチャラカの一三の著作はそれ自体で一つの小型図書館を創り出していた。一三の著作は同じ論調と様式を備え、また、互いに補完しあっていた。一つの著作を読んだ学習者は、運動や衛生から哲学やメタフィジカルにまで及ぶ、他の一二の類似した著作を見つけ出すことができた。これにはヨギ出版協会の手腕も関わっており、成功した原因のいくらかは出版社にあったといえる。ヨギ出版協会は、イギリスのファウラー社や、インドの「隠れた光の文化」社とのあいだに国際提携を結んでネットワークを築いており、その通信販売事業は広範囲に及んでいた。そのためラマチャラカの著作は、世に出された瞬間から世界規模の読者を獲得した。

また、ラマチャラカの著作は多くのものから影響を受けていたために、別々の集団やさまざまな流派の思想を奉じる人それぞれにとって接しやすく、「正しい」ものとなることができた。ラマチャラカの著作の成功は、ある文化が他の文化によって変化し、その変化した文化がもとの文化と混淆するという、アゲーハーナンダ・バラティが描いた再・文化適応の顕著な例である[8]。

神智学者たちはラマチャラカの著作に神智学的な理想を発見し、それらがヒンドゥー教の知恵に由来すると考えることができた。それは逆に、ラマチャラカの著作の正しさを補強することにもなった。マーク・シングルトンが指摘したように、書籍販売業者や出版社の広告やカタログは、この点についてさまざまなことを明らかにしてくれる。なぜなら彼らは顧客とその性格をよく知っていたからだ[9]。現存する世界中の書籍販売業者の記録を見ると、ラマチャラカの本はさまざまな流派の思想とよく一緒に掲載されているが、これはラマチャラカの書籍が人気を博し、神智学の著作とともに違和感なく棚に並んでいたことを証明するものである。

フィジカル・カルチャーと女性の美への関心もまた、ラマチャラカの著作が非常によく目につくものとなる原因となった。『クリーヴランド・リーダー』紙と『デンヴァー・ポスト』紙には「健康および美容法」が掲載され、ラマチャラカの著作と運動に言及していた。主要な新聞や雑誌は健康と美容を扱うのでなければ、神秘主義的著作や教えのようなものには注意を払わなかったはずである。[10] 世界的に有名なダンサー、ルース・セント・デニスは広く配信された記事で「私の健康、美、幸福の秘訣」を読者に示したが、その秘訣のなかにはヨギ・ラマチャラカが著作で示した「浄化の呼吸」が含まれていた。[11]

さらに、多くのフィジカル・カルチャーの著述家たちは、ラマチャラカの運動のなかで自分自身の発想に出逢い、これによって奇妙なフィードバックの輪が生み出された。ウィリアム・ウォーカー・アトキンソンはフィジカル・カルチャーから借用してヨギ・ラマチャラカの運動を生み出し、次いでラマチャラカの運動に出逢った西洋のフィジカル・カルチャー実践者たちは、それらが古代ヒンドゥー教のものであると思いこみ、時代を越えて普遍的に認められたものとして喜々として太鼓判を押した。ダニエル・セイジャーが一九〇六年に出版した『健康生活の技法』（*The Art of Living in Good Health*）はラマチャラカの運動を借用しており、B・フランク・スコールも『健康の図書館』（*Library of Health*）でヨギ・ラマチャラカの著作『ヒンドゥー・ヨーガの呼吸の科学』から「ヨーガの有声呼吸」「浄化の呼吸」「神経活性の呼吸」を借用していた。

最後に、ラマチャラカの書籍はニューソート的な精神を強調したために、ニューソートばかりでなく、心霊研究、心理学、呪術やオカルティズムといった類似の分野に関心を持つ人々をも引きつけることができた。ヨギ・ラマチャラカの著作は二〇世紀初頭に『ノーティラス』『スワスティカ』『ニューソート』といったさまざまなニューソート誌上で広告されていた。これらのすべての要素は一体となり、アトキンソンのヒンディー語めいた偽名の神秘性や、著作の人気と結びついた。ヨギ・ラマチャラカは二〇世紀の最初の数十年間にはよく知られ、確固とした評判を得ていた。ある者は皮肉を込めて、ラマチャラカをヴィヴェーカーナンダとスワミ・アベーダーナンダとの間に位置づけた[12]。その六年後、より共感的な態度の人物は、アトキンソンの筆名を本格的な思想家たちのあいだに位置づけ、「メーテルリンク、ラマチャラカ、タゴールのような詩人や神秘家を笑ったり、真剣に注目したりすることは、我々のためになるのか」と書いた[13]。

四　ロシアと日本の例

ヨギ・ラマチャラカの著作が独自の発展を遂げた国や地域については、フランス、ラテンアメリカ、インドなど、いくらでも例を挙げられる。ヨギ・ラマチャラカの著作が見つからない国や地域を探すことの方が難しい。一九三五年、エクアドルからはラマチャラカの著作について尋ねる書簡が出されていた[14]。一九一〇年、ラマチャラカの著作はオーストラリアのニューサウスウェールズ州の新聞『クインビー時代』でも言及されていた[15]。一九三二年、ノルウェー語の書籍『新しき日』(*Ny Dag*)のなかで、ヨギ・ラマチャラカは恐らくは架空のインドのヨギ、「カルカッタ出身のミスター・バッジャーズ」の推薦を受けていた。

ラマチャラカの著作がどのように世界中に広まったのかを示す格好の事例研究となるのがロシアである。ラマチャラカの著作のほとんどが一九一〇年代の帝政末期にロシア語に翻訳されたが、それは時宜にかなったものであり、日露戦争後のロシアでは東洋とオカルトに対する関心が一層高まっていた。ラマチャラカの著作の何冊かは、出版社「新しき人間(Novyi Chdovek)」によってサンクトペテルブルグで出版されたが、大半は二〇世紀初頭の東欧の神秘主義とオカルティズムの中心地だったラトヴィアのリガで出版された。ロシア語に翻訳されたラマチャラカの著作は、神智学の書籍やスワミ・ヴィヴェーカーナンダの本、オカルト治療や呪術の本とともに販売された。この間、これらの著作は芸術家や知識人によって取り上げられ、さまざまな方法で使用された。例としては作曲家でピアニストのアレクサンドル・スクリャービン、画家で芸術理論家であり、後にバウハウスで教えたワシリー・カンディンスキー、演出家コンスタンティン・スタニスラフスキーとその非常に影響力のあった演技法などが挙げられる。

一九一七年にロシア革命が起こり、その後鉄のカーテンが下ろされたため、ヨーガについての限られた情報源の一つとなった。ヨギ・ラマチャラカの著作は七〇年間という驚くべき期間にわたって、ヨーガについての哲学についての本を彼女に贈った。二〇〇一年にディトリク・リパツが書いた『ヒョードル教授とランニング』（*Running with Professor Fyodor*）には、ソビエト時代のロシアで複製されたこの種の本についての典型的描写が見られる。「ヨーガの哲学についての本を彼女に贈った。それはラマチャラカとかいう人物が一〇〇年前に書いたものだった。その本は革命前の新刊本のコピー本で、古めかしい文字で溢れ、あるページでは印刷が読めなくなっていた。ヴィクトリアは文章を読むのに虫眼鏡を用い、多くの時間を費やした」。大学教授であり『ロシアの仏教』（*Buddhism in Russia*）の編者でもあるアンドレイ・テレンティエフは、この時代のラマチャラカの著作との出会いを「異世界から何かが降ってきた」かのように述べた[16]。

一九八〇年代後期のグラスノスチによって、ヨーガ実践の新たな情報が入ってくるようになったが、そのころにはラマチャラカはロシア人であり、インドに旅して母国のロシア人のためにヨーガの知恵を持ち帰ったとする伝説は、誕生してからかなりの時間が経っていた[17]。おそらく、ヨギ・ラマチャラカの著作のロシア語訳がもたらした最大のインパクトは、ユージニー・V・ペターソンというラトヴィア人のものであろう。彼女は少女時代に『ヨーガ哲学と東洋オカルティズムについての一四講義』に出会い、たちどころにインドに旅することを心に誓った。彼女はついにはそれを成し遂げ、インドで高名なヨーガ教師クリシュナマーチャーリヤのもとに学んだ後、合衆国に渡って多くの有名人にヨーガを教え、「インドラ・デーヴィー」の名でベストセラーとなる本を出版した[18]。インドラ・デーヴィーが二〇〇二年に一〇二歳で亡くなったとき、彼女はハタ・ヨーガを西洋人に紹介した先駆者にして、独特な文化大使の役割を果たした人物として称えられた。

アトキンソンがヨギ・ラマチャラカとしての最後の著作を書き上げる直前には、その著作は精神療法とメタフィジカル実践に対する関心の波が押し寄せた日本でも広まり始めていた。これは、ロシアでの大きな影響にも匹敵する影響の連鎖の始まりとなった[19]。一九一二年、普遍的物質「ヴリル（Vril）」についてのアトキンソンの書籍が日本語に訳された[20]。一九一三年、忽滑谷《ぬかりや》快天は英語の著作『武士の宗教――禅の哲学と修行』（*The Religion of the Samurai; a Study of Zen Philosophy and Discipline*）で、ヨギ・ラマチャラカの著作から引用して呼吸法を説明した[21]。同年、曹洞宗の禅僧だった忽滑谷は、自著『養気錬心乃実験』のなかでラマチャラカのヨーガについて要約した。忽滑谷の参考文献一覧には、ヨギ出版協会が出版したり頒布したりした数多くの書籍が並べられていた。一九一五年、松田卯三郎がヨギ・ラマチャラカの著作の一つを『ヒンドゥー・ヨーガの呼吸の科学』の別の版とともに、はじめて日本語に翻訳した。

この第一の波は一九二〇年代まで継続し、ラマチャラカの著作から呼吸法を説明した思想や運動が利用された。オステオパシーの日本への導入にも影響を与えた可能性があり、早稲田大学の平野直子の指摘によれば、ラマチャラカの著作は臼井甕男らのレイキや、それに関連した実践とのあいだにつながりがあるようだ[22]。

ラマチャラカの著作は二次的な方法でも日本に流入した。もっとも注目すべきは、アメリカのニューソートを率いたアーネスト・ホームズとフェンウィック・ホームズの兄弟である。彼らは二人ともヨギ・ラマチャラカの著作に影響を受けていた。フェンウィック・ホームズの著作と、アーネスト・ホームズの宗教科学派は谷口雅春に甚大な影響を与えた。谷口は日本のニューソートの指導的存在の一人であり、生長の家の創立者となった。生長の家は現在世界最大のニューソート組織である。

もっとも重要なのは、心身統一法の創始者である中村天風である。三〇歳にして結核を患った天風は、二〇世紀の最初の一〇年間、治療法を求めて数年にわたって合衆国全土を旅行し、一時はニューヨークのコロンビア大学で学んだ。一九一一年の春、天風は日本に帰国することを決め、帰国の途上でエジプトのカイロに一時逗留した。天風の言うところでは、彼はこの時カリアッパという謎めいた師に出会い、ヒマラヤに行って彼とともに学ぶよう説得された。カリアッパとともにインドで二年間学ぶと、天風の結核は癒された。天風は霊的な悟りとヨーガの知恵に満たされて日本に戻り、統一会を創始した。

天風自身による説明以外では、カリアッパという人物が実在した証拠はほぼ存在しない。天風の説明とカイロという邂逅の場所は、当時よくあった神秘的な「隠遁の師」の話に、アレイスター・クロウリーの影響を加味したものであることを思わせる。天風の第二の師はそれに比べれば現実味がある。それはヨギ・ラマチャラカだった。中村天風の著作のなかにはヨギ・ラマチャラカの技法を見出すことができ、アトキンソンが使用した「ヴリル」という言葉もみられる。そして天風が学んだヨーガのスタイルはカルマ・ヨーガとラージャ・ヨーガだが、アトキンソンはこの両方の思想について、ラマチャラカの筆名で著述を行っていた。

天風の弟子のひとりで合気道指導者の多田宏は、「気の錬磨」として知られる呼吸法の体系と瞑想運動を作り上げた。あるインタビューで多田は、明治維新のころに「一流のヨーガ指導者たちがインドからヨーロッパやアメリカに移住していた」と語った。多田によればその一人がラマチャラカだった。おそらく天風を通じて多田に伝えられた可能性が高いが、多田は以下のような魅惑的な説明を行っている。

ヨギ・ラマチャラカというヨギがいました。トマス・エジソンは実験中に電気ショックによって神経病を発症したことがありました。そのために彼はひどく体調を崩し、西洋医学では治らなかったのです。彼のことを心配した人々がインドのヨギの話を聞き、当時のイギリスのインド副王を通じてアメリカにヨギを招聘しました。それがラマチャラカだったのです。エジソンはラマチャラカの指導によって癒されました。呼吸法と瞑想法のほかに、ラマチャラカは日本であれば「公案」と呼ばれるべきものを作ったといわれています。エジソンは精神を落ち着かせて公案の答えを編み出しました。ラマチャラカは後に「今まで私は多くの人々に教えてきたが、エジソンほど賢い者はいなかった」と述べたといわれています。……もちろん、ラマチャラカ以前にも、ラマチャラカの後にも、多くの偉大なヨギがインドからやってきました。(23)

天風はヨーガ指導者としてだけではなく、ビジネスマンとして信じがたいほどの成功をおさめた。中村天風から直接教えを受けたという一〇万人ものなかには、驚くべき数の財界人や政府高官がいる。アトキンソンは元弁護士であり、実利的な成果と世俗的成功に関心を抱いていた。アトキンソンのヨーガの教えが世界を旅し、天風を通じて日本で受け入れられ、その弟子にパナソニック、日立、川崎重工といった会社のトップ、そして一九五七年に日本に滞在したジョン・ロックフェラー三世がいたということは、理にかなったことでもあり、同時に皮肉なことである。

五　一九二〇年代から一九五〇年代まで、および文化的影響

アトキンソンは一九二〇年代初頭に再びロサンゼルスに移住した。ラマチャラカとして最後のものとなった一三番

目の著作を出版して一〇年もたたないころのことである。彼は、一九三二年に亡くなるまで南カリフォルニアで生活した。アトキンソンの晩年には、ラマチャラカの作品は地球を一周して広まり、さまざまな形で影響力を持った。

　ラマチャラカの著作が相当数のアメリカ大衆をヨーガへと導いたとみるのには、それなりの根拠がある。一九二〇年代にはインド生まれのヨーガ教師たちが何十人も合衆国におり、街から街を旅して講演し、個人教室で教えていた。こうした教師たちのほとんどはブリコラージュを行い、自分自身の出自に由来する諸要素を、アメリカのメタフィジカル探求者たちのあいだで人気を博していると思われたものと結び合わせた。こうした教師たちの多くは、ヨギ・ラマチャラカの著作に説かれる系統立った運動を頻繁に借用し、それを彼ら自身が発案したものとして、もしくは古代ヒンドゥー教の技法として提示した。ラマチャラカに由来する「ヒンドゥー・ヨーガの呼吸の科学」という言葉は、リシ・シン・ゲールワルのようなヨーガ教師の広告文のなかに定期的に見られた[24]。リシ・クリシュナーナンダは、ラマチャラカの『呼吸の科学』のかなりの部分をそのまま『呼吸の神秘』として自分の名前で再版することまで行った[25]。同様に、フェリクス・ギュイヨ（実名コンスタント・ケーネイヅ）は、ラマチャラカの『呼吸の科学』から「プラーナヤーマの運動」をとって、一九三七年の彼の著作『ヨーガ――健康の科学』（*Yoga: The Science of Health*）に使用した。

　ラマチャラカの著作はヨーガの知恵についての簡便な小型図書館でもあった。アメリカにいた多くのインド生まれのヨーガ教師たちは、自分で本を書くかわりに、ラマチャラカの著作を本物のヨーガの知恵として弟子たちに販売した。一九四〇年代末から一九五〇年代半ばの七年間以上にわたって、デーヴァ・ラーム・スクルはヨギ・ラマチャラカの書籍をヨギ出版協会から卸売価格で購入し、少なくとも年間一〇〇部を弟子たちに販売した[26]。サント・ラーム・マンダルは、ラマチャラカ編の『バガヴァッド・ギーター』に、自分の名前をサインして献本することまで行った。

　もっとも酷いと思われる借用事件は、アトキンソンの死の直前に起こった。一九二七年、H・スペンサー・ルイスという、バラ十字結社組織「古の神秘バラ十字結社」（略してＡＭＯＲＣ）のリーダーは、主催する『神秘の三角形』誌（*The Mystic Triangle*）の読者に対してラマチャラカの本への警戒を促し、以下のように述べた。「アメリカや諸外国において今日広く販売されている、ヨーガの教えを主題にした本がある。……その真の著者はアメリカ人で、インドにも他の東洋の国にも一度も行ったことがなく、ヨーガの体系や実践について無知であり、本を読んで勉強した他の人たちと変わりはない。何百ページにも及ぶその本のなかには、真のヨーガ実践について、入念に検証された本物の要素はまったく含まれていない。多くの国の政府当局が、この書籍は人々の注目を集めるためだけに書かれて出されたものであり、求道者を惑わせて多大な販売利益を得ているとして非難している」[27]。二、三年後の法廷での裁判においてルイスは、自分の講演の素材の多くは、ヨギ・ラマチャラカ『呼吸の科学』から「謝辞も引用もなしに」借用したものであることを証言する破目になった[28]。

ラマチャラカの著作は、この期間にメタフィジカル界隈を越え、世界各地で、さまざまな種類の芸術家たちに重大な影響を与えた。そのうちのもっとも興味深い二つの例は詩とジャズである。

アイルランド人の小説家、ジェームス・ジョイスは『ヨーガ哲学と東洋オカルティズムの一四講義』を一冊所有していたが、ヨギ・ラマチャラカの著作はモダニスト運動を率いたアメリカ人詩人、エズラ・パウンドにさらに甚大な影響を与えた[29]。パウンドはその詩業中、あるソネットの脚注ではラマチャラカに言及し、ある詩のなかでは『ハタ・ヨーガとよき生のヨーガ哲学』に触れ、ラマチャラカの著作からヴリッタ（vritta）という言葉、渦のイメージ、原子の概念を引用した[30]。パウンドは十代のころペンシルヴァニア州におり、「ヨギ」の本をガールフレンドのヒルダ・ドゥリトルに贈り、その後も一九五〇年代半ばまで、友人や知人に「小さな青いヨーガの本」を贈り続けた[31]。パウンドは、一九四五年から一九五八年までの一三年間、ワシントンＤＣの聖エリザベス精神病院にいたが、ラマチャラカの呼吸運動を朝の日課の一部として行っていた。運動の詳細な記述からは、呼吸運動の一つは『呼吸の科学』の第一三章にあるリズム呼吸だったことが窺われる。(32)

ジャズ音楽家のメイナード・ファーガソンは、トランペットを高音域で演奏する驚異的能力によって高名だが、彼は少なくとも一九七〇年代という早い段階でラマチャラカの呼吸運動を、音楽家のための医院で推奨していた。ファーガソンはかつてマイルス・デイヴィスに対して、演奏音域を広げるためにハタ・ヨーガの呼吸運動を勧めたこともある。(33)ファーガソンやボビー・シューのような他のジャズ音楽家たちがお墨付きを与えたことによって、『呼吸の科学』は音楽教育学の基本書となり、特に金管楽器奏者によって使用された。本は公《おおやけ》に推薦されもしたし、その思想は半世紀以上にわたって作者不詳の形で再版されもした。(34)ラマチャラカの著作はファーガソンの霊的な旅路の最初の一歩となり、その旅路のなかで、彼はインドに何度も旅行し、サティヤ・サイ・ババを導師とした。(35)

六　一九六〇年代と対抗文化

対抗文化のヒッピーたちは、一九六〇年代後半に大挙してアジアに霊的知恵を求めたが、ラマチャラカの本は彼らにとってヨーガについての絶好の小型図書館となった。ロン・ミロ・ドゥケットは、魔術について一八冊の著作を出版し、東洋寺院団（Ordo Templi Orientis）とグノーシス・カトリック教会（Ecclesia Gnostica Catholica）という宗教団体の役員だった人物である。彼のオカルティズムとの出会いは、一九六六年に三冊のラマチャラカの本を読んだことだった。(36)「ソース・ファミリー」として知られるロサンゼルスのコミューン団体ではラマチャラカの著作が読まれており、メンバーの一人は団体の指導者ファーザー・ヨッドから「ラマチャラカ」という名前を与えられていた。(37)カルロス・カスタネダが師ドン・ファンのもとで経験した（とカスタネダ自身は主張する）ことをまとめた本は、ベストセラーとなって非常な人気を博し、ヒッピーのあいだにシャーマニズムを広めたが、カスタネダは先住民の知恵を捏造するうえで、ラマチャラカの本から剽窃している。カスタネダのある著作には、アメリカ先住民ヤキ族のドン・ファンが教えてくれたという人間のオーラについての説明があるが、これはラマチャラカの『ヨーガ哲学と東洋オカルティズムについての一四講義』からほぼそっくりそのまま取られていた[38]。

おそらく、この時期のラマチャラカの人気をもっともはっきりと示す証拠は、版元であるシカゴのヨギ出版協会に見られる。版元はこのころには名前と場所をいささか変え、イリノイ州デスプレインズに移ってヨーガ出版協会と名乗っていた。ラマチャラカの一三の著作の出版を続け、そのうちの何冊かは重版していた。ラマチャラカに対する世間の関心は非常に高かったようで、ヨーガ出版協会は著者について尋ねる人々のため、返信用に一枚の手紙を用意していた[39]。単に知らなかっただけなのか、それとも関心を一層煽りたかったのか、この手紙は空想上の内容に実在の人物や出来事を混ぜ合わせることで、ラマチャラカの著作の奇妙な背景を創作していた。

この手紙によれば、本物のヨギ・ラマチャラカは一七九九年にインドで生まれ、半世紀以上にわたって徒歩でインド亜大陸を旅行し、ヒンドゥー僧院、ラマ教僧院、あるいは富豪の書庫のなかに知恵を追い求めた。このインド人のラマチャラカはババ・バラタという若い弟子を取っており、二人はともに旅をしてラマチャラカがかつて巡った場所を訪れた。一八九三年、師は自分の死が近いことを感じ、弟子をシカゴ万博に派遣して講演をさせ、より広い世界に自分の教えを広めさせようとした。奇妙なことに、この話のなかのババ・バラタは万博で見事な講演を行って成功をおさめたとされるが、「執筆の才能が一切なかった」ため、その思想を出版することができなかった。一九世紀から二〇世紀への世紀転換期に、ババ・バラタはイギリス人の著述家とされるアトキンソンに出会い、二人は協力して一連の著作を書き、ババ・バラタの師への尊敬の念から、著者を亡きヨギ・ラマチャラカとした。

この手紙はババ・バラティという実在の人物の特徴をババ・バラタという架空の登場人物に幾分与え、一八九三年にシカゴの万国宗教会議で行われたスワミ・ヴィヴェーカーナンダの有名な講義を引き合いに出して、作り話にいくつかの事実を混ぜ合わせているように見える。さらに重要なのは、ヨーガ出版協会が創作したこの話が、この時すでに広く名が通っていた西洋人アトキンソンの関与を話に含めながらもなお、ラマチャラカの著作を本格的なインドのものとしていたことだ。この手紙はラマチャラカの著作の秘密を明かすとともに、著作を取り巻く神秘的な雰囲気を保ち続けるものだった。

ヨーガ出版協会による話は広く受容されて頻繁に繰り返され、今日でも生き残っている。一九七五年、人気著述家ブラッド・スタイガーは、インド人のラマチャラカがもう九年長生きしたことにして、同じ話を繰り返した。[40] アレックス・ジャックは『ニューエイジ事典』（一九九〇年）において、「弟子ババ・バラタを一八九三年のシカゴ万博に送ったインドの賢者」に言及した。[41] 二〇〇四年、エリザベス・カディスキーは、『はじめに山あり』と題された回想録にしてヨーガ史を兼ねた本のなかで、ババ・バラタとともに一八九三年の万博に向かった旅の仲間にスワミ・ヴィヴェーカーナンダを加えて、再び同じ話を語った。[42] 同じ時期には、ババ・バラタという仲介者を消し去り、アトキンソンはシカゴでの法律の仕事を辞めてインドにヨーガを学びに行き、合衆国に戻ってラマチャラカの著作を書いたとする別の話も出現した。[43]

結論

アトキンソンが偽名を使っていたこと、想像上のインド人・ラマチャラカに対する要求や期待、二〇世紀のあいだに創作されたり憶測で書かれたりした互いに矛盾しあう多様な歴史。これらのために、ラマチャラカの著作には混乱と矛盾が遺された。イギリスのスパイだったポール・デュークス卿は、ラマチャラカとしてのアトキンソンはペテン師で日和見主義者だったという、おそらくもっとも悪意ある見方をした。『終わりなき探求』という回想録で語られるデュークスの説明は疑わしく不明瞭だが、その主張するところによれば、彼は戦間期のシカゴで「ジャマラスワミ氏」の出版社を訪問し、「どちらかというとみすぼらしい建物の奥の部屋」で秘書と面会したが、その秘書は「彼はすべてを他人の本から取って、でっち上げを書いている。なぜなら、儲かるからだ」と述べて、著者はアメリカ人「アトキンス氏」であると冷笑的に明かしたという[44]。同じ時期に、チャールズ・ファーガソンは、アトキンソンがヨーガについて書いた「耐え難いはったり」に「権威ある雰囲気を加えるために」ヒンドゥー教的な名前を使うことにしたのだと記した[45]。ジョセフ・S・オルターは、シュリー・ヨーゲーンドラに関する近年の論文において、「（ヨギを）詐称したさまざまな種類の多様な人々」のなかでも「もっとも有名な者の一人」としてアトキンソンに言及した[46]。

このように、ヨギ・ラマチャラカは単なる筆名であり、本当はアメリカ人でその実際の名前はウィリアム・ウォーカー・アトキンソンだったとすることは、著作と著者を区別しようとするものだ。しかし、ラマチャラカの著作に込められたメッセージがアトキンソンの他の著作でも一貫していたことから見ても、事実上そのような区別は存在しなかった。さらに、彼がペテン師だという描写は、アトキンソン＝ラマチャラカの人生と遺産によって覆されるものである。

確かにある程度の混乱はあったものの、アトキンソンがラマチャラカの著作の著者であったということは、そのほとんど初めから世界中で公然の秘密となっていた。最初のラマチャラカの著作が出版されてからたった三年後、ニューソートの『ノーティラス』誌はヨギ・ラマチャラカを「アメリカでもっとも有名なニューソートの著述家の筆名である」として宣伝した。雑誌の編集者エリザベス・タウンは、同じ主張を一九一〇年に繰り返し、「ヨギ・ラマチャラカは素晴らしいアメリカ人著述家だが、私は実名を明かさないと誓った」と述べた。[47] 一九〇九年、『タイムズ・オブ・インディア』はラマチャラカが「アトキンソンという名の紳士である」としており、一九一三年、アメリカの書籍流通誌『パブリッシャーズ・ウィークリー』はアトキンソンの名前を偽名とともに目録に載せていた。[48] 一九二八年と一九三〇年に出版された合衆国の宗教についての二冊の本もまた遠慮なしに、アトキンソンがヨギ・ラマチャラカの著作の著者であるとしていた。[49]

もっとも多くを物語るのは、一九〇八年から亡くなる一九三二年まで、『アメリカ名士録』(*Who's Who in America*)という広く使われた人名事典にアトキンソン自身が寄稿し、自分がラマチャラカの著作の著者であることを進んで認めていたことである。一九二五年、アトキンソンはロサンゼルスで講演を行ったが、『ロサンゼルス・タイムズ』上では彼の公の名前と筆名を堂々と並べての宣伝が行われた。

今日思い返されることはほとんどないが、二〇世紀初頭のアメリカには、大衆に不可思議な東洋の神秘主義を力説したヨーガ教師たちが、何百人とまではいかないまでも、何十人と存在していた。彼らのなかには真偽は怪しいがインドとのつながりを主張する西洋人もいたし、近代的で、教養があり、西洋化されていたにもかかわらず、そうした背景を見せないようにした合衆国のインド人もいた。彼らの多くは名前を変え、高価な個人指導コースを売りこんだり、癒しや死者と触れ合う交霊会のような個人的なサービスを提供したりするために、その仮面を利用した。ヨーガの知恵という見せかけが、金もうけや、だまされやすく何でも真に受ける人々を利用するための単なる方便だったということも多かった。この文脈のなかでは、アトキンソンが偽名を使ったことは特別変わったことではないし、著作を書くために偽名を使っただけならば、それがたとえ詐欺であったとしても大したものではないように思われる。

もっとも正確なラマチャラカについての説明は恐らく、インドに拠点を置いた『ヨーガ・ワールドワイド』誌に掲載された一九七二年の論文にある「でっちあげならぬでっちあげ」という記述だろう。この論文はまた、ラマチャラカとしてのアトキンソンが、「多くの人がヨーガを自力で発見するよう導いた」と結論づけた。[50] 同様に、モウニー・サドゥーとして知られたポーランド人神秘家のミエクジスロー・スドヴスキーは、自著『意識の集中――精神統御の指南』（*Concentration: A Guide to Mental Mastery*）の前書きにおいて、アトキンソンがラマチャラカとして書いたものに触れている。彼のラマチャラカについての説明には尊敬の念がこもっており、同時に公平で注意深いものである。「（それらは、）賢明で意図的な、（アトキンソンの）折衷的方法にもとづいていた。……それらは実践的な助言に満ちており、おそらくこの種のものでは最良で、もっとも独自性があるものだった。彼は、その時代に知られていたさまざまな書物のなかから見つけることができた、最高の素材を選んでいた」。

皮肉なことではあるが、ヨギ・ラマチャラカの著作が奇妙で非本格的で質の低いものに見える原因となっていた、まさにその特徴のために、それは近代ヨーガの歴史をも越えて、広く長期的な影響を与えることができたのかもしれない。文字のなかのラマチャラカは世界を股にかけ、他のどんな生身の導師よりもはるかに長生きし、多くの子孫を残した。ラマチャラカの著作を、西洋の教えや俗世間的関心と妥協した、薄められたヨーガだと蔑んだ人々もいたが、これはしばしば親しみやすさや有用性につながった。ラマチャラカの著作を単純化された初心者のための指導書だとして嘲った人々もいたが、それは多くの人々にとってのヨーガへの入り口となった。彼らはラマチャラカの運動を皮切りにさらなる学習へと進み、それらを精神療法や霊的療法、フィジカル・カルチャー、芸術といった多様な領域、多様な実践に取り込んでいった。

ヨギ・ラマチャラカの著作はさまざまな影響のもとで形成され、その後は逆に、世界中で多くの実践に影響を与えた。このように、たった一人の著述家に発するものでさえ、思想の歴史は非常に豊かで複雑である。ラマチャラカは、「東洋」と「西洋」という区分が多くの場合、無意味なものではないにせよ、実はぼんやりとしたものだということを明らかにしてくれる。そして「ヨーガ」「神智学」「ニューソート」、さらには「フィジカル・カルチャー」といった別々の伝統は、ジョン・パトリック・ドゥブニーが言ったような「一つのアマルガム」になってしまう[51]。シカゴの医療催眠術が、アメリカ人が書いたヨーガの本を通じて日本の精神療法に影響を与えたような例は、一見しただけでは非現実的で稀なことのように思われる。しかし、ラマチャラカとその他の著作の歴史をよく検討すれば、さまざまな実践のあいだにあるトランスナショナルなネットワークや類縁関係が明らかになり、こうした歴史的交流はありふれたものだったことが示されるのである。

註

（1）「フィジカル・カルチャー」とは、一九世紀のヨーロッパ、英国、合衆国で始まったムーブメントであり、食餌法と運動によって身体の健康と発達を最大限に引き出そうとするものである（訳注：physical culture の歴史的・文化的な特殊性を重視して、本章では「身体鍛錬」などと和訳せずにカタカナで表記した）。一例として、インド式棍棒のグローバルな展開がある（Joseph S. Alter, "Indian Clubs and Colonialism: Hindu Masculinity and Muscular Christianity," *Society for Comparative Study of Society and History*

(2004), pp. 497–534)。

（2）ここでの「メタフィジカル」は、キャサリン・オルバニーズによって用いられた概念で、精神の力、宇宙論的相互感応の理論、偏在するエネルギー、癒しや病気治しの形態をとった救済といった信念を共有する、一群の宗教伝統を表している（Catherine L. Albanese, *A Republic of Mind and Spirit: A Cultural History of American Metaphysical Religion*, New Haven & London: Yale University Press, 2007, pp. 13–16）。

（3）『密教』への言及は、一九三〇年八月二八日付でアトキンソンがM・C・シーグレイヴ（M. C. Seagrave）に出した書簡（ウィリアム・ウォーカー・アトキンソンの家族の私的コレクション）に見られる。

（4）アトキンソンの生涯についてのより詳細な記述は、以下の書籍の序文を参照のこと。*The Kybalion: The Definitive Edition*（New York: Tarcher/Penguin, 2011）, pp. 1–44.

（5）一三作品の原著名は、以下のとおりである。

1903 *Correspondence Class Course in Yogi Philosophy and Oriental Occultism*
1904 *Fourteen Lessons in Yogi Philosophy and Oriental Occultism*
1904 *The Hindu-Yogi Science of Breath*
1904 *Hatha Yoga, or the Yogi Philosophy of Well-Being*
1906 *A Series of Lessons in Raja Yoga*
1906 *The Science of Psychic Healing*
1907 *The Bhagavad Gita or The Message of the Master*
1907 *The Spirit of the Upanishads or The Aphorisms of the Wise*
1907 *A Series of Lessons in Gnani Yoga*

1907　*A Series of Lessons in Mystic Christianity*
1908　*The Inner Teachings of the Philosophies and Religions of India*
1909　*The Hindu-Yogi System of Practical Water Cure*
1912　*The Life Beyond Death*

ラマチャラカ（ウィリアム・ウォーカー・アトキンソン）著作の日本語訳、抄訳には以下のものがある。3の原著は匿名で発表されている。

1　ラマチャラカ著、松田卯三郎訳『深呼吸強健術』（大学館、一九一五年）[*The Hindu-Yogi Science of Breath*, 1904]
2　ラマチャラカ著、松田霊洋（卯三郎）訳『最新精神療法』（公報社、一九一六年）[*Science of Psychic Healing*, 1906]
3　安東禾村『意志療法活力増進の秘訣』（日本評論社出版部、一九二二年）[*Vril: Vital Magnetism*, 1911]
4　ラマチャラカ著、二宮峰男訳『研心録』（実業之日本社、一九二四年）[*A Series of Lessons in Raja Yoga*, 1906]
5　白石喜之助『印度哲学の精華ヨギ哲学』（新生堂、一九二七年）[*A Series of Lessons in Gnani Yoga*, 1907]
6　清水正光『呼吸哲学』（人文書院、一九三一年）[*The Hindu-Yogic Science of Breath*, 1904 他]

その他、ラマチャラカのヨーガを紹介した本には、忽滑谷快天『養気錬心乃実験』（東亜堂書房、一九一三年）、山田信一『山田式整体術講義録』（山田式整体術講習所、一九二〇年）、西村卜堂『生の源泉プラナ』（龍吟社、一九二八年）がある。

（6）バラティについての詳細は以下の文献を参照のこと。Gerald T. Carney, "Baba Premananda Bharati (1857–1914), An Early Twentieth-Century Encounter of Vaisnava Devotion with American Culture: A Comparative Study," *Journal of Vaisnava Studies*, Spring 1998, pp. 161–188.

(7) L. Dow Balliett, *The Body Beautiful: According to the Delsartian Philosophy* (Atlantic City: Published by the Author, 1901), p. 27.

(8) Agehananda Bharati, "The Hindu Renaissance and its Apologetic Patterns," *The Journal of Asian Studies*, Vol. 29, No. 2 (Feb. 1970): pp. 267–287.

(9) Mark Singleton. *Yoga Body: The Origins of Modern Posture Practice* (Oxford: Oxford University Press, 2010). マーク・シングルトン『ヨガ・ボディ――ポーズ練習の起源』(喜多千草訳、大隅書店、二〇一四年)。

(10) "How to be Healthy and Beautiful," *Cleveland Leader and Denver Post*, November 22, 1903.

(11) Ruth St. Denis, "My Secrets of Health, Beauty, and Happiness," *Seattle Daily Times*, May 25, 1924.

(12) "Hypatia-Bruno-Besant," *Seattle Daily Times*, September 28, 1909.

(13) "Concerning the Miraculous," *Greensboro Daily News* (North Carolina), July 18, 1915.

(14) Deva Ram Sukul から Rene Moreno への一九三五年三月一八日付書簡。Louise Evans Collection, Stanford University (M1153, Box 12) 所蔵。

(15) "Hindoo Breathing Exercises," *Queanbeyan Age*, New South Wales, June 3, 1910.

(16) 二〇一四年一〇月一〇日、著者とアンドレイ・テレンティエフとの会話より。

(17) "Nancy Ford-Kohne, Yoga, Soviet-Style — An Eyewitness Report," *Hinduism Today*, December 1990.

(18) 以下の著作を参照のこと。Michelle Goldberg, *The Goddess Pose: The Audacious Life of Indra Devi* (New York: Alfred A. Knopf, 2015).

(19) ヨギ・ラマチャラカの著作の日本における歴史については、舞鶴工業高等専門学校の吉永進一教授をはじめ、その他の研究者、学生諸氏に多くを負っている。

(20) 安東禾村『意志療法活力増進の秘訣』(日本評論社出版部、一九二二年)。アトキンソンの原著は、匿名で出版された以下の書籍である。*Vril or Vital Magnetism, Volume Six of the Arcane Teaching*（Chicago: A. C. McClurg & Co., 1911）.

（21）同書、一九〇頁を参照のこと。

（22）Naoko Hirano, “The Birth of Reiki and Psycho-spiritual Therapy in 1920's-1930's Japan: The Influence of “American Metaphysical Religion,”” *Japanese Religions*, Vol. 40, No. 1 & 2: pp. 65–83.

（23）http://www.aikidosangenkai.org/blog/aikido-shihan-hiroshi-tada-budo-body-part-3/

（24）一九二九年三月二三日『ロサンゼルス・タイムズ』の広告を参照のこと。

（25）以下の書籍を参照のこと。Rishi Krishnananda, *The Mystery of Breath*（New York: Para-Vidya Center, 1941）, the American Religions Collection at the University of California at Santa Barbara, Special Collections 所蔵。

（26）請求書の写しが the Louise Evans Collection, Stanford University に所蔵されている。

（27）“The Mystic Consciousness,” *The Mystic Triangle*, April 1927, p. 64.

（28）“Rival Rituals Figure in Trial,” *Los Angeles Times*, January 6, 1931, p. A3.

（29）Richard Ellmann, *The Consciousness of Joyce*（Toronto: Oxford University Press, 1977）, p. 124.

（30）William French and Timothy Materer, “Far Flung Vortices & Ezra's ‘Hindoo’ Yogi,” in *Paideuma*, Spring 1982, pp. 39–49. および Timothy Materer, *Modernist Alchemy: Poetry and the Occult*（Ithaca: Cornell University Press, 1995）, p. 33.

（31）Demetres P. Tryphonopoulos, *The Celestial Tradition: A Study of Ezra Pound's the Cantos*（Waterloo: Wilfrid Laurier Univ. Press, 2010）, pp. 66–67.

（32）Marcella Booth, “Through the Smoke Hole: Ezra Pound's Last Year at St. Elizabeth's,” in *Paudeuma,* Winter 1974, p. 334.

（33）Frank Gabriel Campos, *Trumpet Technique*（Oxford: Oxford University Press, 2005）, p. 39. および Maynard Ferguson, “Wanna Play High Notes? How to Keep from Losing Your Footing,” *Down Beat*, July 1993.

（34）以下の書籍を参照のこと。Delbert A. Dale, *Trumpet Technique*（London: Oxford University Press, 1965）, pp. 30–34; Roger

Ingram, *Clinical Notes on Trumpet Playing, Or, What I Did During My Summer Vacation* (La Grange: One Too Tree Pub, 2008), pp. 95–98; Jonathan Harnum, *Sound the Trumpet: How to Blow Your Own Horn*, 2nd Edition (Createspace Independent Pub., 2010), p. 66.

(35) 以下の書籍を参照のこと。William F. Lee III, *MF Horn: Maynard Ferguson's Life in Music* (Ojai: MF Music, 1997), pp. 171–175.

(36) Lon Milo Duquette, *Angels, Demons & Gods of the New Millennium: Musings on Modern Magick* (Boston: Weiser Books, 1997): p. ix.

(37) Jean Douglas Murphy, "Yod in His Heaven- in Los Feliz Area," *Los Angeles Times*, December 8, 1972.

(38) Richard de Mille, *Castaneda's Journey: The Power and the Allegory* (Santa Barbara: Capra Press, 1976), pp. 94–95.

(39) ヨーガ出版協会による一九七五年四月三日付の書簡。Los Angeles Public Library Central Branch, Department of Social Science, Philosophy, and Religion 所蔵。

(40) Brad Steiger and John White (eds.), *Other Worlds, Other Universes: Playing the Reality Game* (Garden City: Doubleday & Company, 1975), p. 157.

(41) Alex Jack, *New Age Dictionary: A Guide to Planetary Family Consciousness* (Tokyo: Japan Publications, Inc. 1990), p. 162.

(42) Elizabeth Kadetshy, *First There Is a Mountain: A Yoga Romance* (Boston: Little, Brown and Company, 2004), p. 203.

(43) Georg Feuerstein, *Sacred Paths: Essays on Wisdom, Love, and Mystical Realization* (Burdett: Larson Publications, 1991), p. 32.

(44) Paul Dukes, *The Unending Quest: Autobiographical Sketches* (London: Cassell & Co., 1950), pp. 120–121.

(45) Charles Wright Ferguson, *The Confusion of Tongues: A Review of Modern Isms* (Grand Rapids, Michigan: Zondervan Publishing House, 1936), p. 312.

(46) Joseph S. Alter, "Shri Yogendra: Magic, Modernity, and the Burden of the Middle-Class Yogi," in *Gurus of Modern Yoga* edited

by Mark Singleton and Ellen Goldberg（Oxford: Oxford University Press, 2014）, p. 68.

（47）『ノーティラス』一九〇五年二月号の広告を参照のこと。また、Elizabeth Towne, “Editorial: The Swami” in *The Nautilus*, June 1910, p. 14.

（48）“The Occult in India,” *The Times of India*, July 7, 1909, p. 8. および “Weekly Record of New Publications” in *The Publisher's Weekly*, March 8, 1913.

（49）Charles Wright Ferguson, *The Confusion of Tongues: A Review of Modern Isms*（Grand Rapids, Michigan: Zondervan Publishing House, 1936）, p. 312; および Wendell Thomas, *Hinduism Invades America*（New York: Beacon Press, 1930）, p. 185.

（50）“Yoga in the United States,” *Yoga World Wide*（Pondicherry: Satya Press, 1972）, pp. 39–40.

（51）John Patrick Deveney, “Man is a Spirit Here and Now” in Cathy Gutierrez（ed）*Handbook of Spiritualism and Channeling*（Leiden: Brill, 2015）, pp. 119–151 を参照のこと。

Ⅱ　産み出す〈気〉と産み出される〈思想〉

第一章　政教分離・自由民権・気の思想——川合清丸、吐納法を以て天下国家を平地す

栗田英彦

はじめに

「気」は、東アジアの思想史において不可欠な概念である。古代中国に端を発し、中国思想の輸入とともに日本列島にもたらされた気の概念は、近世には、養生論（健康法）から社会政策にまでおよぶ、特定の思想や宗教に止まらない知の共通基盤となっていた。しかし明治維新以降、「文明開化」の推進によって西洋諸学の概念と方法が公式に導入され、気の思想の地位は相対的に低下していくことになる。

とはいえ、これによって、気の観念が消滅したわけではない。気は、さまざまな日常語として伏在し続けていたし、本書の諸論考が示すように、西洋諸学の概念を組み込みながら、民間精神療法（霊術）、修養、食養などの実践のなかで再構築されていた。近現代における気の思想と実践は、こうした代替療法運動のなかで賦活されていったのである。

こうした運動の思想的意義については、島薗進『〈癒す知〉の系譜』（二〇〇三年）が論じている。島薗によれば、代替療法運動は、単に「迷信」として切り捨てられるべきものではなく、「正統文化」「主流文化」となった近代科学の

ゆがみを照らし出す「異種の光源」とも呼べる「民間」の知であり、さらに、生活現場から立ち上がりながら、「生きがいある生とは何か」という問いに答えうるような宗教思想、宗教運動であるとされる。(1)近代思想史において代替療法を扱う意義を示した重要な議論だといえよう。

だが、近代科学を「正統」「主流」を担った制度的な知とし、代替療法をそれに対抗する「民間」の知として対置する枠組みには問題もある。そもそも、気の思想がより生活に密着しているというのは素朴すぎる想定であり、近世には朱子学と結びついて為政者の統治術や統治の正当性をめぐる思想と深く関係していた。政治思想であれば、臨界点において生殺与奪の力を肯定する論理を暗黙裏に内包している。このことが見落とされたとき、代替療法運動が、戦争肯定や優生学、あるいは全体主義やオウム真理教などと結びついたケースを、「暴走」や「迷走」として片づけてしまうことになる。(2)これらの危険な可能性を含めて考えなければ、この種の運動の持つ意義を汲みつくすことは決してできない。

また、近代日本思想を考えるとき、近代科学のみを「主流」や「正統」とするのでは、見落とすものが多い。天皇中心の国体思想を「主流」として外すことはできないし、神道、仏教、キリスト教などの諸宗教の立ち位置にも注目する必要がある。また「文明開化」は、近代科学の導入のみならず、さまざまな思想上、政治体制上の変化を伴っていた。こうした複数の思潮のなかで、気の思想の位置づけが探られなければならない。

以上のことを念頭におき、本章では、まず明治一〇年代までの宗教政策や政治状況を参照しながら、近代における気の思想の位置を再検討する。そのうえで、川合清丸（一八四八－一九一七）の気の思想を取り上げ、その政治的含意を析出する。川合はもともと神職であったが、明治二〇年代に日本国教大道社を設立して国粋主義の一翼を担い、神道の枠を超えた運動を展開した人物である。一方で彼は、のちの代替療法運動の先駆者でもあった。(3)新たに構築されつつある近代空間のなかで、川合はどのような政治的位相において気の思想を論じたのか。これを探ることで、改めて気の近代を根本から再考してみたい。

一　大教宣布運動から政教分離へ

平田派国学と気の思想

明治維新は、近代科学と結びついた「文明開化」のみならず、「復古」の側面を持つ。それはまず、一八六八（慶応三）年の王政復古の大号令、翌明治二年の神祇官設置、翌々年の大教宣布の詔に始まる大教宣布運動として現れる。この運動を推進するにあたって重要な役割を果たしたのが、平田篤胤（一七七六－一八四三）の国学であった。

明治維新のイデオロギーとして、平田派国学が果たした役割は大きい。篤胤の描きだす神道的世界観（復古神道）は多元的な構造を持つが、主に次の三つにわけることができるだろう。①造化三神（天之御中主神・高産霊神・神産霊神）の働きによって天地万物が生まれたという創造神話、②天を天照大御神が地を皇孫（＝天皇）が主宰するという統治神話、③平田独自の顕幽の二元的世界である。③は、天皇が「顕界」（＝現世）を主宰するのに対して、大国主神が死後の霊魂の行き先である「幽界」を主宰するというもので、平田は、死後の霊魂の行方を定めることが「大倭魂《やまとだましい》」の確立において重要だと考えていた(4)。こうした創造神話や祭神や顕幽の世界観を重視する神道説を、ここでは〈神道＝神話論〉と呼んでおく。

統治神話は統治主体を根拠付け、顕幽の世界観は統治の客体となる共同性の輪郭を根拠付けており、三つの次元は相互補完的に天皇中心の国体論を構成する。一方で、この世界観は国体論を超えた次元も持つ。それが、造化三神という天照大御神－天皇を超える始原であり、大国主神の支配する幽界であった。幽界は「大倭」という現世を裏から構成する精神的根拠だが、同時に神霊、妖怪、死霊の跋扈する異界でもある。

篤胤は、顕幽の境界を行き来できる存在として「仙人」に注目する。仙人とは、仙境に住み、仙術により神通力や不老長生を修得したとされる者で、その伝承は古代中国に始まる。仙術は、中国では主に道教と習合して導引行気（体操や呼吸法）を生み、日本には仏教と習合する形でもたらされてきた（修験道など）。だが篤胤は、仙人から仏教性や異国性を取り除き、神道的なものとして再構成する。「仙童」寅吉への聞き取りをまとめた『仙境異聞』（一八二二年）は、近世知識世界にそうした神道的異界を現出させた書物だった。

仙術と気の思想は不可分である。篤胤の仙術への関心は、医書『志都能石室（医道大意）』（一八一一年）にも見られるが、そこでは道教の内丹術（丹田呼吸法）が「神仙の道」とされている。内丹術とは、呼吸や瞑想によって気を練って生成した「丹」（不老不死の仙薬）を、「気海」（臍下あたり）から「丹田」（臍下三寸あたり）に貯蔵する修法のことである。儒者の貝原益軒（一六三〇－一七一四）の『養生訓』（一七一三年）や臨済宗の白隠慧鶴（一六八五－一七六八）の『夜船閑話』（一七五七年）などを通じて、養生法として近世にはよく知られていた。(5)

ただ、「（陰陽の）二気は鬼神（神霊）の良能(6)」と述べる篤胤にとって、内丹術は元々神代におのずから行われていた神の道に他ならない。仙術も医術も仏教も道教も、いわば気の乱れた現世における神道の痕跡だということになる。そうした仙術と神道の互換性ゆえに、平田派による国家構想論でも、天皇の行う鎮魂祭を「真一」（道教用語で気を体内に留めておくこと）の修法とみなして治国の本であると説き、「導引行気」も同じ本質を持つと論じていた。(7) 内丹術は、いわば幽界との交通の窓口であり、心身を通じた神代的理想の現出であった。

その養生論からも窺えるように、平田派国学はユートピア的な神代への回帰を謳う思想である。それゆえ、幕末の動乱期にはラディカルな国家変革のイデオロギーとなり、尊皇攘夷を旗印に維新を強力に推進した。そのラディカルさゆえに、平田派の国家構想は復古神道的な祭政一致の共同体を目指し、仏教の排斥にも繋がる。維新後の神祇官設置と大教宣布運動も、当初はそうした平田派の構想を実現しようとしたものであった。

〈神道＝治教論〉の登場

大教宣布運動はしばしば神道国教化政策とみなされるが、実際には、対キリスト教という点では一致しつつ、さまざまな思想対立や政争を抱え込んだものだった。(8) 多くの困難を抱え、最終的に運動としては破綻している。実際、イデオロギー的影響力に比して政治的基盤の弱かった平田派本流の中心人物たち（平田鐵胤・矢野玄道・玉松操ら）は、真っ先に傍流に追いやられ締め出されていた。

代わって神祇官（および後継の神祇省）のヘゲモニーを握るのが、長州閥を後ろ盾とした、津和野藩出身の平田派国学者のグループ（津和野派）である。津和野派主導の神祇省では、天照大御神―天皇の系譜に権威を集中させるべく宮中祭祀を確立、全国の神社の祭神を天照大御神に統一しようとした（後者は現実的問題から挫折）。祭政一致ではあるが、皇室崇敬を祭祀として純化することで国民教化の内容には幅を持たせ、現実的に対応していく方針だった。西洋文明の受容にもやぶさかではなく、維新政府の中央集権体制や文明開化路線にも沿い、仏教との共存も図っている。津和野派主導で国民教化体制の再建を図った教部省の開設には、長州閥と昵懇の浄土真宗本願寺派も関与し、神仏合同布教が目指された。

だが教部省開設には、薩摩閥の国学者（薩摩派）も参画していた。薩摩派も平田派の系統であり西洋文明も受容するのだが、造化三神を核にして、仏教、特に浄土真宗排斥の意図を持つ。津和野派と薩摩派は対立するが、折しも長州閥の多くが岩倉使節団で渡欧しており、西郷隆盛ら薩摩閥が実権を握る留守政府の下で薩摩派の意向が強まっていく(9)。一八七二（明治五）年の教部省開設時には、教化施設「大教院」で天照大御神と造化三神の奉斎と礼拝が義務付けられ、布教方針「三条教則」では「敬神愛国」「天理人道」「皇上奉戴・朝旨遵守」が謳われ、教導職の採用試験問題「十一兼題」には「人魂不死」「天神造化」「幽明分界」が盛り込まれた(10)。

こうした神道一辺倒の方針は、仏教の反発を引き起こす。岩倉使節団に同行していた浄土真宗本願寺派の島地黙雷（一八三八－一九一一）は、教部省批判を展開し、浄土真宗の大教院離脱を導くこととなる。だが、島地の批判は単なる宗派争いを超え、近代日本における重要な構造的変動の出発点でもあった。すなわち、政教分離である。

島地の政教の定義は、「三条教則批判建白書」（一八七二年）に示される。

政教の異なる固より混淆すべからず。政は人事なり、形を制するのみ。しかして邦域を限れるなり。教は神為なり、心を制す。しかして万国に通ずるなり(11)。

島地の政教分離論は心身二元論（物心二元論）と重ねられ、〈政＝人事・形〉〈教＝神為・心〉と二分する。「教」に政治とは異なる新たな領域を確保し、仏教を「教」に位置付け、大教院離脱の根拠としたわけである。ここでの「教」は、西洋近代のレリジョン（religion）の概念に対応し、普遍性と内面性を特徴としている。では、神道はどちらに位置づけられるのか。二年後の建言では、次のように述べる。

抑《そもそも》神道の事に於ては、……決して所謂宗教たる者に非るを知る。……願ふ処は治教宗教を判然とし、即今の王政即ち神道にして、万国の良法を採り、好芸を学び、電機気車艦も亦《また》治の一分にして、天壌無窮の神勅を奉体し玉ふに出とせば、分明正大維神の治教淳良にして、宗教幽明門戸の説によらず、只開明の大道を広張するを力め玉らん事を。(12)

ここで「宗教」と「治教」の区分が登場する。「治教」は会沢正志斎『新論』に見え、大教宣布の詔でも用いられた言葉である。島地は、「治教」＝「神道」＝「王政」＝「開明の大道」と結びつけ、「宗教」＝「レリジョン」とは異なる「教」の領域を再び確保する。ここでの「宗教」と「治教」を分ける指標は、「幽明門戸の説」の有無にあった。島地の建言は、平田派的な〈神道＝神話論〉を、内容的にではなく、構造的に退けている点で画期的なものであった。いかなる世界観を持つにせよ、死後の世界や異界に言及した時点で、それは「心」の問題として政治や国民教化(＝治教)と切り離されるからである。

つまるところ「神道」の本質は「神勅」の奉体、すなわち皇統の護持のみに還元され、教化の内容は実質的に文明開化とほとんど変わらなくなる。このタイプの神道論を、ここでは〈神道＝治教論〉と呼ぼう(13)。津和野派の祭政一致構想に近く、王政復古と文明開化を調停するものといえる。不平等条約撤廃を目指す明治政府にとって文明開化は必須要件であり、そこには科学技術の導入や富国強兵とともに、「政教分離」「信教の自由」の保障も含んでいた。島地の主張は、それらの事情を背景にしていたために有力であり(14)、安丸良夫のいう「日本型政教分離(15)」の端緒となった。結果、一八七五(明治八)年、大教院は解散、神仏合同布教禁止令が出され、仏教各派に「信教自由の口達」が通達されることとなる。大教院は神道事務局に改組され、教導職の規模も縮小されていった。

だが、話はそれで終わらない。気の観念は、その非・二元論的な性質を通じて、心身－顕幽－政教分離論を超え、再び政治＝宗教の舞台に躍り出るのである。

二　自由民権運動と気の思想

大教宣布運動の紛糾を尻目に、明治政府は「西洋文明」の摂取を推進していた。西洋の学問の公的な導入は、日本の思想状況を変動させる。一八七四（明治七）年の医制によって西洋医学が国家の正統な医療制度に採用されると、解剖学、伝染病学、衛生学の知識の普及によって、養生における気のリアリティーを掘り崩していく。儒教を講じた幕府の学問所昌平黌も、西洋式の教育制度（学制）を導入する過程で解体され、儒教の地位は相対的に低下する。

もちろん、文明開化は直線的に進行したわけではなく、伝統と入り混じりながら複雑に変容する過程であった(16)。ここで問うべきは、気の思想にどのような位相の変化があったかである。この時代、気の思想は、実は自由民権運動などの政府批判の文脈のなかで目にすることができる。たとえば、民権論の理論的指導者であり、ルソーの『社会契約論』（民約論）紹介者としても知られる中江兆民（一八四七－一九〇一）は、次のように述べる。

リベルテーモラルとは、我が精神心思の絶ゑて他物の束縛を受けず完然発達して余力なきを得るをいふこれなり。古人いはゆる義と道とに配する浩然の一気は、即ちこの物なり。内に省みて疚《やま》しからず、自ら反して縮《なお》きもまたこの物にして、乃ち天地に俯仰《ふぎょう》して愧作《きさく》するなく、之を外にしては政府教門の箝制《かんせい》する所とならず、之を内にしては五欲六悪の妨碍《ぼうがい》する所とならず、活撥々転轆《ろくろく》々として凡そその馳騖《ちぶ》するを得る所はこれに馳騖し愈々進みて少しも撓《たわ》まざる者なり(17)。

ここでは、フランス語の「リベルテーモラル」（liberté morale）と「浩然の一気」が重ねられている。「浩然の一気」、すなわち「浩然の気」は、儒教の四書のひとつ『孟子』にあり、極めて大きく剛く、養うことで天地に満ち、道義に配するとされる「気」である[18]。中江の「リベルテーモラル」＝「浩然の気」論の特徴は、「政府教門の箝制」のみならず、「五欲六悪の妨碍」からの自由を強調するところにある。自由を精神的な道徳の問題として捉えているのである。

周知のように、自由民権運動は、明治六年の政変に端を発し、西南戦争に繋がる士族反乱と並走するものであった。政府や開明派知識人にも訴える論理として西洋の理論も重要だが、同時に旧士族層に訴えて道義的に糾合する言葉を用いる必要があった。

梶田明宏は、戦後民主主義的価値から想定した自由民権運動像を批判しつつ、西南戦争以前の士族民権論において「民権」や「自由」などの西洋思想が、「気」の観念を介して理解され、それがその後も根強く残ったという重要な指摘をしている[19]。そこでは、「近代日本の独立という課題をめぐって、一方では「富国強兵」という物質的な目標を掲げながらも、知識人の間では、むしろ人民の「気力」「気風」という、精神の問題がより重要な問題となって[20]」いた。民選議院即時開設とともに征韓論が主張されるのは、士族の政治参加や国権拡張によって、「士気」――士族の精神――の衰頽を挽回しようとするものだった。言論による啓蒙の先に、政府への抵抗心を煽動する過激な言論が現れてくるのも、奴隷精神を拒否し独立自由の精神を振作する「気力」の問題からであった。『孟子』の「浩然の気」は、このような文脈において養うべき「気」の典型だったのである。

「気」の観点からは、儒教のみならず、神道や仏教と民権運動を繋ぐ線も見えてくる。土佐出身の陽明学者奥宮慥斎《おくのみやぞうさい》（一八一一―一八七七）は、明治になると教部省の官吏となって宮中祭祀「大祓（身滌）」の復興などに関わる一方で、板垣退助や後藤象二郎とともに民撰議院設立建白書の作成にも関与した人物である。中江兆民や植木枝盛など土佐の民権家は、奥宮から『論語』や『荘子』から『万国公法』まで、和漢洋の学問を学んでいた。奥宮にとって、教部省と民権運動の両活動の根底にあるものは、人間はみな「天」（「天神」「天帝」）から賜った「霊魂」（「天性本心」）を持つという神道的かつ儒教的な平等思想である。ゆえに、自由とは天性の霊魂に沿って生きることであり、自主自由の権行使は天の道である「忠信篤敬」を行ずることに他ならない。[21] 彼は記紀神話を道徳的寓話と見てその実在性を不問にしており、大祓は皇祖神や祖霊への崇敬儀礼というより、それを通じて「悔過自新」して、自らの「霊魂」を本然のものにするという、一種の修養に近いものとして捉えていた。[22] 奥宮は神話的世界観を重視していない点で、一種の〈神道＝治教論〉の主唱者であった。

奥宮の神道改革案は、薩摩閥の台頭するなかで不採用に終わる。[23] さらに真宗の大教院分離運動が巻き起こって国民教化政策が混迷するなか、彼は山口の中教院（大教院の支部）で教導職をしていた禅師の今北洪川（一八一六－一八九二）に出会い、禅に期待の眼を向けていく。奥宮の推薦で、今北の著書『禅海一瀾』が『教部省准刻書目』に列されているが、[24] これは儒者からの仏教批判に応え、禅の立場から儒教をとらえ返したもので、「心術の学廃れて記誦の弊起る」[25] としてテクストにこだわることを批判していた。テクストを超えたところに、神儒仏老の諸教に通じる「大道」があり、それは心の鍛錬により自己本来の性情へ正すことにあると主張しているのである。[26]〈神道＝治教論〉に立ちながら、政教分離には与さないで、むしろ神仏合同布教を推進したい立場だったと思われる。今北の教説に、神儒仏の違いを超えた国民教化の可能性を見たのではないだろうか。

だが、諸教の境界を超えた倫理教育を求めるという発想は、奥宮や今北の独自性というより、むしろ近世後期を通じて興隆した思潮に基盤がある。このころから、テクスト解釈に集中する儒学者を批判し、実践的な人間形成論への関心が高まっていた。儒教では陽明学の隆盛にそれを見ることができるが、実践を軸に神道・儒教・仏教の枠を超えるという点では、井上正鉄の吐菩加美講（後の禊教）、石田梅岩の石門心学、横山丸三の天源淘宮術などの講社が重要であろう。これらの講社はいずれも倫理実践を重視し、それを行いうる人間の育成法として静坐や呼吸法を説く。こうした実践によって、気を丹田（下腹部）に納めて、善なる本然の気質に復すとされる[27]。それは養生の法でもあり、徳性涵養だけでなく、病気治療の目的から、講社や禅堂に入門するものもいた。臨済禅の流行はこの潮流と軌を一にしており、これらの講社と禅堂の参加者は重なり合っていた[28]。こうして築かれたネットワークは、参加者にとって地縁や身分を超えていく水路となっていたのである。

つまり、テクストよりも気の思想と実践に根拠を置くことで、実践者たちは各教の文脈や身分を超えていくのである。このような越境性は、神道の文脈においては神話への依拠を弱めることとなり、「治教」の問題は、神道の範疇を容易に超えていく。実際、大教院解散後、奥宮は禅にさらに傾倒することになる。一八七五（明治八）年、臨済宗は、自宗の教育機関として湯島の麟祥院に臨済宗総黌を開設し、今北はその黌長に任命されて上京するが、ここで奥宮は、今北を盟主として座禅会「両忘会」を創設するのである。そこに山岡鉄舟（一八三六－一八八八、当時宮内大丞）、鳥尾得庵（一八四七－一九〇五、当時陸軍少将）らが参加し、また、奥宮に導かれ、中江兆民、植木枝盛、中島長城といった民権運動のリーダーらも参禅する。

こうしてみると、両忘会とは、単に臨済禅の実践グループというより、気の思想に基づく実践ネットワークのひとつの結節点であり、それは大教宣布と自由民権にまたがっていたものだったことが分かる。すでに中江や植木の用いた「自由」の語が禅語を念頭に置いていたことや、中江の「浩然の気」が今北の『禅海一瀾』を踏まえていること、逆に今北が「民権」の語を禅的に解釈した例もあることが指摘されているが[29]、同時にそれらは禅語が、仏教を超えて新たな意味を獲得する過程でもあった。

この文脈において、大教宣布運動の帰結だった〈神道＝治教論〉は、官主導のものから、民間の諸宗教において展開するものとなり、神道を超えて〈宗教＝治教論〉とでもいうものに移行していく。これは、政教分離や信教の自由を前提にした宗教概念を受け入れつつ、それでも諸宗教の主眼は国民教化にあると考える宗教理解である。奥宮の目指すところは、神儒仏の諸宗教を通じて人民に自由と独立の精神を植え付け、国家の独立を維持しようとすることである。

両忘会の民権論に刺激されながら、山岡や鳥尾もまた、日本の保守主義の源流ともいえる独自の政治運動を始める。鳥尾は、両忘会に参加したころから、明治政府の欧化主義と急激な開化政策によって人民が犠牲になっていると訴え、「人権」の保護と「民権」の拡張を主張した[30]。ここでも、西洋の翻訳語を、仏教や儒教の立場から解釈しなおしている。鳥尾が「自由」「自主」というとき、それは立法への参与に向かう政治制度上の自由に限らない。「天然自然の理」の顕れであるところの、各自の性情を尽くし、その分を守るという道徳的意味を持っており、むしろそれが政治や法律を根拠づけるべきとする。君主もまたその分として、民の意向や一国の利害に沿って政治を行わなければならない[31]。『禅海一瀾』でも「天皇皇極の道を失すれば、則ち天地の変之に従う」とあり、「道」は天皇をも支配する原理とされている[32]。ここに、輔弼による天皇親政と民選議院開設による立憲政の樹立という、一見相反する政治的目標が矛盾なく主張される所以があった。

鳥尾は、一八八九（明治二二）年に、天皇親政派の谷干城や佐佐木高行らとともに保守党中正派を結成し、欧化主義を進める藩閥政府とも政党政治化する民権派とも異なる、第三の立場を明らかにするに至る。これは両勢力の妥協ではなく、道徳を根拠に両勢力に対峙するものであった。他の政党が財閥・地主・都市ブルジョワを基盤としていたのに対して、主に神儒仏の諸勢力を基盤として持っていた。ゆえに、単純な利害関係を呼びかけるよりは、道徳＝宗教的な連帯を訴える布教的なものとなる。政治＝宗教的な布教を行う点で、大教宣布運動を系譜的にも受け継いでいるものといえよう。そして、この政治グループにおいて、教育＝布教面で重要な役割を担っていたのが、川合清丸だったのである。

三　川合清丸の初期思想——真道創立同盟誕生の背景

祭神論争と民権運動

一八四八（嘉永元）年、川合清丸は現在の鳥取県の社家に生まれる。川合の父は、吉田神道の「神道之伝」を受けて幣頭職を拝命し、その地域の指導的な神職であった。川合は、父から『孝経』『大学』『中庸』といった経書の素読を受け、神道講釈に同道しながら育つ。川合の修学の志は衰えず、その後も幾人かの儒者について学んでいる(33)。

明治維新を経て、一八七三（明治六）年、大神山神社（国幣小社）の権宮司に任命され、教導職の中講義（翌々年に権大講義）となる。その任官中、明治初年以来の神仏分離政策の一環として、大神山神社に併設されていた大山寺寺号廃止が鳥取県より通達された。川合は廃止の事務に当るが、ちょうど島地黙雷の教部省批判から大教院解散に至り、宗教行政が目まぐるしく変わる時期であった。鳥取県の神仏分離の方針は二転三転して、川合は困惑することとなる。この問題を教部省に訴えるべく、一八七六（明治九）年、川合は上京するが、そこで神道や仏教から人々の心が離れ、キリスト教の勢いが著しいのを見て危機感を抱き、教導職の職務に邁進することを決意する(34)。

しかし、時はちょうど大教院の解散直後で布教方針が定まらず、川合は自ら新しい時代の新しい教理を構築する必要を感じていた。一八七八（明治一一）年、川合は、出雲大社の宮司で教導職の最高位である大教正の地位にあった千家尊福《たかとみ》（一八四五－一九一八）に対して、次のような訴えをしている。

夫れ教法の行はるる、人をして安心立命せしむればなり。人をして安心せしむるは、霊魂の帰着を悟らしむればなり。霊魂の帰着を悟らしむるは、深く幽冥の理を窮めて、明火を視る如く、確物を攬《と》る如く、毫も疑ふ所無からしむればなり。是れ之れを教法を尽すと謂ふ。(35)

川合は、「霊魂の帰着」すなわち幽界の問題を重視しており、平田派国学に近い問題意識を持っていることがわかる。この観点から各教を比較すると、キリスト教と仏教は「邪」であるが、この問題に尽くし、儒教と神道は「正」であるが、儒教はこの問題を脇に置き、神道の教理は茫洋としている。神道が広まらないのは、キリスト教の牧師に比べて人格者が少ないという問題に加え、教理の問題が尽くされていないからだという。そこで川合は、「彼の老荘孔氏の道より釈迦羅馬耶蘇の教、幷せて天文窮理の学に至るまで(36)」、東西の学を徹底的に学び取ったうえで採択して、新たに教法を大成することを決意する。千家への訴えは、そのための学資の懇願であった。

この訴えに対して千家からの返答はなかったが、川合は諦めず、翌年、郷里の仲間とともに、自らを盟主とする「真道創立同盟」を発足させている。川合は寄付により学資を得て、大神山神社の神職を辞して修学の旅に出発、岡山ではジョン・カッティング・ベリーや金森通倫らキリスト教の牧師のもとでも学び、京阪では宇田健斎や藤沢南岳といった儒者に師事しつつ、仏教者のもとにも参じた(37)。

さて、川合の思想は、真道創立同盟の発足前後に、平田派から大きく転回していた。発足直後に起った出雲大社との論争は、それをはっきりと示している。出雲大社では、平田派国学を受け継ぎ、「大国主神」を幽界の主宰としていたが、真道創立同盟はこれを批判したのである。当時、神道事務局では、津和野派と薩摩派を糾合した「伊勢派」がヘゲモニーを握り、祭神を「造化三神」と「天照大御神」としていた。これに対し、島根県や鳥取県を中心とした西日本に勢力を有した千家らは「出雲派」と呼ばれ、祭神に「大国主神」も祀ることを主張して、平田派本流の国学者らの支持を集めていた。祭神論争は、一八八〇（明治一三）年にピークを迎える。大国主神を重視する出雲派は、皇祖神とは別の権威を立てるということで危険視され、伊勢派から「民権派」と呼ばれて非難されることもあったという。[38]祭神論争は出雲派優位で進むが、結局、翌年の勅裁で「大国主神」合祀は斥けられる。真道創立同盟は、少なくとも反出雲派であり、祭神に大国主神を認める立場ではなかった。出雲派からすれば、川合らは伊勢派と見えたかもしれない。

だが、川合の立場は伊勢派に回収されるものではなく、むしろ教部省神道事務局からも分離独立を目指していた。真道創立同盟条約によれば、川合は天之御中主神を「主神」、天照大御神や天皇は「功績神」とし、「天之御中主即上帝（天）より禀けたる霊魂（和魂）を発揮して、天人合一の幸福を享受すべし」と掲げている。[39]つまり、天照大御神や天皇への崇敬以上に、「天」に根拠づけられた各自の「霊魂」の発揮を重んじており、出雲派や伊勢派とは異なり、人間の主体的な実践を重視していた。霊魂は、幽界の問題というより、肉体と不可分のものとなり、「霊妙なる霊魂と奇巧なる肉体を御賦与遊ばされ、我も人も皆同様の事に候へば、世界万国の人々は貴賤老幼推しなべて皆天帝の御愛子に候」[40]というように、平等主義や普遍主義にもつながる。奥宮の〈神道＝治教論〉に通じるものがあり、出雲派とは別の意味で民権説に近い性格を持っていた。

実際、川合は岡山や京都で民権運動家を訪ねて議論を交わしており、そのなかには後に大道社に入社した者もいる。[41]『教法問答』（一八八二年）では、次のように述べている。

民権家は、我が国権の委靡振はざるを憂ふるの余に主張致す。官権は又民権の偏重して国体に害有らむことを憂て主張致し候と存じられ候へば、共に一時の急病を救ふの劇剤と申すべし候。乍併《しかしながら》、劇剤は一時に効有と雖ども、元気を培養するの物に之なき候へば、永遠の良図とは申し難き候。独り国家の元気を培養し、国体の基礎を堅牢にして実に永遠の良図と頼むべきものは、道徳を興起するの教法にて、道徳さへ振起致し候はば、元気自ら盛に、勢力自ら強く相成り候こと期して俟たれ申すべし候。(42)

川合は、民権運動の過激性を批判するが、その志を否定していない。藩閥政府とともに、両方を憂国の主張として認める。だが、いずれも一時の劇薬であり、究極的な救国は教法によるしかない。天賦の霊魂を発揮して天意のままに「道」を行うとき、「自他の霊魂交際の間に一種言ふべからざる微妙の気」――「国家の元気」「藹然の気」「国家慈祥の気」――が薫出する。(43)教法の役割は、道徳を奮い起してこの気を長養し拡充することにあるという。民権家の気の思想に通じる主張が展開されており、平田派からの転向には、民権運動の影響は否定できないだろう。そしてそれは、次にみるように、神道原理主義からの脱皮にも繋がる。いわば、国家体制確立期の現実的要請は、川合の関心を幽界の霊魂から顕界の元気へと移行させたのである。

政教問題と易の原理

だが、川合の教法にかける熱意を尻目に、神社行政は大きな転機を迎える。一八八二（明治一五）年、内務省は、神社は「宗教」ではなく「国家の宗祀」であり、それゆえ神職による布教と葬儀への関与を「宗教」活動であるとして禁止した。ここには、祭神論争を嫌った政府と伊勢派の意向があったと言われている。〈神道＝神話論〉は祭祀に封入され、顕幽論のみならず、神職によるあらゆる布教が禁止されたのである。

ただ、宗教活動を継続しようとする者は、神職を辞し、「宗教」として公認されて独立する道もあった。いわゆる、教派神道である。千家尊福はこの道を選び、出雲大社の宮司を辞し、「出雲大社教」管長となる。教派神道となったグループは、各々の教理を維持しつつ、それを「宗教」の領域に留めることで、政教分離体制に順応していく。もはや国民教化を担う者を国家が直接、管理、公認する制度は必要なくなり、一八八四（明治一七）年には、神道事務局と教導職は全廃された。これ以降、「神社非宗教論」が内務省の公式見解となり、「日本型政教分離」が完成する。

このプロセスは、政教分離を逆手にとって「国家神道」の基盤を形成したものとして悪名高い。[44] だが、当時においては、国民教化の理念が大きく後退したと感じる神道家も少なくなかっただろう。少なくとも川合はそう考えた。それゆえ、数派に分裂した教派神道を批判して統一を訴える一方、布教を行わない神社を批判して、神社神道は「宗教」であり、「国教」であると主張することとなる。[45] しかし、真道創立同盟が、既存の教派神道と一線を画し、真に「国教」の樹立を求めるのであれば、新しく教理を立てるだけではなく、政教分離を乗り越える議論を提出しなければならない。

先述の『教法問答』は、この問題意識に貫かれている。そこでは、島地黙雷の提示した〈政＝人事・形〉〈教＝神為・心〉の区分を引き受け、「政事」が「人身（即有形の肉体）」を、「教法」が「人性（即無形の霊魂）」を安寧にするものと、まずは認める。そのうえで、「肉体は霊魂に因て活動致し、霊魂は肉体を用て意を行ひ、体魂相待て一個の人を成し候こと故、政事と教法とを亦相依りて離るゝこと能はず」として、心身相依の観点から政教相依を主張する。[46]

だが、川合は、教法が政治を補佐するべきと言いたいわけではなく、「政教」にせよ、「体魂」にせよ、さらに「幽顕」にせよ、二対の相依を超えて一元的な「天理」が貫いていると主張する。[47] 相対する二対の根源に絶対の一があるという発想法は、元をたどると東洋思想の易の形而上学に由来する。易は、儒教や道教などの土台となり、日本では、伊勢神道や吉田神道などの神道思想の基礎となったが、その基本は、「太極」（「太虚」）が、「天地」や「陰陽」などの二つの「気」に分かれながら、万物を構成するというものである。ここで重要なことは、易の発想に政教の区分を重ねることで、それが政教分離を超える原理として再生されることにある。つまり、川合は、政治と領域を異にする教法を論じながら、その二元を超える原理——「真教」——を説いているのである。真教には政治論が含まれており、そこでは、政治の役割は教法を護り、その働きを妨害するものを誅罰することにあると論じられている。そうして、政教の力を一致し、「藹然の気」で全地球を包絡するのだという。(48)

ここで川合の真教は、物理力を伴った膨張主義さえ肯定する思想として現れ、民権論＝国権論の延長にある帝国主義の主張にも重なる。ただ、それは、キリスト教や西洋文明の流布を通じた欧米諸国の覇権を念頭に置き、それに対抗しようとするものでもあった。彼にとって「信教の自由」は、単に「国家の元気」を脅かすだけでなく、政教相依った帝国主義的覇権を隠蔽する詭弁に他ならない。だが、教導職が機能しない今、川合はみずから東洋思想を連合して布教戦を展開する必要がある。易の抽象的な形而上学の導入は、神道の特殊性・民族性を乗り越え、他の東洋思想や政治運動との協調を理論的に準備するものであった。それは〈神道＝治教論〉から〈宗教＝治教論〉への展開でもある。川合は、かつて神仏分離を推進した仏教嫌いの神道家から脱皮しようとしていたのである。

四　日本国教大道社の活動と思想

「国教」としての神儒仏

一八八四（明治一七）年、川合は藤沢南岳の紹介で鳥尾得庵と出会い、上京して鳥尾の設立した明道協会の運営に関わるようになる。翌年には、山岡鉄舟とも知遇を得て、彼らの支援によって、一八八八（明治二一）年、日本国教大道社を設立、最初の事務所を麟祥院境内に置き、機関誌『大道叢誌』の発行を開始する。大道社の目的は、その規約にも明示されるように「国民を挙て国教に帰せしむる」ことであった。機関誌は川合が亡くなる一九一七（大正六）年まで三〇年にわたって毎月発行され、三五二号に及ぶ。社員数は、結成二年ほどで約九六〇〇名に達したらしい[49]。保守党中正派と協力関係にあり、機関誌に鳥尾の政治論を掲載することもあった[50]。大道社は、三宅雪嶺らの政教社や陸羯南の日本新聞社とともに、明治二〇年代の保守主義・国粋主義陣営の一角を担うことになる。

大道社の特徴は、教育＝布教を使命としたところにある。その具体化が、教育機関「大道学館」の設立である。一八九二（明治二五）年の設立にあたって発表された「興学論」では、明治維新以降の学校教育でヨーロッパの学問が主となっていることを批判し、これに対して「学問の独立」を図り、精神面から「国の独立」を築くことが謳われる[51]。そこでは神儒仏の三道を本科とし、西洋思想を副科とするカリキュラムが組まれた（川合は西洋の学問を学ぶことそのものは否定しない[52]）。川合の病と経営難から明治三〇年の秋にいったん閉鎖に至るが、明治四四年に、都下の学校に通う大道社員子弟の寄宿舎「大道学館統一舎」を再開しており、子弟教育への志は始終持ち続けていた。この点が、政治評論・ジャーナリズムを主眼とした政教社や日本新聞社との違いだろう。

表1　天地人三才原理図（『川合清丸全集』七巻（一九三一年）「気質練磨法」をもとに作成）

	絶待	双待								
易	太極	陽				陰				第一段
	卦象	乾為レ天	巽為レ風	離為レ火	震為レ雷	坤為レ地	艮為レ山	坎為レ水	兌為レ沢	第二段
天地	空	風		火		土		水		第三段
歳序	時	春		夏		秋		冬		第四段
気質	虚気	清質	和気	剛質	英気	濁質	正気	柔質	蔵気	第五段
儒道	誠	仁		礼		義		智		第六段
神道	神霊	和魂		幸魂		荒魂		奇魂		第七段
仏道	仏性	観音		普賢		勢至		文殊		第八段
	体	用								

思想に目を移してみよう。大道社は、神道・儒道・仏道の三道鼎立を唱え、三道（三教）ともに「国教」とすべきと主張する。[53]川合は、三教一致ではなく、三道鼎立であることを繰り返し強調し、「神道即国体門」「儒道即経世門」「仏道即解脱門」として別々の論説を、筆名を変えて『大道叢誌』に寄稿している。川合が三教の一致や統合を戒めたのには、大教院分離運動の苦い経験に加え、実際に神道界や仏教界の人士と深く交わることで、安易に折衷させることの危険性を認識していたことが大きいだろう。

だが、その場合に問題となるのは、三教を「国教」とする根拠である。川合には二つの答えが用意されていた。一つは先王制作論である。すなわち、国教としての神儒仏の鼎立は、「日本魂」を発揮させるために、推古天皇（先王）が皇太子（厩戸皇子）に命じて定めた制度であるという主張である。[54]近世の儒者荻生徂徠（一六六六―一七二八）の聖人制作論の応用に他ならない。

もう一つは大道論である。三道はそれぞれ異なりつつも、それらはひとつの道、「大道」に沿うとされた。それは明らかに真教として唱えられた易の原理を引き継いでおり、「天地人三才原理図」（表1）に見るように、三道はどこまでも並行しながらも、太極、陰陽、その展開である気質の原理に還元される。逆にいえば、三道は、「大道」の現象的な現れだということになる。こうした構成は、近世でも吉田神道の三教根本枝葉花実説などに見られるものであり、実際、川合自身もこれを「大道論」のなかで引用していた。[55]

先王制作論と大道論は、いずれも前近代の論理を下敷きにしており、復古思想には違いない。ただし、明治維新以降の時代状況のなかで、その意味するところが異なってくることには注意が必要である。先王制作論は、古代の天皇を引きながら、明治維新を「聖人制作の一大時機」と見るものだった。大道論の主眼は、三教根本枝葉花実説にあるような神儒仏の優劣ではなく、[56]いかに神儒仏の統一戦線を構築して国民教化を成すかにあった。それらは、キリスト教と西洋文明に対抗して、諸宗教を国民道徳に転化する〈宗教＝治教論〉の企図に他ならない。復古主義や伝統主義というよりは、大教宣布運動や神仏合同布教の在野的展開であり、川合の主張によれば政教相依の「真の文明開化」[57]であり、その意味で国民国家の要請に適った近代的なものだったといえよう。

仙境と皇国――河野久の無病長生法

さて、川合の著作のなかでも異色であり、ベストセラーとなったのが『僊家秘訣　無病長生法』（一九〇一年）である。[58]

その後、内容の一部を口述したものをまとめた『気海丹田吐納法』（一九一二年）も別の版元から刊行されている。[59] また昭和期には川合清丸全集刊行会の手により、全集収録版とは別個に『仙家秘訣　無病長生法』（一九三四年）が再刊されており、この本の売れ行きが期待されていることが窺える。川合清丸全集の紹介文に「本書世に公にせられてより後、これに類似の著書世に続出し、中には殆ど本書より抜き取りしものかと思はる、ものあり」[60] とあるように、この本は、明治三〇年代後半から流行する民間精神療法（霊術）や心身修養の先駆を成していた。

主題となる無病長生法は、一八八六（明治一九）年に仙人・河野久（一八三六－一八八七）[61] から伝授されたものである。無病長生法の内容は「素食法」「導引法」「灌水法」「観念法」「吐納法」の五法で構成される。素食法は素食の奨励である（素食法の究極は大気を食する吐納法に通じる）。導引法は自己按摩であり、両掌にて全身を丁寧に撫で擦る。灌水法は冷水摩擦であり、冷水に浸して絞った手拭いで全身を擦る。観念法は、白隠『夜船閑話』に説かれる内観法および軟酥の法に等しい。

最後の「吐納法」が最も重要であり、独自性もある。これは呼吸法ではなく、食道から大気を嚥み納れて胃から「気海丹田」に畳み込み、「元気」を充満させる技術とされる。「盤坐」（趺坐か胡坐）して背骨を立て、胸や肩の力を抜き、心を虚にし、両こぶしを緩く握って仰向けて腿の付け根あたりに置き、口をすぼめながら大気を細長く吸う。吸い終わったら、口を閉じてグッと嚥み込み、臍下に力を入れて、しばらく心静かに気を張る（行気）。息苦しくなる前に、鼻から息を細長く漏らす。これを五十回繰り返す。熟練すると、下腹は毬のように張りつめてくるという。[62] 吐納法は、内丹術を基礎としながらも、食道と気道の違いにこだわり、気を「養分」として理解する点など、近代の解剖学や栄養学を部分的に取り込んで再解釈されたものとなっている。

ただ、吐納法の効用は無病長生という医療的問題に留まらない。丹田の充実は、撃剣、馬術、書画、音楽、医術、茶や碁など技芸技能の熟練に通じ、吐納法を極めると「胎息」（鼻や口を使わずに胎児のように呼吸すること）となり、「先天の一気（天地剖判以前の元気）」を気海に納めて、仙人の行うさまざまな「奇怪の所行」を成すという。中国の書物も渉猟しながら、川合は、仙術の要点が「丹田の一気」にあると結論づける(63)。

その効用は、必然的に統治術にも及ぶ。川合は「是の法を推して、以て天下国家を平地すること」を「大発明」したと主張する。人間は放っておくと「心気」が上昇し、「腎水」が下降する。これは易でいう「天地否の卦」に相当し、陰陽が交わらず、君主でいえば心を上にして下の人民を省みない「暗君庸主」となる。逆に「心気」を下げることで「地天泰の卦」となり、陰陽相和、上下和合する。君主で云えば、心を下にして人民を富ませる「聖主名君」となる。ゆえに、吐納法は、国を治める「大道」にも通じることとなる(64)。

ここに至り、川合は大道と天皇（先王）の関係の議論に踏み込んでいる。川合にとって、先王が大道に適っていたことは暗黙の前提であった。その前提のうえで、大道＝天皇は三道を超越して国教を制作しうるからである。だが、吐納法の議論では、天皇の上に大道を置いている。これを奥宮や今北の〈神道＝治教論〉の延長線に位置づけることは妥当だが、むしろ仙人への言及からすると、平田派への潜在的な先祖がえりと見ることもできる。なお、河野は、仙人となる明治八年頃には、平田の撰した神拝式の祝詞を用いており、平田派国学の影響下から出発していた(65)。

ただし、川合の仙人に対する態度は、アンビヴァレントなもので興味深い。川合が無病長生法の伝授を依頼したとき、河野は仙家の秘事口訣であると伝授をしぶり、仙人とは幽明に出入りし神に伍する存在だと主張した。それに対して川合は、空を飛び、水中に潜り、深山幽谷に住むという仙人の生活はむしろ畜生に近いと挑発的に反論する。目的は仙境に入ることではなく、日本国民として救国の使命を全うすることであり、そのために無病長生法が必要である。仙界といえども日本の国土であり、仙人といえども日本国民なのだから、皇国のために働く忠臣義士に教えられないのは不忠不義であると一喝する。河野は、その志に打たれて無病長生法を伝授したという。[66] 川合は、仙人を「未だ迷ひ居る一の衆生」[67]とみなし、敬意や憧憬の念を持たない。仙界をも、皇国の支配下にあるものとする考えは、近代国民国家のイデオローグとして一貫性がある。

だが同時に、川合は決して「人の智慧の光の透らぬ世界に住めるもの」を否定しない。『無病長生法』の結論では、明治においても「鬼」がいること、「幻術」が行われていること、インドには飲食や呼吸なしで苦行する「婆羅門教」の行者がいること、心の働き（「業力」）によって手から「霊糸」が出現すること、さらに「幽霊」や「妖怪」の目撃譚など、事例を挙げて不可知の世界を証明しようとしている。[68] それは、不可知の世界に合理的な解釈を加えるのではなく、そのままに記録しようとする一種の民俗学的態度に近い。彼は、あらゆるものを人間の知で把握し、制御していこうとする合理主義者ではなく、国家の内部といえども人間の限界を認める意味で、保守主義者であった。このような不可知の異界からの技術として、無病長生法が紹介されるのである。

川合は、真道創立同盟以来、一貫して平田派を否定しており、オルタナティブな〈神道＝神話論〉を禁欲している。幽界を「大道」に封じ、顕界の〈宗教＝治教論〉に専念していた。しかし、吐納法は、そうした人間の限界、いわば顕幽の境界を突破し、不可知の領域と通じるチャンネルではないか。それは人間の認識外のものを、規定された祭祀とは異なる形をとって、身体技法を通じて顕現させるものである。この方向性を徹底すれば、祭祀に封入された〈神道＝神話論〉と国民道徳的な〈宗教＝治教論〉の調停ではなく、むしろそのいずれにも依らず、新たな統治原理を実践的に提示することにもなる。仙術が直接的に「大道」と通じるならば、神儒仏の教説さえ必要ない。

無病長生法を通じて、こうした可能性を垣間見せたのは偶然ではないだろう。彼はこの技法を求めた理由を次のようにいう。

我れ今国家の病気を察するに、実に一朝一夕の病にあらず。故にこれを治療して十分健康ならしめむには、中々以てからはづみなる表気《うはき》の沙汰にては、思ひも寄らぬ事なりかりし。……案ずるに、政事上の仕事は、十年にして出来なば、道徳上の仕事は二十年を要せずばあるべからず。政治上の仕事は、三十年にして仕揚らば、道徳上の仕事は、六十年を費さずばあるべからず。……人生は朝露の如し。実にあした夕《ゆふべ》を図らず。奄忽《えんこつ》として其れ死なば、是れまでの勤苦は全く水泡と消え失するのみならず、国家の前途を奈何せむ。半夜青灯の下に孤坐して、彼れを思ひ、此れを思へば、実に任重くして道遠く、さすがの措大も茫然自失せること有り(69)。

長期に及ぶ仕事の完遂のため、無病長生法を欲したというわけである。だがその明快な理由の根底にあるのは、理想の実現の不可能性を感じさせる冷厳で強固な現実、そしていずれは人生も理想も水泡に帰するという虚無感があったのではないだろうか。その諦念こそが、ユートピア的な幽界を現出させる契機に他ならない。そしてくり返しになるが、そのようなユートピア性は、ラディカルな国家変革のイデオロギーと表裏一体なのである。

ただ、川合はこうした可能性を垣間見せながら、それを全開にすることなく、仙術を補助的な位置に留めた。体制へのラディカルな挑戦を控えたというだけでなく、神道家や仏教僧侶に多くの社員を抱える大道社では、諸教を軽んじる理論展開は困難だっただろう。大道のラディカルな意味を秘めつつ、川合の現実の運動は神道界、仏教界、儒教知識人のネットワークを繋ぎ、たゆまぬ布教活動を持続していくことに他ならなかった。

おわりに

本章では、政教分離を前提に、それを乗り越える理論として、川合清丸によって気の思想が近代に再生されたことを明らかにした。政教分離と信教の自由の理念は、西洋近代の社会システムにおいて前提となっているものである。この理念によって、宗教と政治を概念的に区別し、政治からの宗教への干渉を排するとともに、宗教から政治への影響も排することで世俗的な市民社会を支えているとしばしば考えられている。しかし、何が宗教で何が政治かという切り分けそのものが一種の政治性を孕んでいるのであり、それぞれの概念に普遍的な内実があるわけではない。西洋近代のレリジョンに対応する宗教概念は、日本では明治維新期まではなく、大教宣布運動の紆余曲折のなかで、「形」を規定する政治に対して、「心」を規定する宗教として、心身二元論に重ねられて導入された歴史的な概念であった。

このとき、神社神道と宮中祭祀は「国家の宗祀」として、この二元論の外部に置かれた。それに対して、川合は、気の思想に基づいて物心（身心）一元論——大道——を主張し、「国教」を説くことになる。この主張そのものが、西洋的二元論への反措定であるとともに、二元論の裏に隠蔽された一元論を暴露するものであった。それゆえ、西洋の社会体制を導入しながら一元論を隠蔽している藩閥政府や政党政治への、ラディカルな批判となっていたのである。逆にいえば、川合の大道思想は、対立する二元を調和的に一元化する易の原理に基づいているけれども、外部に西洋的な物心二元論という対立項を常に持つものであり、その意味で単純に調和的な思想ではなく、むしろ論争的な性格を有していた。系譜的には、大教宣布運動の〈神道＝治教論〉に根を持ち、天賦人権論の儒教的、仏教的、神道的な解釈を通じて民権運動の一翼を担った思潮を引き継いでいた。

この潮流における「自由」や「独立」とは、まさに西洋の帝国主義的覇権からの独立であり、それと結びついた政治権力からの自由であった。そして、そのためには単に政治権力からの自由を志向するだけでなく、覇権に対抗する道徳的原理に自らを由らしめるという意味での自由によって、個人を政治的＝道徳的連帯へと再結合させる必要があると認識されていた。川合にとって、「大道」はそうした原理であり、「国体」とは、その原理に貫かれた理想の結合体であり、それは彼の見る現実の日本に対峙するものとして構成されていた。この理想を現実化する組織として大道社があり、そこで提示された無病長生法は、物心一元論を単なる観念ではなく、実践的な運動として駆動させるものだったのである。

無病長生法の持つこうした思想的意味は、さまざまなヴァリエーションを伴いながら、後の民間精神療法や心身修養にも引き継がれていく[70]。かつて廣松渉は「身心問題を突き詰めて行くと、存在観・世界観の全体的なゲシュタルト・チェンジを帰結する[71]」と述べた。そのような試みは、すでにこのころから、実践を伴うかたちで繰り返しなされていたのである。

註

（1）島薗進『〈癒す知〉の系譜――科学と宗教のはざま』吉川弘文館、二〇〇三年、二〇－三一、二六〇頁。

（2）島薗前掲、二五八－二六〇頁。田邉信太郎・島薗進・弓山達也編『癒しを生きた人々――近代知のオルタナティブ』専修大学出版局、一九九九年、二八一－二八二頁。

（3）川合清丸に関する先行研究には以下のものがある。伝記は、小谷恵造『川合清丸とその周辺』（牧野出版、一九七七年）および同『川合清丸伝』（富士書店、一九九八年）で詳細にまとめられている。荒川久寿男「川合清丸の大道思想の形成とその展開」（『皇學館論叢』一巻二号、一九六八年）は、戦後にいち早く川合の思想を取り上げている。重親知左子「戦前日本における回教政策の思想的背景――陸軍大将林銑十郎と宗教家川合清丸」（『兵庫大学論集』一九号、二〇一四年）は、昭和初期に及ぶ川合の思想的影響を分析している。代替療法運動の文脈からは、吉永進一が、『日本人の身・心・霊Ⅱ⑦』（クレス出版、二〇〇四年）の末尾の解説で言及しており、短いながら興味深い指摘がある。

これらの先行研究に対し、本章では、明治初期の宗教と政治の動向――とくに大教宣布と自由民権――に川合の思想を置き、同時代的な思想的布置を探る。さらに、大道思想と無病長生法の関連を分析し、代替療法運動を政治＝宗教的実践として捉える見方を提示する。

（4）平田篤胤『霊の真柱』岩波書店、一九九八年。

（5）片渕美穂子「近世養生思想における呼吸法と丹田」『和歌山大学教育学部紀要人文科学』六四号、二〇一四年。

（6）『鬼神新論』（平田篤胤全集刊行会編『新修平田篤胤全集』第九巻、名著出版、一九七六年、二四頁）。括弧内引用者補足。

（7）矢野玄道「献芹詹語」（有馬祐政・鳥野幸次編『皇道訓』弘道館、一八六七年、四三二頁）。元は一八六七（慶応三）年に岩倉具視に提出された献言書である。

（8）以下の大教宣布運動の概要については、阪本是丸「日本型政教関係の形成過程」（井上順孝・阪本是丸編『日本型政教関係の誕生』第一書房、一九八七年）を参考にした。

（9）阪本前掲、四二頁。

（10）小笠原正道『大教院の研究――明治初期宗教行政の展開と挫折』慶應義塾大学出版会、二〇〇四年、五〇頁。

（11）「三条教則批判建白書」（二葉憲香・福嶋寛隆編『島地黙雷全集』第一巻、本願寺出版協会、一九七三年、一五頁）。なお本章では、カタカナ表記の原文は平仮名表記に改め、適宜、句読点や濁点や送り仮名を補った。

（12）「建言　教導職ノ治教宗教混同改正ニツキ」明治七年九月（二葉憲香・福嶋寛隆編『島地黙雷全集』第一巻、本願寺出版協会、一九七三年、六五－六六頁）。

(13) 島地の神道論を「神道治教論」として把握したものに、例えば戸浪裕之「島地黙雷の神道論――「神道治教」論を中心に」（『神園』一一号、二〇一四年）がある。
(14) ここに征韓論をめぐる明治六年の政変で西郷らが下野したことや、明治政府が巨大な仏教勢力の意向を尊重したことも加えてよいだろう。
(15) 安丸良夫『神々の明治維新――神仏分離と廃仏毀釈』岩波書店、一九七九年。
(16) 谷川穣『明治前期の教育・教化・仏教』（思文閣出版、二〇〇八年）は、この時期における仏教教化と近代教育の複雑な過程を描いている。
(17) 『東洋自由新聞』第一号社説・明治一四年三月一八日（松永昌三編『中江兆民評論集』岩波書店、一九九三年、一四頁）。
(18) 『孟子』上、岩波書店、一九六八年、一二〇－一二一頁。
(19) 梶田明宏「西南戦争以前の言説状況――士族民権論をめぐる「気」の問題について」『書陵部紀要』四三号、一九九一年、一五－一六頁。
(20) 梶田前掲、三三頁。
(21) 杉山剛『奥宮慥斎の研究――明治時代を中心として』早稲田大学審査学位論文（博士）、二〇一三年、七八－八七頁。忠は心口一致、信は言行一致、篤は浮薄でないこと、敬は戒懼を意味する（一〇八頁）。
(22) 杉山前掲、九一頁。
(23) 杉山前掲、一三八－一四六頁。
(24) 杉山前掲、二四二頁。
(25) 今北洪川『禅海一瀾』岩波書店、一九三五年、二五頁。
(26) 今北前掲、四四－四五頁。
(27) Janine Tasca Sawada, *Practical Pursuits: Religion, Politics and Personal Cultivation in Nineteenth-Century Japan*, University

of Hawai'i Press, 2004.

(28) たとえば劇作家の川尻宝岑は、一八六一（文久元）年に吐菩加美講で神伝を受け、翌年に石門心学を学び始め、一八六七（慶応三）年に長徳寺（臨済宗建長寺派）にて居士号を受け、一八七五（明治八）年に今北洪川に参じた（早野元光『川尻宝岑先生事蹟』参前舎、一九一一年、一-五頁）。川尻は大道社にも関わり、大道学館の講師も務めた。臨済宗南禅寺派管長勝峰大徹は、禅堂で丹田呼吸法や内観法による健康法や注意力養成法を説いていた（勝峰大徹『内観法――記憶長寿及胆力増進之要訣』成功雑誌社、一九〇八年）。この本の末尾には、病治しの動機から、天源淘宮術や禅に入った居士の体験談が記されている。

(29) 島善嵩「鉄舟と兆民と梧陰と」梧陰文庫研究会編『井上毅とその周辺』木鐸社、二〇〇〇年、一七一-一七八頁。島善嵩「自由民権と禅」『日本歴史』六三七号、二〇〇一年、三二一-三三頁。

(30) 真辺将之「鳥尾小弥太における政府批判の形成――『王法論』執筆まで」『日本歴史』六五七号、二〇〇三年、六九-七一頁。

(31) 真辺将之「近代国家形成期における伝統思想――鳥尾小弥太『王法論』の評価をめぐって」『早稲田大学大学院文学研究科紀要第四分冊』四七号、二〇〇一年、六九-七五頁。

(32) 今北前掲、三二頁。

(33) 小谷恵造『川合清丸伝』富士書店、一九九八年、三-一一頁。

(34) 小谷前掲、一二-三五頁。

(35) 小谷前掲、三九頁。

(36) 小谷前掲、四一頁。

(37) なお川合は、この時期に、古史古伝の『上記《うえつふみ》』に強い関心を示して筆写している。一般的には偽書とされるが、明治七～一〇年頃に教部省主導で解読作業が行われていた。

(38) 原武史『〈出雲〉という思想』講談社、二〇〇一年、一六五―一七五頁。
(39) 『川合清丸全集』十巻、川合清丸全集刊行会、一九三三年、一五―一六頁。実際に神道本局からの独立を目指し、神道管長の久邇宮朝彦に面会して独立を訴えたが、許可はされなかった（『川合清丸全集』第十巻、一一―一二、三四〇頁）。
(40) 川合清丸『教法問答』石橋孫八、一八八三年、三二葉裏。
(41) 民権家で大道社に入社したものには、西毅一や末広鉄腸がいる。
(42) 川合前掲『教法問答』三一頁。
(43) 川合前掲『教法問答』三三―三四頁。
(44) 磯前順一『近代日本の宗教言説とその系譜――宗教・国家・神道』岩波書店、二〇〇三年、九七―一〇七頁。
(45) 『川合清丸全集』三巻（川合清丸全集刊行会、一九三二年）中の、「神道統一合同檄文を読む」「神道国教論並序」「有賀博士の神道国教論を読む」を参照。川合が「国教」にこだわった背景には、明治憲法制定（一八八九年）にあたって、国教規定が問題になり、キリスト教推進派と反キリスト教派の双方が「国教」にこだわっていたことがあったと指摘されている（重親前掲、四一頁）。
(46) 川合前掲『教法問答』一―二頁。
(47) 川合前掲『教法問答』二三頁。
(48) 川合前掲『教法問答』三三―三四頁。
(49) 小谷前掲、一八九頁。
(50) 政党との関係に関する弁論は、川合清丸「政党関係に就て」（『川合清丸全集』八巻、川合清丸全集刊行会、一九三一年、六三―六九頁）を参照。
(51) 川合清丸「興学論」（『川合清丸全集』一巻、川合清丸全集刊行会、一九三一年、二四二頁）。
(52) 川合清丸『告衷書――一名　大道学館設立主意』一八八九年、大道社、四―七頁。小谷前掲、二〇二頁。

(53) 川合清丸『日本国教大道社設立主意』大道社、一八九一年、一頁。
(54) 川合清丸「制作論」(『川合清丸全集』一巻、川合清丸全集刊行会、一九三二年、七一―九二頁)。清原国賢の日本書紀の跋にあるものを引いている。
(55) 川合清丸「大道論　一名国教論」(『川合清丸全集』一巻、川合清丸全集刊行会、一九三二年、三〇―三二頁)。
(56) 吉田神道の三教根本枝葉花実説は、究極的に儒教、仏教、他の神道諸派に対して、吉田家の説く唯一神道に優位があることを主張する思想であった。
(57) 川合前掲「大道論」二四頁。
(58) もともとは、「無病長生法」と題した『大道叢誌』の連載であった。
(59) 川合清丸(伊藤尚賢編)『気海丹田吐納法』一九一二年、東京崇文館、六〇―六三頁。
(60) 『川合清丸全集』一巻、川合清丸全集刊行会、一九三二年、四頁。
(61) 別名、至道寿人。宮地厳夫『本朝神仙記伝』(本朝神仙伝発行所、一九二八年、一九二九年)や『神仙の存在に就て』(神道天行居、一九三八年)に詳しい紹介がある。三宅雪嶺は、河野が内務省に奉職していたと述べている(『川合清丸全集』九巻、川合清丸全集刊行会、一九三二年、三頁)。川合は山岡鉄舟から河野を紹介されている。
(62) 川合清丸『僊家秘訣　無病長生法』日本国教大道社、一九〇一年、七八―八七頁。
(63) 川合前掲『僊家秘訣　無病長生法』八八―九二頁。
(64) 川合前掲『僊家秘訣　無病長生法』九三―九六頁。
(65) 川合前掲『僊家秘訣　無病長生法』二一頁。
(66) 川合前掲『僊家秘訣　無病長生法』三五―四七頁。
(67) 『川合清丸全集』十巻、川合清丸全集刊行会、一九三三年、四五四頁。
(68) 川合前掲『僊家秘訣　無病長生法』一二五―一九五頁。

（69）川合前掲『偓家秘訣　無病長生法』四二 - 四三頁。

（70）民間精神療法が国家論と結びつく事例は、吉永進一「民間精神療法の心身＝宇宙観」（鶴岡賀雄・深澤英隆編『スピリチュアリティの宗教史』下巻、リトン、二〇一二年）を参照。なお、紙幅の都合で略すが、無病長生法と明治三〇年代以降の精神療法家の理論には、心理学や催眠術の受容の程度において断絶があると筆者は考える。その点では、同書で紹介されている幻術家中村環（幻々居士）の理論が直接的な先駆者だろう（川合前掲『偓家秘訣　無病長生法』一七四 - 一七八頁。中村環『幻々要集』福田社、一九二七年）。

（71）廣松渉『身心問題』青土社、二〇〇八年、二六頁。

第二章　玉利喜造の霊気説の形成過程とその淵源――伝統と科学の野合

野村英登

はじめに

玉利喜造（一八五六－一九三一）は、駒場農学校の第一期生として卒業（一八八〇）、米国留学（一八八五－一八八七）を経て東京農林学校に着任（一八八七－）、農家大学校教授として畜産学講座や園芸学講座の担任を勤めながら（一八九三－）、農学博士（第一号）を授与され（一八九九）、その後盛岡高等農林学校長（一九〇三－）、鹿児島高等農林学校長（一九〇九－）を歴任、貴族院議員にも任じられた（一九二二－）、日本の農業政策、農業教育を牽引した人物の一人と言える。ただその一方で彼は、自身の健康不安から、当時流行した「精神療法」、霊術（催眠術）などを使って精神の力により病気を治す療法や健康法に傾倒していった。そして農林学校での倫理教育に取り組むなかで、儒教倫理と健康法の実践を重視し、関連する著作も残している。[1] この方面の玉利の思想で、中心的な理論となるのが霊気説で、書籍にまとめられたものには以下のものがある。

『冷水浴の実験と学理』実業之日本社、一九〇七（明治四〇）年

『実用倫理』弘道館、一九〇九（明治四二）年
『内観的研究――邪気、新病理説』実業之日本社、一九一二（大正元）年
『内観的人類進化説』育英書院、一九一四（大正三）年
『内観的研究説』玉利喜造、一九三〇（昭和五）年

玉利はこれらの著作の内容を学生に対しても熱心に説いていたが、彼自身が農学博士や教育者として尊敬されているのに対して、彼の霊気説はそれほど歓迎されてはいなかった。(2)また玉利と霊術家たちも、結局は同床異夢の関係にあった。というのも、玉利が盛岡時代に自ら体験した紅療法については、紅そのものの薬効には否定的であった（『内観的研究』二〇〇頁）。そのためかは分からないが紅療法側からすると、玉利の著作を都合良く切り取って彼の霊気説を利用する一方で（武藤照正『増補詳解　紅療法秘伝』京都紅療院講習本部、一九二六年、一〇三―一一六頁）、許可も取らずに紅療法について勝手なことを書いたというような不満もあったようだ（山下素邦談「回想録」、岡田忠一編『神経衰弱全治体験録』健康之光社、一九三一年、一八六頁）。また鹿児島時代に交流を持った木村天真という精神療法家についても、自分自身は研究のためとして治療を受けず、経文を唱えて霊動を起こさせ自身の因縁を語らせて治療を行うなどの信仰的な要素は必要ないという立場を取っていた（玉利農学博士談「精神修養と霊気」、木村天真『病と霊』精神修養会本部、一九一七年、一七六―一七七頁）。ようするに、玉利は霊術家たちの療法の効果を信じてはいたが、自らの霊気説の立場から彼らの療法の中核的な部分を否定することもしていたのである。

では玉利の霊気説とはいかなるものだったのか。玉利の著作は、二作目以降前作の内容を一部含みながら一作ごとに議論を広げており、最後に出版された『内観的研究説』は、玉利の霊気説の集大成と言ってよいだろう。玉利の霊気説は彼自身の実体験を基礎としながら、東洋と西洋の思想を組み合わせたものとなっていて、その概要について、

先行研究では同書にもとづいた議論がなされている。[3] しかし同書の記述だけを全面的に採用して、玉利の霊気説を読み解くには、実のところ問題がある。本章では玉利の霊気説に関して、その成立過程を検証しながら、特に玉利が参照した伝統思想との関連からその思想を位置づけてみたい。

一　霊気と邪気の定義

『内観的研究説』において、玉利は霊気と邪気の名称について、「霊気とは霊妙の気と云う意味にして、邪気とは古来漢方医が唱えたる名称をそのまま採用[4]」しただけで深い意味はないとしている（同書六四頁）。というのも、玉利にとって、霊気と邪気は何よりも自身の体験によってその存在を実感していたものだったからである。例えば霊気については、玉利は原稿執筆時に起きた出来事を次のように記している。

余は昨秋より此の種の霊気左手に多く上昇進入し来たりて、その二三塊は肘関節の神経の間に介在し、所謂関節痿痲室斯《リウマチ》を起し、時に左手は動かし兼ねるまで苦痛を感じつつ之あるが、今此の稿を筆記するに方り、胡座して左手の肘関節を曲げて大腿の内側に強く圧しつつ案じおりたるに、僅かに五六分間に至らずして大腿に霊気の転動起りて、……当夜（大正十三年四月一日夜）此の状態にては肘関節の痿痲室斯が太腿に移動せるものの如し。……肘にも被服二枚、太股は四枚、合して六枚重ねたる中間物あるに拘わらず、斯く霊気の相通ずるは霊気の性質電気と等しきを窺い知るべきなり。（同書八七－八八頁）

玉利は後述するように、霊気を「原始的神経の今日吾人の身体内に遺留し居るもの」（同書一二二頁）と考えていた。霊気は、「霊妙なる有機的の気団気塊」で、「生物の生命に必要なるもの、否実に生命の本源なれば、固より寸時も欠くべからざる有機的霊妙の気塊」なのだ（同書六七頁）。

これに対して邪気は、純粋に物質的な存在として想定されている。玉利は、邪気が炭酸ガスを生成分とすると考えていた。例えば邪気が舌から排出されるときに、ラムネのような刺激を感じた、と自身の体験を述べている（同書一二九頁）。実際、機械的な検出を試みたが、それは失敗に終わったと記されている（同書一三八頁）。つまり玉利にとって邪気とは、「体内に発生する無機的瓦斯《ガス》及放射物にして、所謂物質的気流」であり、「筋肉並に食物の損敗より絶えず体内に発生して排泄せらるべきもの」であった（同書六七頁）。

霊気も邪気も古今東西その存在は知られていたが、東洋の書物ではこの二気の混同が多く、西洋の書物では混同されることが少ないと玉利は考えていた（同書六六頁）。霊気に相当するものとして玉利が挙げているものは、炁・明徳・霊・魂・精霊・幽我・覚心・玄牝・夜気・動気・anima・Soul・Pneuma・Phantom・Geist・Ghost・Logus《ママ》などであり（同書七一頁）、特にバラモン教の「梵天」が霊気の内容にもっとも近いとし、それぞれに典拠と解説を加えている。一方、邪気に相当するものとしては、邪気（炁）・疲労物質・毒素・Aura（Pneuma）を挙げ、同様に典拠と解説を加えている。このように霊気は実体のないもの、邪気は実体のあるものという違いがあり、ただいずれも目には見えないが身体感覚で実感できるものであった。

二　風邪から邪気へ

『内観的研究説』では、玉利が霊気と邪気を発見したのは同時期であるかのように書かれている。例えば、明治四〇年ごろに、加藤弘之（一八三六－一九一六）の唱えた利己心を中心に据えた人間観に反対して、『大学』で説かれる明徳の存在を挙げ、中江藤樹を参照しつつ説明した際に、明徳なるものを玉利自身が内観法を実践することによって、自身のうちに霊気として存在していることを発見したと述べている（同書一〇－一一頁）。しかし玉利の著作によるかぎり、加藤への反論内容を収録した『実用倫理』では、邪気について言及してはいても、霊気なる語は出てきていない。前作の『冷水浴の実験と学理』においても同様で、玉利は霊気には触れずに専ら邪気について議論しているのである。つまり玉利は霊気よりも先に邪気というものを発見したことになる。

健康法としての冷水浴を論じた『冷水浴の実験と学理』では、冷水浴の効能として、「神経に及ぼして心理的の現象を呈するもの」、つまり精神への影響と、「生理的又は一般の健康に及ぼす現象」、つまり肉体への影響の二点を挙げている（同書一九頁）。

冷水浴の精神への影響については修養的な側面があると玉利は主張する。神経が強くなれば精神気力が増進するため、困難を苦としない「堅忍不抜不撓不屈の精神を帯びたる勇気」の持ち主になれるとしている（同書二二頁）。しかしそうした精神的な修養は健康にもつながる。玉利は冷水浴によって病気に罹らなくなる理由として、「神経が健全にして強壮なれば、諸々の病も侵入し難く又は其病に打勝つことも容易である」とし、「徳川家康も病気は臆病者が罹るのであると云われたそうでありますが、精神気力が旺盛であれば病に罹らぬ」ものであり、「精神気力に依て健康を維持し得」ると玉利は考えていた（同書二四－二五頁）。

冷水浴の肉体への影響については、玉利は「冷水浴を行えば皮膚が丈夫に成って風邪に冒されぬ」として、その理由を「皮膚の神経が丈夫に成るから」と理解している。しかし「皮膚が丈夫でも其下に弱き局部、又は機関があるならば、その丈夫なる皮膚を透して其弱き局部を冒」すため、身体内外各部の神経を丈夫にするものと理解すべきだとしている（同書二五－二六頁）。

玉利はさらに考察をすすめ、風邪の性質は症状からするとリウマチと同じもので、双方ともその正体は邪気であると述べる。玉利の著作での邪気説はここに始まる。腹が固く張ったり、肩が凝ったり、悪寒を感じたりするのも、すべて邪気が筋肉や神経を冒したことが原因で、それがひどくなるとリウマチになる、というのだ。人が老衰して身体の運動が鈍くなるのも、邪気が侵入して各部機能を妨げているためだとする（同書二九－三三頁）。こうした邪気への対処法については、玉利は自身の経験を交えて、邪気に冒された部位の筋肉に力を入れることで、邪気を追い出せるとしている。しかし不随意筋には意識して力を入れることはできない。だが冷水浴を行えば両方の筋肉を動かせる、というわけである（同書三二－三六頁）。

皮膚の隙間から風（邪気）が入り込むと人は病気になる、とは東洋医学の伝統的な身体観としては常識に属するものであろう。冷水浴で皮膚が引き締まるので病気にならないと考えるのはその身体観による。玉利はそこに西洋医学の神経の概念を持ち込み、邪気が病気をもたらす仕組みと冷水浴の実効性を論じた。つまり玉利の邪気説の理論面はほとんど近代的な思考に置き換えられている。ただこの時点では、邪気の正体それ自体については論じられていない。

三　明徳から霊気へ

すでに指摘したとおり、儒教倫理の教育上の重要性を説く『実用倫理』ではまだ霊気という語が使われていない。しかし四書の『大学』の明徳と『中庸』の中庸に関する議論は、その後の玉利の霊気説とほぼ重なるものとなっている。前述したように後年の『内観的研究説』では霊気と同じ概念の一つに明徳を挙げているが、『実用倫理』ではその明徳について、本心・道心・良心・良知・真心・誠・真如・真吾・仁・道・中・天君・如来・神・太一・梵天・太虚などと同じ意味としている（同書二二八頁）。『内観的研究説』で霊気の概念にもっとも近いものとされる梵天がここですでに登場しており、この時点の玉利の明徳に関する思想が、その後の霊気説の雛形になったことが窺われる。

さて、『実用倫理』の玉利の明徳理解は、陽明学の良知説を基礎とし、その引用の多さから特に江戸初期の陽明学者中江藤樹（一六〇八－一六四八）の議論に拠っていると言えるだろう。中江藤樹は、明治期に儒教の近代化が試みられる中でもっとも注目された陽明学者の一人であった。玉利は当時のこうした動向を代表する井上哲次郎（一八五五－一九四四）の『日本陽明学派之哲学』（冨山房、一九〇〇年）を参照しているが、中江藤樹の引用については同書と重なるところがない。翌年に井上が編者として刊行した『日本倫理彙編』巻之一（育成会、一九〇一年）に収録された中江藤樹の文章とも重なっていない。もともと玉利自身が中江藤樹の著作に親しく触れていたのであろう。

もっとも井上と玉利では中江藤樹に注目したところが異なっていた。玉利は、明徳を備える「自我は宇宙の大我と相通ずべき霊即ち本心又は真吾」と考えていた（『実用倫理』二六三頁）。この自我と「宇宙の大我」の対比は、井上哲次郎がすでに『倫理と宗教の関係』（冨山房、一九〇二年）で論じ、精神療法の元祖とされる桑原俊郎（一八七三－一九〇六）

にも影響を与えている。(5) ただし井上は自我と別に「大我」なるものがあるとは想定していない。例えば、

自我に畢竟両方面あるなり。小我としての自我と大我としての自我と、是なり。小我は現象として個体を成せるものにして、大我は実在として一切の小我を統一せるものなり。無数の小我は唯一の大我を根柢として成立せり。（同書九七頁）

と述べていて、一読すると個々人の自我である小我を統合する大我が存在するようにも読み取れそうだが、小我が現象で大我が実在とされている点に注目する必要がある。井上自身が参照している彼の論文「認識と実在の関係」（『巽軒論文　二集』冨山房、一八九九年）では、次のように述べている。

個人は唯だ現象として個体を為すのみにして、現象の他方面に於ては、即ち実在の方面に於ては、復た個体と見做すべきにあらず。実在としての個人は、空間時間及び因果の既定を超脱せるものにして、直に世界の実在に通ぜり。（同書二三〇頁）

つまり井上は、そもそも西洋哲学での主観的認識と客観的実在の問題として小我と大我を論じているのだ。

一方、桑原は例えば『精神霊動　第一篇　催眠術』（開発社、一九〇三年）では、

宇宙は一心のみである。一心は、即、一の動力である。物質は動力の表象である。動力が本源で、物質は後に来

るものである。動力なきときは、物質はない。人心は宇宙動力の一部分である。（同書六七頁）

と述べたり、「精神というものは、物質中に宿る活動力のことである」（『精神霊動　第二篇　精神論』開発社、一九〇四年、一六五頁）としたり、井上が否定している唯心的な素朴実在論の立場を取っている。

井上もまた実在の本質を「活動」としていた。しかしそれは、「認識と実在の関係」で「世界の実在は動勢的に写象せざるべからず。即ち活動に於て実在を認定せざるべからず」（『巽軒論文　二集』二二六－二二七頁）と述べているように、論理的な帰結として示されている。人間は実在を実際に認識することができない。しかし人間には、この世界が現象として活動しているように認識されている。認識が実在からの刺激によって発生している以上、実在が静的であるということはあり得ない。だから実在の本質は「活動」ということになる。このような実在の不可知性に対して、どうにか信仰で突破しようとした結果、伝統的な宇宙観で大我と小我のような対比がなされることになった。そのように井上は考えていた。

桑原俊郎たち霊術家は、井上の議論を理解出来なかったか、積極的に誤読したか、ともかく目に見えない不思議な力の実在を科学的に説明してくれるものとして都合良く利用したことになる。

井上自身、「実行的倫理が一切歴史的宗教に代わりて行わるべき実例は、儒教之れを示せり。儒教は宗教の如き形体を有すれども、其実徳教なり。即ち単に道徳の実行を以て其主義とせり」と儒教を評価し、「儒教に復帰する」ことはできないが、儒教が「実行的倫理が宗教の地位を占め得べきこと」（『倫理と宗教の関係』九一－九二頁）を歴史的事実によって証明したと結論づけている。

『日本陽明学派之哲学』においても、井上は、中江藤樹の新儒教的な天人合一の概念を排除しようとしていた。[6]しかし玉利にとってはそここそが重要であり、彼の明徳理解の根本であった。玉利にとって、明徳を備えた、つまり良知を発現した存在である聖人というのは、比喩的にではなく実際に特別な能力を発揮する存在だった。『実用倫理』において、玉利は次のように聖人の明徳を説明している。

此雑念煩悩心を去りたる平心虚気の真吾若くは真如の如何に神聖なるやを知るにあらずや。藤樹曰く、明徳は本太虚と同体なり。故に天地万物尽く明徳の裏面に包在し、聖人明徳を明らかにするなり。故に天地と其の徳を合し日月と其の明を合し鬼神と其の吉凶を合すとあり。即ち心を虚にして得たる睡遊者又は天眼通神通力を有するものの実例を照合すべし。聖人の天地とその徳を合することは申すまでもない。……（同書二六三頁）

つまり玉利は、中江藤樹が説いていた聖人の心のありようは、夢遊病者や神通力の持ち主と同じだと述べているのだ。さらに明徳と同様に儒教の理想的な境地である中庸を得るための方法である「惟れ精惟れ一」について、次のように解釈している。

之れは催眠術に於て能く云う処の精神の統一とか集注とか云うと同一の意味にして、術者被術者共に無意無心所謂無我の境に入り雑念を去りて精神を統一すること精なれば精なる程精神の霊動を現わし易しと云うと同じである。漢学者先生或は之を聞いて叱責するならんも精神の霊動する場合は同一にしてその催眠術たり天眼通たり読心術たり降神術たり将た巫たるが如き何も精神の霊動又は神通力を現わす場合には皆同く無我の境に入るべき事は明徳解に於て弁じたる通りである。（同書二九一頁）

玉利はそれが儒学の正統的な解釈でないことは承知の上で、催眠術にかかった心の状態は、儒教が理想とする聖人の心と同じ状態だと考えた。心が天地宇宙とつながっているために、特殊な力を発揮することができる。その状態を「精神の霊動」と表現している点で、これは井上よりも桑原俊郎の思想に影響されたと言ってよいだろう。しかし桑原と比べると、玉利は精神よりも物質の方をより重視していた。

中庸については、中江藤樹の言葉どおりに、それが聖人の備える徳であり人間の処世上の要請であるだけでなく、天地宇宙を貫く調和の論理でもあると玉利は考えていた。『中庸』の「中和を致し天地位し、万物育《やしな》わる」という一句を敷衍して、あるいは「地球と太陽間の遠心力求心力の平均調和」、気候の寒暑や乾燥と湿潤、電気のプラスマイナス、酸性アルカリ性、そして精神（心霊）と物質もまた相互に調和し時に交替すると考えていた（同書二九四－二九九頁）。こうした宇宙観に仏教思想を組み合わせたのが図1である。

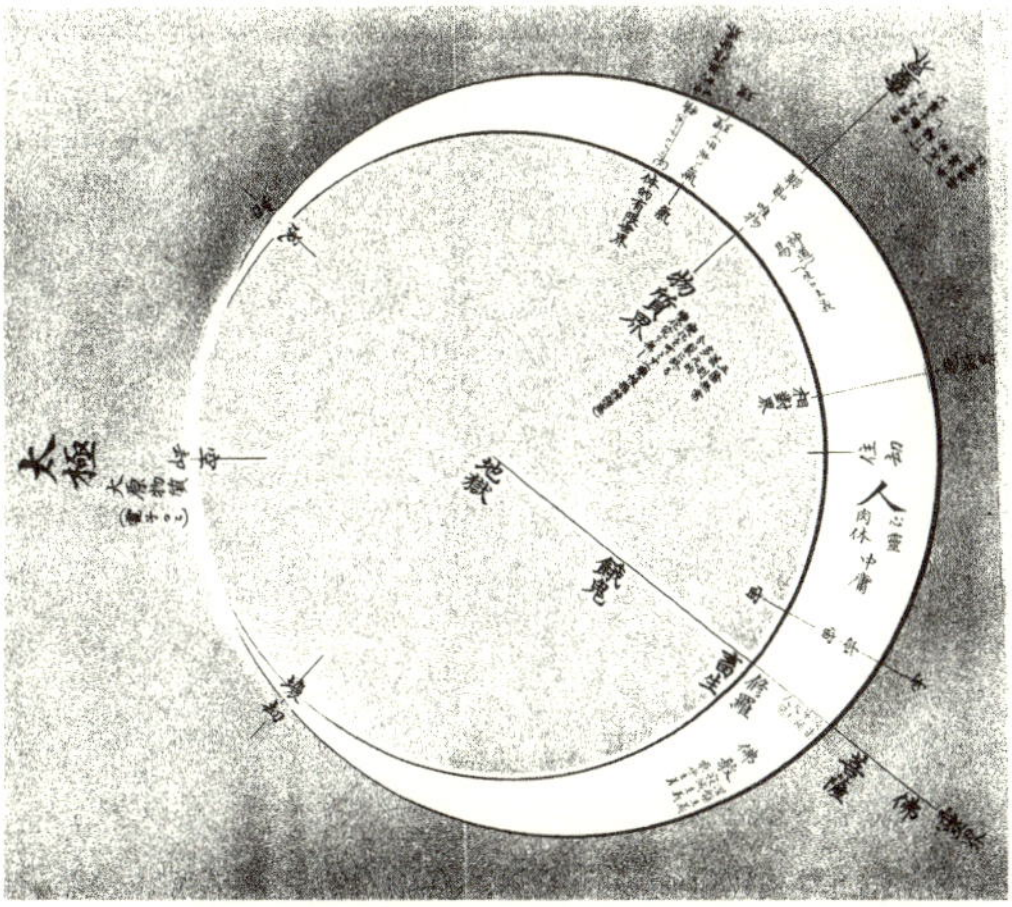

図1　太極図・中庸図解（『実用倫理』三〇〇－三〇一頁折込。国立国会図書館ウェブサイト）

ここで注目したいのは、人の下に心霊と肉体、そのあいだに中庸と書かれているのに対し、その反対の位置にある太極は、大原物質や電子と書かれている点である。おそらくこれが玉利の霊気説の原型だろう。

実のところ、玉利の参照した文章には使われていないが、中江藤樹の代表作『翁問答』にも、霊気の使用例が認められる。

此無礙清浄の位の上に不思議神通の力をもて、神理霊気不二の二、不一の一を明弁して、一段向上精一の神化あり、此神化の後を聖人と名く、至極天真艮背敵応の位なり（巻四、十七条）

ここで中江藤樹は、朱子学で使われる理気を「神理」「霊気」と表現している。「無礙清浄の位」は心を虚にすることを言うのだろうから、ここは理気の理解を極めることで聖人へと近づくことを述べており、玉利の議論と呼応するものと言える。玉利がこの箇所を読んでいなかったとは考えづらい。ということは、この時点ではまだ玉利は霊気という言葉を術語として使うことはやはり考えていなかったのだろう。

玉利はその後『内観的人類進化説』において、霊気が霊魂や精神の他、潜在意識や副意識とも呼ばれるものであることを指摘し、実はそれが人間の意識の本源であり「宇宙の実在万有の本体」と称されるものではないか、としている（同書五頁）。そして霊気は、「至霊至妙宇宙万有の本源にして、自ら刺戟物と成り、亦た自ら霊動して遂に万物を創造し、又自ら刺戟を受て益々発達する力を有する」ものとして、生物や人類の進化の原動力になっているというのが玉利の主張なのである（同書一〇九頁）。

霊気は宇宙に瀰漫し万物の実体と霊力とを、刺戟に依て創造したるものなりというも、刺戟そのものが霊気なり、霊気そのものが刺戟なり。生物は霊力の現に活動するものにして、動物は生物中殊に能く活動するものなり、但し岩石の如き無機物と雖ども、その細微分子を顕微鏡下に照せば、皆多少転動す、之れを「ブラウン」氏の運動と云う。然らば斯かる運動はその細微分子より成れる一岩石の内部にも行わるるものと察すべし、蓋し固形物硬化物間に存在するに随い、運動遅鈍と成り、之れに反して硬度微弱なるに随い、霊気の他を転動する力は益々活潑機敏となりて、遂に神秘的大自在力を現するを見る。（同書一〇九－一一〇頁）

ここで玉利はブラウン運動が霊気の霊動の現れだという見解を示している。分子のレベルで霊気は発生している。それが生物ならどうなるのか。玉利は単細胞生物であるアメーバを想定する。

此「アメーバ」自ら移動するに際し、その食物となるべきものに遭遇すれば、偽足を出して静に之れを抱囲して、遂に之れを体内に取り入れ、その養分を吸収し尽せば、又之れを体外に排棄す。特に神経系の認むべきものなしと雖も、食物の選択をなすより察するに明かに感応すべき神経原質を含有するならん。（同書八六頁）

つまり、アメーバには神経系がないのに外界に反応して動くのだから、何か神経のもとになるものが備わっているに違いないと推論したのである。ヘッケルの個体発生は系統発生を繰り返すという有名な説にのっとれば、人間はその成長過程において単細胞生物の時期が存在する。だから大脳や目などの神経系よりももっと原始的で神経のような働きをするものが人間の身体に残っており、それが霊気なのだ、というのが玉利の結論なのである。

四　佐藤信淵の霊気説

　宇宙と霊気の組み合わせについては、江戸後期の農学者佐藤信淵（一七六九－一八五〇）の所論が玉利に先行しているといえる。玉利自身が編者の一人として名を連ねている『佐藤信淵家学大要』は、玉利の霊気体験よりも前の一九〇六（明治三九）年に刊行されている。同書収録の『鎔造化育論』は、「先づ「人は天地の子」の主張を以つて、時代の農民奴隷の観念論を打破し、農民が人間として生存確保の権利を要求すべきものであることを明にしようとした」ものと評価されている(7)。実はこの書で展開されている宇宙論において、霊気の語が見られるのである。玉利自身はその著作で言及していないため、明確な影響関係は立証できないが、佐藤信淵の宇宙論を玉利が知っていたことは確かであろう。

　さて、佐藤信淵は『鎔造化育論』で自身の宇宙論を展開するに当たって、平田篤胤（一七七六－一八四三）の『霊能真柱』を参照したことを認めている。その平田篤胤は本居宣長（一七三〇－一八〇一）の説として伝えられる宇宙論を元に自説を展開していた。図2が『霊能真柱』所収の図版である。天と地と月がそれぞれ別の天体として示されていることが見て取れる。つまり実は本居宣長の段階で西洋の天文学の知識が密輸入されているのだ。

　ところが、『鎔造化育論』所収の図3を見ると、まるで平田篤胤のものとは異なる。ほとんど西洋の天文学、それも地動説の宇宙図になっている。これは先行研究で明らかにされているように、吉雄南皐（一七八七－一八四三）の『遠西観象図説』（文政六（一八二三）年）の図4に依拠して作成されたものと考える方が妥当だろう。その『遠西観象図説』巻中太虚の条では宇宙空間を次のように描写する。

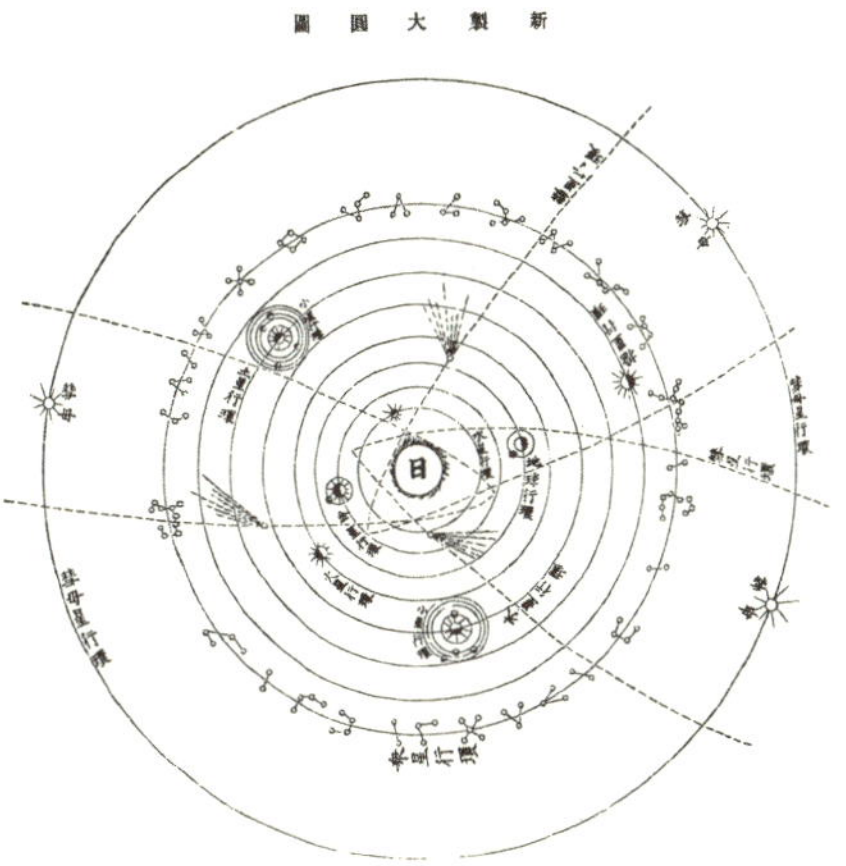

図３　新製大円図（『佐藤信淵家学大要』所収『鎔造化育論』。国立国会図書館ウェブサイト）

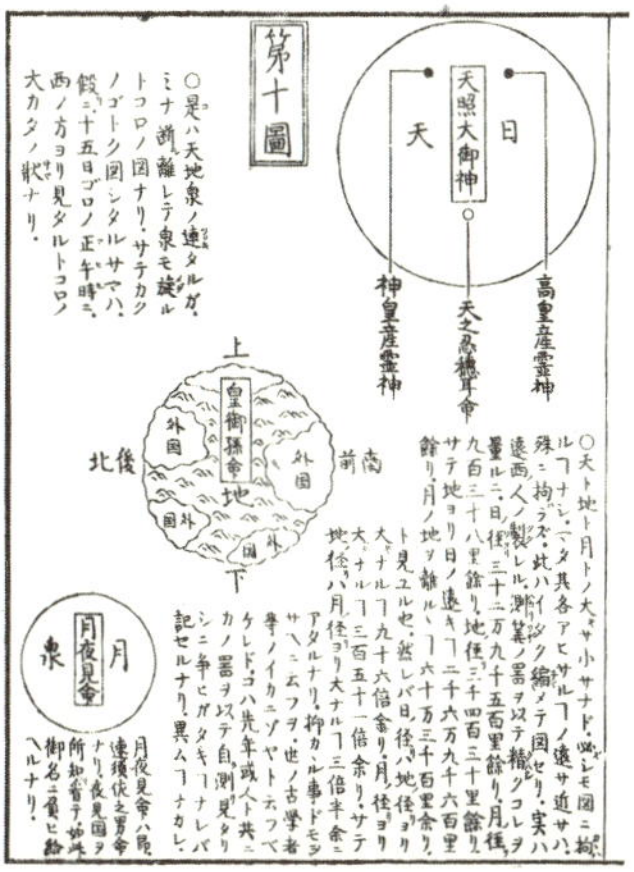

図２　第十図（『霊能真柱』下。国立国会図書館ウェブサイト）

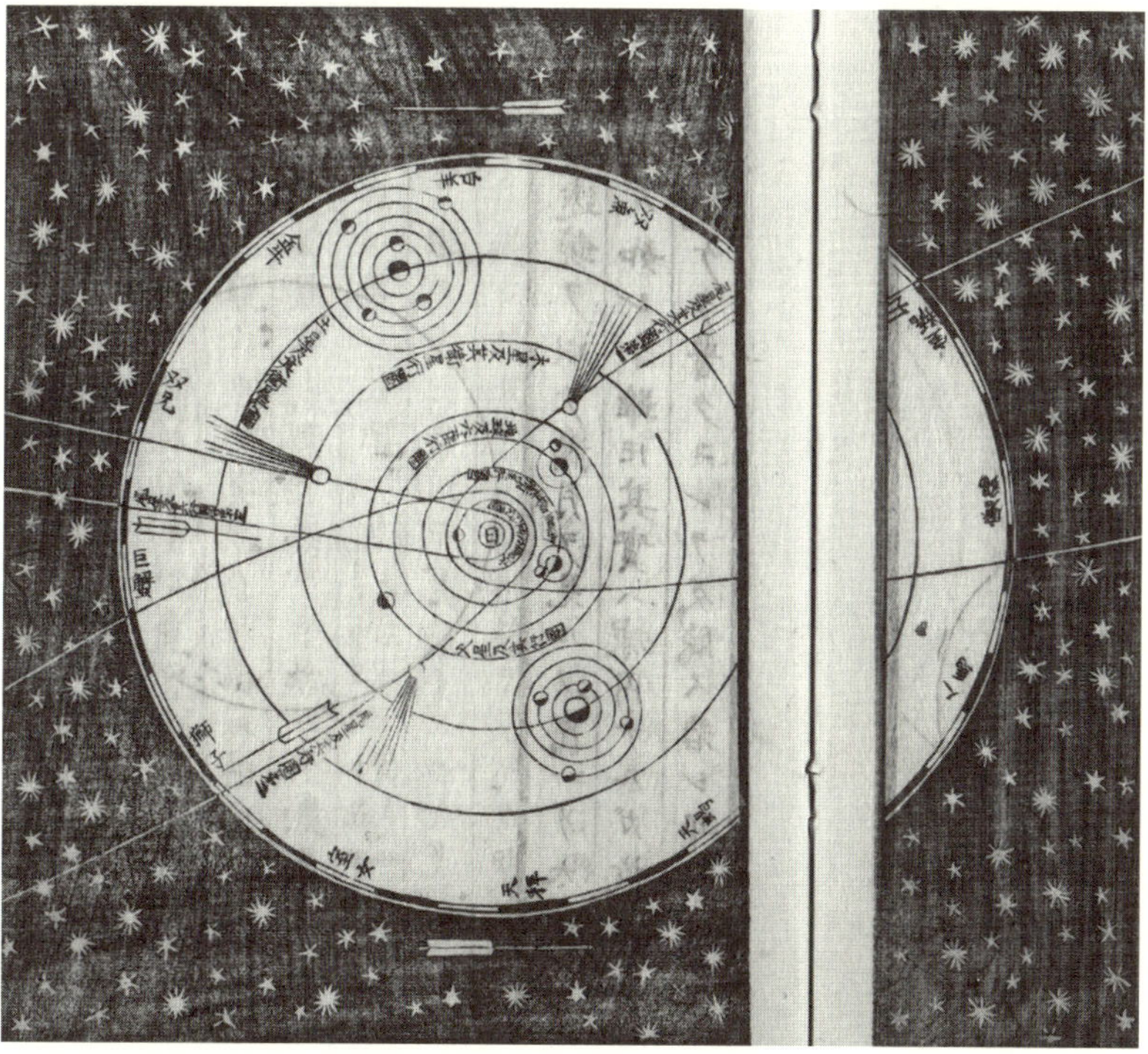

図４　『遠西観象図説』（京都大学附属図書館所蔵）巻二第三図部分

凡そ、仰いで視る所、蒼茫として限量なき、これを太虚と云う。空濶にして方体なく、清澄にして至虚なるが如しと雖ども、霊妙真気充実し、屈伸変化休むことなし。気屈するときは、即ち剛し。これを体と云う。気伸るときは、即ち柔なり。これを空と云う。体は空裡に入り、空は実体を包括し、剛柔相盪し、空体混融して、万物生々す。……(8)

ここでは西洋の天文学の知識を前提としながら、そこに朱子学の気一元論的な宇宙観が組み込まれている。ただし霊妙真気といい、霊気とは言っていない。では『鎔造化育論』において、佐藤信淵はどのように宇宙空間を描写しているのか。

謹みて神代の古典を按ずるに、天地未だ成らざる時、天之御中主神、高皇産霊神、神皇産霊神有り。斯の三神は、実に造化の首を為す。天造草昧に方りて、一元の霊気、太虚の中に兆《きざ》孕す。渾渾たり、沌沌たり。廼ち鎔造の神機を頼り、重濁を泌別し、汚穢を分判つ。精粋中央に凝定し、上天以て成就を得るなり。故に上古に天と称するは、即ち日輪なり。……(巻上)

茫茫たる太古、……蓋し大地なる者上説の如ければ、一元霊気中の重濁なり。故に万物発育の資素を含有するや、極めて多し。……而して地中に混じる所の汚穢、自ずから脱出して一塊物を為す。此れ月輪と為す。大地月輪を分生し、以後漸く凝結し、国土以て固成するなり。(巻中)(9)

ようするに佐藤信淵は、本居－平田の古事記の国生み神話の西洋天文学的解釈を拡張し、コペルニクスの宇宙図で本居－平田の図式を書き換えた。さらに平田篤胤の否定していた宋明新儒学の思想も合わせて導入し、そこで天地万物の元となる霊気というものを設定した。そして霊気が万物ことごとくに浸透していることを説き、自身の農業論や経済論の土台としたのである。

五　霊気説の淵源

もちろん霊気という言葉自体は佐藤信淵の造語ではないし、先行する用例もさまざまあるが、その最初期の用例は、中国の戦国時代から秦漢のころまで遡ることができる。『管子』内業篇がもっとも有名で、「心が安静であれば霊気が心に宿り、心がさわがしく平静でなければ、霊気は去ってしまう」という。この霊気を『管子』ではまた「道」と言い換えている。道家の道の思想を気の理論で説明していることになる。この欲望をなくして心臓を空っぽにすると天地の気が宿るという思想は、当時広く見られたものと言ってよく、『呂氏春秋』尽数篇や『淮南子』精神訓でも霊気ではなく精気などの語彙が使われるが、同様の議論が展開されている。『老子』河上公注、『黄帝内経』などはその思想を瞑想法として実践することを説いたものと言ってよい。

ただし思想史的には、霊気や精気といった一つの気を論じるよりも、陰陽や五行のように気を分節化して論じる方が主流となっていった(10)。それが朱子学や陽明学の登場によって、気を一つのものとして議論する傾向が改めて強まっていく。特に陽明学の系譜において、唯心論的な議論と表裏して、秦漢以来の気の哲学が再度賦活されていくことになり(11)、そこで再び霊気の語が使用されるようになった。例えば王陽明（一四七二－一五二九）の高弟王龍渓（一四九八－一五八三）は、良知を「天地の霊気」と表現していたし、『明儒学案』にも霊気の用例がいくつかみられるようになる。

こうした中国での霊気に関する言説はその時々に日本に輸入され、特に神道において採用されることとなる。伊勢神道は、仏教の影響を脱するために、道家思想などの中国思想を利用していた[12]。その思想がまとめられた『神道五部書』のうち、最初に成立したとされる『造伊勢二所太神宮宝基本記』には、『管子』を参照したとされる次の一節がある[13]。

地神の末には、天下四因の人夫等は、其の心神黒《きたな》し。有無の異名を分ち、心は走使して、安き時有ること無く、心臓傷れて、神は散去す。神散ずれば則ち身喪ぶ。人は天地の霊気を受けて、霊気の化する所を貴ばず、神明の光胤を種ゑて、神明の禁令を信ぜず[14]。

すでに述べたとおり霊気という語の起源は確かに道家思想と縁が深いが、「人は天地の〇〇を受け」という表現は、むしろ儒教由来のものといえる。『春秋左氏伝』成公十三年の条に「民は天地の中を受け、以て生ず。所謂命なり」とあり、唐の孔穎達（五七四－六四八）は『春秋正義』において、「天地の中は、中和の気を謂うなり。民とは人なり」と注釈している[15]。『日本国見在書目録』春秋家には、孔穎達の『春秋正義』もその底本とされる劉炫（五四六－六一三）の『春秋述義』も記録されている。おそらく『管子』だけでなく『春秋左氏伝』も参照して、この『宝基本記』の文章は作成されたのではないか。

この天地の霊気が人心に宿るという思想は吉田神道にも引き継がれている。例えば卜部兼直（生没年不明）の『神道大意』は次のように説く。

天地に有ては神と云い、万物に有ては霊と云い、人に有ては心と云う。心は則ち神明の舎、混沌の宮なり。混沌とは、天地陰陽分れず、喜怒哀楽未だ発せず、皆是れ心の根元なり。心とは、一の神の本、一の神とは吾が国常立尊を云う。国常立尊とは無形の形、無名の名、此を虚無大元尊と名づく。此の大元より、一大千界を成して、一心より大千の形体を分つ。何ぞ況や森羅万像、蠢動含霊、都て一の神の元より始りて、天地の霊気を感ずるに至りて、生成無窮なり。心の本源は一の神より起り、国の宗廟は万里を照す。(16)

こうした神道における霊気に関する言説は、『宝基本記』と『徒然草』二一一段にある「人は天地の霊なり」という表現との類似の指摘など、神道内部に留まらずより広い影響力を持っていたと考えられる。(17)

まとめ

霊気に関する言説をそのはじまりから辿り、神道思想、江戸初期の中江藤樹、江戸後期の佐藤信淵と明治から昭和初期の玉利喜造の霊気説を並べてみると、次のような一連の流れとして読み解くことができる。まず中国古代の道家思想を中心に、天地と人とがともに霊気から生まれたことで一つにつながっているという宇宙観が生まれ、それが日本に輸入され神道の理論に組み込まれた。そこに再び中国からもたらされた朱子学や陽明学によって儒教的倫理の側面が強化され、さらにそれは西洋天文学の知識によって補強され、佐藤信淵によって社会政策や倫理的な実践の土台にすることが試みられた。

玉利喜造は、井上哲次郎や桑原俊郎の影響を受けながら、佐藤とほぼ同じことに取り組んでいった。そこに西洋の自然科学、生物学的な知見をも取り込み、最終的に霊気説を人間の身体内部の機構にまで通底させた。こうしてみると、玉利が霊気という言葉を選んだのは、彼自身の思想からすると選ぶべくして選んだと言えるだろう。このような思想の積み重ねが背景にあったからこそ、玉利の霊気説は、当時の治病と修養を兼ね備えた精神療法的実践の理論的な基盤として広く受け入れられたのではないだろうか。

※本章は拙論「玉利喜造の霊気説からみる自然と身体」（『「エコ・フィロソフィ」研究』九、二〇一五年）を増補改稿したものである。

註

（1）玉利の生涯については、玉利喜造先生伝記編纂事業会『玉利喜造先生伝』玉利喜造先生伝記編纂事業会、一九七四年を参照。玉利と精神療法の関係については、吉永進一「解説　民間精神療法の時代」、吉永進一編『日本人の身・心・霊——近代民間精神療法叢書⑧』クレス出版、二〇〇四年および、吉永進一「解説」吉永進一編『日本人の身・心・霊——近代民間精神療法叢書Ⅱ⑦』クレス出版、二〇〇四年に詳しい。

（2）前掲『玉利喜造先生伝』には、教え子たちが玉利の霊気説をどう受け止めていたかが分かる文章がいくつもあり、玉利自身も霊術家を支持していたことが伺える。鍼灸師の国会議員候補の応援と治療を受けるために鹿児島から長崎まで出かけたり（同書一二九頁）、大本教での修業を考えていた教え子に「出口王仁三郎の背にご光がさすことさえも疑っていない」と答えたり（同書五六頁）していたようである。

（3）中堀誠二「霊気邪気の説」玉利喜造先生伝記編纂事業会、前掲書収録。

（4）以下、引用文は常用漢字と現代仮名遣いに改め、適宜振り仮名を加除し、圏点を削除し、句読点を付け、漢文は書き下した。

（5）吉永進一「民間精神療法の心身＝宇宙観」、鶴岡賀雄・深澤英隆編『スピリチュアリティの宗教史』下巻、リトン、二〇一二年。

（6）野村英登「陽明学の近代化における身体の行方――井上哲次郎の中江藤樹理解を中心に」東洋大学『「エコ・フィロソフィ」研究』一〇、二〇一六年。

（7）羽仁五郎『佐藤信淵に関する基礎的研究』岩波書店、一九二九年、一五八頁。

（8）広瀬秀雄等校注『洋学　下』（日本思想大系六五）岩波書店、一九七二年、九八頁。

（9）滝本誠一編『佐藤信淵家学全集』上巻、岩波書店、一九二五年、巻上、五三一頁、巻中、五四九頁。

（10）小野沢精一・福永光司・山井湧編『気の思想――中国における自然観と人間観の展開』東京大学出版会、一九七八年。

（11）島田虔次「中国近世の主観唯心論について」『中国思想史の研究』京都大学学術出版会、二〇〇二年。

（12）高橋美由紀「伊勢神道の形成と道家思想――神観を中心として」、野口鐵郎・窪徳忠編集『選集道教と日本』第三巻、雄山閣、一九九七年。

（13）新川哲雄「『造伊勢二所太神宮宝基本記』における「心乃神明之主他利」――伊勢神道説の形成をめぐって」アジア宗教儀礼の比較研究、学習院大学東洋文化研究所『調査研究報告』三一、一九九〇年。

（14）『国史大系』第七巻「神道五部書」吉川弘文館、一九六八年、三一頁。

（15）なお朱子学ではこの「天地の中」を気ではなく理だと考えるようになった。例えば『朱子語類』巻八十三では、「問う、「民が天地の中を受けて生まれる」というときの中は気かどうか。曰く、中は理である。」とある。それが再び陽明学において気一元論に回帰することになるのである。

（16）『吉田叢書』第一編内外書籍、一九四〇年、神道大意本文、一－二頁。

（17）小峯和明「徒然草にみる神道――慈遍との関連から」『国文学――解釈と鑑賞』六二（一一）、一九九七年。

第三章　霊術・身体から宗教・国家へ――三井甲之の「手のひら療治」

塚田穂高

手のひら療治と申しますのは、国民宗教礼拝儀式でありまして、大和言葉で申しますと、シキシマノミチのタナスヱノミチであります。これは人と人との挨拶の儀式であり、神と人との交通の儀式であり、神を敬ひ我身をへりくだる礼拝の儀式であります(1)。

一　三井甲之の「手のひら療治」というインパクト

三井甲之の「手のひら療治」――。実に奇妙な組み合わせである。本書の各章で論じられてきているような、あるいは井村宏次の『霊術家の饗宴』(2)を彩るような、「岡田虎二郎の岡田式静坐法」「野口晴哉《はるちか》の野口整体」「松本道別《ちわき》の人体ラジウム論」「臼井甕男《みかお》の霊気」などとは、異なる響きがここにはある。あの――歌人であり蓑田胸喜と並ぶような右翼思想家の――三井《みつい》甲之《こうし》（一八八三－一九五三）が、あの――本書で広く取り上げられている霊気＝レイキとも、新宗教で広く見られる「手かざし」とも類似の身体技法・精神療法である――「手のひら療治」を提唱し実践していたということ。しかも（後に詳しく検討するが）、その身体技法には三井らしく「国家」との連結が見られるとともに、自らそれを「宗教」だと述べていること。本章では、その意味に迫りたい。

その際の議論とその研究史としては、

①三井の実践と言説とを同時代の霊療術‐手当て療法の系譜に位置づける。

②三井自身の思想と実践の展開を追い、その流れに「手のひら療治」を位置づける。

という二つの方向性が考えられる。

①は、すなわち「霊術」ならびにその研究史についてである。井村の『霊術家の饗宴』によって先鞭をつけられたこの領域は、断続的に研究成果を蓄積させてきた。[4] 吉永進一は、その研究を特に進め、民間精神療法史の全体像の素描、太霊道における霊術と国家観の分析、民間精神療法の心身＝宇宙観の分析などをそれぞれ行ってきた。[5] そのなかでは、後述する江口俊博や三井甲之の「手のひら療治」についても概観されている。すなわち「手のひら療治」は、手あて・手かざし技法、按手療法の一種であり、それは霊術・療術のなかでは一定の位置を占めている、というわけである。

近年では、特に臼井甕男の系譜にある霊気療法ならびにその後グローバルな展開を成し遂げたレイキ・ヒーリングについての研究が、平野直子やジャスティン・スタインらにより著しく進められている[6]のは本書の他章を見ても明らかだろう。また、熱心なレイキ実践者らによる、レイキの歴史叙述の蓄積も注目される。[7] だが、そこではルーツへの注目とグローバルな展開とに主眼があり、三井とその「手のひら療治」の位置づけは必ずしも明瞭ではない。「霊術家の饗宴」時代に秘められたルーツを持ち、紆余曲折と壮大な物語を経て、グローバル化のなかで「逆輸入」されてスピリチュアル市場を席捲したレイキこそが本流であって、三井の「手のひら療治」など戦前の国家主義が強い時代に忌むべき右翼思想家が提示した一傍流、仇花に過ぎないのだろうか。

なお、三井のケースを考える際には、「霊術」と「宗教」の境目という観点も着目されるべきである。元々は、宗教研究（あるいは医療研究）からこぼれおちる文化的カテゴリとして、「霊術」「療術」「精神療法」研究が構想されてきたという経緯があろう。しかし、当事者（三井）の認識に従えば、それは「宗教」なのだという。いったいそれは何の謂いなのだろうか。さらに、三井以後、とりわけ戦後には、「手かざし」の主流は新「宗教」運動に移っていったのは確かであろう。その点において、三井の「手のひら療治」を霊術‐宗教の軸で考えてみる意義もあるのである。

②は、すなわち三井甲之自身の思想展開とそれについての研究史である。歌人・思想家としての三井に関しては当然の研究蓄積があるが[8]、その多くが三井の「手のひら療治」にはほぼ触れないか、註などで扱う程度である。正直、扱いに困るのだろう。

そのなかで果敢にも三井の生活史と思想展開のなかに「手のひら療治」を位置づけようと模索しているのが、米田利昭と片山杜秀の研究である。

米田は早くも一九六〇年代の段階で、当時の「大衆思想運動としての新興宗教」論などに依拠しながら、三井の「手のひら療治」について、「江口（俊博、後述）と三井の関係は、奇蹟と解釈、実践と理論の結合であり、「手のひら療治」は三井によって理論的に大系《ママ》化された」「「手のひら療治」は三井によって新興宗教にも似た大衆思想運動となった」と論じている。同時に、その思想は「民衆の現実的具体的な生活意欲を養い得ない」「（民衆を）組織はしない」「積極的主体的な行動を生まない」「国民協力の原理の日常生活化である」とも指摘してその特徴を端的に把捉しており、

先駆的業績と言える。(9)

比較的近年では、片山杜秀が三井甲之の「手のひら療治」を論じている。(10) 片山は日本の右翼思想を通観した研究の最後で、三井の「手のひら療治」を「すべてを受け入れて頭で考えることがなくなれば、からだだけが残る」ものだと捉え、「(三井は短歌と手のひら療治とを組み合わせたが、後者は普遍志向のものであるから) 右翼を突き詰めることで、右翼を超えてでてしまったとも言えるだろう」と総括している。(11) 片山の研究は包括的でインパクトは大きいが、その三井理解、手のひら療治理解については、目配りがなされている資料がきわめて限定的であり、その実践と思想が出てきた経緯・系譜についての理解が浅く、三井の他の実践・思想との連関にも誤解がある点など、疑問が残る。

以上のように、霊術研究においては、三井の特殊性を十分に位置づけられておらず、他方で三井甲之研究においては、霊療術の文脈が踏まえられていないため、その「手のひら療治」をうまく扱えていない状況にあることが確認できる。言い換えれば、三井の「手のひら療治」とは、そのようなさまざまな文脈や軸が重なり合う領域だということであり、そこに注目する意義も大きいということになる。以下、本章では、三井がなぜ、そしてどのように「手のひら療治」を提唱し、実践するに至ったのか。その思想と実践の論理構造、そこにおける「宗教」と「国家」の様相とを明らかにし、それを近代日本の民間精神療法の展開と霊術・療術の系譜上に位置づけてみたい。「三井甲之の「手のひら療治」」という結節点の特性の解明に挑む。

二　「手のひら療治」の霊術的系譜

三井の「手のひら療治」を、三井の独創と考えてはならない。そのように考え、三井という一右翼思想家の辿った道筋のみを切り離して捉えようとすると、身体のみに特化したとか右翼を超え出たといった一面的な理解になってしまう。そもそも他章で論じられた松本道別や大本に集った軍人などの例を見ても、右翼や国家主義者が霊術的実践に近接する例は珍しいものではない。また、この時代、すでに存在している文化的・宗教的そして霊術的資源を自在に組み合わせて、換骨奪胎したり、ブリコラージュして新たな技法を提唱したりすることなどは、広く行われていたのである。よって、三井の「手のひら療治」を理解するには、まずは臼井甕男－江口俊博－三井甲之の霊術的実践の系譜が存在することを理解する必要がある。

臼井甕男（一八六五－一九二六）は、一九二二年、臼井霊気療法学会を設立したレイキ＝臼井霊気療法の「肇祖」＝創始者である(12)。むろん彼以前にも手かざし技法の系譜はあるが、大正期に彼はそれを、通俗道徳的な「五戒」（怒るな、心配すな、感謝して、業をはげめ、人に親切に）の重視とともにある程度体系化したと言える。臼井霊気療法とは、

> 畏くも明治天皇陛下の御遺訓を奉体し我が教義を成就し心身錬磨向上を期し、人たるの正道を歩むため、第一心を癒し、第二肉体を健全にしなくてはなりません。心が誠の道に適ひ、健全であれば、肉体は自ら壮健になります。斯くて霊肉一如となつて平和と安楽の生涯を完ふし、傍ら他の病者を癒し、自他共に幸福を増進することが、臼井霊気療法の使命であります(13)。

と述べる。またその実践で特徴的なのは、儀礼時に明治天皇御製の拝誦を素朴なかたちながら行っていたことである(14)。すなわち後述するが、明治天皇御製の拝誦自体は、三井の独創とは言えないのである。

このような臼井の霊気療法がその後現在に至るまでどのような道程を辿ったかは本書の第Ⅲ部を参照してもらいた

いが、彼の思想と実践とは、従前の思想＝実践家の影響を受けつつ、手あて療法の体系化を模索したものであった。また、心身変容の実践が最重視されていたが、それだけではなく、素朴ながら社会観・社会意識も看取できる。だが、当時から「宣伝嫌ひ」[15]との評価もあり、また伝授料も比較的高かったようで、どちらかといえば閉じられた集団による秘伝・秘教という性格を有していた。いずれにしても、三井の「手のひら療治」の明らかな源流がここにある。

そうした秘儀を臼井に学びつつ、より開かれたかたちで発信しようとしたのが、甲府中学校長の江口俊博（一八七三－一九四六）だった。少年期から心身不調に苦しんだという江口は、一九二五年、臼井霊気療法に入門した。しかし一九二七年、「人間自然ノ療能ニシテ多額ノ料金ヲ課スル事全然其ノ謂レナキヲ看破シ」、脱会。そして、「手のひられうぢト命名シ平易ニ一般ニ伝道スル事ニ定ム、之ヲ発表スルヤ加入者続々アリ」となったという。[16]

江口の思想と実践は、一九二八－一九三四年の講演・執筆記録である『手のひら療治を語る』、三井との共編書である『手のひら療治入門』[17]などでうかがい知ることができる。その基本路線は臼井の霊気療法を下敷きとしながら、ただし開創の経緯もあってかその名は出さず、明治天皇御製を重視するとともに、「手のひられうぢ」による国民生活の向上・修養を実践面から説いたものであった。一九二八年一一月の「手のひら療治の会趣意書」には、「現代医学及医療の力の及ばない所を補ひ、同時に一般家庭の医療費を軽減して上げたい」「治療以外に貴重な思想的効果が伴ふ」「日本精神本来の純朴性をとり返す一助ともなり、国民生活の上に貢献する所決して尠くない」などとある。

また、なぜ効果があるのかについては、「兎に角手のひらで病気が治るといふのでやつた訳で、初めは実際何の故だか分らない。段々三井先生などの御研究で、余程はつきり治る訳をお話することが出来るやうに（なった）」などとある。[18]これは重要なことを示唆している。江口は教育者らしく、芝増上寺・大阪新町仏教会館などをはじめ各地を講演してまわり、素朴にその効能を説き、国民生活向上や修養を目指した。明治天皇御製の奉唱は同様に行われていたが、重点はあくまで実践・生活面にあり、国家観との接続は稀薄であった。すなわち、それを分担して、並行して理論化していったのが三井だということである。

このような臼井や江口の思想と実践が、三井の「手のひら療治」を準備したのである。三井についてはすでにさまざまな研究においてその来歴が明らかにされている。[19] 山梨生まれで、原理日本社の中心人物。一九二〇年ごろ、家族の病気が「手をとる」行為で治ったといい、健康問題への関心からさまざまな健康法を試していた。玉利喜造の『内観的研究——邪気新病理説』（一九一二年）に影響を受けもした（第Ⅱ部第二章参照）。一九二八年六月、妻を介して、江口から「手のひられうぢ」を伝授され、以降傾倒した。三井が多く寄稿していた『日本及日本人』誌は、[20] 一九二九年六月二〇日、臨時増刊「手のひら療治」号を刊行し、翌一九三〇年には『手のひら療治』（アルス社）を発刊したところベストセラーになった。[21] なお、同年には、西勝造『西式強健術と触手療法』も発刊され、こちらもよく知られたようだ。時宜を得た出版だったと言える。

写真１　「タナスヱノミチ」の正坐合掌　前列左：江口俊博　前列右：三井甲之（三井甲之『手のひら療治』（アルス、1930年）口絵より）

三井の「手のひら療治」の理論と実践については次節で詳述するが、以上のように、健康問題への関心等から江口と出会ってその療術を学び、共同して同時並行的に実践を開始し、広布に努めたのが、三井であったことが明らかになったであろう。親鸞主義を経て和歌研究と右翼運動を展開していた三井が、江口の「手のひられうぢ」に出会った。そして、三井はそれをただ真似ただけではなく、みずからの和歌研究・思想と奇妙な、しかし彼にとっては自然とも言える連結をなし、変化を起こしていくのである。

三　三井甲之の「手のひら療治」――霊術／身体／宗教／国家

三井は、江口から教わった「手のひられうぢ」をどう変化させたのだろうか。まずは、三井に対する事後的な評価のいくつかを見てみよう。「「手のひら療治」は疾に江口俊博氏が創始実行し、三井甲之氏がこれに理論的体系を与へ、浅川源澄氏が体操形式を発案して、今日の状態になつてゐるものである」「大体三井甲之という人は江口翁と触れてこのミチを学問的にアトづけ、また開発してパイロット的な役割を果した人です」「三井甲之先生が、逸早く賛同されて、修行の儀礼を今日の如き深みあるものに整備して下さつたのであります」[22]。「深みあるもの」かはともかくも、同時代人や関係者が、三井をそのように評価している点は注目すべきである。

では、三井の「手のひら療治」とはどのようなものだったのか。それを自らが端的に表した言葉が、「カムナガラノミチのシキシマノミチのタナスヱノミチ」というものである[23]。これを読み解いていこう。

前提としての「シキシマノミチ」

まず、あらためて強調しておきたいのは、三井は霊術家だったのでも霊術を創始したのでもなく、霊術に出会った「歌人・思想家」だった、という点である。すなわち、先んじてあったのは、国家主義的和歌論・和歌研究であった。この流れをまずはおさえておこう。

三井は、ちょうど江口の「手のひられうぢ」に出会った一九二八年、それまでの研究成果をまとめ、『明治天皇御集

研究』を刊行した。その序論は「祖国礼拝国民宗教経典明治天皇御集拝誦宣言」と題されている。そしてその内容としては、

詩歌ことにしきしまのみちは、個人の心と心との交渉に根拠をおくので、社会国民生活は個体と全体との交渉によつていとなまるゝのであるから、詩歌は一般芸術とゝもに社会的また国民的性質を有するのであるが、この個と全との関係が部分的利害と外部的形式とのそれだけでなく、全生命の没入となるとき、現実生活に於いては『信』となり、精神生活に於いては『誠』となり、『神ながらのみち』と『しきしまのみち』とが一致し、生活の芸術宗教化が実現せられ、こゝに永久生命が表現せられて『しきしまのみち』となり、その経典『明治天皇御集』はかしこくも、天皇の大御心が全国民の心につながらしめられ、こゝにまことに祖国無窮生命の表現、現実的理想世界、理想的現実世界を示顕せさせ給ふのである。(24)（強調点原文）

と、明治天皇御集を「経典」とし、「信仰」と和歌奉唱が一体化した「宗教」的な「みち（道）」として構想・実践されていた。

同年八月には、「シキシマノミチ会」が、田代順一、田代二見、松田福松、木村卯之、三井甲之、蓑田胸喜、宮田武義、広瀬哲士らを発起人として発足した。その会綱領には以下のようにある。

一、われらはシキシマノミチの経典『明治天皇御集』を拝誦す。
二、われらは『明治天皇御集』を拝戴し、それ〴〵の道おのおのゝ分に従ひて国民的責務に励み、一旦緩急あらむ

とき義勇公に奉じまつらむとす。

三、この信を同じくするもの志を一にして互に切磋琢磨し、進んで『明治天皇御集』の全国民的拝誦シキシマノミチの全国民的実修を期す。[25]

では、和歌、明治天皇御製を拝誦するとどうなるのか。もう少し三井の説明に耳を傾けてみよう。

明治天皇御製を拝誦して居りますと、自然に、日本人として現実の此の人生社会、国家生活に立つて、我等が正しく考へ、正しく行ふべき道が、まづ心持として会得されるのであります。——それが『敷島の道』であります。敷島の道は惟神道であります。[26]

シキシマノミチと和歌とは同じ意味に用ゐらるゝのであります。シキシマノミチは日本精神であり、日本人として行くべき道であり、日本国民宗教であり、一切の国民生活指導原理であります……シキシマノミチは国語によつて個人生活を公共生活に連絡するものである……[27]（強調点原文）

このように、明治天皇御集の読誦により、個人と全体・社会、生活・芸術・宗教、天皇の心とも一体になることが説かれた。明治天皇御集という「経典」があり、それを拝誦するという「実践」がある。シキシマノミチ会という同信共同体があって活動を展開し、正しい心持ちを会得する心直し・修養的要素もある。あくまで射程は日本および日本人の「国家」レベルが限界ではあろうが、個人を国家レベルに接合する論理もある。そしてそれを自ら「国民宗教」と名乗っている。

どのような要素をそなえていれば「宗教」とみなせるかという実体的定義には規定と適用の難しさがある。それでもこれらの要素を拾っていけば、三井の「シキシマノミチ」は、宗教、とりわけ近現代の新宗教運動[28]にきわめて近接しているものであり、宗教性が濃厚と言ってよいのではないだろうか。このように三井の「シキシマノミチ」はそれ自体である程度の完結性を持つ思想と実践の体系なのであり、それが「手のひら療治」にやや先行するかたちで成立していた。だが、そこには、具体性、身体性、連帯性、現世利益性などは稀薄である。そこに接合されていったのが、「手のひら療治」である。

手のひら療治——三井の「タナスヱノミチ」

健康問題に関心があり、手をあてることで家族の病が改善した経験があり、明治天皇御集を経典とみなし、その拝誦を中心儀礼とする「国民宗教」を創始しつつあった三井が、甲府のつながりで家族を介して出会ったのが江口の「手のひられうぢ」であり、彼は端的に言えばそれに「はまった」と言えよう。その出会いとその後の展開が彼の思想と実践の展開過程のなかで「必然的」なものであったのかは、彼の遺した言葉や周囲の証言をもってしても確実なこととは言えないと思う。しかし、「シキシマノミチ」と「手のひら療治」=「タナスヱノミチ」の連結構造を考察することによって、間接的にその問いに迫ることはできよう。

「手のひら療治」とはどのようなものとして構想されているのか。まずは三井の言に耳を傾けよう。

手のひら療治と申しますのは、国民宗教礼拝儀式でありまして、大和言葉で申しますと、シキシマノミチのタナスヱノミチであります。これは人と人との挨拶の儀式であり、神と人との交通の儀式であり、神を敬ひ我身をへりくだる礼拝の儀式であります。／われらの礼拝する神は『明治天皇御集』に於いてよませ給ひし神であります。／それ故に明治天皇の御製を拝誦し、明治神宮を遥拝しまして、その心もちをたもちつ、合掌しまして、『神の守』を現実に、まづ我等の手なそこ手のひらに感触しまして、これをわれらの心・からだを通して、他人・隣人・同胞につたへること、それを手のひら療治と申すのであります。(29)

このように「手のひら療治」とは「国民宗教礼拝儀式」であり、「シキシマノミチのタナスヱノミチ」である。それは「人と人との挨拶の儀式」であり、「神と人との交通の儀式」であり、「礼拝の儀式」である。その礼拝対象は「明治天皇御集」における「神」である。そしてその「神の守」を「われらの心・からだを通して」「他人・隣人・同胞につたへること」が目指されている。

この「タナスヱノミチ」については他に、「此の『しきしまのみち』が『手なすゑのみち』に分派せしめられ（た）」と述べるように、前節の「シキシマノミチ」の下位領域として設定されつつ、連結させられている。また、「『隣にかよふ道』がタナスヱノミチ」とあるように、「シキシマノミチ」にはなかった連帯性が付与されるとともに、儀礼性・身体性が濃厚になっている。同時に、単なる一儀礼ではなく、「此のタナスヱノミチが技術ではなく人生原理である」などと、原理性・根本性の指摘も看取できる。(30)

手のひら療治と前節で論じた明治天皇御集ならびにその拝誦の位置づけについて、さらに詳しく見てみよう。

明治天皇御製を拝誦いたしますと、恐多いことでありますが、明治天皇の大御声をそのまゝに私どもが、私どもの発音器官で真似しまつるのであります。……私どもの心は……神の心に通ふのであります。……その時に私どもの生命の物理・生理・心理的活動は最も力づよく他人に伝はりまして、そこに病気をなほす力も強く発動するのであります。(31)

前節では「シキシマノミチ」の実践儀礼そのものであったところの明治天皇御集の拝誦は、ここでは手のひら療治のある種の準備手段、力を発動させるための儀礼に微妙にその位置づけを変化させられている。「『明治天皇御集』はタナスヱノミチとしての『手のひら療治』の読誦経典である(32)」とあるように、「カムナガラノミチのシキシマノミチ」の経典であった明治天皇御集は、同時に「タナスヱノミチ」を構成する経典でもあり、その位置づけに重層性が認められる。

では次に、「手のひら療治」はなぜ効くというのだろうか。その原理とはどのように説明されているのだろうか。そのマニュアルを見ていきたい。

先ず正坐、静坐します。それは束縛です。神を拝みます、それは窮屈の儀式です、正坐して姿勢を整へ、ひれ伏し額づき礼拝します。さうすると心は自由になり、広くなります。／祖先を思ひ、子孫を偲び、ひろく親族を、また全国民生活を考へますと、わが心はいよ〳〵自由になります(33)。

窮屈な儀礼的身体拘束が、心の自由を準備するという理屈がある。さらに、

自主自立、自給自足、統一調和して同時に他の超個人全体生命と連絡する時に、永久生命の実感が起るのであり

ます。――それが無畏怖であります。この時人の肉身からも光明を発します光照放射があります。それは病気をも治します。
我等は我大君に忠義を尽すことを祈誓して現人神我大君を礼拝すれば、現実的に無畏怖の大威神力を獲得することができます。

と、そのような儀礼に基づく、天皇に通じた精神状態によって、「無畏怖」の状態が訪れ、それが手のひら療治を準備するのだという。
その際に、しばしば言及されて援用されるのが、玉利喜造の「邪気霊気説」である。

……玉利博士の『邪気』といひ石塚左玄氏の『塩気』といひ、又は『生気』といひ『ヴィタミン』といひ、また一般『放射するところのもの』の生理心理学的研究体験が、直接に『人と人と』また『家族』『郷土人』『地方自治体』その他の国家構成要素と社会組織団体連絡とをつなぐところの思想信仰原理となるべきである。
……拍手合掌は、両手掌間に一種の『放射』を生じ、…またそれが玉利博士の邪気霊気説と関連すべきものであることを一言する……。

その説明が説得的であるかどうかはともかく、三井にとってはかつて知った玉利の説が、まだ理論化されていない江口の「手のひられうぢ」の説明原理として適当と考えられたのだろう。なぜ治るのか、なぜ効果があるのか、それはこういう理屈だ、と。その擬似科学的な性格を今日指摘するのはたやすいが、そうした科学的説明の必要性を三井は感じており、それに奮闘したということであろう。

すでにここまでの手のひら療治の方法論と原理の説明にもちらほらと姿を見せてはいるものだが、三井のそれを色濃く特徴づけるもうひとつの側面が、その国家・社会論的射程である。最後にその面を見ておきたい。

……国民保険、公衆衛生、医療費低減の重要なる国家的問題を解決しようとするのが『手のひら療治』の、またそれがそれから分派せられた『シキシマノミチ』の目的であり、任務である。

……シキシマノミチのタナスヱノミチに於きましては、個人生活を中心とするのではなく、国民生活を中心とし出発点としまた基礎とするのであります。それは此の意味に於いて国民主義であり、国家主義であり、又団体主義であります。

……（和歌を念じつつ瞑目合掌正座していると忘我状態となるとされ、）自己を忘れるとは、自己の個我を全国民生活に結合することであります。さうすると自己の個体の内部で均衡運動が起るのみではなく、自己と同胞との間に此の均衡を保たうとする運動即ち日本社会主義しきしまのみちとしての社会主義が起るのであります。

このように「手のひら療治」というのは単なる個人的な霊療術に留まるものではない。まず手をかざすという行為自体の（もちろん自らにかざす実践も含まれているが）原初的な利他性・他者志向性というものがある。次に、その儀礼の原理上導き出される他者との連絡・交通という側面がある。そして三井の場合はそれが、国民主義・国家主義レベルにまで跳躍的に連結されている。それを媒介するのが、明治天皇御集の存在とその拝誦であり、それによって、「日本人日本精神が喚びさまされる」（強調点原文）のであり、「精神教化と病気治療と生活浄化とが同時に有効に行はるゝ[34]」た

写真２　「手のひら療治」の実修会の様子（於：増上寺）（江口俊博・三井甲之編『手のひら療治入門』（アルス、1930年）口絵より）

め、受け入れられ、盛んになったと三井自身は認識している。

以上、見てきたように、三井には、和歌論「シキシマノミチ」がまず先にあった。それが江口の「手のひら療治」と出会うことで接合し、彼の独自性が加わった「手のひられうぢ」へと展開した。それにより、「手のひら療治」は、単なる「療治」ではなく、「人生原理」にまで転回／展開させられた。江口とのちがいは明白だと言えよう。また、他者性・連帯性をともなうその実践は、そのまま国家・社会観に接合された。その結果、三井によって、修養性と呪術性、自力性と他力性、現世利益と利他性をそなえ、国家・社会へと連結させられた霊療術「手のひら療治」は、他の霊療術に比しても、また三井の「シキシマノミチ」に比しても、そして彼自身の自己認識に従っても、多分に「宗教」化されたものとなったと言ってよいだろう。

実際のところ、このような三井の実践と展開には、同志から批判の声もあったようで、三井の自著の「手のひら療治と心霊療法との関係」（「宗教」との関係ではなく）という節には、「大兄の御主義、吾れ〳〵の所謂三井宗にとりて、このたなすゑのみちが、しきしまのみちとひとしく、重要なものとは思はれません」という批判の手紙がわざわざ紹介されている。[35]「手のひら療治」が加わったことで一種の変質があったと感じられていたこと、同信共同体が「三井宗」と表現されていたことなどは、カテゴリ間の相互滲出の影響・葛藤を示唆しており、興味深いものだと言えよう。

四　小括――三井甲之の「手のひら療治」という「極北」の再定置

以上、本章では、歌人で右翼思想家として著名な三井甲之の「手のひら療治」の思想と実践について、考察を行った。まずは、その臼井 - 江口 - 三井という霊術上の系譜を追って共通性と差異性を析出した。続いて、その三井の思想展開を踏まえて、その「手のひら療治」の原理・論理を、身体観・国家観・宗教観の点から見てきた。三井は、手のひら療治に御製を持ち込んだ、のではない。臼井の霊気療法にも、江口が説き始めた「手のひられうぢ」にも、手かざしと御製の組み合わせ自体は存在していた。そうした従来の組み合わせに三井なりの思想を読み込み、接合させることで、すなわち三井という特異なイデオローグが媒介することで、「手のひら療治」を単なる「療法」から「宗教」「原理」へと転回／展開させたのである。

霊術研究の文脈から言えば、同時代的に並行して展開していた手かざし系の霊術が、三井という特異なイデオローグの思考体系と結びついたために、「宗教」化し、「霊療術」という領域を飛び越えた例と位置づけられるだろう。霊療術自体に、必然的に国家・社会に向かう契機が存在しているとは言いがたいため、それには三井という媒介者が必要だったのである。その過程において、近代日本の民間精神療法史の文脈から言うならば、「だれでもできる」はずの普遍性を持つ霊術・療術は、その特性を超え出て、というより「国民宗教礼拝儀式」という楔を打ち込まれて、特殊的な国家観と連結されたのであり、その点で他の精神療法や新宗教運動との比較検討を可能にする貴重な事例となっている。

三井研究の文脈から言えば、和歌論を展開していた思想家が「はまった」特異な身体的実践とは言えようが、「右翼が思考停止し、身体に向かったので、右翼自体を超え出てしまった」「普遍主義に向かった」例という理解は妥当とは言えず、特殊日本的なしばりは顕著であることが確認できた。その結びつきが必然的なものとまでは言えないだろうが、「手をとる」「手をあてる」ことの原体験があり、健康問題に関心があり、そして自らが研究をしてきた御製拝誦を儀礼実践に組み込んでいた「手のひられうぢ」に三井が出会ってしまった以上、そこに傾注し、諸要素を結びつけていくのもまた不可思議なことではない。

三井の「手のひら療治」に注目する意義はあらためて何か。はたして、精神療法と国家観が結びつく際に、どのような思想・論理と人物の媒介が必要なのかは考えてみる必要があろう。他の霊術家・精神療法家（田中守平・松本道別ら）、霊術系・手かざし系新宗教（大本、世界救世教、真光など）、戦後の手あて・手かざし技法の系譜（宮崎五郎ら[36]）との比較検討である。また、三井のそれは、同時代としてはかなり「理論的」「科学的」であり、新宗教運動にも似た「宗教」としてのある程度の体系性をそなえていたが、戦後〜現在となってはその面でほとんど勢力や影響力を有しているとは思えない。何が受け入れられ、「道統」として受け継がれていき、他方で何が顧みられなくなるのか。それを分かつ要因の考察も興味深い。遺された課題は複数あるが、霊療術史のある一こまを本章では明らかにできたと思う。

註

（1）三井甲之『手のひら療治』アルス、一九三〇年、三頁。

（2）井村宏次『新・霊術家の饗宴』心交社、一九九六年（原版：『霊術家の饗宴』一九八四年）。同『霊術家の黄金時代』ビイング・ネット・プレス、二〇一四年。

（3）「霊術」「療術」また「精神療法」の各語については、当時の当事者概念としての用法と、学術的分析概念としての用法があり、論者によってもばらつきがあるため、その意味を確定させるのはかなり困難である。井村宏次の場合、「霊術」のタイプ分けとして、「精神療法派」「霊術派」「療術派」「信仰派」「心霊主義派」の五つを挙げている（前掲井村、一九九六年、三〇四－三〇五頁）。当時は、「霊療術」とまとめられることもしばしばだった（靈療術研究団編『斯界権威十五大家 霊療術聖典』天玄洞本院、一九三四年）。本章では、学術的な分析概念として「（民間）精神療法」を用い、当時の当事者・社会的概念に近い形では「霊術」「療術」の語を用いる。なかでも「療術」は、病気治し・健康法に特化したものと言えるだろう。

（4）関連する重要な研究蓄積としては他に、田邉信太郎『病いと社会――ヒーリングの探究』高文堂出版社、一九八九年。田邉信太郎「浄霊と我が国近代の代替療法（2）――療術の盛衰と霊気療法」『岡田茂吉研究』二三、一九九八年、一－二〇頁。田邉信太郎・島薗進・弓山達也編『癒しを生きた人々――近代知のオルタナティブ』専修大学出版局、一九九九年。田中聡『健康法と癒しの社会史』青弓社、一九九六年。津城寛文『鎮魂行法論――近代神道世界の霊魂論と身体論』春秋社、一九九〇年など。

（5）吉永進一「解説 民間精神療法の時代」吉永進一編『日本人の身・心・霊――近代民間精神療法叢書⑧』クレス出版、二〇〇四年、一－四四頁。同「太霊と国家――太霊道における国家観の意味」『人体科学』一七－一、二〇〇八年、三五－五一頁。同「民間精神療法の心身＝宇宙観」鶴岡賀雄・深澤英隆編『スピリチュアリティの宗教史 下巻』リトン、二〇一二年、四六九－四九八頁。

（6）平野直子「「近代」というカテゴリにおける「普遍」と「個別」――手当て療法「レイキ」の八〇年史を事例として」『早稲田大学大学院文学研究科紀要 第一分冊』五六、二〇一一年、四七－六一頁。Stein, J. 2012, "The Japanese New Religious Practices of jorei and okiyome in the Context of Asian Spiritual Healing Traditions," *Japanese Religions*, Vol. 37(1&2):

pp. 115–141.

（7）土居裕『癒しの現代霊気法——伝統技法と西洋式レイキの神髄』元就出版社、一九九八年。山口忠夫『直傳靈氣　ＲＥＩＫＩ　Ｊａｐａｎ——レイキの真実と歩み【新装改訂版】』ＢＡＢジャパン、二〇〇七年。長谷マリ『レイキ解体新書——レイキの真実』大誠社、二〇〇九年。フランク・アジャバ・ペッター『Ｔｈｉｓ　ｉｓ　靈氣』ＢＡＢ　ＪＡＰＡＮ、二〇一四年。

（8）貞光威「伊藤左千夫と三井甲之　その一——その接近と対立」「同　その二」『聖徳学園岐阜教育大学国語国文学』一四・一五、一九九五年・一九九六年、五四‐七三頁・五〇‐七一頁。石井公成「親鸞を讃仰した超国家主義者たち（一）——原理日本社の三井甲之の思想」『駒沢短期大学仏教論集』八、二〇〇二年、四五‐七〇頁。塩出環「原理日本社の研究——歌人・三井甲之と蓑田胸喜」（神戸大学博士論文）、二〇〇四年。同「三井甲之と原理日本社の大衆組織——「しきしまのみち会」の場合」『古家実三日記研究』五、二〇〇五年、八四‐一〇八頁。打越孝明「三井甲之の短歌——明治・大正篇」「同——昭和篇（上）」『大倉山論集』五一・五二、二〇〇五年・二〇〇六年、四四七‐四六一頁・四七一‐四八五頁。同「黒上正一郎と三井甲之」『大倉山論集』五三、二〇〇七年、二九一‐三二三頁。昆野伸幸「三井甲之「蓑田胸喜君の霊にさゝぐるのりと」——翻刻と解題」『日本思想史研究』三八、二〇〇六年、三九‐六四頁。同「三井甲之の戦後」『近代日本の国体論——〈皇国史観〉再考』ぺりかん社、二〇〇八年、二七五‐三〇七頁。木下宏一「近代日本と親鸞思想——三井甲之の場合」『政治経済史学』五四五、二〇一二年、一‐一八頁。同『国文学とナショナリズム——沼波瓊音、三井甲之、久松潜一、政治的文学者たちの学問と思想』三元社、二〇一八年、八七‐一七五頁。中島岳志「煩悶と超国家（四）——三井甲之と日本原理主義」『ちくま』五〇一、二〇一二年、二六‐二九頁。同『親鸞と日本主義』新潮選書、二〇一七年、二九‐七四頁、など。近年の重要な研究としては、横川翔「松田福松の足跡——三井甲之とその同志たちの一側面」『國學院雑誌』一一七‐九、二〇一六年、四一‐五八頁。同「雑誌『アカネ』の再検討——三井甲之研究の緒論として」『史境』七五、二〇一八年、六一‐七五頁。

（9）　米田利昭「抒情的ナショナリズムの自壊と復活――三井甲之（二）」『文学』二九－二、一九六一年、七－二四頁。引用部分は、一三－一七頁。他に、同「抒情的ナショナリズムの成立――三井甲之（一）」『文学』二八－一一、一九六〇年、一－一九頁。同「抒情的ナショナリズムの復活――三井甲之（完）」『文学』二九－三、一九六一年、六九－八一頁、も参照。

（10）　片山素秀「原理日本社論のために――三井甲之を中心とする覚え書き」『近代日本研究』九、一九九二年、一六五－一九九頁。片山杜秀「写生・随順・拝誦――三井甲之の思想圏」竹内洋・佐藤卓己編『日本主義的教養の時代――大学批判の古層』柏書房、二〇〇六年、九一－一二八頁。同『近代日本の右翼思想』講談社選書メチエ、二〇〇七年、一九七－二〇六頁。

（11）　前掲片山、二〇〇七年、二〇五頁。管見の及ぶ限り、片山は、三井の思想展開を一貫して論じた重要な先行研究である米田の論考を参照した様子がない。なお、前川理子は、同時代の蓑田胸喜の思想を論じるなかで、三井の影響にも断片的に触れている。前川理子『近代日本の宗教論と国家――宗教学の思想と国民教育の交錯』東京大学出版会、二〇一五年、五一七－五二一頁。

（12）　以下の臼井ないし臼井霊気療法についての記述と資料は、平野直子氏の研究と御教示に大きく拠っていることをことわっておく。

（13）　『心身改善臼井霊気療法公開伝授説明書』（心身改善臼井霊気療法学会本部、一九二二年）。なお、引用文中の「安楽」は「享楽」となっている版も確認したが、ここでは『霊気療法必携』（同会本部、二〇一〇年）に収められているものの記述にしたがった。

（14）　「臼井霊気療法は第一二二代明治天皇のお作りになった数多くの和歌の中から、百首を選出して心の糧とし」とある（『霊気療法の栞』、前掲山口、二〇〇七年、一二九頁）。明治天皇御製の拝誦は、後述する江口・三井以外にも、大正末に臼井霊気療法を学び、その後「手あて療法会」を主宰した富田魁二の場合にも見られる。富田魁二『霊気と仁術　富田流手あて療法』手あて療法会、一九三三年、六三頁。
(15) 松居松翁「隻手万病を治する療法」『サンデー毎日』一九二八年三月四日号、一四－一五頁。
(16) 「吾が経歴（抄）」（江口俊博著・中倉節男編『手のひら療治を語る』手のひら療治研究会、一九五四年、一二〇－一三五頁）。
(17) 前掲江口、一九五四年。江口俊博・三井甲之編『手のひら療治入門』アルス、一九三〇年。ほかに、江口俊博・根本清六『手のひら療治読本』回光社、一九三六年。
(18) 「手のひら療治をひろめるわけ」（一九三〇年四月、前掲江口、一九五四年、三〇－四二頁）。
(19) 一九二五年ごろから活動を開始した右翼思想団体。慶應義塾大学予科教授の蓑田胸喜を中心とし、三井甲之・松田福松・川合貞一・若宮卯之助らが集った。一九三四年、機関誌『原理日本』を創刊。原理日本社と蓑田・三井については、植村和秀『「日本」への問いをめぐる闘争――京都学派と原理日本社』柏書房、二〇〇七年、を参照。
(20) 一九〇七年から一九四五年まで、政教社から刊行された言論雑誌。当初は三宅雪嶺が主催したが、一九二三年に去る。三井甲之は和歌の欄を担当するとともに、大正期～昭和初期、評論を多く寄せた。
(21) なお、同年には、警視庁令第四三号「療術行為ニ関スル取締規則」（「療術行為」の定義を「他ノ法令ニ於テ認メラレタル資格ヲ有シ其ノ範囲内ニ於テ為ス診療又ハ施術ヲ除クノ外、疾病ノ治療又ハ保健ノ目的ヲ以テ光、熱、器械器具其ノ他ノ物ヲ使用シ若ハ応用シ又ハ四肢ヲ運用シテ他人ニ施術ヲ為スヲ謂フ」とした）の発令もあった。
(22) それぞれの引用は、西川勉・湊謙治『六大強健術 比較研究』誠文堂、一九三二年、一九頁、江口俊博著・宮崎五郎編『手のひら療治を語る［復刻版］』たにぐち書店、二〇〇九年、二三八頁、江口俊博・根本清六『改訂 手のひら療治読本』回光社、一九三八年、五頁より。
(23) 前掲三井、一九三〇年、一一頁。
(24) 三井甲之『明治天皇御集研究』東京堂、一九二八年、一五三－一五四頁。
(25) 三井甲之『しきしまのみち原論』しきしまのみち会 原理日本社、一九三四年、一一五－一一六頁。

（26）前掲三井、一九三〇年、二六〇頁。
（27）前掲三井、一九三四年、二頁。
（28）塚田穂高「新宗教の展開と現状」高橋典史・塚田穂高・岡本亮輔編著『宗教と社会のフロンティア――宗教社会学からみる現代日本』勁草書房、二〇一二年、二三‐四三頁、などを参照。
（29）前掲三井、一九三〇年、三頁。
（30）それぞれの引用は、前掲三井、一九三〇年、一五八頁・四頁・二二三頁より。
（31）前掲三井、一九三〇年、五頁。
（32）前掲三井、一九三〇年、一六九頁。
（33）前掲三井、一九三〇年、二五頁。以下のまとまった引用はそれぞれ、同書、二八頁・二九頁・一五七頁・一六一頁・一七四頁・二三〇頁・二三一‐二三二頁より。
（34）前掲江口・三井編、一九三〇年、一六七頁。
（35）前掲三井、一九三〇年、二一四頁。なお、三井の文章には、しばしば大日本食養会・桜沢如一らとの交流も記されている。「カムナガラノミチのオシモノ（食物）ノミチ」との結合も主張されており、「カムラナガラノミチ」という根本原理あるいは大義の元には、どのような既存の思想・実践も収斂されて位置づけられうるという考え方がよく示されていると感じる。
（36）宮崎五郎は、歌人で、江口俊博の娘婿。江口、三井らを顕彰しながら、主に戦後に活動を展開した。『手――その奇蹟』（霞ケ関書房、一九六〇年）では平塚らいてうが序文を寄せている。「敷島の道」・「食物の道」・「手末の道」を連接しているところに特徴がある。他方、国家主義的思想はあまり目立たなくなっている。

第四章　活元運動の歴史――野口整体の史的変容

田野尻哲郎

はじめに

本章の目的は、野口整体における活元運動の歴史を、二〇世紀初頭からの日本の療術・霊術と比較し、社会史的に位置づけることにある。

近代日本の医療運動である野口整体は、その思想的影響力と実践者数の多さによって国内外に名を知られているが、その歴史的・社会的実態に対する学術的研究は始まったばかりだ。野口整体は二〇世紀初頭からの日本の療術・霊術の一つとして論じられてきた。田邉信太郎が扱った論考がその嚆矢である[1]。さらにこの後、吉永進一が日本の療術・霊術への研究を精力的に推進し、その数々の論考の中で野口整体を扱っている[2]。

野口整体を主要なテーマとする先行研究としては、永沢哲『野生の哲学――野口晴哉の生命宇宙』[3]がまず挙げられる。さらに前川理子による先駆的な論考[4]は、野口晴哉の思想を日本近代の代表的な生命論として思想史的に論じている。また筆者は医療運動としての野口整体を、社会史、生命倫理史とコミュニケーション史の論文[5]で扱った。

これらの成果に依拠して本章の論を進めていきたい。また、『野口晴哉著作全集』全一一巻（全生社、一九八三－）および一九九〇年代以降の『月刊全生』（整体協会機関誌）、私家版の整体関連資料多数を適宜参照した。

一　野口整体とその歴史

全生教授法の変遷――知識人のための技法から一般市民の全生へ

野口晴哉《はるちか》（一九一一－一九七六）は、関東大震災（一九二三）直後に被災した東京の下町で療術活動を開始し、野口整体の創始者となった。一九二八年には東京入谷に治療道場を開設して治療活動を展開するとともに、彼の掲げる「全生」[6]（自分の生の可能性の完全な実現を目指すこと）を実現する市民（治療の専門家ではない）の団体「自然健康保持会」を開始し、一九三〇年頃から「全生」思想を彼独自の生命思想として公表するようになった。[7]この時期に、彼は松本道別《ちわき》や桑田欣児に師事していたと考えられる。

当時の療術・霊術を取り巻く状況は、創始期の中心的理論家・実践者である桑原俊郎（一八七三－一九〇六）が「精神」という言葉を使用した時期とは異なっていた。特に関東大震災以降の日本は、その復興の過程で、内務大臣兼帝都復興院総裁だった後藤新平[8]（一八五七－一九二九）が台湾総督府民政長官として台湾統治に当たった際に採用し成功した政策である科学主義的統治、つまり近代科学技術とその威信を全面的に掲げて駆使する統治の方法を採用し、西洋列強にならぶ近代国家日本にふさわしい公衆衛生政策を進めていった。その過程で療術・霊術は、取り締まりの強化もあって衰退し、一九五〇年代までに社会の主流からほぼ排除された。

このような状況のなか、野口整体は逆に勢力を急速に拡張し、昭和初年代に会員数自称十数万を数えるに至った。[9]

野口自身が、当時多数の皇族・華族や高級軍人・実業家、そして東大教官らを顧客として擁していたと述べているように、野口整体の組織的躍進は顧客の政治力に依る面もあった。例えば戦時中に野口は特高警察に拘禁されたが、彼の弟子で後に妻となった野口（島津）昭子（一九一六－二〇〇四）が彼女の父親である近衛文麿首相（当時）に依頼することで、速やかに釈放されている。

一九四四年には厚生省（当時）管轄下に「整体操法制定委員会」を組織するなど、野口は戦中戦後を通して療術・霊術を制度化することで社会に広く普及させて後世に伝えていくための活動を開始している。この時期、空襲で東京下落合の道場を失った野口と家族、そして弟子たちは、一九四五年七月から一二月まで新潟県水上村に疎開している。村の寺を借りて治療活動を行い、子供たちとその親を集めて健康に関する教育講義をした。疎開先の村で、彼は従前の顧客である上流階級とは大きく異なる農民という存在に初めて出会う。新潟の山村に生きる農民との濃密な交流のなかで、一七歳から自分の道場で操法を続けて、短期の旅行さえほとんどしなかった東京下町出身の野口晴哉のなかに、いままでの顧客とはまったく異なる農民へ如何にして自分の「全生」思想と実践の技法を伝えるか、という問題意識が芽生えた。療術・霊術から継承した「精神療法」などの心身技法は、農民には理解し難く、まして実践はなおさらだったからだ。

模索するうちに野口は、彼のいう「潜在意識」（言語化されていない暗黙知）に働きかけて伝えること、そして自分の心身が本来有する治癒力を信頼して自信を高めることが、整体の思想と実践を教え全生させるために最も有効なことに気づいた。(10) 決定的な事件として野口は、山を越えて治療を受けに来た高齢の女性が、治療への期待と全生思想への信頼によって「治った」ことを、後に繰り返し周囲に語っている。野口が背中に手を当てると同時に、治療はまだ始まっていないのに彼女は「治りました、有り難うございます」と向き直ってお辞儀をし、来るときにはついていた杖をつかずに、曲がっていた腰も真っ直ぐになって、さっさと歩いて帰っていったという。

一九四七年からは、戦後の焼け野原から復興しつつある東京やその他の地域へ精力的に赴き、一般市民への全生の思想と実践の教育を開始する。満州からの引き揚げ者に対しては、授産事業として整体技能教習を行っている。また放射線障害への整体操法などによる対策を研究し、広島の原爆被災者に整体操法を教授している。

戦後、市民社会への転換に伴う混乱に戸惑いながら生活に困窮する市民に対して、全生の思想と実践の技術を教えるなかで、野口はさらに工夫を重ねていく。山口講習（一九四七－一九五五年頃）では、二人で行う活元運動を「自動操法」の一種だとしている。自動操法とは、指導者が会員に活元運動を起こさせ、自分も活元運動をして整体の体操法を行う心身技法であり、一九六九年以降は「活元相互運動」と呼ばれるようになる。

これらの活動と同時に野口は、一九四七年には整体操法の指導者育成機関として「整体操法協会」を設立するなど、療術の社会制度化や学校の設立、および医療としての認可を行政から得るべく努力を続けた。しかしその多くは実現しなかった。

体癖の科学——柳田利昭による理論化と科学的計測機器の開発

体癖論は山口講習以降に発展し、体癖を測定するために体量配分計が導入された。野口はみずからが考案した「体癖」という整体の理論を次のように説明する。気はその方向性と展開の仕方によって一二種類に分類できる。その一二種類を組み合わせ、さらにそれぞれの強弱を考慮することによって、身体の重心の偏り・腰椎のゆがみと、個人の生理的・心理的感受性が解釈できる。体癖が一つの人は稀で、通常は二つ以上が混合しているから、個人の体癖には無数の多様性がある。またそのうちの一一種は全身の過敏状態、一二種は全身の鈍り状態なので、他の体癖と違って局在性がない。

野口は自分が直観でつかんでいた人間や動物の身心の運動や変化のパターンを、整体の実践者に対して体系的に伝えるために、体癖論を構想したのだ。さらに彼は、気象と音楽、そして社会や自然環境など、人間を取り巻く環境の全体にまで、これを拡張した。

体癖論の拡張やそれを根拠づける体量配分計の開発には、弟子たちが大きく貢献した。とくに柳田利昭（一九三二―一九九八）は、野口の高弟として終戦直後から長年寝食を共にし、整体協会体癖調査室長として野口整体と体癖論の研究に献身した。

体癖論における〈気〉とは、神秘的で不可視なエネルギーや流体などという物理的なものではない。個々人が総ての他者や社会、そして自然環境とつながっているという感覚であり、それが特定の身体的変化や特徴と結びついて現れる体癖を通して客観的に理解される。柳田は、彼が率いるグループが開発し整体協会会員に普及させた科学的計測機器によって、体癖は客観的に観測できること、そしてある一定の秩序のもとでつねに規則的に変化し続けていることを強調した。さらに体癖の研究が進めば、それらの変化を統合的に理解できる可能性があることを、整体操法とそれによる心身の変化を詳細に観察することと、近代体育学の手法による科学的実験とに基づいて主張している[11]。

野口が提唱し、柳田が一九五〇年代から一九九〇年代まで発展させた体癖論の特徴は、個人、社会、自然環境が、それぞれ独立性を保ちつつ調和した状態（『荘子』則陽編への注釈で野口は、それは予め失われていると述べる）を志向することにある。野口整体の目的である「全生」は、体癖を理解し、現在の状態へ適切に介入することによって、個人が自立して、他者や社会、自然環境と関わって生活することで実現するからだ。

治療から体育へ——体癖論がもたらした臨床の場の変化

体癖論によって、野口整体の思想と実践は大きく変化した。従前の野口整体は権威ある治療者が患者を治療するものであり、治療者が独占する身体技術と治療知識は、伝達も習得も、さらに運用も困難だった。治療者という専門家と患者という市民のあいだには、絶対的な知的格差があった。患者たちは活元運動などを実習する組織を結成していたが、それは専門家による治療を受け入れやすい身体を作るためだった。

ところが、野口整体に体癖論が導入されることによって、専門家と市民のあいだにある身体技術と治療知識の格差は大きく縮まった。治療の前には〈気〉の状態を評価する必要があるが、野口整体における気とは患者自身の感覚なのであるから、治療者よりも患者自身の方が自分の気（感覚）については詳しいはずだ。身体技術と治療知識は、野口晴哉が戦後、精力的に推進した書籍の出版と教育講演、そして人々との対話によって、習得が容易になった。

こうして野口整体の実践の場は、専門家が市民の心身へ介入する場から、専門家と市民が協力して相互に対話し、整体という身心技法によって全生を達成する場へと変容した。それはもはや治療ではなく、健康教育＝体育と呼ばれるべきものだ。一九五六年には「整体操法協会」を「自然健康保持会」と合併して「社団法人　整体協会」を発足させた。従来の治療ではなく「体育」を教える団体、文部省（当時）認可の体育団体として発足させた内的必然性は、ここにあると言える。「医業類似行為」として野口整体を行うことも、当時から現在まで続く一連の法整備と判例[12]によって十分に可能だったはずだからだ。

一九六〇年代には整体協会の本部道場を東京の二子玉川に設置して、活元相互運動の開発に力を入れ、活元運動、愉気や操法の普及・実践が、健康教育活動の主軸となった。これは、「活元相互運動」概念が出現したことでもわかる。活元相互運動の〈気〉とは、触覚的・温覚的に感じることができる何かである。その気を愉快な気分で相手に送

（＝贈）り、互いに気を感じ合い、気の感覚と直観の中で自分と相手、最終的には宇宙と渾然一体となるように感じる。これを「愉気」と呼ぶ。複数名が組になって活元運動をすることで、気を与えあう。気をより必要としている者へより多くの気が与えられる結果となる。このような当事者たちの主体性と互恵性が、「活元相互運動」では強調されている。

「活元相互運動」は自動操法と呼ばれる整体操法の一種とみなされていた。自動操法という用語は、他者を操作する／他者によって操作されるという、近代科学技術の主流と同種の志向性を有している。野口整体に対するこのような理解は、戦後に野口晴哉の妻となった野口昭子を中心に二子玉川の道場にて定期的に開催されていた、女性だけの活元会における集団的な実践と観察および考察によって否定された。こうして一九六九年には自動操法が廃され、実態に即した「活元相互運動」が採用された。

一九七六年に野口晴哉が逝去すると、多くの整体指導者が協会から自立し、あるいは緩やかな連携のもとに協会の外部で活動するようになったが、それでも整体協会には多くの整体指導者と会員が残った[13]。野口裕介（一九五一－二〇一四）は、一九八〇年代から二〇一四年に逝去するまで本部講師として整体協会の活動の実践面を主導した。本部道場での整体指導だけでなく、毎月一六日の「活元指導の会」（未習者が対象で無償）、その他にも定期的な活元会や、数百名を収容できる大きな会場で年に数回行われる活元会を全国各地で開催している。また二〇一一年以降は東日本大震災からの地域共同体の復興事業として活元会を開催し、その指導に精力的に取り組んだ。今も、公益社団法人整体協会[14]と協会外で活動する整体の実践者たちは、広義の医療活動でもある「体育」（活元運動・操法・愉気）による全生思想の実践と普及に努めている。

二　活元運動

活元運動は野口整体の理論と実践の核心にある体操である。わたしたちの心身は、物理的・心理的ダメージや偏った習慣によって、自分の在り方を限定してしまう。このように限定された考え方や身体の動作などによって、「本来の秩序」が乱されている。本来の秩序を回復するために必要な動きが活元運動である。[15]最晩年の野口晴哉はこのように述べている。一九二五年秋ごろ、関東大震災とその後の悲惨な公衆衛生状態に苦しむ東京下町の住民を療術によって治療していた彼は、この運動が傷つき病み苦しむ者には自然と起こるもので、起きたらそのままにしておくと健康の回復が早いことを発見した、と後に繰り返し周囲に語っている。野口晴哉著作全集等の公式記録には記されていないものの、この時期は彼が松本道別に師事したといわれている期間と重なっているから、野口が松本からこのアイデアを学んだ可能性は高い。そして一九三〇年頃までに、この運動の発生と過程を理性的に、そして主に西洋クラシック音楽を使って制御する技法を開発している。したがって活元運動に対するこれらの認識を、野口は一九二五年秋から一九三〇年頃までに持っていたはずだ。[16]

活元運動は、簡単な三つの準備動作によって、誰にでも容易かつ自発的に起こる体操だ。けっして不随意運動ではなく、神がかり等の神秘的現象でもなく、覚醒レベルも低下しない。活元運動をする人の意識は清明で、運動の調節や任意の停止などの自己制御はつねに可能だ。しかし野口にとっての活元運動が、副次的にではあれ、仏教の悟りの境地を連想させるような内的体験を生み出したことは、無視できない。一七歳の野口が活元運動の内的体験を記した詩『全生の詞』から、その内容をうかがうことができる。

我あり、我は宇宙の中心なり。我にいのち宿る。／いのちは無始より来たりて無終に至る。／我を通じて無限に拡がり、我を貫いて無窮に繋がる。／いのちは絶対無限なれば、我も亦絶対無限なり。／我動けば宇宙動き、宇宙動けば我亦動く。／我と宇宙は渾一不二。一体にして一心なり。／円融無碍にして已でに生死を離る。況んや老病をや。／我今、いのちを得て悠久無限の心境に安住す。行往坐臥、狂うことなく冒さるることなし。／この心、金剛不壊にして永遠に破るることなし。／ウーム、大丈夫。

（野口晴哉「雑編」『野口晴哉全集　第一巻』全生社、一九八三年、五七六頁。／は原文の改行）

また最晩年に執筆され死没直後に出版された書籍で彼は、活元運動をしているときの心理状態を簡潔にこう説明する。

体も心も無くなって、気だけが感じられる。生活自体が気の動きそのものになる。その気も、ただ一個人の気だけではなく、もっと大きな（宇宙的な）気と感応し合い、それと融け合いながら動くと、世界は一つになる。

（野口晴哉『健康生活の原理　活元運動のすすめ』全生社、一九七六年、一三七頁）

活元運動の内的体験に関するこのような語りの様式は、活元運動の実践者のあいだで共有されてきた。これに対して、活元運動を実践している最中の実践者の行動を記したものは、野口晴哉と野口整体の関係者による文献資料全体を見ても数少ない。これは、一九三〇年代から一九七〇年代まで野口が、活元運動の最中に「他者から見られる自分」を意識することや、あるべき活元運動の型を定めることを強く警戒したことによる。型を定めてしまうと、定められた型のイメージが実践者の意識を束縛して、実践者本人の身心が必要としている動きを妨げてしまう。それゆえ活元運動の実践者は、実践中の動きを観察者が記述することを嫌い、活元運動をしていない他者に、自分が活元運動という体操をしているさまを見せることに、少なくとも積極的ではない。

都市在住の高位者・富裕層を主要な実践者としていた戦前の野口整体では、活元運動は教授が困難な高等技法とされ、高額な授業料が請求された。しかし社団法人として整体協会が発足してからは、整体協会は基本的に無料でこれを教えており、書籍等によって独学で活元運動ができるようになる工夫も、少なくとも一九七〇年代半ばから盛んに行われている。

また戦前に人々が活元運動を行う際の服装は、大きく動く体操には向かない和服が主であった。それゆえ活元運動に要する面積は、集団で行う際には特に、一畳どころか三分の一畳程度の広さであることもあった。これに対して戦後は、洋装化の進行もあって、動きが大きくなっていく傾向があり、これは記録された写真からも確認できる。現在では活元運動を立位で行うこともしばしばあるため、この傾向はさらに強まっている。

三　野口整体と療術・霊術

自動運動・霊動・活元

近現代における体操や運動を考察するときに留意すべきことがある。これらの体操の普及はアカデミズムによる理論づけと、ラジオ体操のような国策とのつながりがあったことはよく知られている。しかし非アカデミズムの医療の場における体操は、現代社会の主流に必ずしも合致しない思想・宗教と密接に結合しており、各々が依拠する思想や宗教の実践手段となっている。さらに、限られた時間内で行うだけでなく、そこから生活全体を見直し、新しい生活様式を作り出すことが、それらの体操には含意されている(17)。

明治から大正の霊術・精神療法において、自動運動・霊動は触手療法と並んで代表的な療法であった。五十嵐光龍の自働療法、石井常造の生気法、岩田篤之介（美妙）の本能法、田村霊祥の霊動療法、そして田中守平の太霊道など、その例は枚挙にいとまがない。さらに岡田虎二郎の提唱した岡田式静坐法でも、その活動の初期には、実践者は「動揺」と呼ばれる自動運動を起こしたという。大正期の精神療法の技法では、身体の自動運動が含まれていないものは少ない。ただし、自動運動の説明を行わなかった岡田式静坐法を除けば、多くは非人格的なエージェントによる語りを伴う。野口が師と仰いだ松本道別の「人体放射能」がその典型だ。松本はエーテル、霊子、生気や神経など、身体に内在、外在するさまざまな科学的、疑似科学的な因子によって、自動運動を説明しようとしている。

これに並行する現象に、神がかりがある。すなわち人格的なエージェントによる語りであり、伝統的な宗教現象といえる。大正時代には大本教が本田親徳《ちかあつ》由来の鎮魂帰神の法を広めて、新たな流行をみていた。鎮魂帰神法は、もうひとつの統御された身体の動きと言葉（つまり神や天狗などの別の人格）の獲得を目的としており、自動運動に見られるような、日常の統御をはずれた運動を目的とするわけではない。しかし、日常意識に統御されない運動という点で、両者の現象の類似性は明らかだ。また大正期の大本教は、軍人や都市部の中流人士層のように、精神療法を実践する層と同じ社会層に人気を集めた。大正後期、友清歓真が出版物で技法を公開し、さらに出口王仁三郎の直接の師匠であった長澤雄楯《かつたて》は積極的に技法の伝授を行っていたため、この語りは精神療法家にも広まる。そのため昭和期以降の精神療法家の語りは、非人格的なエージェントによる語りと人格的なエージェントによる語りが重層的であるケースも多い。

次に非人格的なエージェントを想定する際に、ひとつには、それがすでに内部の生命力が高まった証拠であると見做される。その場合、自動運動を起こした者は、他に分与できるに十分な生命力を蓄えたのだから、そこで治療者に転ずる。太霊道のように、無理やりに身体の震動を起こさせることで自動運動を発生させ、治療者を養成する例が典型だ。その一方で、患者自身が自分に対する治癒力を発揮するケースもある。患者本人が自動運動中に行う無意識の治療行為（病患部に手をあてるなど）を重視したのは、五十嵐光龍の自働療法である。彼は真言宗の僧侶であり、井上円了の門下でオーソドックスな催眠術師であった。その治療の過程で患者が自動運動を起こし、患者が自分に内在していたがこれまで発動していなかった力によって自分自身を治療する現象に彼は注目し、これを自働療法と名づけたという。さらに他方で、そこまで身体の生命力は回復していないとして、自動運動は生命力回復の過程なのだ、と考える方向もある。それらには岩田本能療法や生気療法など、健康体操に接近していくものもある。大正期末以降、それらはポスト太霊道の主流派となっていく。野口の活元運動の源泉も、ここに位置すると考えられる。

精神療法において、自動運動が利用されるようになった契機を特定することは困難だ。触手療法と同様に普遍的な存在であること、また野口を含むいずれの精神療法家も、みずからがこの技法の発見をしたと主張しているためだ。ただ明治四〇年前後にはそれが既に一般に知られており、治療に利用されていたことは確かである。

〈霊動〉という言葉が、意識的に統御できない運動に対して用いられるようになったのは、桑原俊郎の門下によるものだ。桑原は、超常的な精神力をさして、精神の霊妙なる動き、精神霊動と呼んだ。彼が亡くなり、その後継者となった医師の真島丹吾は遠隔療法を開始する。真島が念を送り、患者がその念を受ける、という方法である。この遠隔療法が効いた証拠として、患者たちは身体の自動運動が起こったことを報告する。明治四〇年前後から、桑原俊郎の運動を継いで真島が主宰していた『心の友』誌にこの報告が頻繁に掲載されるようになり、そこで「霊動」という言葉は身体の自動運動を指すようになる。

また、〈活元〉という言葉は、福来友吉の用いた言葉と言われるが、明治期『中央公論』中にすでに出現している[18]。

ここで野口が師事した霊術家[19]に注目し、野口が療術・霊術から何を採用し、自身の思想・運動のなかでどのように展開したのかを検討したい。

松本道別の霊動理論と活元運動——似て非なるゆえん[20]

松本道別（一八七二－一九四二）は多数の弟子を持った高名な霊術家であり、野口晴哉が師事した治療者であった（本書第Ⅰ部第二章参照）。彼は、霊動という言葉によって、活元運動に似た体操を規定している。その説明は、『霊療術聖典』の記述が最もわかりやすい（三二一－三二三頁）。

霊動とは「自己の霊又は憑依《よりかか》つた他の霊が発動して内部から一種の衝動を起し、以て身体の一部或は全部を震動せしめる」ものだ。鎮魂帰神などの祈禱による霊動は外部の霊が憑依することによって起こるが、彼の霊動は「概して自己の霊」によって起る「人体放射能の発動」である。

人体放射能とは「されば人体内部には常に神経中枢から末梢に向つて放射能が流通して動力となつてゐる（中略）、大脳内に抑制中枢と云ふ仕掛があつて（中略）抑制して無闇に震動させぬのである。それ故意志を加へて抑制中枢を解除するか、又は手掌とか腰や腹を反らして局部に力を入れゝば、震動の起るのは固より当然である。（力を入れゝば其処に放射能が集中する。）」、「アルハー線と同種のもので陽電気性」、つまり物理学的存在としての放射線だから、彼にはラジウムを手にとったことで霊動が起きた経験がある。

「霊動療法」とは「自己暗示を以て『霊動の起りつゝ、ある手掌が患部を打ち或は按撫して治療する』」ことであり、

「さうすると本田流の神憑禁厭《かみがかりまじない》や五十嵐光龍氏の自働療法の如く、手掌は自己の意志を以てせずとも自から器用に患部を打ったり按《も》んだり撫でたりして能く疾病を治癒せしめる」。

野口は一九三二年の時点で松本と共通する「人体放射能」「霊動」等の言葉を使用していたが、一九三四年以降からはこれらに換えるかたちで「気」「活元運動」を使用するようになる。さらに、「気」「活元運動」は少なくとも現代物理学的な存在ではないため、近代科学技術の知的体系と言葉ではそれらを語り得ないことを、最晩年の一九七六年まで講義や著書で繰り返し強調し続けている。野口は松本と自分の叔父――叔父は伝統医学を学んだ鍼灸医であり、野口は少年期に預けられて育てられた――を、師として最晩年まで尊敬していた。なぜこのとき野口が自分の感覚と体操に関する言葉を変更し、師事した松本の用語・概念・理論から離れていったのか、彼自身は語っていない。しかし二つの理由を推測することができる。

第一に野口は、本章第二節で説明したように、一四、五歳のときに関東大震災被災後の東京下町という極限的状況の中で、自分の直観と感覚に忠実に従うことによって治療活動を開始し、そこから活元運動を見いだしていった、と自分の来歴を語っていた。勿論これを字義通りの事実として理解することには、慎重にならなければならない。なぜなら彼はこの時期に松本や桑田欣児に師事していたと数多くの証言から推測され、それを彼は周囲の人間に語っていたにもかかわらず、その形跡は、野口晴哉著作全集等の公式文献や記録から消去されているからだ。活元運動について、彼らからの思想的・実践的な影響なしに彼がそれを見いだしたと信じることは、難しい。

それでも野口は終生、他者の言説を無批判に受け入れることなく自分の直観と感覚を信じて生きてきた、という自己像を抱いていたということはできるだろう。彼は上野の図書館へ通うなどして猛烈に多種多様な書籍を乱読し、知識欲を満たし続けた。また、顧客や弟子には下町の庶民に加えて各界の著名人や高位者、特に戦後は大学教員が増えたこともあり、彼らから専門的知識、特に科学技術・医学知識を学習したのではなかろうか。しかし自分の外部からやってきたと感じられた科学技術・医学などの知識は、彼にとって、自分の直観と感覚に勝るものではなかった。だから彼の治療上の判断、整体・全生思想、そして実践の教育では、直観と感覚が常に優先された。

第二にこの時期の野口は、毎日の治療の仕事が終わると、競走馬の治療で受け取った代価によって購入した乗用車（当時は日本に数百台しかなかった）に乗って武州御岳山などの霊場に通い、松本道別やその弟子たちと共に、気合法など各種の心身技法の修行に打ち込んだという。

実際の修行の場での直観と感覚は言語化が一般に難しく、科学技術・医学用語にはさらに馴染みにくい。一方で科学技術・医学用語への言語化は、一九〇〇年頃から一九二〇年代までは、日本だけでなく欧米でも、非正統医療を社会に認知させる目的に適っていた。しかし科学的医療観が市民社会に完全に普及した一九三〇年代にあって、非正統医療は、もはや科学的な用語による説明では社会的認知を得ることはできなくなっていた。この時代の非正統医療は、完全に近代科学の世界観を受け入れて科学的医療・アカデミズムの医療に従属して補完的な役割を果たすか、近代科学の世界観とは異なる世界観をもつ存在であることを示すか、いずれかの選択を迫られることとなった。[21]

この社会的変化が、自分の直観と感覚に適合しない科学的な言葉を用いる積極的動機を野口から失わせたのではないだろうか。そうだとしたら彼は、療術・霊術の世界観とも近代科学技術・近代社会の世界観とも異なる自分なりの世界観を示すために、活元運動などと命名して概念規定を行ったのだと考えることができる。しかしそれは、野口が療術・霊術の先達から継承した非人格的なエージェントについての語りを放棄したことを、けして意味しない。逆に彼は、「整体は未科学です」という言葉を終生語り続けることになる。つまり整体はまだ科学にはなっておらず、科学はまだ整体を捉えきることができないが、いつか両者は一致するだろう、という信念である。しかしこの言明と信念は、現在でも整体協会を中心に、科学的計測機器を駆使しての「体癖」等の整体の理論と実践への近代科学的分析が継続して実施されている、といえる。科学的計測と数値化に依拠する近代科学技術の語りと、直観と感覚に依拠する整体の語りが併存できる社会・文化状況を作り出すことが、現在まで整体協会と野口整体の実践者たちの活動の主要目的の一つになっている理由はそこにある、といえよう。

まとめ

時代背景を考えよう。日本で療術・霊術が医療として社会に広く受け入れられていたこの時代、米国をはじめとする世界の医療観は、第一次世界大戦で導入されたX線撮影装置の普及によって変革を迎えていた。一八九五年に米国アイオワ州ダベンポートから始まったカイロプラクティックの医療運動が典型的な事例である。創始期のカイロプラクティックは、身体内部を流れる不可視なエネルギーまたは流体として想定されるinnate（キリスト教の神に由来する何らかの力と考えられたが、それ以上の宗教的な意義づけ等は行われなかった）の流れを調整する職人的治療術だった。それが第一次世界大戦による社会の多様な変化と戦地で科学的な医療を受けた兵士が全米に帰還するなかで米国市民と行政の医療観が変化し、民間医療や経験主義的と評された従来の医師による医療に替えて、アカデミズムの医療と科学的計測機器への信頼が飛躍的に増大した。これを受けてカイロプラクティックの諸派は、innateという宗教的であると同時に物理学的な存在であるとされるエネルギー概念について語ることを止めた。そして彼らは一九三〇年代までに、アカデミズムの医療者と同じ診察スタイルと施術者を養成する高等専門教育機関の設置、そして各種の科学的計測機器を臨床の場へ導入するに至った。[22]

同時期の日本では、第一次世界大戦によって医薬品の輸入が途絶えたことで国産品への切り替えが進み、また同時に臨床医がアカデミズムの医療教育に参与する事態が進行しており、一方で一九二〇年代後半には世界有数の医療用X線撮影装置製造・輸出国となった。近代ナショナリズムの機運が高まるなか、同時代の中国や朝鮮半島、インドやチベットと同様に、ナショナリズムが依拠する文化・医療基盤として伝統医学が見直されるようになり、その実践が臨床における医療の倫理に結びついて理解され始めた。これが一九二〇年代終盤から始まる「昭和漢方復興」という現代まで続く医療運動を導いている。医制施行（一八七四年）以来、基本的に非アカデミズムの医療であり続けた伝統医療（日本漢方）を、科学化しながらアカデミズムの専門家たち（医師・薬剤師）の医療へと統合する努力を続けている。このような英・米同様の医療観の変化は、同時代の中国やインド、一九三〇年代の朝鮮でも起こっている。

一九〇〇年前後から始まる療術・霊術における自動運動等の体操への理解は、このような伝統医療から科学的医療へと変遷する社会状況を反映している。療術・霊術の実践者たちは、従前は治療の起因という現実的な力であるが、客観的な実体化や数値化ができず、直観的・感覚的に把握するしかない〈霊〉〈気〉を、アカデミズムの医療や機械産業を通して急速に社会に浸透した放射能等の物理学的存在として再解釈した。つまり、最新の科学的計測機器を使えば観測できるかもしれない、と彼らは考えたのである。だが最新の科学的観測装置を用いて〈霊〉〈気〉を数値化し、物理学的存在として理解しようとする試みは、失敗に終わった。

一九三〇年前後に療術・霊術を継承した野口整体の活元運動では、近代科学技術の進展と市民への浸透に対応して、〈気〉を近代科学技術・物理学的な存在として語ることを止め、霊についてもまた同様の措置をとった。そして野口は気を、感覚または直観によって把握される感覚的で心理的な存在として再解釈した。気の感覚や心理を活性化する心身技法が、活元運動である。だがそれは、治癒力——現実を変革する力——を近代科学技術とは無関係に、あるいはそれを超越した立場で行使できる、と野口晴哉と野口整体が見做したことをけして意味しない。気と現実が繋がって共に変化していることの現れである「体癖」の変化を、科学的計測機器である体量配分計によって数値化し分析することが整体協会の設立目的の最も重要な一つとなったこと(23)は、それをよく示している。

野口整体は、現代の医療や科学技術・文化を即時に代替する存在――オルタナティヴ――ではない。野口整体はその歴史を通して、現代社会のなかで現代の医療や科学技術・文化・政治と並立・併存しながら、野口整体の実践者に各々の「全生」への思想と実践技法、およびそのための社会・文化・技術的基盤を与えるものとして機能してきた。

こうして療術・霊術における自動運動等の体操は、野口整体のシステムのなかでは活元運動として史的変容を遂げた。さらに活元運動も、その後の社会状況に対応して活元相互運動の開発や活元会の展開など、社会に対するアクティヴィティを次第に増大させている。昨今の世界における新しい社会状況と医療・健康観と医療システムへの展望、そしてそれらを支える新しい生活・生命観に対応して、療術・霊術に淵源する体操としての活元運動の思想と実践は、これからもさらなる史的変容を遂げていくだろう。これによって活元運動は、野口整体の実践者による全生の思想と実践を時代と社会に対応したかたちで支え続け、そして全生の実現そのものでありつづけるだろう。

註

（1）　田邉信太郎『病いと社会――ヒーリングの探究』高文堂出版社、一九八九年。彼は現代日本の医療観や医療観につながる療術・霊術を日本の民間療法という名称で見いだし、その重要な要素として、霊動と呼ばれた神秘的な原因による身体の動きを指摘する霊動論を展開した。ここで野口整体は日本の療術・霊術に分類されているが、活元運動は分析の対象となっていない。

（2）吉永進一「解説　民間精神療法の時代」（吉永進一編『日本人の身・心・霊――近代民間精神療法叢書8』クレス出版、二〇〇四年）。その他多数。

（3）永沢哲『野生の哲学――野口晴哉の生命宇宙』筑摩書房、二〇〇八年。青土社から二〇〇二年に刊行された同名書に、永沢哲自身によって大幅な加筆訂正がなされている。ここでは野口晴哉の思想と実践が、豊富な資料に基づいて実証的かつ詩情豊かに記述されている。

（4）前川理子「五章　気――野口晴哉と「全生」思想」（田邉信太郎、島薗進、弓山達也編『癒しを生きた人々――近代知のオルタナティブ』専修大学出版局、一九九九年）。

（5）田野尻哲郎「野口整体の史的変容――近現代日本伝統医学の倫理生成過程」（『医学哲学医学倫理』第二七号、日本医学哲学倫理学会、二〇〇九年、一－一二頁）。同「現状と展望――日本の補完代替医療の倫理と新しい生命倫理のために」（『日本生命倫理学会ニューズレター』No. 48、日本生命倫理学会、二〇一一年、四頁）。同「野口整体のコミュニケーション――伝統医療とその共同体による昭和期日本の医療と社会システムの補完」（*Analecta Nipponica: Journal of Polish Association for Japanese Studies*, Number 7, 2017, 129–152 pp.）。

（6）野口が生まれ育った地域には「全生庵」という禅道場があった。彼は幼児期から晩年まで仏教、なかでも禅に親しみ、『臨済録』等の注釈を書き続けた（野口晴哉『碧巌ところどころ』全生社、一九八一年に一部収載）。彼が自分の思想の名称を、ここから採用した可能性を指摘できるだろう。

（7）野口晴哉「全生訓　昭和五年十一月十五日」（『自然健康保持会会誌　全生』第二号、自然健康保持会、一九三〇年）。これが文献上で確認できる初出である。

（8）医師でもあった彼は、「台湾領有の時に其政策の助けとなるべき我国民の経験といふものは何ものも無かつた」、そして「文明的植民政策の準備行為と云ふものは殆どない」状況の中で、台湾統治に取り掛からねばならなかったと語っている（後藤新平『日本植民政策一斑』拓殖新報社、一九二一年、四－六頁）。近代科学技術を駆使した科学主義に基づく近代的統治によって、台湾統治及び満鉄初代総裁として、さらに関東大震災に被災した東京の復興に成功した彼だが、一九二三年に太霊道総本院を訪問する（『岐阜県博物館調査研究報告』第三六号、岐阜県博物館、二〇一五年、五八頁）など、太霊道へのシンパシーを有していたことも記憶されるべきだろう。

（9）霊療術研究団編『斯界権威十五大家　霊療術聖典』天玄洞本院、一九三四年。

（10）その内容は「水上村教育論集――未発表稿より」（『野口晴哉著作全集　第二巻』全生社、一九八六年、五八三‐六七七頁）に詳しい。これは、一九四五年夏から冬にかけて村民を対象に開催した育児などに関する講習会の講義ノートと、その後数年のあいだ村で毎年行った講演等の記録からなる。

（11）柳田利昭、浅見高明「活元運動による体重配分の変化」（『人体科学』一九九二年一巻一号、五一‐六〇頁）。柳田利昭『体癖　三日間講義』八紘社、二〇〇五年。柳田利昭『育児講座』八紘社、二〇〇九年。

（12）「あん摩、はり、きゆう、柔道整復等営業法」昭和二二（一九四七）年一二月二〇日法律第二一七号（昭和二六（一九五一）年に「あん摩マッサージ指圧師、はり師、きゆう師、柔道整復師等に関する法律」に改題）、「柔道整復師法」昭和四五（一九七〇）年四月一四日法律第一九号。また昭和三九（一九六四）年五月七日最高裁判所第一小法廷判決では、あん摩、はり、きゆうおよび柔道整復が「同法一条に掲げるものとは、あん摩（マッサージおよび指圧を含む）、はり、きゆうおよび柔道整復の四種の行為であるから、これらの行為は、何が同法一二条の医業類似行為であるかを定める場合の基準となるものというべく、結局医業類似行為の例示と見ることができないわけではない。」（同法とは「あん摩マッサージ指圧師、はり師、きゆう師、柔道整復師等に関する法律」のこと）（http://www.courts.go.jp/app/files/hanrei_jp/011/057011_hanrei.pdf 二〇一九年五月二五日確認）と、これら四種の行為を医業類似行為の例示としている等がある。こうして医業類似行為の管理は、事実上、各保健所の裁量に任されることとなった。現在は「医業類似行為に対する取扱いについて」（平成三（一九九一）年六月二八日医事第五八号　各都道府県衛生担当部（局）長あて厚生省健康政策局医事課長通知）がこれらを規定している。

（13）整体協会会員移動表（http://www.seitai.org/pdf2008/H20_menber_reshuffle.pdf）（二〇〇九年七月一日確認）によれば、二〇〇八年

三月三一日における会員数は二六万五六七三名である。
（14）二〇一三年四月一日内閣府認定。
（15）野口晴哉『健康生活の原理　活元運動のすすめ』全生社、一九七六年。
（16）野口昭子『朴歯の下駄』全生社、一九八〇年。
（17）津村喬（編集）『東洋体育の本（別冊宝島三五）』ＪＩＣＣ出版局、一九八八年。James C. Whorton, *Nature Cures: The History of Alternative Medicine in America*, Oxford University Press, 2004. Vincent Goossaert, *The Taoists of Peking, 1800–1949: A Social History of Urban Clerics*, Harvard University Press, 2007.
（18）福来友吉「精神の修養に就て」（『中央公論』第二二巻第五号、一九〇七年）。
（19）『心霊解縕』（帝国心霊研究会、一九三〇年）を著した霊術家の桑田欣児を無視することはできない。桑田欣児は、北海道で帝国心霊研究会という療術団体を率いていた療術家である。同書に彼は霊術・療術の多種多様な技法と思想を、網羅的かつ詳細に記述している。そこでは松本道別と同様に憑依現象が治療のために重視される。そして「入神交霊術」（七九－八三頁）の項で、彼は入神を「精神統一」「心力集中」「高強なる霊能を開発」するための「交霊の術」として、自感法、他感法、神感法の三種類を挙げる。それらの内容はどれも、現在の活元運動で使用される心身技法にとてもよく似ている。桑田は交霊術において、人間に憑依してくる「邪霊」という霊的実体を想定し、その人体への侵入を断固として排除しなければならないとする。桑田の注によれば、「本研究は記者のものにして行法は日本神伝のものである」。彼は当時から野口の師の一人として知られていた。野村邦男、野村睦子、津村喬「我が師・野口晴哉を語る」（『気で治る本（別冊宝島二二〇）』宝島社、一九九五年、八八－九七頁）では、野口晴哉最晩年の弟子たちが行った座談会で、一〇代の野口が桑田に師事していたことなどが語られている。
（20）松本道別『人体ラヂウム療法講義』人体ラヂウム学会本部、一九二一年。同『復刻　霊学講座』八幡書店、一九九〇年（原典は人体ラヂウム学会本部霊学道場、一九二八年）。霊療術研究団編『斯界権威十五大家　霊療術聖典』天玄洞本院、一九三四年。

（21） James C. Whorton, *Nature Cures: The History of Alternative Medicine in America*, Oxford University Press, 2002.

（22） Steven G. Martin, "Chiropractic and Social Context of Medical Technology, 1895–1925" *Technology and Culture*, the Society for the History of Technology, 1993.

（23） 公益社団法人　整体協会　定款（http://www.seitai.org/pdf/teikan.pdf）（二〇一九年四月五日確認）

（目的）

第3条　この法人は人間行動における無意識領域を錐体外路系運動という身体運動の不随意相から考究し、それらの関連機序を視点とした身心関係の調和を促す身体技法及び生活法の開発と実践に努め、以って、当来の教育学・体育学・人間学をはじめ人間に関わるあらゆる学術研究の発展に寄与すると共に国民個々の身心の人間的基盤を豊穣たらしめんとすることを目的とする体育団体である。

（事業）

第4条　この法人は前条の目的を達成するために、次の事業を行う。

（1）整体法の確立

1　錐体外路系運動の偏向習性を分類する体癖論の確立

2　体癖修正・活用を目的とした整体操法・体操の体系化

3　錐体外路系運動の訓練としての活元運動の開発・実践

4　錐体外路系運動と身体感覚及び身心の感受性の関係の調査研究と、行動における不随意相の統御法の確立

5　錐体外路系運動と気・型などの東洋的身体観の調査研究と、この技術化の探求

（2）体癖に基づく整体法構成の研究会、講演会、研修会の開催

（3）会員に対する整体法の個人指導

（4）整体法の資格保有者の養成指導および資格の付与
（5）整体法に関する刊行物の発刊
（6）その他この法人の目的を達成するために必要な事業

III　還流するレイキ

第一章　大正期の臼井霊気療法——その起源と他の精神療法との関係

平野直子

一　「レイキ」は東洋の神秘か？

レイキとは何か

「レイキ」というヒーリング技法がある。手のひらを体にあて、そこから「レイキ（霊気）」と呼ばれる一種の生命エネルギーを流すことで、心身の調子を整えようというものだ。

このあと第Ⅲ部第三章で見ていくように、二〇〇〇年代以降の日本でレイキが行われているのは「スピリチュアル」な癒しを提供するサロンや、通常医療（医師による治療、生物医学的医療）とはちがった健康法や治療法を用いる治療院である。「エネルギー」を用いる癒しという点で、レイキはよく気功（外気功）や世界救世教系の新宗教における「手かざし」と似ていると言われる。しかしレイキの考え方やシステムは、それらとは直接関連のない、シンプルながら独立したものだ。レイキには中心となる団体がなく、さまざまな流派が独自の活動をしているが、以下のような特徴は共通している。

まず、レイキは宇宙に満ち、万物に流れる癒しのエネルギーであり、基本的に人間は誰もがそれを利用できるとされる。ただし、人間は普通の状態ではそれをうまく扱えない（「つまっている」「うまくつながらない」などと言われる）ため、「マスター」「ティーチャー」などと呼ばれるランクの高いセラピストから「霊授」「アチューンメント」という一種の儀式を受け、それを調整する必要がある。

この儀式はたいてい、セラピストが開くセミナーにおいて、基本的な知識のレクチャーや、手当てや呼吸法などの実修などとあわせて行われる。セミナーを受けるには、一定の受講料（日本では数万円台）が必要とされる。初級のセミナーを受ければ、レイキを使った癒しが自分でできるようになるが、さらに「遠隔治療」などの高度な能力を得たければ、より上級のセミナーを受け、より「深い」知識や技法、癒しの力を強める「シンボル」（手当ての前に指で描いたりする特殊な図像）を学ぶことになる。

第Ⅲ部第二章で見るように、レイキがさかんに行われているのは日本国内より海外である。一九八〇年前後からヨーロッパや北米南米、インドを中心に、ニューエイジ文化の愛好者から支持を得た。代替医療（補完代替医療、統合医療）を推進・研究する人々からも関心を持たれており、たとえばアメリカにおける例として有名大学のメディカルスクールや国の機関（国立補完統合衛生センター（NCCIH））が、ほかの「エネルギー療法」（セラピューティック・タッチなども含む）とともにレイキを利用したり紹介したりしている例がしばしば挙げられる。

日本国内でもレイキもしくはレイキを含む「エネルギーヒーリング」を行う人は一定数存在するが、病院で利用されたり、公的な機関や報道で言及されない分、社会的な存在感は薄い。

レイキと日本の一九二〇年代における「精神療法」

ところが、世界中のレイキ実践者にとって、日本は非常に重要な国なのである。日本は彼らが尊敬するレイキの考案者、臼井甕男《みかお》の出身地だからだ。宇宙の癒しのエネルギーに身を預けてリラックスし、心身ともにこだわりをなくすことで、より良い状態へと向かう――こうしたレイキの考え方は、臼井を生んだ日本の霊的・精神的背景から生まれたのだと理解されやすい。臼井は禅の修行を行ったあと、京都の鞍馬山で二一日間の断食を行った末、レイキを「感得」したとされている。鞍馬山には今、この臼井の体験をしのび、レイキの真髄に触れようと試みる、世界中のレイキ実践者が訪れている。臼井が日本のみならずチベットでも修行したと言われたり、中国思想における「気」の概念で説明されたりと、総じてレイキは「精神と身体の統一を重んじる、伝統的な（特に東洋の）心身観の一表現」と解釈されることが多い(1)。

しかし結論を先取りすると、臼井が考案したレイキ（霊気療法）(2)は、当時流行していた代替療法――近代的な、生物医学に基づく医療制度が普及した社会で、それらへの不満を背景に生まれるオルタナティブな医療――のひとつであり、なかでも当時「精神療法」(3)と呼ばれていたグループに属すものだった。この「精神療法」は、催眠術を下敷きに、古今東西の心身に関する知や技法を組み合わせて作られたもので、その発案者たちからすれば伝統を受け継ぐものというより、「最新（もしくは次世代）の治療法」だった。「精神療法」の「元ネタ」となったものは、通俗化した科学・医療言説から、国外の宗教に由来する技法や概念まで幅広い。臼井の霊気療法に関して言えば、英語圏から紹介されたヨーガの知識、なかでも「プラーナ」の概念や呼吸法――特に第I部第三章で取り上げられていたラマチャラカ（ウィリアム・ウォーカー・アトキンソン）が紹介したもの――が大きな影響を与えていると思われる。

そこで本章では、まず心身に関する知識や技法、特に「精妙なエネルギー」の概念に関わる概念や技法が、一九二〇年代前後の日本でどのように流通し、受容され、新しいアイデアの創発につながっていったかを見た上で、臼井甕男の霊気療法と「精神療法」の関係について考察していこう。

二　「霊気療法」の源流を探す試み

実践者たちのルーツ探し

日本における現代レイキの歴史は、一九八〇年代に書籍や雑誌で、アメリカで流行しているヒーリング技法として紹介されたことに始まる。この時レイキが大正期の日本で生まれたものだということも伝えられ、レイキの「ルーツ探し」が始まった。ほどなく臼井が創設した「心身改善　臼井霊気療法学会」（以後本章では「臼井霊気療法学会」もしくは「臼井会」と記述）の出版物や、その元会員が発見され、さらに臼井の墓碑（「臼井先生功徳碑」東京都杉並区）の存在も知られるようになった。一九九〇年代に入ると、レイキ実践者の一人であった土居裕《ひろし》が臼井霊気療法学会の現役メンバーと接触し、臼井のレイキ＝霊気療法について多くの情報を世界に発信した[4]。

写真1　臼井甕男（Wikimedia Commons より）

これらが明らかにしたところでは、臼井甕男は一八六五年、岐阜県山県郡谷合村（現・山県市谷合）に生まれた。さまざまな職業を渡り歩き、中国への「遊学」を経たのち、「安心立命」の境地を求めて鞍馬山で二一日間の断食修行を行う。その結果、「一大霊気に触れ」、「豁然」と癒しの力を得た。これに基づく

「霊気療法」を編み出し、一九二二年に東京・原宿にて治療を始めた。すぐに全国に数千人の支持者を得たが、一九二六年、普及活動中に広島県福山市にて客死した。

彼の治療者としての活動時期はわずか四年であり、また戦災で多くの資料が失われたとのことで、臼井自身についてこれ以上のことがわかる資料は、現在に至るまでほとんど見つかっていない。彼が残した「臼井霊気療法学会」は、治療の練習に専心することを基本的な方針としており、臼井個人の実像という点にはあまり関心を払ってこなかったため、伝えられていることは少ない。それでもレイキ実践者たちは、臼井の実像を追い求める過程で、しばしば臼井と同時代の治療者が、レイキとかなりよく似た療法（特に手当て療法）を提唱していることに気づいた。たとえば、「太霊道」を創設した田中守平（一八八四－一九二九）や、「生気自強療法」を提唱した石井常造（一八七五－？）、臼井より前に「霊気療法」という名で活動をしていた川上又次（生没年不明）などが、臼井と関係があるのではないかと取りざたされてきた(5)。ただ、彼らが臼井と具体的にどのような関係にあるのかという点については、はっきりしないままであった。

「精神療法家」（霊術家）たちの研究史

これに対するヒントをくれるのは、身体文化史や宗教研究によってここ二〇年あまりのあいだに積み上げられてきていた、「精神療法家」または霊術家と言われる人々に関する研究である。これらは大正期から昭和戦前期、とくに一九二〇年代を中心に、「精神療法」あるいは霊術と呼ばれる一種の代替療法が日本に存在し、栄え、その後忘れられていった経緯を明らかにしてきた。吉永進一はそれらの特徴を以下のようにまとめている。

精神療法といいながら、精神を治療する技法ではない。あるいは、暗示のような心理作用を利用する技法でもない。もちろん暗示を併用することは多いが、主な治療技法は、座法や呼吸法によって呼吸と姿勢を操作する、あるいはお手当てを行うなど、むしろ身体的なものである。……それにもかかわらず、治病理論では、治病の主体として「精神」や「霊」という語は頻繁に使われ、座法や信念などの技法は、精神を統一し、精神力を高める方便と位置づけられることが多い。……しかし、いずれにしても、「精神」や「霊」という語には人格的な意味合いは薄く、むしろ後述するように、生命エネルギーという性格が強い。(6)

一九八〇年代、すでに忘れられていた彼らの存在をいち早く見出したのは、在野の代替療法研究者である井村宏次であった。(7) 研究者のなかでは、医療社会学の田邉信太郎がいちはやく松本道別《ちわき》を中心とする療法家たちを扱ったほか、(8) 島薗進らも大正期から昭和戦前期にかけての民間・代替療法における「癒し」と新宗教の関係に注目するなどしている。(9) また吉永進一は、精神療法に関わる重要文献をまとめた叢書をはじめ、これらの運動を近代日本宗教史のなかに位置づける重要な著作を発表している。(10) 田中聡による健康法の社会史の研究(11)や、催眠術の移入とその文化史的影響についての一柳廣孝の研究(12)のなかでも、「精神療法」に大きな関心が寄せられている。

さて、右の吉永の引用のなかにある「エネルギー」「霊」への言及や、お手当て・呼吸法などの技法などを見れば、レイキが「精神療法」と似ていることは一目瞭然である。また、臼井が活躍した年代はまさに「精神療法」の最盛期と重なる。「精神療法家」たちを扱ってきた研究者たちも当然これに気づいており、レイキをかつての「精神療法」が現代に展開した例であろうと推測している。(13) 一方、実践家のなかには技法上の違いを理由に、臼井の霊気療法が「全く独立のもの」だと主張する者もある。(14)

はたして臼井の霊気療法は、大正・昭和戦前期の「精神療法家」あるいは霊術家たちと、関係があったのかなかったのか。臼井自身の経歴についての資料が少ない現在、それに答える決定的な資料は存在しない。しかし、この「精神療法」を詳しく見ていくことで、臼井の霊気療法が当時の社会、とくに健康や治病に関わる界隈でどのように位置づけられるものであったのか、ある程度推測することができる。

三　一九二〇年代の「オルタナティブ・メディスン」

「非医者が行う治療」

「霊界廓清同志会」なる団体が一九二八年に編集・発行した『破邪顕正　霊術と霊術家』[15]は、当時の「精神療法家」たちに関する資料として有名である。「精神療法家」の一人であるらしい編者は、「霊界」（つまり「精神療法」業界）の信頼性向上をめざし、療法家三一二人をリストアップした上で、そのうち一五二人に講評を加えている。田中守平や石井常造、川上又次はもちろん、本章でのちに登場する山田信一、大山霊泉、高木秀輔、鈴木美山、第Ⅰ部第二章で論じられた松本道別、岡田式静坐法の有力指導者・岸本能武太などが扱われている。

序文には次のようにある。

明治中葉から大正の治世は、物質療法の全盛であった。黄金世界であった。随って人々は物質療法にあらざれば、生命を保つことが出来ぬと信じ込んだ……。

次で催眠術の形を変え、方法を更めて治病矯癖に応用するものが出て来た。其の人々は殊更に催眠術ではないと呼号して居るが、催眠的心理の応用でなければ、治病矯癖の不可能なことはいうまでもない。……信仰療法も、心霊治療も夫れである。……催眠術という言葉を嫌忌する人々も、心霊治療には傾倒することとなった。本会の調査する所では、日本全国に心霊治療を以て立つもの、実に三万に余るという盛況である。……

夫れかくの如く、日本の精神療法界は尚お揺籃時代若しくは発芽時代というべきである。……(16)

右が示すことの一つは、療法家たちにとっての「精神療法」の定義は、まず何より「近代医学」に対置されるものということだ。一九二〇年代は、まさに近代医学による医療の制度化が完成する時期である。一九〇六年に施行された医師法を受け、一九一六年には近代的医学教育を受けて医師試験を受けたもののみが医師免許を取得できる体制が完成していた(17)。一九二三年一一月には、医師の全国的同業者団体である公法人日本医師会が発足した。他方、官民あげての衛生啓蒙により、明治初期から中期にかけてのコレラや赤痢などの急性伝染病の流行は下火になり、それとともに「近代的」医療についての知識が社会に広く行き渡った(18)。

しかし当時の「近代医学」による治療、つまり医師による治療は、必ずしも人びとを満足させていたわけではない。衛生啓蒙の努力によって急性伝染病の患者数は激減したが、結核の蔓延や高い乳幼児死亡率といった状況は改善していなかった。またスペインかぜの流行などにより、一九一四年から一九二四年（大正三～一三年）にかけての期間、日本の死亡率はその前と比べて高まりさえしていた(19)。こうしたなかで「精神療法家」は、健康への高い意識と知識を持つようになった市民に対し、「近代医学」がいまだ解決できない問題に対して新たな選択肢を与えると主張したのであり、それはまさに「代替療法」なのであった。

もちろん、有効な治療法を求める人々の欲求は「精神療法」だけに向かったのではない。一九二〇年代から三〇年代にかけて、「健康」の増進をうたうさまざまな商品やメディアが人気を得ており、[20]「精神療法」はその一カテゴリーだった。左の新聞記事は、一九二六年の健康保険法の実施にあたって、保険が適用される治療の範囲を知らせるものである。ここで「精神療法」は「開業医でない者が行う」給付対象外の治療として、鍼灸やあんま、加持祈禱とともに並んでいる。

健康保険法の保険給付は……近く閣議の決定を経て七月一日一般施行令と共に公布されるはずである……給付範囲は小児科を除く医療の各部門即ち内科、外科、産婦人科……の各科に渉りてその診療、処置手術、薬剤……に対して支給されるはずである、右の外ラジウム療法、エッキス光線、マッサージ、接骨等の特殊療法は医師が治療上特に必要と認めた場合に限りてこれを認める方針である……尚お保険医の範囲は右両医師および薬剤師に限る方針であるから開業医でない者が行うしんきゅう術、接骨術、あんま術、紅療法、加持祈とう、精神療法その他家伝的の治療法に対しては医療給付の範囲から除かれるはずである。

（『東京朝日新聞』一九二六（大正一五）年六月二三日付「健康保険法による医療給付の範囲」、傍線筆者）

このように、「精神療法」という言葉は、「精神」を操作するタイプの療法を表わすものとして、新聞・雑誌上で普通に使われる程度に認知されていたようだ。[21]それはもちろん、このカテゴリーに含まれる療法が一定の数の人々に利用されていたことを裏づけていよう。

なお「医者でない者が行う治療行為」のうち、電気療法や温熱療法などの「物理療法」や、指圧やカイロプラクティック、オステオパシーなどの手技療法については「療術」という言葉も使われていたが、「精神療法」のなかにはしだいにこれらを取り入れたものが多く見られるようになる。一九三〇年以降、東京を皮切りに各地で療術の開業や広告を取り締まる都道府県令が出されるが、そこでは同時に「精神療法」も扱われている。「療術」は「医師でないものが行う治療」を広く含むカテゴリーとして、「無薬医術」などとともに、治療家自身によっても使われた。[22]

精神と身体をつなぐ理論

もう一つの重要な点は、さまざまな「非医者が行う治療」のなかで、「精神療法」が催眠（術）との関わりで理解されるものであったということだ。一九三五年に『文芸春秋』に掲載された「民間療法」に関する座談会で、「精神療法」が「いろいろな方式で以て暗示的にやる方法で、無論この中には催眠療法みたいなものもありますし、お呪いのようなものもありましょうけれども……」と表現されているように、当時「精神療法」を説明するのに「暗示」「催眠」という言葉は不可欠であった。[23]

一九〇三（明治三六）年を中心とした大ブームのあと、一九〇八年に催眠術の濫用は法的処罰の対象になったのだが、桑原天然や古屋鉄石といった催眠術の教授団体を主宰していた人々の一部は、そのまま「精神療法家」「霊術家」として活動を続けていった。このことから、在野の催眠術教師たちが規制をきっかけに「精神療法」に看板を掛けかえていったと表現されることが多い。ただそれだけではなく、催眠術のブームは当時の人々が「精神療法」を理解する土壌を作ったとも考えられるのである。

一柳は、催眠術が西洋から移入された「学」の名のもとに、内面――精神、心、霊――に関する、新たな認識体系の形成をうながしたとする。[24]この「認識体系」は、人間を観察可能な「身体」と不可視の「精神」「霊」という二つの対立項に基づいてとらえる。そして、この身体と精神・霊が、何らかのかたちで相互作用するとみる。さらにこの

「精神」は、不可視でありながら、その人自身もしくは他の人々によって、操作することができるとするのである。

精神と身体は相互作用するのだから、精神を適切に操作したり制御したりすることで、身体の病気が治せるということになる。催眠術のなかにあったこの考え方は、多くの「精神療法」を貫くテーマでもある。ただし問題は、物理的存在である身体が、不可視の精神や霊とどのようなメカニズムで相互作用するのかということだ。この説明にいかに説得力を持たせるかが、「精神療法家」たちの腕の見せ所となった。

「精神療法家」たちは、古今東西のさまざまな概念や考え方を寄せ集め、組み合わせて、しばしば壮大な世界観や体系をつくり出した。「不可視であるが物質にはたらきかけ得るもの」という発想は、当時の物理学における「エネルギー」「光線」「放射線」などと重ねあわせられた。つまり、精神や霊は、不可視ではあるが身体の生物学的・生理学的プロセスに影響を与えうる、生命の「エネルギー」なのである。さらにこの生命エネルギーたる精神や霊は、「気」や「プラーナ」「オーラ」といった、各地の伝統のなかにあった「生命力」のような概念とも結びつけられた。このような精神や霊の力は、瞑想や座法、呼吸法などの実践で、活性化させたり、操作したりすることができるとされた。これにより、心身の状態を整えたり、向上させたりすることが、病気治療となるのである。また、活性化した精神や霊の「エネルギー」をお手当てなどで伝達することにより、他人の病気治療も行えるという。

このような考え方の代表例は、やはり田中守平の太霊道だろう。太霊道は一九一〇年に創設された、「精神療法」団体の草分け的な存在で、しばしばその代名詞でもあった。田中は、宇宙や社会、自己などすべての根本となる実体を「太霊」と呼び、物質も精神も、太霊の一部である「霊子」が「発現」したものであるとした。霊子の「有機的発動」が精神、「無機的発動」が物質（身体）で、両者の結びつきが生命であるとされる。田中は太霊と霊子の理論により、心身を一元論的にとらえて扱うことを目指しているが、その説明には一貫して「無機／有機」「物質／精神」という二項対立が貫かれている。

太霊道に入会した者は、一九一〇年代から一九二〇年代の半ばまでに一〇万人ともいわれる。[25] 会員は、上に挙げた霊子理論や霊子の働きを実感する技法をテキスト（『太霊道及霊子術講授録』）で学ぶ。[26] それによれば、正しい姿勢で呼吸法や合掌などを行うと、霊子が活性化し、身体が自動的に動き出すとされる。こうして活性化された霊子のはたらきは、病気治しにも効果を及ぼすということである。

霊子は物理法則を超える存在なので、それを操ることができれば、自分以外のものに（たとえ直接触れていなくても）影響を与えることができるといわれる。訓練するとお手当てに似た他人への病気治療や、直接触れていない物体を動かす一種の念力、千里眼、テレパシーなどが行えるようになるという。より上級の講習会では、自動運動や右のような一種の超能力の実践などが行われた。太霊道はしばしば新聞に大型広告を出して、こうした太霊道の理論やシステムは哲学や宗教、科学の諸研究よりも優れたものだと宣伝した。

精神と身体の二項対立を前提とした心身相関理論に、「生命エネルギー」という発想を重ね合わせた早い例は、「人体ラヂウム療法（人体放射能療法）」の松本道別である（本書第Ⅰ部第二章参照）。一九一〇年代、松本は仏教や科学、ほかの代替療法を諸々研究したのち、[27] 人間の体はある種のエネルギーを発しているという結論に達し、これを人体放射能と名付けた。人体放射能を「吾人の生命の原動力」、「精神の作用であり将又自然療能力」を含むものだとしたうえで、これをあらゆる時代や地域の概念を用いて説明しようとする。

之を印度の波羅門や瑜伽ではプラーナ支那の道家医家では気、澳斯太利のメスメルは動物磁気、……太霊道では霊子など唱えて居るが、今日の最新科学から研究すると……放射性原素から放射するアルハー線や、真空管内に於ける陽極線と同様のものである……。[28]

松本はさらに、「瑜伽・道術・禅止観[29]」をヒントに呼吸法や瞑想などを組み合わせた身体実践を編み出し、「実験実証」により効果が証明された病気治しの「科学的内観的新工夫」として伝授した。

以上のように、不可視の「精神」「霊」が物理的実体である身体にいかに影響を与えるかということを、田中は霊子、松本は人体放射能の理論によって説明した。ただし、それを実感したり利用したりするための実践方法に大きな違いはなく、結局は不可視の「精神」をコントロールするための座法や呼吸法、瞑想やお手当てに収れんする。これらは現代の目から見れば、伝統宗教の身体技法の末裔に見えないこともないが、それらが依拠する理論は、催眠術由来の発想の上に療法家それぞれが工夫を凝らした新機軸であった。

モダンライフの市民と「精神療法」

一柳は、「精神療法家」たちの前歴について「在郷軍人、公吏」が多いと述べている[30]。当時の「精神療法」関連書籍で療法家のプロフィールを見ていくと、たしかに会社員や学校教員を含むホワイトカラー層出身者がほとんどで、総じて彼らは中等以上の教育を受けたか、それと同等の教養を積んだ人々であった。しかし医療（漢方や鍼灸を含む）の専門的な教育を受けた者はほぼいない。

では彼らは、心身に関する広範な知識をどのように得ていたのだろうか。ここで注目されるのは、この時期までに急速に上昇していた教育レベルと、出版産業の発展である。大正期を通じて（一九一二－一九二四）、男子の中等教育経験者は二倍、女子は三倍となり[31]、教育レベルの上昇は出版産業の急拡大をもたらした。

「精神療法家」たちが利用した心身に関する知識のほとんどは、健康法に関する書籍から古今の宗教書にいたるまで[32]、書籍や雑誌で入手可能であった。たとえばヨーガの呼吸法やプラーナの考え方については、一九一三（大正二）年刊行の忽滑谷《ぬかりや》快天『養気錬心乃実験』や、一九一六（大正五）年刊行のラマチャラカ（松田霊洋・翻案）『最新精神療法』[33]がある。本田親徳《ちかあつ》の鎮魂帰神法は、大本を脱退した友清九吾（歓真）の『鎮魂帰神の原理及応用』（一九一九）でその詳細が知られるようになった[34]。欧米の心霊学については、英文学者で翻訳家の高橋五郎（一八五六－一九三五）が刊行した『心霊哲学の現状』（一九一九）などの多くの書籍がある。

「精神療法家」たちは、こうした書籍を読みこなして知識を得、自分たちなりにアレンジするだけでなく、自らの療法理論についてしばしば大部の著作をものしたり、雑誌を刊行したりした。それら「精神療法」書籍の読者となったのも、やはり同じような教育ある市民だったようだ。彼らは高いリテラシーがあるというだけではなく、しばしば高額の会費や講習費を払うことができる階層の人々でもあった。

「精神療法」関連書籍に掲載された体験記によれば、彼らの悩みは健康問題にとどまらなかったようだ。たとえば「クリスチャン・サイエンス」に深く影響を受けた鈴木美山（米国で哲学の学位を得たと自称する）の「健全哲学」では、体験者たちは心臓病や腹膜炎、婦人科系疾患などの心身の病気が治った例だけでなく、禁酒禁煙の成功、神経衰弱や禿頭の改善、遺失物の発見までも療法実践の成果として挙げている[35]。元陸軍少将・石井常造による『生気自強療法』では、新入隊の「壮丁」に接する際の心得を神経衰弱やヒステリーへの対応に生かしており、そこから子どもの不登校問題にも実践的なアドバイスを行っている[36]。「悪癖矯正」の項では、吃音への対処法にも触れている[37]。

このように療法家たちはしばしば「悪癖矯正」の効果をうたい、また精神を操作することによって特殊な力が得られるとし、自ら療法を実践すればより円滑な市民生活を送れると主張した。一九二〇年代の「精神療法」は、都市化や産業構造の転換によるライフスタイルの急激な変化に苦しみながらも、新奇で野心的な治療法を消費する、進取の気性に富む都市市民に受け入れられていたのである。

四　「精神療法」としての臼井霊気療法

「プラーナ」と「霊気」

臼井甕男が霊気療法を提唱し始めた一九二二年前後は、「精神療法」が最も栄えていた時代であり、霊気療法を見た当時の人々は、それを自然と「精神療法」のひとつだと見なした。たとえば心理学者の小熊虎之助（一八八八－一九七八）は、『サンデー毎日』一九二八年三月一八日号の「近頃盛んになった「精神療法」……というもの」という記事において、臼井霊気療法を例として取り上げている(38)。

一方、臼井自身の言葉が掲載されているほとんど唯一の刊行物である『霊気療法必携』の「公開伝授説明書(39)」を見ると、彼は「霊気療法」の考案にあたってほかの療法の影響を受けてはいないとしている。それにもかかわらず、彼の用語法や考え方、技法には、「精神療法」の特徴が色濃く見られるのである。「公開伝授説明書」の一部を以下に引用してみよう。

……元より我が霊気療法は宇宙間の霊能に基く霊気の独創療法でありますから、此れに依って先ず人間自体を壮健にし、思想の穏健と人世の愉悦を増進するのであります。……

畏くも明治天皇陛下の御遺訓を奉体し我が教義を成就し心身練磨向上を期し、人たるの正道を歩むため、第一心を癒し、第二肉体を健全にしなくてはなりません。心が誠の道に適い、健全であれば、肉体は自ら壮健になります。斯くて霊肉一如となって平和と安楽の生涯を完うし、傍ら他の病者を癒し、自他共に幸福を増進することが、臼井霊気療法の使命であります。……

……心霊的療法とも謂うことが出来ますが、又物質的療法とも謂うことが出来ます。其訳は治療者の身体の何れの処よりも、気と光を放射します。殊に眼口手より多く発現します。故に患部を二三分凝視しますか、呼気を吹き掛けますか、手で撫でますか致しますと……立所に痛みを去り、腫れが引きます。……

否々肉体の病気を癒すのみではありません。心の患い即ち煩悶、虚弱、臆病、優柔不断、神経質其他の悪癖を矯正することが出来ます。……

我が療法は現代の科学を超越したる霊法でありますから医学に基礎を置きません。……患部を凝視呼気按手撫手するのみで治療の目的を達しますから、苦き薬も呑まず、熱き灸もすえず、短日月に病気が治るのはそこが我が独創の霊法という所以であります。……（傍線筆者）

まず注目すべきは、霊気療法が「宇宙間」にある何らかの特別な力（霊能）に基づくとされていることだ。身体から放出される「気」と「光」（明言されていないが、これが療法の名となっている「霊気」である）はこれに由来し、心身を癒すと想定されている。「身体と精神の双方に働きかける、遍在する生命エネルギーが病気を治す」というこの発想は、まさに「精神療法」に特徴的なものである。

第二に、「霊気」という言葉である。「精神療法」のなかで、世界に遍満する流体や生命エネルギーを「霊気」と呼ぶ例は少なくなかった。とくに一九二〇年代においては、「霊気」の語を、「プラナ」や「アウラ（オーラ）」といった国外の（特に英語圏経由の）概念の「言い換え」として使う例がよく見られる。早い時期の例は、一九一六年発行のラマチャラカ『最新精神療法』である。

印度哲学上から云えば、一切の精力と勢力とはプラナ即ち生力若くは霊気の顕現であって……換言すればプラナは宇宙の心意若くは精神より発生するものであると信ずるのである。[40]（傍線筆者）

「臼井より早く霊気療法を考案していた」としばしば話題になる川上又次も、「プラナ」の概念を用いた療法を行っていたようだ。[41] ラマチャラカを参照し、「山田式整体術」のなかで「プラナ療法」を展開した山田信一も、プラナを霊気と言い換えている。

プラナとは印度哲学で申して居る言葉でありまして、宇宙万有に活力を与えて呉れる源を為す原質のことでございます、之れを日本の言葉で申しますと精力或は霊気とでも唱えたら宜しいと思います。[42]（傍線筆者）

これらの「プラナ療法」と臼井霊気療法の類似点は、「霊気」という言葉だけではない。霊気（プラナ、アウラ）を放出・伝達するための技法として、臼井は手当て以外に「呼気と凝視」を用いるとしているが、この「手当て、呼気、凝視」の並びや用語法は、種々の「プラナ療法」にほぼ共通なのである。

プラナを伝達する方法は或は手を以てし或は凝視によりてし或は息気を吹き掛けてするので御座います。[43]

技法面での類似はほかにもある。山田信一のプラナ療法のなかにある「清浄呼吸法」は、吸い込んだ空気をいったんとどめ、口から細く長く吐いていくやり方で、臼井霊気療法の「浄心呼吸法」によく似ている。また、臼井霊気療法にある「遠隔治療」の技法は、思念（精神）の働きが宇宙に遍在する物質やエネルギーの波動によって空間を超え、被施術者がそれに感応するというものだが、これは「プラナ療法」をはじめ多くの「精神療法」が共有している技法である。

こうした点を見ると、臼井の霊気療法は同時代の「精神療法」との関係のなかで生まれたものであり、なかでもラマチャラカや山田信一を中心とした「プラナ療法」の一群に近いということになる。

「健全」の思想と教義「五戒」

最後に、「公開伝授説明書」の後半部分にある「悪癖の矯正」の部分とほかの「精神療法」との関係も検討しておこう。

すでに見たように、当時の市民は健康に限らず、都市生活にふさわしくない心癖の矯正なども求めていた。臼井は自分の「霊気療法」ならば、そうした要求にも答えることができると述べている。

たとえば臼井の高弟で戦後衆議院議員を務める苫米地義三（一八八〇－一九五九）は、化学会社社員であった時期、苦学生だったころの刻苦勉励の影響で体の不調に悩んでおり、「あらゆる健康法や精神療法等につき」研究したという。その結果、臼井の霊気療法に出会い健康を取り戻すのだが、一方で以下のように述べている。

私が霊気療法に効果を収め得た点は無論、その療法直接の効果にも依りますが、過半の効果は心の平静を保ち得た事だと思います。
此の療法にはお互に服膺すべき五戒というものがあります。それは「今日丈けは怒るな、心配すな、感謝して業を励め、人に親切に」と、いう事であります。此の五戒は実行として中々出来るものではありませんが、朝夕之を読み心に誓い出来るだけ実行する、如何なる人も此の五戒を完全に実行し得る人はないと思いますが、個人として社会人として為すべき指針は之れだと思います。(44)（傍線筆者）

苫米地は霊気療法について病気治療の効果だけではなく、社会人に必要な心の持ち方を与えてくれる自己啓発的な面を評価していた。その中心となっているのが五戒の句である。これは今日でも臼井会の集会において必ず唱えられ、活動の中心にある。このように霊気療法は直接に心のあり方を変えて、生活や心身状態の改善へとつなげていこうとする、「心直し」的な部分を持っている。

ところがこの句は、先行する「精神療法」で、鈴木美山が提唱していた「健全哲学」のものとそっくりなのである。前述のように鈴木の「健全哲学」はクリスチャンサイエンスの影響を深く受けており、思考を健全に保つことが身体の健康をもたらすという思想に貫かれている。「五戒」や「公開伝授説明書」の「心が誠の道に適い、健全であれば、肉体は自から壮健に」なるという言葉には、「健全哲学」あるいはクリスチャンサイエンスの思想の響きが感じられる。(45)

表1　「五戒」類似歌の比較

鈴木美山「健全道歌」（一九一三）
「今日丈けは　怒らず　恐れず　正直に　職務を励み　人に親切」
臼井甕男「五戒」（一九二二〜一九二五ごろ?）
「今日丈けは　怒るな　心配すな　感謝して　業をはげめ　人に親切に」

なお、高木秀輔の人体アウラ霊気術も、「霊気」を「アウラ」の言い換えとして使い、それを使った治療のテクニックも教え、鈴木の詩および臼井の五戒によく似た詩も用いている。臼井とほぼ同時代に活動した「精神療法家」として、関係が注目される(46)。

おわりに

いまだに臼井甕男の資料は少なく、その全貌は不明ではある。しかし同時代に流行した「精神療法」とのかかわりを見ることで、霊気療法が日本（東洋）の伝統を引き継いで生まれたというよりも、前期近代——とくに、大正期から昭和戦前期にかけて——の日本社会を生きる人びとの悩みや苦しみに応えて生まれた、新しい療法の一つであったことがわかってくる。

ところで、臼井が同時代の「精神療法」のなかでも、「プラナ療法」のグループと健全哲学を参照していたらしいということには、次章につながる重要な示唆が含まれている。これは臼井が、ラマチャラカ（ウィリアム・ウォーカー・アトキンソン）のヨーガやクリスチャンサイエンスなど、「ニューソート」——ポジティブ・シンキングなどにつながる、アメリカ一九世紀の心身文化——の産物に、（山田や鈴木など、ほかの療法家を通じた間接的なものであれ）影響を受けていたことを意味するからだ。霊気療法は、高田ハワヨによってアメリカへと伝えられ、ニューエイジ運動のなかで流行することになるが、霊気療法がもともと持っていたニューソート的ヨーガ由来の概念や積極思想の響きが、この過程にどのような役割を果たしたのか、あるいは変遷していったのか、きわめて興味深い問題である。

註

（1）この典型的な例は、次章で詳述される高田ハワヨの弟子バーバラ・レイに見ることができる。彼女は、生命エネルギーを利用する智恵は古代チベットに生まれ、その後エジプトや中国を経て世界に広まったと考えており、レイキもその流れのなかにあるものと捉えている（Barbara, Ray, *The 'Reiki' Factor* (St. Petersburg, Radiance Assoiates, 1983). 三井三重子訳『レイキ療法――宇宙エネルギーの活用』たま出版、一九八七年）。

（2）本章では、「靈氣」を含む戦前期の漢字・仮名遣いを、基本的に現代のものに直して表記する。

（3）現在、精神療法という言葉は精神医学において、医師と患者の対話を主な手段とする治療技法を指すことが多い。しかし一九二〇年代の「精神療法」は、それとは無関係ではないが、かなり独特な代替療法の一種を指していた。本章では後者を括弧つきで表現する。

（4）土居裕『癒しの現代霊気法』一九九八［二〇〇八］年、元就出版社。

（5）たとえば、イギリスのレイキ実践者である Shortt と Sweeney は、太霊道が発行した英文の講義録、*Taireido; A New Revelation the Spiritual, Mental and Physical Salvation of Mankind* を発見し、レイキと関係する著作ではないかと推測して復刻した（Frank Shortt and Allan Sweeney, *Usui's Teacher: The Writings of Tanaka* (Margate, Mastership Pathway, 2009)）。

（6）吉永進一「精神の力――民間精神療法の思想」（『人体科学』一六－一、二〇〇七年）一〇頁。

（7）井村宏次『新・霊術家の饗宴』心交社、一九九六［一九八四］年。また、同『霊術家の黄金時代』ビイング・ネット・プレス、二〇一四年。

（8）田邉信太郎『病いと社会――ヒーリングの探究』高文堂出版社、一九八九年。

（9）田邉信太郎・島薗進・弓山達也編『癒しを生きた人々――近代知のオルタナティブ』専修大学出版局、一九九九年。

（10）吉永進一編、叢書『日本人の身・心・霊――近代民間精神療法叢書』クレス出版、二〇〇四年など。

（11）田中聡『健康法と癒しの社会史』青弓社、一九九六年。

(12)　一柳廣孝『催眠術の日本近代』青弓社、一九九七年。
(13)　たとえば井村、前掲『霊術家の饗宴』三七九―三八〇頁、田中、前掲書、二〇二―二〇三頁。
(14)　仁科まさき『日本と霊気、そしてレイキ』デザインエッグ社、二〇一三年、三二頁。
(15)　匿名であるが、田邉や吉永は有力な「精神療法家」の一人で「清水式精神統一法」の指導者、清水英範をその候補に挙げている（田邉、前掲書、八三頁、吉永進一「解説　民間精神療法の時代」（吉永進一編『日本人の身・心・霊――近代民間精神療法叢書　八』クレス出版、二〇〇四年）四一頁）。
(16)　霊界廓清同志会「自序」『破邪顕正　霊術と霊術家』二松堂書店、一九二八年、二―四頁（吉永進一編『日本人の身・心・霊――近代民間精神療法叢書　八』二〇〇四年、クレス出版所収）。
(17)　坂井建夫・澤井直・瀧澤利行・福島統・島田和幸「総説　我が国の医学教育・医師資格付与制度の歴史的変遷と医学校の発展過程」（『医学教育』四一（五）、二〇一〇年）三四一頁。また、新村拓『日本医療史』吉川弘文館、二〇〇六年、二五六―二五七頁。
(18)　新村、前掲書、二二八頁および田中聡「近代日本の健康と衛生」（野村一夫・北澤一利・田中聡・高岡裕之・柄本三代子『健康ブームを読み解く』青弓社、二〇〇三年、一〇一―一五〇頁）。
(19)　国立社会保障・人口問題研究所「人口統計資料集（二〇一五）V　死亡・寿命」http://www.icpsr.umich.edu/ICPSR/org/mission.html、二〇一五年（二〇一五年八月一日確認）。また、速水融・小嶋美代子『大正デモグラフィ――歴史人口学で見た狭間の時代』文芸春秋、二〇〇六年、六一頁および一一七―一一九頁。
(20)　田中、前掲『健康法と癒しの社会史』二四―二七頁。
(21)　なお、「精神療法」という言葉の新聞記事上での使用例は明治末ごろからある。本章は、臼井の霊気療法が生まれた一九二〇年ごろの「精神療法」の社会的位置づけに絞って論じている。
(22)　田中、前掲『健康法と癒しの社会史』一九八―二〇一頁、および井村、前掲『霊術家の黄金時代』七四―八八頁。

(23) 齋藤龍太郎ほか「民間療法批判座談会」(『文芸春秋』四月号、一九三五年)二二二頁。
(24) 一柳、前掲書、二〇六頁。
(25) 吉永進一「太霊と国家――太霊道における国家観の意味」(『人体科学』一七‐一、二〇〇八年)四〇頁。
(26) 『霊光録』(『太霊道』第四巻臨時号、一九二〇年六月発行)掲載の「入門規例」によれば、入会金は五円、会費は一五円とされる。なおこのころの小学校教員の初任給は四〇〜五五円くらい。
(27) 松本道別『人体ラヂウム療法講義第一冊』人体ラヂウム学会本部、一九二一年、二一頁。
(28) 松本道別「修養篇」『霊学講座　第一冊』人体ラヂウム学会本部霊学道場、一九二七年、二頁。
(29) 松本道別、前掲『人体ラヂウム療法講義第一冊』「はしがき」二頁。
(30) 一柳、前掲書、一八五頁。
(31) 速水・小嶋、前掲書、二五‐二六頁。
(32) 健康に関する出版物の流行については、田中、前掲『健康法と癒しの社会史』二二一‐二二三頁を参照。
(33) *Science of Psychic Healing*(1906)の翻案とみられる(吉永、前掲「解説　民間精神療法の時代」三八頁を参照)。
(34) 吉永進一「大正期大本教の宗教的場――出口王仁三郎、浅野和三郎、宗教的遍歴者たち」(『舞鶴高専紀要』四五、二〇一〇年)七八頁。
(35) 鈴木美山『真理に不治の難病なし』健全教団本部、一九二六年、九〇‐九八頁。
(36) 石井常造『生気自強療法』生気療養研究所、一九二五年、一四八‐一五七頁。
(37) 石井、前掲書、三五三‐三五四頁。
(38) そこで引き合いに出されているのは、臼井の弟子から霊気療法を学んだ劇作家の松居松翁(一八七〇‐一九三三)である。松居は『婦人の友』『サンデー毎日』誌上において、「隻手万病を癒やす」などの触れ込みで霊気療法の効果を宣伝していた。

(39) 臼井霊気療法学会編「公開伝授説明書」『霊気療法必携』一九二二年、二一‐九頁より。同会が一九三九(昭和一四)年に発行した第一五版を二〇一〇年に複製したものから引用した。複製された版の奥付によれば、第一版は一九二二年九月、発行所は「心身改善　臼井霊気療法学会本部」である。

(40) ラマチャラカ(松田霊洋翻案)『最新精神療法』一九一六年、四頁(吉永進一編『日本人の身・心・霊――近代民間精神療法叢書　八』クレス出版、二〇〇四年所収)。

(41) 川上の詳細は不明であるが、「日本心象学会」を主宰し、一九一九(大正八)年に『霊気療法と其効果』を出版している。広告や高木秀輔(後述)の言及などを見ると、彼の「霊気療法」も「プラナ療法」の一種であったようだ。

(42) 山田信一『山田式整体術講義録　第一巻　プラナ療法』山田式整体術講習所、一九二〇［一九八五］年、二六二‐二六三頁。

(43) 山田、前掲書、二八九頁。

(44) 長沢玄光「附章　人格完成への努力」『苫米地義三回顧録』浅田書店、一九五一年、三四二‐三四三頁。

(45) 高木秀輔『断食法及霊気術講義』霊道救世会、一九二五年、一六五頁。

(46) ただし吉永進一は本章執筆中に、浄土真宗信者のあいだで流布していたとみられる「健全道歌」と内容の重なる説話を発見しており、関係が注目される。霊気療法の自己啓発的側面については海外思想との関係だけでなく、近世日本の通俗道徳や仏教者らの思想などとのつながりも検討していく必要がある。

第二章　臼井霊気療法からレイキへ――トランス・パシフィックによる変容（1）

ジャスティン・スタイン（黒田純一郎訳）

序　論

レイキの実践者は、「レイキ」と呼ばれる「宇宙エネルギー」を導くことで、癒しと精神的な変容を実現するべく、世界中のさまざまな地で自身や他の人々に手を添えている。彼らの手は、リビング・ルームの贅沢な長椅子に腰掛ける大切な人の体の上に置かれているかもしれない。あるいは、まばらに置かれた教会地下室の折りたたみ椅子に腰掛ける教区民の体の上に置かれているかもしれない。施術を受ける患者は、ヒーリング・ミュージックを聴きながらスパ・マッサージ・テーブルの上にいることもあるし、心電図の音を聴きながら病床にいることもある。レイキの施術環境だけがこのように多様なのではない。現代のレイキには多くのスタイルがあり、それぞれがまったく異なる身体動作とまとまりのない諸実践をみせるのである。

こうした多様なレイキ実践者を統合する主要な要素のひとつは、彼らが自らの実践を創始者の臼井甕男《みかお》（一八六五－一九二六）に結び付けていることである。実践者たちは、しばしば自身の系譜を示す系図を描いている。レイキ・エネルギーの「ユニバーサルな源泉 universal source」と実践者を繋ぐイニシエーションを執り行ってきた代々の師範「レイキマスター」を年代順に並べた系図によって、各々の実践者と臼井が結び付けられるのである。[2]

世界中で数百万人と推定されるレイキ実践者の圧倒的多数は、次の二人を通して創始者臼井に系譜的につながっている。臼井が東京で道場を開設した一九二二年四月から、彼が急死する一九二六年三月までの短期間に、創始者のもとで臼井霊気療法を学んだ帝国海軍将校の林忠次郎（一八八〇 - 一九四〇）。そして、林の弟子である高田ハワヨ（一九〇〇 - 一九八〇）という日系二世のアメリカ人である。史料が不足しているため詳細を正確に知ることは難しいものの、臼井の死から高田を弟子にとる一九三五年一二月までの一〇年間に、林がレイキに多くの変更を加えたことは明らかである。また、ハワイ諸島とアメリカ本土で教えた四〇年のあいだに、高田は、さまざまな時代におけるさまざまな聴衆が理解しやすいよう、林から教わった実践を繰り返し改変した。高田の死後、彼女の弟子や孫弟子たちは、レイキを全世界に広めるなかで、状況に応じて変化させ続けた。この変化のなかには、レイキが発祥の地に「舞い戻る」際の転換も含まれる。このように、レイキは日米間の多様な交流のなかで、精神的言説と科学的言説を繰り返し統合してきた療法として重要なのである。

一九八〇年代中頃の日本で興り、一九九〇年代中頃の西洋で発展したレイキ界のある派閥は、高田を迂回して「伝統的な日本の」系譜を探し求めてきた。この系統に連なる師範らは、しばしば日本の臼井霊気療法から北アメリカのレイキへの移行を、真正な日本的原点から西洋的形態への取り返しのつかない堕落としている。[3] しかし本章では、レイキ発祥の地としての日本を中心から外し、代わりに、臼井霊気療法とレイキは最初期のころから、日米の（そして、若干ながらカナダとの）あいだで行われた長年にわたるトランス・カルチュラルな対話の産物であったと論じたい。その系譜にかかわらず、現代レイキの実践は、臼井の時代から北太平洋地域における現地の社会的ネットワークのなかに入り込み流通するあいだに、繰り返し「再‐創造」されてきたのである。

本章では、北アメリカの聴衆に向けてレイキを翻訳する過程で産み出された実践のひとつとして、「宇宙的・普遍的エネルギー universal energy」の言説に焦点を当てる。ただしこの過程を、東洋から西洋へ一方的に向かう流れとはみなさない。太平洋両岸では異文化間交流が幾度も繰り返されてきた。レイキ翻訳の過程をこうした交流の反復として歴史的な文脈に位置づけることが本書の目的である。以下では、まず、レイキはその始まりからトランス・パシフィックな交流の産物であったことを示すため、臼井霊気療法の原点が影響を受けたアメリカの精神療法実践に関する近年の研究を要約・解説する。つぎに、「宇宙的・普遍的エネルギー」言説の系譜に焦点をあて、宇宙の精神的側面に関する臼井の漠然とした言及からいかにして抜け出し、レイキは「エネルギー科学」であると主張するにいたったのか、そして、霊という多義的な用語も使われている臼井の教えを翻訳する際に、創造的な訳出がどのように営まれていたのかについて明らかにする。最後に、レイキの「逆輸入」を例にとりながら、二〇世紀後半から二一世紀初頭の北太平洋において、英語の「universal（宇宙的・普遍的）」と日本語の「宇宙」という語の作用の差異について考察し、異文化間の翻訳というプロジェクトが本質的に抱える共約不可能性を示す。

一　一九二〇年代日本の「プラナ療法」に及んだアメリカの影響

前章では、臼井の実践がオステオパスの山田信一によって展開されたプラナ療法や、高木秀輔によって展開された人体アウラ霊気術などを含む「精神療法の系統」と呼ばれるグループにもっとも近いと結論づけられている。山田と高木によるプラナ療法の体系と同様に、臼井霊気療法においても手・呼吸・眼を用い不可視の力を操作することで治療を行う実践や、写真や視覚化を通した遠隔地での治療方法、類似する呼吸法を教えているのである。

しかし、プラナというカタカナ語を用いているにもかかわらず、山田と高木の体系には、特定のインド人ヨーガ行者から受けた直接的影響は見出されないように思われる。彼らのプラナという観念は、むしろ、アメリカ人著述家ウィリアム・ウォーカー・アトキンソン（一八六二－一九三二）なる人物による著作の邦訳版に基づいて形成されているようだ。第Ⅰ部第三章で見たように、彼は、インド風のヨギ・ラマチャラカなどといった数多くのペンネームを用いて百冊以上の書籍を出版していた(4)。アトキンソンは、ニューソート――病気は思念に由来するものであり、正しい思考法によって治療効果をもたらすことができるとする哲学――についての広範な著述によって広く知られている。ラマチャラカ名義で執筆されたアトキンソンの著作は、さらに一段踏み込んで、ニューソートにおける視覚化、暗示、メスメリズム的な手の動かし方、プラナのようなサンスクリットに由来する語彙などをヨーガにおける呼吸訓練と結びつけた治療方法について説明している。これらのテクストにおいて焦点が当てられているのはプラナの操作であり、ラマチャラカは『ヒンドゥー・ヨーガの呼吸の科学』（*The Hindu-Yogi Science of Breath*）においてプラナを次のように説明している。「『絶対的エネルギー』を意味するサンスクリット語」、「エネルギーないしは力に関する宇宙的・普遍的原理 universal principle」、そして「あらゆる存在に開示されているエネルギーの原理である……これは生命を持つすべての存在に見出される。生命はすべての存在――あらゆる原子――にあり、ある事物が一見したところ生命がないようにみえたとしても、それは現れる度合いが小さいだけだとオカルト哲学は教えているので、プラナがあらゆるところ、あらゆる存在にあるという彼らの教えは理解できよう(5)」。

メスメリズムの生気論を受け継いだ同時代のニューソート著述家と同じく、彼も生命力と宇宙を動かすエネルギーを同一視しており、また、それが人体のなかなどでさまざまな形態をとるとみなしていた。大正期日本では、彼の著作が翻訳や抄訳という形で多数の書籍の中で紹介され、多様な精神療法、とりわけプラナ療法のいくつかの体系が発展する上で大きな影響を及ぼしたのである[6]。

プラナ的世界観と語彙を無視すれば、一九一〇年代に翻訳出版されたアトキンソンの実践と、一九二〇年代の臼井霊気療法やそれに関連するプラナ療法の体系が採用する実践は、明らかに類似している。たとえば、霊気療法における浄心呼吸法や、それと類似するプラナ療法の清浄呼吸法は、ラマチャラカが『呼吸の科学』で説明する「プラナ分配 prana distribution」瞑想を厳密に踏襲している。とはいえ、日本的に改変されているところもある。たとえば、日本の臼井霊気療法や山田式プラナ療法の実践者は、横になるのではなく太腿に手を置いて正座をしている。また、みぞおちではなく臍下丹田（へその下二インチ［約五㎝］ほどの箇所）にプラナを集めることを重視している。しかし、くつろいだ状態で呼吸をするという点で、基本的な瞑想の形態は日米間で同一である。いずれにおいても、息を吸う際には、プラナないしは霊気が人体に入り込み腹部に集中するようにイメージし、息を吐く際にはリラックスして、プラナや霊気が腹部から人体を通して宇宙に放たれるところを想像する。

ラマチャラカは、手を用いてプラナを伝えて、自分自身や他者を治癒する方法や、視覚化を用いて遠隔治療を行う方法についても説明している。これらは、いずれも一九二〇年代における日本のプラナや霊気の技法のモデルとなった可能性がある。さらに『心霊治療の科学』（*The Science of Psychic Healing*）では、「治療において生命力やプラナを伝える主な手段としては、（一）凝視、すなわち眼によって伝達すること、（二）手かざし《パッセ》、すなわち手を使って伝達すること、（三）呼吸、すなわち息を吹きかけて伝達することがある。……しかし、この形態の治療を行う際に、生命力を伝える主な手段は手を用いるものである」とされている[7]。大正時代初期になると、これらのテクストは精神療法文献の正典に並ぶこととなった。『呼吸の科学』と『心霊治療の科学』は、大きな影響力を持った忽滑谷《ぬかりや》快天『養気錬心乃実験』に引用され、両著作の翻訳も出版されたのである（前者は『深呼吸強健術』、後者は『最新精神療法』と訳された）。

前章で論じたように、臼井の霊気療法と高木の人体アウラ霊気術は、鈴木美山（本名、鈴木清次郎）によってアメリカから紹介された健全哲学、あるいは哲理療法という精神療法（マインド・キュア）をその体系に組み込んでいる。鈴木は、病理は心の外に実体を持つものではなく、正しい思考法によって癒されるものであると説き、この主張を裏づけようと、クリスチャン・サイエンスを引き合いに出している。鈴木による一九一四年の『健全の原理』（帝国健全哲学館大学出版部）には、道歌という短い倫理的な詩歌が含まれているが、これはニューソートのアファメーションと酷似するものだ。高木と臼井はともに、ごくわずかな変更を加え、この歌を自身の教えで用いている。

東京都杉並区にある臼井家の墓に建立された記念碑には、「五戒」の内容が挙げられており、「五戒」が心身改善臼井霊気療法学会の実践にとっていかに重要であったかを示している。記念碑には、純粋で健全な心を養うため、朝と夜に合掌・正座して「五戒」を暗唱せよという、臼井の教えが添えられている。(8) これに続けて、臼井がこれら実践を「招福ノ秘法」であり「万病ノ霊薬」であるとしていたこと、そしてその実践のしやすさが臼井霊気療法が普及した理由であったことなどが述べられている。(9) 以上の点は、ニューソートのアファメーションと類似する「五戒」の暗唱が、臼井本人はいざしらず、臼井の弟子たちにとって、手を用いた治療技法と同程度に重要であったことを示唆している。

二　レイキの展開――「宇宙エネルギー」として

臼井霊気療法における「霊気」と「霊能」

アメリカのメスメリズムやニューソートが、当時の臼井霊気療法とその他プラナ療法の体系に影響を及ぼしていたとはいえ、注意しなければならないのが、初期の臼井霊気療法関連文献では、「宇宙エネルギー」という言葉が大々的に展開されていたわけではなかったことである。臼井唯一の著書『霊気療法必携』（心身改善臼井霊気療法学会発行）の「公開伝授説明」には、宇宙を満たし健康を左右する力について、明確には書いていない。

語り手（臼井本人とされている）は、「元より我が霊気療法は宇宙間の霊能に基ずく霊気の独創療法であります」と述べている。[10] ここでは「霊」という文字の使用が目立っているが、当時の他の宗教的・精神的療法にも似たような傾向がある。[11]「霊」という用語は、明らかに個人の「魂」を意味しうると同時に、二〇世紀初頭では「精神」という用語と幾分互換的に用いられており、「心」とともに今日であれば精神的・感情的と呼ばれるであろう現象を指すこともできたのである。このことは、とりわけ「心霊」という語において顕著である。この語は、身体に対する精神や、霊的能力の超自然性（「心霊能力」）、スピリチュアリズムの霊性（「心霊主義」）、キリスト教教義における霊魂などの意味を含んでいる。さらに、「霊」には神秘的で素晴らしい（霊妙）という意味もある。そこで前章で見たように、当時の霊術家・精神療法家は、サンスクリットの「プラナ」や英語の「オーラ」を翻訳するため、しばしば「霊気」という用語を用いていた。

当時の読者にとって自明であった「霊気」より、「宇宙間の霊能」という表現に用いられる「霊能」という語のほうが理解しにくかったと思われる。そのためか、「公開伝授説明」では、この語が神秘的・奇跡的能力を示すものであることが明確に述べられ、動植物を含むあらゆる生物はこの「霊能」を有していることが強調され、それを「天恵」「天与」といった言葉によって表現している。[12] ここでは「宇宙」と「天」が、一見すると自然なかたちで関連づけられているが、「宇宙」は仏教用語に起源を持ち、後になって科学的な意味が付与された言葉であり、「天」は道教・儒教・神道の宇宙論と強い結びつきを持っている。[13]

一方で、「公開伝授説明」を見ると、臼井霊気療法の基礎を成す「霊気」について、臼井自身がはっきりと理解しているわけではないことが分かる。彼は、霊気療法は鞍馬山で行った長期間の断食中「偶然」に獲得したものであるとして、「[霊気がいかに作用するかについては]肇祖の私にも確然と説明を申上げるに苦しみます」としている。[14]「霊気」の機能についてもっとも踏み込んだ記述は「[霊気療法を]心霊的療法とも謂うことが出来ますが、又は物質的療法とも謂うことが出来ます。其訳は治療者の身体の何れの処よりも、気と光を放射します」という箇所で、要するに臼井は「霊気」の本性、源泉、機能に関しては表面的な思索しか残していないのである。

東京帝国大学の漢文教授、岡田正之によって執筆された臼井記念碑の文章には、臼井による心身改善法が「宇宙の霊気」に基づいていたことが、より明確なかたちで記されている。[15]この文章が、臼井自身の言葉を忠実に再現したものなのか、あるいは岡田や彼以外の弟子たちによって創作されたものなのかは不明である。しかし、この文章は、霊気療法の実践者たちが、臼井の死後数年のうちに「宇宙エネルギー」という言葉に迫っていくような仕方で、「霊気」と「宇宙」を結び付けていたことを示している。

もっとも、一九二七年の聴衆が捉えた「宇宙の霊気」の意味と、二〇世紀後半の北太平洋地域において「宇宙エネルギー」が持っていた意味には、二つの重要な違いがある。第一の違いは、一九七〇年代中頃以降に西洋のレイキ実践者たちが使用したような、「universal（宇宙的・普遍的）」という英語（および欧州諸言語における同源語）の用法に固有なものである。「cosmic（宇宙の）」と同様、「universal（宇宙的・普遍的）」も「秩序ある体系としての宇宙に関する」という意味を持つが、この用法は極めて稀である。より一般的には、「universal human rights（世界人権）」や「universal suffrage（普通選挙制）」などのように、万人向き、普遍・共通な事柄を表すか、あるいは「universal grammar（普遍文法）」のように「特殊」とは対照的に、あらゆる場合に当てはまる事柄を表す。こうした意味は、臼井の〈あらゆる生物は治療のためにレイキを使うことができる〉という主張に含意されている。後述する高田ハワヨが、西洋の聴衆に向けて「霊気」を「universal energy（宇宙的・普遍的エネルギー）」と訳した決断は、直訳を避けつつ、別々の教えを単一の力強いフレーズとして捉えるものであった。つまり「宇宙的・普遍的エネルギー universal energy」の教えは、記念碑の文章や一九二〇－三〇年代のテクストにおける「宇宙の霊気」に内在するものではなく、日本語と英語の差異を有効に活用した、後世の創造的展開とみなすべきである。

「宇宙の霊気」と「宇宙エネルギー」のあいだにみられる第二のずれは、カタカナ表記の「エネルギー」が持つ科学的意味に関するものである。一九世紀中頃以降、「エネルギー」という言葉は、創造されることも破壊されることもなく、力学的作用・電気・磁気・光・熱などの多様な形態に変換可能である、という科学的な意味を含むようになっていた。間もなく、生気論を支持する生理学者や精神療法家たちによって、生命力は真正な宇宙的・普遍的「エネルギー」の一形態に他ならないと主張されるようになった。たとえば、一八三〇年初頭に、イギリス人科学者のマイケル・ファラデーが、電気と磁気の関係性について最初期の実験を行った。その一〇年後、アメリカの健康改善運動家であるシルヴェスター・グレアムは、自著『人間生命の科学についての講義』（一八三九）において、生命力を包含するかたちでこの知識を拡大適用している(16)。

これと同様に、一九二〇年代のレイキ実践者たちが「宇宙の霊気」を、治療によって「気と光」に変換されて人体から放射される宇宙的・普遍的エネルギー、とみなしていたのかどうかは不明である。しかし、この時代の言説は、二〇世紀後半から二一世紀初頭の言説とは確かに異なっている。後者にとって実践者は、神的なるものに向かい合う知性を持つ宇宙的・普遍的エネルギーの経路にすぎないのである。この発想は、一九二〇年代の日本では数多の精神療法に埋もれて存在感のなかったレイキを、二〇世紀後半のグローバル・スピリチュアリティと代替医療のなかで主要な実践のひとつにまで押し上げた張本人である日系二世のアメリカ人女性によって、拭い去れないほど深く刻み込まれたものなのである。

高田ハワヨによるUniversal Life Energyとしてのレイキ

一九三五年、高田ハワヨは、アメリカ領ハワイのカウアイ島にある大規模農場で家政婦を務める三四歳の未亡人であった。彼女は、腹痛があまりにもひどくなったため、二人の幼い娘を家族のもとに預け、治療のため日本へと旅立った。東京の診療所でX線検査を受けた高田は、子宮腫瘍・胆石・虫垂炎を患っていると診断され、翌朝に手術を行う予定となった。しかし、彼女は手術台の上で、医師に別の治療法を尋ねよという霊からのお告げを聞いたという。医師は驚きながらも、病院で栄養士を勤めていた自分の妹に高田を任せた。彼女に伴われ、高田は、臼井の高弟のひとりである林忠次郎が運営する林霊気療法研究会へと向かい、そこで奇跡的な回復を体験することとなったのである。当初、高田は彼の診察中、林の弟子たちは、単に身体に手を添えるだけで医師と同じ診断を下すことができた。当初、高田は彼らの手法と、彼らの手から感じられる激しい熱に対して懐疑的であったが、三週間後、彼女は完治した。そして高田は、レイキを学び実践しながら、林の診療所に六ヵ月間滞在し続けたのである。

この時に書かれた高田の日記から二日分の記録が公式に複写され、今日まで残されており、いずれの記録も「エネルギー」について触れている[17]。まず、一九三五年一二月一〇日、彼女は「『エネルギー』を内から外に放つための瞑想を行うには、思考を言葉の上でも考え方の上でも浄化しなければならない」と記している。この日の日記によれば、この「自己の内にある霊気のエネルギーは」「下腹部のへそ下約二インチ〔約五㎝〕」、日本語で臍下丹田として知られている箇所に位置しており、東アジアの医療（漢方）と武術では気の中心として非常に重視されてきた。ジェームス・

ディーコンが述べているように[18]、レイキに対するこのような理解は、霊気を実践者が宇宙から導いた「宇宙的・普遍的エネルギー universal energy」とみなす高田の後の教えとは著しく異なっている。

つぎに、高田の東京滞在が終わろうとしていた一九三六年三月の日記には、林が「エネルギー科学におけるもっとも重要な秘密」を彼女に教えようと決断したと記されている。この記録は、一九三〇年代中頃までに、林が同じような日本語の表現を用いて、レイキを科学として明確に組み立てようとしていたことを示している。これは、アメリカの心霊主義者、メスメリスト、神智学者、そして林と同時代の精神療法家と共通するレトリカルな戦略である。臼井による初期の文章にも、レイキは未来の科学によって理解されることになると主張されてはいたのだが、霊気療法自体が科学的であるとするこの言説は、臼井が逝去した一九二六年からの一〇年間で発展したと思われる。

一九三六年の夏、高田はカウアイ島に戻り、病人の治療を開始しつつ、弟子たちが自分でレイキの実践を始められるように伝授を行ったようである[19]。翌年、高田は、さらなる訓練のために日本へ戻り、林をハワイ諸島に招待した。二人は五ヵ月のあいだ、ホノルルを中心に、西本願寺に関係する仏教青年会の会館での講義・講座などを含むさまざまな集まりで、レイキの実演と講義を行った。地元の日本語新聞は二人の活動を大々的に取り上げ、林の到着・出発に関する記事や、講習の報告、高田による地元のレイキ協会設立についての報道、レイキに関する意見記事などを発行した。これらの報道は、一様に肯定的であり、称賛に満ちていた。数ヵ月のうちに、林と高田による講義・実演の広告だけでなく、彼らの弟子がホノルルの美容院で開業したレイキ治療の宣伝も掲載された[20]。

しかし、この段階では、依然としてエネルギーを「宇宙的・普遍的 universal」であるとするレトリックの展開はみられなかった。目前に迫った林の到着を報じる一九三七年九月の記事は、霊気療法の創始者臼井甕男が、生物には必ずレイキとよばれる「エネルギー」が存在し、その霊能を実用的に用いることで病気治療が果たされると発言していたことを報じている。[21] ただし、たいていの場合こうした記事は高田からのプレス・リリースで、レイキがエネルギーの一形態であると記者に語ったのは高田であるとみなしてよかろう。しかし、林による講義の筆記録や、講習の報告などを含む他の記事では「エネルギー」という用語は使われておらず、むしろ「霊気」「霊能」「力」などが用いられている。林によるレイキのもっとも明確な解説は、別れの言葉の記録にみられる。そこでは、レイキと呼ばれる力は人体から自然に発せられるものであり、苦しい修業を行わなくとも病気や悪癖を治すために用いることができる、と述べられている。[22]

一九三八年二月に林が帰国した後、高田はホノルルで個人診療所を開設した。しかし、その年のうちに、彼女は講習のためハワイ島のヒロを訪問し、この町の方が自分の好みに合っていると思った。一九三九年には市外に家を購入し、そこで診療所を運営しながら家族とともにおよそ一〇年間にわたって暮らすこととなった。一九三六年に初めて講習を行ったときから、ホノルルに戻る一九五〇年までのあいだ、高田は主として日系コミュニティのなかでレイキを教授・実践していた。平野直子と筆者は、この時期に高田から教えを受けた多数の弟子とその家族にインタビューを実施した（二〇一一年一月より開始）。我々に話してくれた人々は、「宇宙的・普遍的エネルギー universal energy」については一言も語らず、むしろ霊気や見えない力、精神の力について語っていた。「宇宙」について語ったのは、キムラ・ヨシエだけである。彼女は一九三八年、高田がヒロで最初の講習を行っていた時期に、家族とともに弟子入りした。彼女の父親は戦後日本へ渡り、林夫人に伴われてマスターレベルの訓練を受けている。キムラは、レイキとは「宇宙我即、我即宇宙［原文ママ］」であることを教えるものであるというが、こうした言説は、太霊道のような日本の初期精神療法における言説と酷似するものだ。

「神経・腺・短波治療」を宣伝する看板が示しているように（写真1）、戦時中の高田はレイキを説明するために独自の疑似科学的な専門用語を使用していた。精神の力を示すために電気、放射、波動などの科学的用語を用いる傾向は、二〇世紀初頭における日米双方の非正統的治療法に共通してみられたものである。しかし、レイキの日本性を示す文化的標識を剝ぎ取る行為は、州当局による迫害が行われていた時期にとった高田の戦略的な手段であったと思われる。右の看板はもともと日本語であったが、上塗りされて書き換えられている。これは戦時中の反日感情に対応するため行われたものであろう。この見解は、高田が真珠湾爆撃の九ヵ月前、『ヒロ・トリビューン・ヘラルド』の一九四一年三月三日号の案内広告では、霊気療法を公然と日本語で広告することに不安を感じていなかった、という事実によって裏づけられる（写真2）。日本語による広告の自粛などにみられる自己保存のためにレイキを「帰化」させようとする衝動は、合掌しながら教訓を暗唱することや浄心呼吸法といった、日本の宗教的実践に酷似する技術の除去を促進した一因となっていたようにも思われる。(23) 捕虜収容所に収容されたハワイの日系人は一五万人ほどおり、そのうちの一%はほぼ共同体の宗教的指導者たちであった。高田が当局から疑いを持たれないようにするためには、レイキからあからさまな日本性と宗教性を希薄化させるしかなかったのである。

　戦前にも、高田は一部の非日系の弟子や患者にレイキを教授しており、一九五〇年の直前にはアメリカ本土へ定期的に渡り、白人が大部分を占める聴衆に対して教えはじめている。本土へのレイキ教授の旅は、回数も旅行期間も戦後数十年にかけて増えていき、一九七〇年代までに出張講習は次第に定

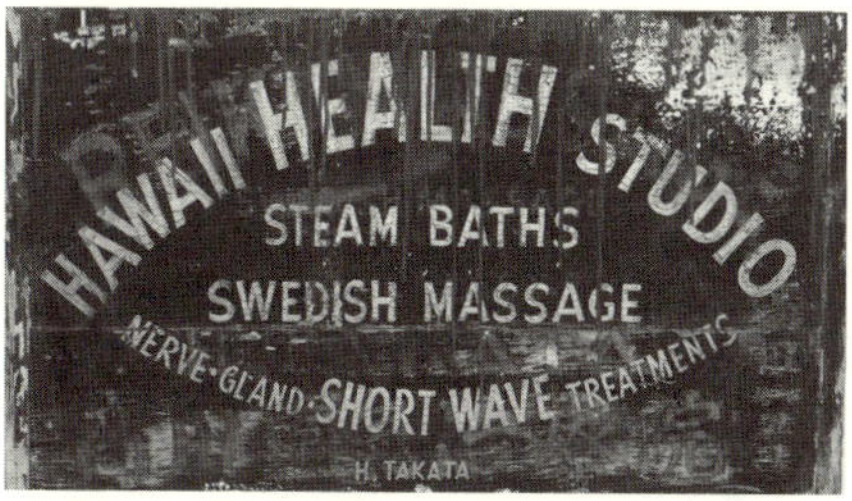

写真1　ヒロの診療所に掲げられた看板（日本語を消した跡が見える）

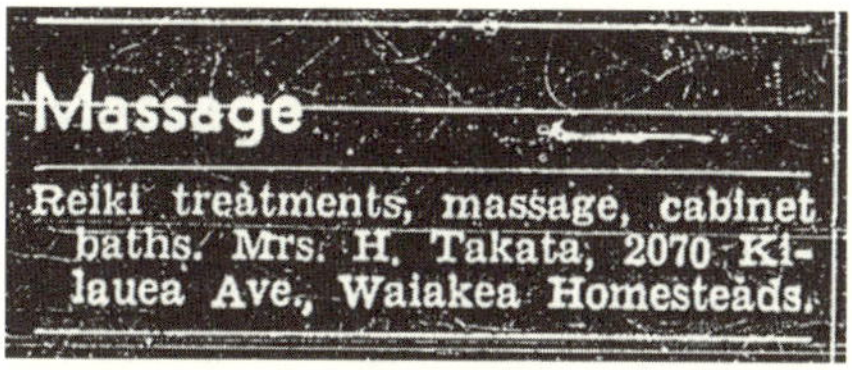
Massage

Reiki treatments, massage, cabinet baths. Mrs. H. Takata, 2070 Kilauea Ave., Waiakea Homesteads.

写真2　『ヒロ・トリビューン・ヘラルド』1941年4月3日号掲載広告

期的なものとなり、一九七〇年代中頃、娘とともにアイオワ州へ転居してからは特にそうであった。この間、高田はレイキの脱日本化という戦略をとり続けるとともに、創造的な方法でレイキの「日本性」を保持し、東洋趣味の流行からも利益を得ようと試みている(24)。

高田が霊気の字義を「宇宙的・普遍的な生命力エネルギー universal life force energy」と説明しはじめたのは、一九七〇年代中頃であった。だが、彼女は数十年前からこうした考え方をとり始めていた。一九四八年ごろに高田が執筆した「癒しの技術」という論考では、レイキについて、「一なる至高の存在、絶対的な無限性、世界と宇宙を支配する原動力です。それは不可視の振動する精神的な力なのです……この力は不可解な計り知れないもので、宇宙的・普遍的な生命力ですから、人間にとって理解できません」と述べている。続けて、「グレート・スピリット」「宇宙的・普遍的な生命力」「生命エネルギー」「宇宙波」など「さまざまな教師とマスターがかの御方（Him）」を別々の名で呼んでいるが、自分はそれを「『レイキ』」と呼びます。なぜなら、わたしはそのような表現で学んだからです」という。そして最後に、「レイキは無線のようなラジオニクス的波動です。それは、局所的に注いだり、短波として注いだりできるのですが」他の種類の放射線とは異なり、「グレート・スピリット、無限に由来するものなので」、鉛や鉄を貫通することができる、と述べている(25)。この解説では、キリスト教やネイティブアメリカンの宗教など、多くの宗教伝統における専門用語が、「宇宙波」療法やアルバート・エイブラムスの「ラジオニクス」といった二〇世紀初頭の「科学的」治療技法の用語と組み合わされている。

高田によるレイキ「エネルギー」についての説明が文章として残されている第二の例は、一九六一年にヒロで開催された上院高齢化問題特別委員会での証言の記録である。そのなかで彼女は、レイキをラジオ・テレビの電波に似た「宇宙的エネルギー」、「厳密に科学的な」「宇宙的・普遍的な力 universal force」とし、上述と同様の説明を与えている。

「この活力あるエネルギーは偉大なる生命力であり、太陽から発せられます。このエネルギーは、痛みを止める原動力を持つので、ラジオニクス波やエーテル波と呼ばれることもあります。このエネルギーは活力を持ちます。なぜなら、注ぎ込まれた際に、わたしたちの体の組織全体を活性化させるからです。それは、電池を充電するようなものです[26]」。レイキの源泉が太陽にあるとするこの説明は、レイキを「cosmic（宇宙的）」とする説明に接続するであろう新しい展開であり、「宇宙の霊気」という日本語の説明に起源を持つのではなかろうか。「universal」という語を用いていなければ、ここでの彼女の言葉に極めて重要な二重の意味――霊気の宇宙的源泉 cosmic source と、人類が共通して持つ宇宙的力 cosmic force を導く適性――を持たせることはできなかったであろう。

一九七〇年代中頃までに、高田は、漢字の「霊」は「宇宙的・普遍的 universal」を意味し、したがって「霊気」を英語に直訳すると「宇宙的・普遍的な生命力エネルギー universal life force energy」になると、弟子たちに教えるようになっていた。一九七五年にイリノイ州で行われた講習のチラシでは、レイキが「『宇宙的 cosmic エネルギー』を通じた日本の治療技法」と呼ばれており、高田が日本語における「宇宙」のこの意味を保存していたことを示している。同じチラシでは「レイキは宇宙的・普遍的生命エネルギー Universal Life Energy を意味しており、それは果てしなく、膨大なエネルギーの源泉なのです。それは宇宙的・普遍的 universal であり、その究極的な源泉は創造主にあるのです」と述べられているが、ここにおける宇宙性・普遍性 universality が、秩序ある体系としての宇宙に言及しているのか、年齢・国籍を問わずあらゆる人々が治療のためにこの力と交信することができるという事実に言及しているのか、完全には明らかでない。しかし、このチラシの他の箇所では、以下のように述べられている。

レイキ・システムの起源は禅仏教にあり、その秘密の鍵は僧侶であったレイキの初代マスター臼井博士によって、経典から集められました。しかし、高田夫人によれば、あなたがどのような宗教を信仰しているかは問題ではありません。レイキは宇宙的・普遍的なものです。それは、苦しみをなくし、重荷から解放される仲間を見たいと望む者が用いることのできる神の力なのです。必要なのは、マスターによる瞑想を通じたレイキのイニシエーションを受けた手を、やさしく添えることだけです。

このチラシで使われたレトリックには、一九四八年の論考「癒しの技術」での主張――レイキはさまざまな文化によって別々に理解されている普遍的現象の日本的な呼び名に過ぎない――が反映されている。両者はいずれも、クリスティーナ・クラインが、とりわけアメリカにおける戦後数十年間に顕著な文化的風潮として論じた「冷戦オリエンタリズム」によっても特徴づけられている。クラインは、「アジア人と黒人を合衆国に統合するという国内プロジェクトが、脱植民地化された国家を資本主義者による自由主義世界の秩序のもとに統合するという国際的プロジェクトと、どのようにして密接に結びついたのか」を力説している[27]。日系アメリカ人として高田は、戦後の統合プロジェクトから多くのものを得た。そしてその結果、彼女は、戦前のハワイでは経験できなかったような、北アメリカ本土の社会階層を駆け上がる機会を得ることができた。とはいえ、彼女は、キリスト教のヘゲモニーのもとでの多元主義というアメリカ的枠組のなかで、自身の「日本的治療技術」を機能させる必要があった。

高田は一九七〇年代までに、レイキの「宇宙的・普遍的エネルギー universal energy」は一神教的造物主によってもたらされたと断言することによって、レイキの起源が「禅仏教にある」――禅は一九五〇年代後半までにアメリカで大流行していた――とする排他主義的な主張に、洗練されたかたちでバランスを持たせるようになっていた。この時期のアメリカで強調されていたのは、宗教および宗教的自由が「自由主義世界」と「神なき共産主義」を区別するということである。[28] その結果として、「宗教」とみなせるものはキリスト教に深く由来していると断定するとともに、[29]「どのような宗教を信仰しているかは問題ではない」ことをも認める高田の宗教的多元主義は、最終的に、高田による未発表の自伝のタイトルにもなっている「レイキは神の力である」という主張のもとに包含されることとなったのである。

すなわち、レイキは「神霊に由来する宇宙的・普遍的な力であり、治療技術の学習に関心を持つすべての人が利用可能なものである」[30] という高田の発言には、宇宙性・普遍性に関する以下の二つの主張が込められているのだ。

一、レイキはキリスト教の神、ないしはそれに類する一神教的造物主に由来する。

二、レイキはあらゆる人々に利用可能なものである。

このようにして、レイキは「宇宙的・普遍的エネルギー universal energy」であるとする主張――「神聖な」源泉、および人類が共通して持つ交感の適性――は臼井霊気療法における初期の教えに加えて、戦後北アメリカの文化とも共鳴することとなったのである。しかしながら、その共鳴の仕方は、一九二〇年代の日本におけるそれとは決定的に異なるものであった。

三　「宇宙エネルギー」のグローバル化

一九七六年、高田は「マスターレベル」の教授を開始した。彼女が死去する一九八〇年をさかのぼること五年、高田は二二人のレイキマスターを認定した。今日みられるレイキの体系の大部分を創り上げ、レイキをオーストラリア、ヨーロッパ、ラテン・アメリカ、ロシア、インドにもたらし、日本に「持ち帰った」のは、まさに彼らマスターとその弟子たちなのである。高田の体系が「グローバル化」するのにともなって、高田によって一九七〇年代に第一世代のレイキマスターへ伝授された「宇宙的・普遍的エネルギー」の言説が、一九八〇年代および九〇年代のレイキにおいて推し進められた。

高田の薫陶を受けたマスターのなかでもっとも多産だったのは、高田の晩年に密接な関係を持ったバーバラ・ウェーバーである。一九七九年一二月、ウェーバーは、高田による回想を録音し、それをもとにして高田の自伝が書かれたが、出版されることはなかった。一九八〇年、ウェーバーは、日本以外で初めてとなるレイキの公認組織、アメリカレイキ協会を創設した。また、高田による最後のアメリカ東部訪問は、一九八〇年八月にウェーバーのレイキ・センターを訪ねるためのものであった。高田の死後、ウェーバーは、レイキ界に大きな断絶を引き起こした。高田から教えを完全に授けられたのは彼女だけであり、他のマスターは全員再訓練を行うために彼女に数千ドルを支払う必要がある、と主張したのである。一九八三年、彼女は、自身が説く治療実践と調和的であることを表向きの理由として、レイという姓を採用した。そして、バーバラ・ウェーバー・レイ名義で、英語によるレイキ関連書としては初めてのものになる『レイキ・ファクター』（*The Reiki Factor*）を出版した。数年のうちに、同書は（信じがたいことだが）臼井霊気療法の書籍では一般の人々が入手できる戦後初めてのものとなるのであった。

東京にある出版社の編集者であった三井三重子は、一九七八年にニューヨークへ渡り、ジャーナリストとしての仕事を開始した。彼女は常に病気がちであったが、一九八三年に初めてレイキの治療を受け、たいへん気分が良くなったことに驚いた。そこで彼女は、バーバラ・ウェーバー・レイのもとで、さまざまなレイキを学び始めたのである。[31]

三井は短期間のうちにさまざまな段階を経て、わずか六ヵ月後にはレイキマスターとなった（ただし、レイの体系における最終的な伝授を受けていなかったために、自身でマスターを認定する権利を得ることはなかった）。一九八四年の秋を皮切りに、三井は日本へ複数回にわたって帰国したが、その目的は、臼井に関する情報を探し、レイキに関して残っているものを視察し、またレイキの講義を行うことであった。彼女は、臼井の記念碑や『霊気療法必携』を発見したが、公式にレイキを教えている人を見つけ出すことはできなかった。これは、高田がレイなどの弟子たちに、レイキは見たところ、その生誕の地では廃れつつある、と教えたとおりであった。実際には、当時の日本でも、臼井霊気療法や関連する治療技法を実践し教授していた人々がわずかながら存在してはいたのだが、日本でのレイキ（いまやカタカナで示される）に対する関心が再び起こったのは三井が行ったセミナーのおかげである、と言うことができる。彼女は、精神世界関連の雑誌でセミナーを宣伝し、レイの著作を邦訳[32]したのである。

日本におけるスピリチュアル・ブームの開始時期については研究者のあいだで見解が分かれているが、島薗進は、一九七八年が極めて重要な年であったことを強調している[33]。というのも、この年、後に「精神世界」についての定番となるコーナーが、大型書店によって作り出されたためだ。このコーナーは、概して「宗教」コーナーに隣接しながらも分離されていた。アメリカとイギリスにおける初期のニューエイジ「運動」のように、日本における精神世界への関心は、出版物や水晶、占星術、チャネリング、サイキックリーディング、代替医療などのサービスといった商品を販売する市場の拡大を伴うものであった。スピリチュアルをテーマにした月刊誌が興隆し、ともに一九七九年に創刊された雑誌『マイバースデイ』（占いを主題とする）と『ムー』（オカルトと超常現象を主題とする）は、一九九〇年代中頃には発行部数三五万部を記録していた[34]。

短命に終わった『トワイライトゾーン』誌では、一九八六年に三井の特集が組まれた。この記事の序文では、レイ

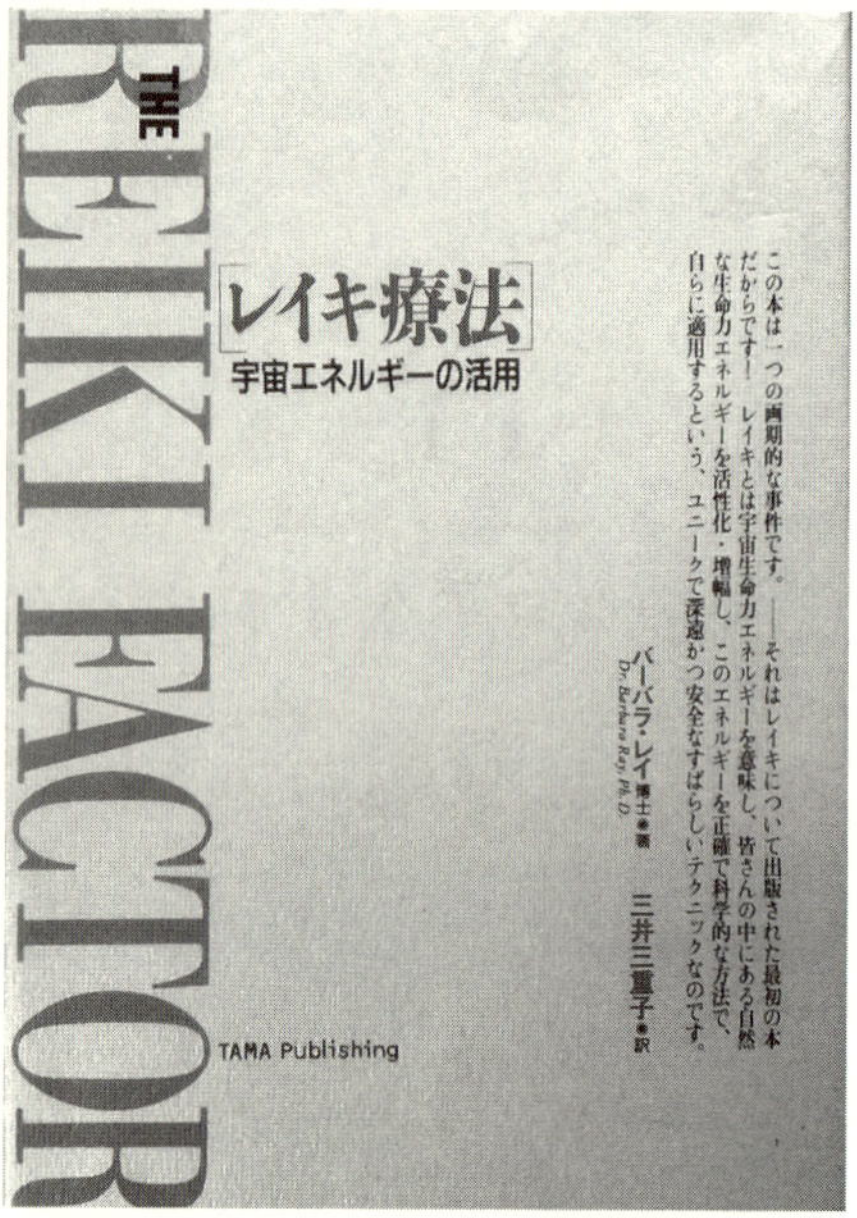

写真3　*The Reiki Factor* 邦訳のカバー

キが「宇宙エネルギーを取り入れるその療法」と紹介されている。これは記事の執筆者が、読者になじみのある他の治療技法とレイキは、まさにこの特徴によって区別されると考えていたことを示している。[35] 国立国会図書館のデータベースを探索したところ、一九八七年以前に「宇宙エネルギー」という語を含むタイトルは、宇宙科学についてのわずかな書籍を除けば確かに存在せず、しかも「宇宙エネルギー」という日本語の別世界的な響きが強調されているのである。こうした響きは、古代の宇宙飛行士や地球外生命体との接触などというＵＦＯ研究上の憶測で満たされている『トワイライトゾーン』誌や『気マガジン』誌の読者層には、魅力的に感じられるのであろう。

一九八七年に、三井はレイの著作を翻訳している。原文に忠実な逐語訳であったが、タイトルはそうではなかった。原題『レイキ・ファクター——自然療法・援助・全体性への手引き』に代わって、三井は独自の副題「宇宙エネルギーの活用」を含めたうえで、同書を『レイキ療法——宇宙エネルギーの活用』と名づけた（写真3）。高田の「宇宙的・普遍的エネルギー universal energy」を「宇宙エネルギー」と翻訳するというこの選択は大きな影響力を持ち、レイキといえば「宇宙エネルギー」とも言われるようになり、現代日本においてもっとも卓越したレイキ指導者たちもまた、自身の著作のタイトルに「宇宙エネルギー」という語を使用しているのである。[36]

とりわけ、もう一人の代表的な日本のレイキ指導者土居裕は、その著作の多くの箇所で、レイキを、人間の健康に絶大な効果を及ぼす、宇宙に満ちた波動エネルギー、と述べている。高田と同様、土居も科学的概念と精神的概念を、一九二〇年代の臼井霊気療法には見られなかった方法で結合している。典型的な事例としては、鞍馬山で臼井が宇宙と神秘的な調和を果たした出来事に対する土居の解説が挙げられる。「体内の波動と宇宙の波動が共鳴して、自己と宇宙の一体化が得られ……。臼井先生は、宇宙と共鳴した高い波動をレイキだと直感しました。そして、『レイキは宇宙の導きの波動であり、レイキと響き合う生き方こそが、健康と幸福への道である』と悟りました」[37]。臼井が「公開伝授説明」では自身の体験を「偶然」「不可思議に」と曖昧に説明し、岡田が記念碑ではその体験を「一大霊気ノ頭上ニ感シ」と簡潔に記していたのに対し、土居の語りはレイキの宇宙的源泉、人間への開示、人間存在への働きについてより明快な説明を与えている。こうした明快さは、高田とその弟子たちが、レイキを二〇世紀後半のアメリカ人の聴衆たちに理解可能なように改変した努力に起因するのである。

結　論

本章によって、レイキは本質的に日本的な実践であり徐々に西洋化して堕落したという見解が退けられ、レイキとは日米のさまざまな接点において多様な主体が繰り返し再‐創造してきた発展的な実践の集合体であることが示された。本章はまず一九二〇年代の日本で教授された臼井の実践に対するアメリカの影響について輪郭を描き出した。またレイキのまとまりのない諸実践が、臼井の死後数十年間にわたって、どのようにして「エネルギー」に関する議論といったテクノサイエンス的語彙を包含するように変化してきたのかを示した。さらに、高田がいかにしてレイキの諸実践をハワイにおける日系人や欧米人などのさまざまな聴衆に適応させてきたのかを示すと同時に、これら諸実践がどのように一九八〇年代以降、日本に「逆輸入」されたのかを明らかにした。

「宇宙間の霊能」「宇宙の霊気」といった日本語が重要な先例となっていたとはいえ、「宇宙エネルギー」という言説がいたるところで観察される現状は、究極的には、高田がレイキの諸実践を英語圏の欧米人に翻訳した結果である。「霊気」の逐語的訳を「宇宙的・普遍的な生命力エネルギー universal life force energy」とした高田の選択は、先行する日本語での言説における諸側面――レイキは宇宙に起源を持つ、レイキと交感する能力は万人が有している、いつの日かレイキは科学的に理解される――を保持していた。

しかし、冷戦期のアメリカにおける宇宙的・普遍的 universal という言葉は、大正期から昭和初期の日本において流布していたときとは比較にならないほどのイデオロギー的機能を持っていた。高田は、レイキの宇宙性・普遍性 universality を一神教的造物主と結びつけることによって、「第一世界」で優勢を占めていたキリスト教のヘゲモニーを支持している。しかし、レイキはいかなる宗教を信じる人々に対しても開かれていると主張することによって、「自由主義世界」を神なき共産圏から区別していた宗教的自由という多元主義的エートスにも同等に配慮している。

最終的に、三井とその弟子たちがこの言葉を「宇宙エネルギー」という日本語に再翻訳した際には、こうした有神論的解釈は重視されず、レイキの「宇宙的」源泉を強調することが選択されたように思われる。この選択は、地球外に関心を持つスピリチュアルな探求者の世代とよく共鳴したが、全人類が実行可能な実践という「普遍的」含意を失わせるものであった。以上の系譜的研究は、社会言語学的コンテクストのなかで、個人の創造性や変化が文化的翻訳に対してどのような役割を果たすのか、という点を強調するものである。

註

（1）本書の英語版は、Justin B. Stein, “Universe Energy’: Translation and Reiki Healing in the North Pacific,” *Asian Medicine* 14:1 (2019), 81-103 として掲載されている。

（2）〔訳注〕本章は、言語の翻訳過程を題材とするものであることから、一部の語句には原文の表現を併記することとした。なお、翻訳に際しては、原則的に universal を「宇宙的・普遍的」、cosmic を「宇宙的」とした。

（3）山口忠夫『直伝霊気――レイキの真実と歩み』ＢＡＢジャパン出版局、二〇〇三年。仁科まさき『日本と霊気、そしてレイキ』デザインエッグ社、二〇一三年。

（4）フィリップ・デスリプ「ウィリアム・ウォーカー・アトキンソン――別名、ヨギ・ラマチャラカ」（本書第Ⅰ部第三章）。

（5）Yogi Ramacharaka, *Science of Breath* (Chicago: Yogi Publication Society, 1904), pp. 18–19. http://www.sacred-texts.com/eso/sob/ sob15.htm にて閲覧可能（二〇一五年一二月一〇日閲覧）。

（6）こうした書籍としては以下のものが挙げられる。

忽滑谷快天『養気錬心乃実験』東亜堂書房、一九一三年。
ラマチャラカ（松田卯三郎訳）『深呼吸強健術』大学館、一九一五年。
ラマチャラカ（松田霊洋訳）『最新精神療法』公報社、一九一六年。
安東禾村『意志療法活力増進の秘訣』日本評論社出版部、一九二二年。
ヨギ・ラマチャラカ（二宮峰男訳）『研心録』実業之日本社、一九二四年。

なお、以上の書誌情報を集めるにあたっては、吉永進一氏にご協力いただいた。

（7）Yogi Ramacharaka, *The Science of Psychic Healing* (Hollister, MO, YOGeBooks, 2014 [1906]). http://www.yogebooks.com/

english/atkinson/1906-04psychichealing.pdfにて閲覧可能（二〇一五年一二月一〇日閲覧）。この文章への注意を促してくれたポール・ギロリー氏には感謝したい。

（8）「朝夕五戒ヲ唱ヘテ心ニ念セシム」。岡田正之「霊法肇祖臼井先生功徳之碑」一九二七年。http://okojo.b.la9.jp/を参照（二〇一九年一月二五日閲覧）。

（9）「先生之ヲ以テ招福ノ秘法万病ノ霊薬トナセハ其ノ本領ノ在ル所知ラルヘシ……是レ霊法ノ何人モ企及シ易キ所以ナリ」。岡田前掲碑文。

（10）『霊気療法必携』「公開伝授説明」より。https://www.reiki.or.jp/4kiwameru_5/を参照（二〇一九年一月二五日閲覧）。

（11）弓山達也「霊――大本と鎮魂帰神」（田邉信太郎・島薗進・弓山達也編『癒しを生きた人々――近代知のオルタナティブ』専修大学出版局、一九九九年）九一－九八頁。

（12）「公開伝授説明」における原文は以下のとおりである。「否々万物生を享けたる者は何方でも天恵として治療の霊能を備えて居るものです」。

（13）「仏耶ノ経典ニ出入シ心理ノ学神仙ノ方禁呪占筮相人ノ術ニ至ルマテ通セサルナシ」。岡田前掲碑文を参照。

（14）「公開伝授説明」における原文は以下のとおりである。「断食中に大気に触れて不可思議に霊感し、治病の霊能を得たことを偶然自覚したのでありますから、肇祖の私にも確然と説明を申上げるに苦しみます」。なお、「大気」の標準的な読み方は「たいき」であるが、この箇所では「だいき」と読み、大いなる気を指してと思われる。というのも、臼井の記念碑においては、臼井の神秘体験が、「一大霊気ノ頭上ニ感シ」と類似するかたちで説明されているためである（岡田前掲碑文を参照）。

（15）「先生新ニ宇宙ノ霊気ニ本ツキテ心身ヲ善クスル法ヲ肇ム」。岡田前掲碑文より。

（16）Sylvester Graham, *Lectures on the Science of Human Life* (Boston: Marsh, Capen, Lyon & Webb, 1839).

（17）この記録の複写にいくつかの注がつけられたものは、下記を参照せよ。James Decon, "EXTRACTS FROM TAKATA-

SENSEI'S DIARIES 1935/1936," James Deacon's Reiki Pages (http://www.aetw.org/reiki_takata_diary.htm).（二〇一四年一月一〇日閲覧）

（18）James Decon, "EXTRACTS FROM TAKATA-SENSEI'S DIARIES 1935/1936," James Deacon's Reiki Pages (http://www.aetw.org/reiki_takata_diary.htm).（二〇一四年一月一〇日閲覧）

（19）「皆様の御厚情に衷心より感謝す――林氏の告別放送」『ハワイ報知』一九三八年二月二二日、八頁。

（20）これらの記事を探し出し、色あせたマイクロフィルム読み取る作業を助けてくださった平野直子氏に感謝する。

（21）「因に霊気療法の肇祖は臼井甕男氏で生物生活に必須の『エネルギー』を霊気と呼んでその霊能を疾病治療上に活用したものであると云ふ」。「霊気療法の林忠次郎氏来布――令嬢キヨエさん同伴――土曜日秩父丸で」『ハワイ報知』一九三七年九月三〇日、七頁。

（22）「霊気療法は人の体から自然に湧き出る霊気と云ふ力を以て自分の体は勿論、他人の病気や性質を何の工夫もなく直す方法で少しも六ケしい修業もいりません」。「皆様の御厚情に衷心より感謝す――林氏の告別放送」『ハワイ報知』一九三八年二月二二日。

（23）ローレンス・ヴェヌティは、翻訳における二つの戦略を対比している。すなわち、テクストを目標文化に即して適応させる「受容化 domesticating」戦略と、起点文化の情報を保存し目標となる言語の慣例を意図的に打ち破ろうとする「異質化 foreignizing」戦略である。Lawrence Venuti, *The Translator's Invisibility: A History of Translation* (New York: Routledge, 1995).

（24）Justin Stein, "Trans-Pacific Transculturation: Usui Reiki Ryōhō and Reiki Healing, 1936–1976."（第二一回国際宗教学宗教史会議世界大会、ドイツ・エルフルト、二〇一五年八月二五日における発表資料）

（25）James Decon, "Takata-Sensei - on Reiki," in *The Takata-Files*, Vol. 2, Version 1.0, pp. 11–12.

（26）"Statement of Mrs. Hawayo Hiromi Takata, Senior Citizen" in *Problems of the Aging: Hearings Before the Subcommittee on*

Federal and State Activities of the Special Committee on Aging. United States Senate Eighty-Seventh Congress, First Session. Part 12. — Hilo, Hawaii, December 1, 1961. (Washington: U.S. Government Printing Office, 1962), pp. 1601–1603. http://www.aetw.org/reiki_takata_special_committee.html（二〇一四年一月六日閲覧）

（27）Christina Klein, *Cold War Orientalism: Asia in the Middlebrow Imagination, 1945–1961* (Oakland: University of California Press, 2003), p. 226.

（28）William Inboden, *Religion and American Foreign Policy, 1945–1960: The Soul of Containment* (New York: Cambridge University Press, 2008). Irvin D. S. Winsboro and Michael Epple, “Religion, Culture, and the Cold War: Bishop Fulton J. Sheen and America’s Anti-Communist Crusade of the 1950s,” in *The Historian*, 71:2 (Summer 2009), 2009.

（29）Talal Asad, *Genealogies of Religion: Discipline and Reasons of Power in Christianity and Islam* (Baltimore: Johns Hopkins University Press, 1993).

（30）Patsy Matsuura, “Mrs. Takata and Reiki Power,” *Honolulu Advertiser*, February 25, 1974, p. B-2.

（31）バーバラ・レイ（三井三重子訳）『レイキ療法——宇宙エネルギーの活用』たま出版、一九八七年、二二〇–二三三頁。原著の書誌情報は以下のとおり。Barbara Weber Ray, *The Reiki Factor: A Guide to Natural Healing, Helping, and Wholeness* (New York: Exposition Press, 1983).

（32）同上。

（33）Shimazono Susumu, *From Salvation to Spirituality: Popular Religious Movements in Modern Japan* (Melbourne: Trans Pacific Press, 2004), p. 275.

（34）Haga Manabu and Robert J. Kisala, “Editors’ Introduction: The New Age in Japan,” p. 237 in *Japanese Journal of Religious Studies*, 22 (3–4), pp. 235–247.

（35）高井志生海「編集部の不思議体験レポート㉘「レイキ治療」のルーツを探る——臼井式霊気療法とは?」（『トワイライ

トゾーン」ＫＫワールドプレス、一九八六年四月、一四〇 - 一四三頁）一四〇頁。http://www.threshold.ca/reiki/origins2.html にて閲覧可能（二〇一九年一月二五日閲覧）。

(36) 望月俊孝『癒しの手――宇宙エネルギー「レイキ」活用法』たま出版、一九九五年。望月俊孝『宇宙エネルギー「レイキ」の奇蹟』ごま書房、一九九七年。土居裕『レイキ――宇宙に満ちるエネルギー』元就出版社、二〇〇五年。

(37) 土居前掲書、九頁。

第三章　「背景化」するレイキ——現代のスピリチュアル・セラピーにおける位置づけ

ヤニス・ガイタニディス

はじめに

Aさんは私が二〇〇九年ごろから研究対象としている東京を中心に活動しているスピリチュアル・セラピストの一人である。現在四〇代の主婦であるAさんは夫と住んでいるアパートの一室をセラピーサロンとして使い、一九九八年から手かざしヒーリング技法である「レイキ」を含む多数のセッションを提供している。二〇〇九年に私がAさんに初めて会ったとき、レイキ以外に透視リーディング、オーラチャクラヒーリング、瞑想、タロットリーディングなど、近年「スピリチュアル市場」(1)と呼ばれているマーケットで見られるサービスがたくさん提供されていた。三回目のインタビューとなった二〇一六年のサロンのメニュー一覧には、種類は減ったものの、レイキのセッションは残り、そしてアニマル・コミュニケーションとペット・ヒーリングという新しく始めたセッションが加わっていた。

Aさんが初めて習ったセラピーはレイキだったという。当時二〇代だったAさんはOLとして働いていたが、職場での女性の地位は低く、また出世の可能性がないことに不満を覚え、職を転々としていた。そして、ある日興味本位

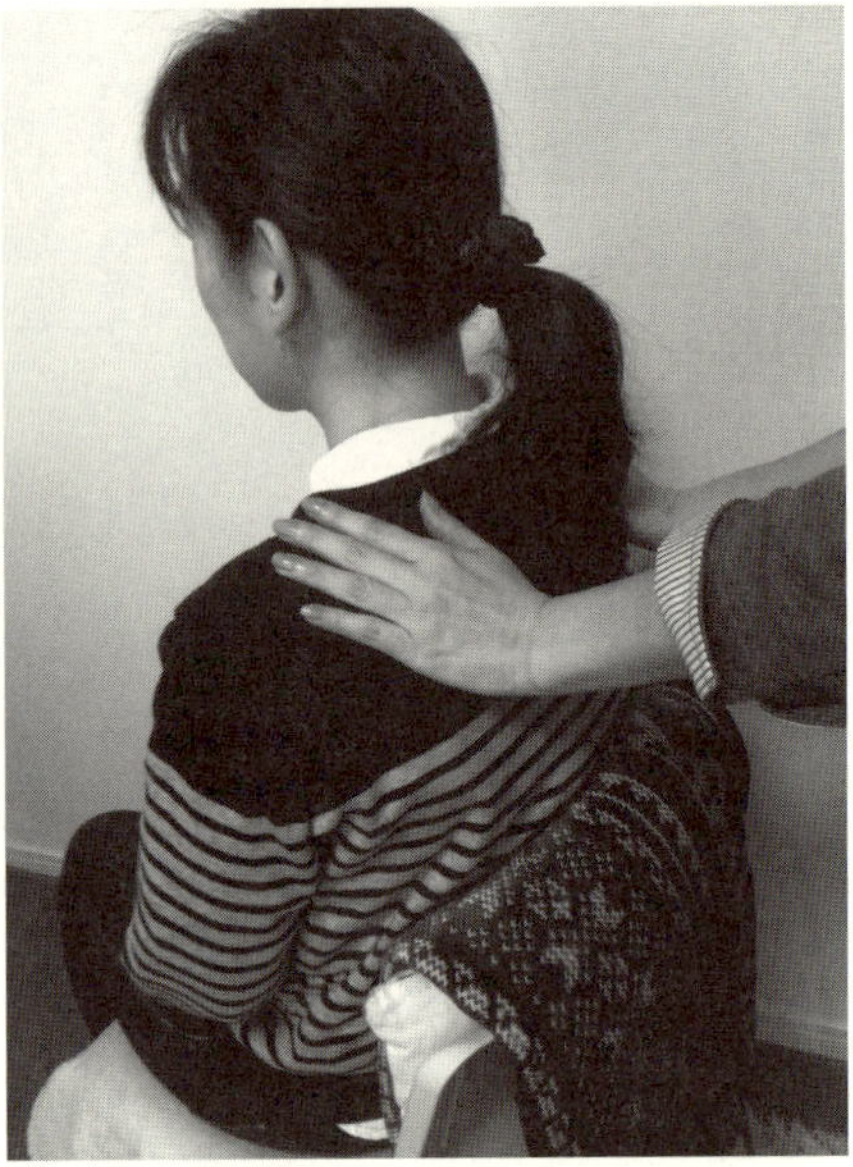

写真１　レイキのセッション中のＡさん

でレイキを習おうと思い、伝授する男性を訪ねた際、通常数回通わないと身につけられないと言われていたレイキの三つのディグリー（資格のランク）を一日で取得できたという。[2] その後、友人にレイキを試す日々が続き、二七歳で仕事を辞め、アルバイトをしながら、アメリカ人の女性が開講した「透視能力」によるセラピーを学べる学校に一年間通った。そして学校を卒業したのち、現在のサロンを開いた。Ａさんによると、レイキは一九九〇年代後半がブームだったという。そして当時の様子を次のように語る。

レイキを教わる場合、

　当時は『たま』という雑誌をみて、レイキを伝授している先生のところに直接問い合わせるという形でした。特定の場所も情報もあまりなかったので、受けるには何十万もかかるところもありました。[3] そして当時は、レイキの先生もお客さんもおじさんばかりでした。現在日本で活動しているセラピーの先生で一番多いのがレイキティーチャーだという状況は、あのおじさんたちがいたからです。当時は手軽に一日でできたという状況があったから人気でしたが、今はそうではありません。[4]

レイキのポピュラリティがなくなった理由は、Ａさんの話のなかから少なくとも三つ見つけることができる。

①「胡散臭いし、ちょっと怖い」という当時のレイキのイメージは、二〇〇〇年代半ばに盛り上がりを見せたオウム事件以降の「宗教」の暗いイメージとは反対に、より明るいイメージをもつ「スピリチュアル」にはあまりなじまなかった。
②レイキに似た「セラピーが次々に登場した」。
③「体を触ってほしくない、遠隔でヒーリングを求める人が増えて」きた。

セラピーとしてのイメージ、時代の流れ、そして受け手の変化によってレイキは代替療法の人気セッションのなかから姿を消したと、Aさんは言う。

本章では、この二〇年のあいだにレイキに起きた「背景化」について論じたい。レイキが姿を消さずに日本の代替療法の場に残った理由は、レイキが現代のスピリチュアル・マーケットの背景に移ったからなのである。それはレイキの実践者であるスピリチュアル・セラピストの戦略的な展開でもあるといえるのだが、市場の動き（出版物の売上やスピリチュアル業界の拡大など）として考えられる現象でもある。誰が主体となって背景化を起こしたかまでは指摘できないかもしれないが、このレイキの背景化は主に次の三つの要素によって起こったと考えられる。

①「単純化」によって、セラピー業界への入り口としての役割を担った。
②「パターン認識化」によって、エネルギー・ヒーリングと呼ばれる精神療法カテゴリーの代表となった。
③「同義化」によって、新しく登場するセラピーのベース、または比較対象という機能を果たした。

さまざまな要素を他のセラピストの事例を通して提示する前に、第一節では「スピリチュアル・ブーム」と呼ばれた現象を簡単に紹介し、第二節では、精神療法がその一つの表れである「秘教伝統」(Esoteric Tradition) における「伝統」が構築される過程にみられる三つのベクトル（単純化、認識化、同義化）を、レイキを事例として説明する。そして、第三節では、レイキがどのように背景化したかを私がインタビューしたセラピストの話をもとに描写する。

一　「スピリチュアル・ブームが終わった」――日本の癒し業界の現在

左の写真は二〇〇七年五月一六日発行の『ニューズウィーク日本版』の表紙である。イギリス人記者が書いた特集は次のように始まる。「人気番組『オーラの泉』はゴールデンタイムに進出、本やCDも絶好調、宗教オンチの国ニッポンで霊の世界を説く江原啓之の勢いが止まらない。若い世代と女性の支持を背景に、一大ブームを巻き起こした「江原現象」から今の日本社会の危うさとゆがみが見えてくる(5)」。スピリチュアル・カウンセラー江原啓之は二〇〇七年当時、スピリチュアル・ブームと呼ばれていたメディア現象の代表者であり、テレビでは芸能人の「前世」を見たり「守護霊」と話したりする様子が毎週土曜のゴールデンタイムで高い視聴率を集めていた。その人気について同記事は、勝ち組と負け組の二極化が進む日本では、江原の「自分を否定しなくてもいい」というポジティブなメッセージが「喪失と向き合う力をくれること(6)」にあると説明する。冒頭で紹介したセラピストAさんも日本社会における女性の地位について不満を抱き、代替的なライフスタイルを望んだため、サロンを開店したわけである。

セラピー文化の研究者である小池靖は、確かに江原のスピリチュアル・カウンセリングは「格差社会や社会不安で疲れた「弱い自己」を癒す言説として機能しているように思われる」と認める一方で、戦後日本の社会変化をより長いスパンで考えた場合、「右肩上がりの成長が期待できない社会において、「強く成長していく自分」というイメージよりも「弱くて癒されたい自分」というイメージが相対的に台頭してきたということの反映である」[7]とも述べる。社会秩序への不同意（＝対抗文化的な要素）と癒しの強調（＝自己修養の要素）という二つの側面は日本における「スピリチュアル」という文化的言論のカテゴリーの根本的な要素だと言えるが、[8]本書でみてきたように、決して新しい現象だとは言い難い。むしろ、二〇〇〇年代のスピリチュアル・ブームに特徴があるとしたら、平野直子が示すとおり、それは以前にニューエイジのような対抗文化現象での「大きな「社会変革」の物語ではなく、よりよい生活や人生を送るために自分自身の小さな物語を求める人々と、それに細やかに応える施術者たちである」[9]といえる。

Aさんのようなセラピストのもとを訪れる客は、職場での人間関係がうまくいかない、一つの仕事に定着できない、三〇歳になっても結婚相手が見つからない、家族との関係がよくない、などのような悩みをもつ人たちが多いそうである。二〇〇九年に私がインタビューした六八人のセラピストの話では、このような個人の悩みへの応えを求めてくる客層の特徴としては二〇代から五〇代までの女性が多く、三八人のサロンでは女性客が九〇％の割合を占めるということであった。[10]そしてその六八人のセラピストが提供していた合計百種類以上にも及ぶセッションは、それぞれの世界観をもちながら、個々の物語を作る媒体となっていた。レイキだけ

写真２　ニューズウィーク日本版2007年５月16日号「スピリチュアルと日本人」（CCCメディアハウス）

ではなく、そもそもこういったセラピーがなぜ求められ続けているのかを考える必要がある。つまり、医療と宗教の狭間にあるこれらのセラピーは、必ずしも科学的根拠をアピールできないにもかかわらず、癒しとしての正当性を(場合によっては)臨時的に確保していると言える。レイキのように背景化するセラピーにこそ、このような傾向がある。そして、その理由を考えるとき、セラピーの「伝統・歴史」が重要となる。

二　精神療法の「伝統」構築プロセス

レイキのような、心だけでなく、身体の不調にも対応すると言われる現代の代替療法の技法には、その伝統あるいは系譜を語る「歴史」がとても重要である。特に、現在の日本で実践されているセラピーはほとんど海外から輸入されたものであるため、だれがどのようにそのセラピーを発見したのかという情報は、まずスピリチュアル関連の雑誌か本をとおして伝わることになる。例えば、二〇〇六年から二〇一〇年の一時期、日本でも注目を浴びた、体から一〇〜五〇センチ離した位置で行う「リコネクション」という手かざしは、スピリチュアル専門誌『Star People』では次のように紹介されている。「今年日本上陸のリコネクションは、一九九三年にロサンゼルスのカイロプラクティック医師であるエリック・パールが受け取った、過去に例を見ない形態のヒーリングです[11]」。一方で、同誌の数頁後にある「レイキ」の紹介文は次のとおりである。「昨今、知られるようになってきたレイキは、「靈氣」、「霊気」という日本語に由来をもつエネルギーヒーリングです。その起源は古代チベットにあるといわれ、日本人の臼井甕男《みかお》氏によって再発見され、今日に用いられている基本が形成されました」。しかし、数段落後には次の記述もある。「現在のレイキは海外で発展したために、その過程でさまざまなタイプのレイキを生み出しました。「アライアンス」、「現代霊気」、「レイドウ」、「カルナ」、「ライタリアン」、に加え、日本国内でのみ伝えられ続けてきた「直伝レイキ」など、初めての人から見れば分かりにくい部分もありますが、この部分については難しく考える必要はないでしょう。レイキに関わろうとする場合は、ヒーラーの使うレイキの種類よりも、ヒーラーに信頼がおけるかどうかのほうがずっと重要になってきます。それは歴史がまだ新しいために、伝授者のレベルが一定していないからです」[12]。つまり、リコネクションのような西洋から輸入されるセラピーと比べて、レイキは少なくとも三つの特徴を持つといえる。

一、歴史が古く、かつ古代チベットに由来するという説もある。
二、日本で再発見されたが、海外で発展したため、さまざまなタイプが存在する。
三、日本での歴史が新しいタイプもあるため、伝授者のレベルが保証できない。

日本で活動しているAさんのようなセラピストにとっては、レイキが（チベット→）日本→海外→日本という歴史を持つ特別なヒーリングであるからこそ、その歴史の解釈（「古いが、日本では新しい」）が多様になる。その多様性によって、レイキの効果や他のセラピーとの比較、また「日本人だからこそ癒される」という根拠づけが可能になったと言える。

宗教史学者オラヴ・ハマー（Olav Hammer）の分析によると、精神療法を含む「秘教伝統」（Esoteric Tradition）[13]における伝統の構築過程は、既存の歴史的書物か個人の経験を記録した書物の私有化（appropriation）から始まり、少なくとも三つのベクトル、①「単純化」（reduction）、②「パターン認識化」（pattern recognition）、③「同義化」（synonymization）を通して発展していく[14]。

本節ではレイキを事例として、それぞれのベクトルがどのように機能しているかをまず説明する。そして、次節ではこれらのベクトルが可能とした背景化という過程を経て、現代日本で実践されるレイキという精神療法がどのように位置づけられるかを、セラピストの声を通して描写する。

さて、ハマーによると、ベクトル①の「単純化」(reduction) は、複雑かつ多様である既存の「歴史」からいくつかの「本質」を取りだし、それらの本質的要素があれば十分だ、とする現象である。例えば、前述の『Star People』ではレイキを次のように紹介している。「レイキの何よりも特筆すべき点は、アチューンメント (伝授) にあります。アチューンメントとは、レイキでは「高次のエネルギーが流れるように道をつなげる」ことであり、これを受けることによって、一人のレイキヒーラーとなれるのです。これは誰でも受け入れられ、その場でレイキを使えるようになることを意味します」[15]。つまり、現代のレイキでは前章で見たレイキを中心に語られていた世界観が薄くなり、その代わりに、冒頭で述べたようにオウム以降の日本における「宗教」不信のなかで[16]「レイキ」の実用性や即時性がフォーカスされることになった。

ベクトル②「パターン認識」(pattern recognition) とは、もともと別々であった多数の現象のなかから類似していると思われる要素を取り出し、それらの現象の基礎的構成に共通点を見出す作業である。例えば、『Star People』では、レイキとリコネクションは「エネルギー・ヒーリングを究める」という特集のなかで取り上げられている一二のセラピーのうちの二つである。「肉体以上の存在である私たちは、エネルギーレベルから自分自身に再び、調和を取り戻すことが可能です。ここから、その調和への道をサポートしてくれるエネルギー・ヒーリングの数々をご紹介します。あなたのハートに導くものこそが、あなたを癒す鍵となります」[17]。また、レイキとリコネクション以外に、あと一〇ほどのセラピーが特集に含まれている。そのなかで、起源がはっきりしていない「気功」と「鍼灸のエネルギー・ヒーリング」以外は、「レイキ」のように特定の人によって「開発」「編纂」されたといわれているヒーリングであり、その伝承者の大半はこの三〇年のあいだに活動してきたアメリカ人である。そして、次に挙げるこれらのセラピーの機能説明から分かるように、その共通点・基礎要素が「エネルギー」という概念にあるため、この特集の対象となっているようである。人間のエネルギーシステムを宇宙と再結合させる「リコネクション」、人間のエネルギー・フィールドを診断し、病気を発見する「バーバラ・ブレナン・ヒーリング・サイエンス」、手を肉体レベルに当てて、すべてのエネルギー体に働きかける「ドルフィン・スター・テンプルヒーリング」、もう機能していないエネルギーやストレスを引き抜いて変容させる「アクシオトーナル・アライメント」、高次のエネルギーが流れるように道をつなげる「レイキ」、気を発射して治療する「気功」、バランスを調整することによって滞っているエネルギーを解放する「EMFバランシング・テクニック」、新鮮・健康で必要なエネルギーを流し込む「プラニック・ヒーリング」、治癒力の流れ（ドイツ語のハイルシュトローム）を体に取り入れる「ブルーノ・グルーニング交友会」、鍼を使って体に宇宙のエネルギーを照射する「鍼灸のエネルギー・ヒーリング」、「色」と「光」を用いてエネルギーのバランスを整えていく「カラーパンクチャー」、そして最後に呼吸法とイメージによって「量子＝クォンタム」レベルでの変化をもたらす「クォンタムタッチ」。

ハマーが提示する「秘教伝統」（Esoteric Tradition）における伝統・歴史の構築のベクトル③は「同義化」（synonymization）である。同義化はベクトル②のパターン認識と似ているが、それぞれの歴史が育んだコンテクストの特殊性を削除し、共通点だと思われる要素（＝パターン）だけに基づいて伝統を作るというベクトル②に対して、ベクトル③では共通性がそれぞれの歴史のなかに登場する「専門用語」から発生する。実はハマーはこの同義化の事例を「レイキ」の本から引用している。[18]「生体は、人間も動物も、暖かさとエネルギーを放射している。このエネルギーは生命力そのものであり、文明によって異なる名称で呼ばれてきた……ポリネシアのフナ族はそれを「マナ」と呼び、インディアンのイロコイ族は「オレンダ」と呼んだ。インドでは「プラーナ」、ヘブライ語では「ルアフ」、イスラム教の国々では「バッラカ」、そして中国では「気」として知られている。また、特定のヒーラーはそのエネルギーを違った言葉で名付けることもある。「オルゴンエネルギー」（ウィルヘルム・ライヒ）、「動物磁気」（フランツ・アントン・メスマー）、「アルケウス」（パラケルスス）。日本ではこのエネルギーは「気」と呼ばれ、レイキの基語となっている[19]。このレイキ入門書では、療法としてのレイキの権威は「気」という、どの文明にもあるとされる「エネルギー」にあるようである。もともとの文脈から外され、意味を確認できない「外国語」を文章に交えて並べるだけでそれぞれの意味を同義化したことで、レイキの「歴史」はそれぞれの文明と同じぐらい古く、人間性の根本的特徴になっているようにみえる。

実のところ、前述のようにレイキが既存のセラピー文化に溶け込み始めたのは一九九〇年代である。当時、再び日本で人気を得るきっかけとなったのは一九九五年に出版された望月俊孝『癒しの手――宇宙エネルギー「レイキ」活用法』（たま出版）である。ジャスティン・スタインが指摘するように[20]、この本はレイキマスターによる六五年ぶりの市販出版物で、現在少なくとも一七版まで版を重ねている。いうまでもなく、レイキ施術者のなかで『癒しの手』を読んだことがない人はほとんどいない。Aさんも望月さんのフェイスブックのページを頻繁に閲覧し、彼が現在でも活躍していることを知っていた。レイキと同じように、「単純化」、「パターン認識化」と「同義化」を通して、日本のセラピー文化に多様なレベルで入り込むセラピーは他にもあるが、先にも述べたように、他のセラピーと比べて「レイキ」は、スピリチュアル市場に参入できただけでなく、背景化もされた、と言える。その過程を次節で説明する。

三　レイキの背景化

「背景化」（grounding. 基盤化、接地ともいう）というのは、本来コミュニケーション学の用語である。専門家によると、対話を通して話し手同士が理解したことを共有し、その理解を更新し続けるプロセスを「背景化」という。[21] つまり、通常の社会的コミュニケーションを可能としているのは、会話のなかに背景化された要素から構築される共通の知識・基盤があるからである。このように、アイデアや情報の背景化は、共通知識を作り出すだけでなく、コミュニケーションを前提とする、アイデンティティ、人間観や世界観のような潜在的要素を肯定することにもなる。[22] 本章では、レイキは一九九〇年代後半に日本で再び人気を得てから、日本のセラピー文化に入り込み、二〇年後の現在はそのセラピー文化に共通する基盤となる知識を構成する一つとなった、と主張したい。これもまた、「単純化」「パターン認識化」そして「同義化」を通すことで、その過程がより明確になるため、ハマーの概念を再度利用し、レイキの背景化を説明したいと思う。

スピリチュアル市場の入り口としてのレイキ

長年セラピーサロンのオーナーとして働いてきたものの、いまだにレイキを提供したことがないという施術者にレイキについて聞くと、よく次のような答えが返ってくる。「レイキって、資格商売ということでしょう?」。一五年前にサロンを開店した東京在住のMさん（四〇代、女性）がニューエイジに魅力を感じたのは約二〇年前のことである。当時、Mさんはファッションデザインの会社に勤めていたが、バブル経済が崩壊したことで社内の体制や雰囲気が急に変わってしまい、Mさんはブランドチーフデザイナーだったにもかかわらず、仕事を辞めた。その後、気分転換のため、コスモテンという精神世界の出版社が企画していたエジプトのスピリチュアルツアーに参加した。そこで、日本人観光客のために特別に行われたケビン・ライアーソン[23]のチャネリングセッションに出席したとき、バシャール[24]という存在から「信じるように」というメッセージをもらった。Mさんは非常に驚いた。セッションが終わったあと、ピラミッドの外に出て空を見上げたとき、宇宙連合[25]が目の前に現れ、近くにいた友達もそれをみた。この経験をニューエイジの道を歩くようにというメッセージとして受け取ったMさんは、その後次々と多数のセラピーを習い、現在はアロマテラピー、コスモセラピー、オーラリーディング、チャネリング、タロットリーディングなど、複数のセッションを提供するほどになった。そうしたなか、レイキがない理由について「実力がなくてもできるセラピーだから。それは精神世界じゃない」と説明する。確かに、冒頭で紹介したAさんもレイキの三つのディグリーを一日で取得したと話していた。つまり、レイキヒーラーになるには、Mさんのような霊的経験や長年のセラピーとの付き合いを必要とするわけではない。

二〇〇九年の六月にインタビューしたSさん（四〇代、女性）はちょうどその四ヵ月前にサロンを開いたところだった。当時は客も多く、会社を設立しようと思っていたが、結局その三年後にはサロンを閉め、福岡にUターンしていた。現在は地元で他の仕事をしながら、不定期でレイキ講座も行っているそうである。Sさんがスピリチュアルに興味を持ったのは二〇〇六年だった。ディーパック・チョプラや江原の本を読み始め、マクロビオティックを習うことにした。そして、二〇〇八年に小規模のセラピー学校「マジカル・スピリット」（現在改名・次項を参照）に入り、レイキのマスター講座とティーチャー講座を履修する。当時、その学校の先生は独立するように勧めてきたという。その後、他のセラピー学校でオーラリーディングとヒプノセラピーの資格を取得し、すぐにサロンを開店した。二〇〇九年にはSさんは自分のことをレイキ・ティーチャーと呼んでいた。「スピリチュアル・カウンセラーの響きは悪く、霊能者みたいなことをやっていると誤解されるかもしれないから」。Sさんはレイキのティーチャーになるため、四四万円と五日間（レイキマスター講座二二万円・四日間＋レイキ・ティーチャー講座二二万円・一日）を費やしたが、現在彼女が不定期で教えている福岡でのレイキマスター講座は、四万五千円・三日間で終わる。

なお、レイキの資格を取得したことがきっかけで、サロンを開いたセラピストはほかにもいる。例えば、二〇〇九年八月にインタビューしたNさん（四〇代、女性）はグーグルで「レイキ」を検索した場合、自分のサロンのホームページが検索結果の二ページ目に出るように設定していた。「最近はレイキを別の名前で提供して、金儲けをするヒーラーが多くなっている。通信教育でレイキを教えている人もいるが、そんな方法でレイキは学べないと思う。そもそもレイキはスピリチュアルではない。ただ、スピリチュアルへの入り口としては簡単でいいセラピーだ」。この発言はNさんの経験も反映しているといえる。二〇年前にバシャールやヒプノセラピーの本に夢中になっていたと話したNさんは、チャネリングのセッションを受けたかったが、当時は値段が高くて諦めたという。その後、船井幸雄のセミナーに参加した際にメーリングリストに名前を登録したら、一九九五年のある日、ヴォルテックス(26)という会社からダイレクトメールが届き、レイキの講座に招待された。それでも、値段が高くてNさんは諦めた。結局レイキの資格が取れたのは二〇〇二年の夏だった。二年ほど読み続けていたメールマガジンの発行者を信頼し、学校ではなく、個人でレイキを教えていた男性のところで三日間習った。その後、Nさんはまず自分にレイキを施したところ、子供のときから悩まされていた喘息を治すことができたという。Nさんは「そのとき、病気は人間が作るものだとわかった」と悟り、当時住んでいた小さなワンルームのアパートでレイキのセッションを提供しはじめた。その後、二〇〇五年に大きいセラピー学校に入学していくつかのセラピーの資格を取得し、現在でも活動をしている。

SさんとNさんの共通点は、レイキの資格がサロンを開店するきっかけとなっただけではなく、本格的なセラピーとして意識されていない、ということである。前述のとおり、二人ともレイキをあえて「スピリチュアル」から外して語っているようにみえる。言い換えると、レイキを批判的にみていたMさんや、スピリチュアル市場の入り口としてレイキを使ったSさんとNさんの発言から、レイキは誰でもできる単純なヒーリング方法であり、ある意味でレイキはできて当然という時代になってきているといえる。

「エネルギーならレイキ」

近現代社会における資格偏重主義（credentialism）が、スピリチュアル・サービス産業にもみられることはすでに周知のとおりである。(27) Nさんが話していたヒーリングの通信教育やスカイプを通してのセッションは、私がインタビューしたセラピストによると、三・一一以降に特に増え、現在は遠隔ヒーリングセッションのほうが多いと言われている。実際、オンラインでのレイキのアチューンメントの販売からスピリチュアル市場に入った例もある。レイキのアチューンメントとは、上級実践者によって宇宙のエネルギーとつながるようになる儀式のことである。二〇〇九年六月に初めて会ったUさん（三〇代、男性）は当時、出版社で働いていたが、数ヵ月後に仕事を辞め、自分のサロンを開くことを決めていた（二〇一〇年の二回目のインタビューはUさんのサロンで行った）。当時は電話でのセッションが多く、たまに職場の席をはずし、会社の会議室で遠隔（電話を通して）アチューンメントを行っていた。しかし、Uさんのホームページではレイキのアチューンメント以外には三〇を超える種類のアチューンメントが提供されており、それぞれの名前とエネルギーのレベル・質は異なるとされていた。これらのアチューンメントの対面セッションの値段と遠隔セッションの値段は千円から三千円まで差があり、ほとんどのセッションは一万円以下となっていた。「月で二〇〜三〇程度の電話でのセッションをやっています」。それ以外は、月一〇通のメールでのセッションや二つ程度の対面セッションに加え、ワークショップも月二、三回ほど行っていたという。言うまでもなく、Uさんにとっては遠隔でのアチューンメントが主な収入源となっていた。また、インタビューを通して、Uさんが、海外の二つの会社（一つは北欧、もう一つはアメリカ）で販売されているアチューンメントを受けた後、日本でさらに安い値段で、いわゆる転売をしていたことが明らかになった。

つまり、アチューンメントという言葉はレイキの領域から離れ、他の精神療法に採用されたり、また一つのセッションとして独立して、商品化されたりしてきた。前述のリコネクションはその一つの事例である。「リコネクションの目的とは私たち自身に内在する宇宙とのつながりを完全にすることです」。「リコネクティブヒーリングの目的は肉体的、精神的、感情的、霊的またはその他のどのようなレベルにおいても、本質的にヒーリングです」[28]。つまり、リコネクションはリコネクティブヒーリングのアチューンメントであり、二度のセッションを二日間で行うというルールが存在するそうだ。また、二〇一六年一月一日以降はその値段もその施術者もリコネクション米国本部で改めて定められることになった[29]。

一方、Uさんは「現在、世の中に流通しているほとんどすべての高次元エネルギーは、アチューンメントを一度受ければその効力はずっと持続すると言われています。ヒーリング能力が習得できるだけでなく、副次的な作用として体力の増進、精神力の強化、直感やさまざまな能力の向上を実感する方も多くいます」と説明する。言い換えると、従来はレイキの一環として実践されていたアチューンメントという儀式は他のエネルギー・ヒーリングと呼ばれる精神療法にも適応されたにもかかわらず、特定の精神療法とはミックスされず、独自のセッションとなった。

Uさんのケースでみたとおり、現在はアチューンメントの数は多く、無料で提供されるものも存在するほどだ。例えば、「ブルームーン」というサロンのホームページには次の記述がある。「無料アチューンメントが多数あってどれを使っていいか迷う方は、「サイキック・プロテクション・フレイム」をお勧めします。これは、スピリチュアルな自己防衛手段を提供してくれるアチューンメントです。適切に使用すれば、人によっては日常生活に不可欠になるくらい効果的な技法です。スピリチュアルな世界への理解を深めるきっかけにもなるかもしれません」[30]。そしてこの「サイキック・プロテクション・フレイム」のリンクをクリックすると、六頁のＰＤＦファイルが開く[31]。そこにはElement Energy Center[32]が著作権を持つとされているこのアチューンメントの日本語版マニュアルが入っており、「大天使ミカエルが、サイキックアタックからの防衛手段として、このエネルギーを提供してくれました……毎日、朝起きたときと夜眠るときに、サイキック・プロテクション・フレイムを呼び出すようにしましょう……大天使ミカエルを呼び出すことで、いつでも、何度でも、自分または他人に対してアチューンメントを行うことができます」という説明が書かれている。アチューンメント自体は、次の文章を唱えると、起きるとされている。「聖ミカエル、私にサイキック・プロテクション・フレイムに対するアチューンメントをお願いします。St. Michael, please attune me to the Psychic Protection Flame.」

拡散するレイキ風のセラピー

第二節では、レイキが使うエネルギー、あるいはその療法自体は、どこの文明でもいつの時代でも実践されていたとされた結果、レイキの伝統が構築されることになった、と述べた。そこからレイキを出発点とした新しいセラピーが登場するまでの距離は決して長くない。つまり、レイキが今現在誰でもできる、あるいは誰でも行うセラピーなら、それをもとに発展した新しいヒーリングも可能となる。

例えば、前に紹介したSさんがレイキの資格を取得したのは「マジカル・スピリット」というサロンを経営していた松下仁美というセラピストのところだった。松下仁美の活動はその後大きく展開し、本の出版や雑誌の連載、そして九本のサイト（ブログやオンライン講座を含む）にまで広がっている。現在バリ在住の松下はSさんがレイキの講座に参加する一年前に、『レイキ――宇宙を味方につけるスピリチュアル・メソッド』（アルマット、二〇〇七年）という本を出版している。この本のなかで臼井甕男とレイキとのかかわりについて書かれているのは、二三頁の数行だけである。それまでの松下の説明では「レイキとは、簡単にいうと「宇宙のエネルギーを使った、ハンドヒーリング」のことです」（一三頁）、「聖書には、イエス・キリストが起こした数々の奇跡のことが書かれていますが、その中には、傷ついた人々を癒すために、イエスが「手当て」を行ったとあります。今では、これはレイキの一種だったのではないかと考えられています」（一四頁）とされている。また、松下の本ではレイキをベースにした新しいヒーリングが登場する。「アロマテラピーやパワーストーンといったアイテムとミックスさせ、よりパワフルで楽しめるものにした、松下仁美・オリジナルのスピリチュアル・メソッド」（一三頁）と呼んでいる「ハッピーレイキ」のことである。ここでは、レイキの伝統を構築するのに必要な、ハマーの三つのベクトルが一度でみられるのである。ハッピーレイキは、宇宙のエネルギーを使ったヒーリングというレイキの単純化、イエスの手当てとの同義化、そしてエネルギーという概念も使うパワーストーンやアロマテラピーとのパターン認識化によって誕生した新しい精神療法なのである。

このようにレイキを基にした新しい精神療法はほかにもある。例えば、二〇〇九年七月にインタビューしたIさん（四〇代、女性）は二〇〇一年に初めてサロンを開店した。当時、過労やうつ病といった理由で会社を辞めていたIさんは、「気功」の次にレイキを学び、そしてアロマテラピーのライセンスもロンドン・スクール・オブ・アロマテラピー・ジャパンという学校で取得していた。生活費を稼ぐためにアロマテラピーのサロンを開いたIさんは、レイキを使ったアロマテラピーも実践しながら、他のセラピーも学び続けた。そして、Iさんにとって重要となった経験は、セドナでの旅で出会ったアメリカインディアンのシャーマンだった。そのおかげで、シャーマンの名前までもらい、さらなるセラピーの発見もあったという。Iさんが現在開講している「レイキ勉強会」では、「レイキに留まらない」「レイキだけにとらわれない」ことを主張し、解剖生理学を取り入れた「クラニオセイクラルバイオダイナミック、ソマティック・エクスペリエンスなどの繊細なボディワークをレイキのレベルで使えるようにした」アプローチをとっているそうだ。

また、二〇〇九年三月にインタビューしたCさん（四〇代、女性）は一〇年ほど前に気功健身センターで気功を学んでからヒーリングに興味をもち、透視ヒーリングやリコネクションの講座にも参加した。しかし、当時Cさんのセッション一覧のなかには気功がなく、クォンタムタッチという手当てのセラピーしかなかった。[33] クォンタムタッチについては、エネルギー・ヒーリングとして『Star People』誌の特集に取り上げられていたことを第二節で述べた。リチャード・ゴードンが一九七八年にクォンタムタッチを発明したとされていて、二〇〇九年にその「レベル二」というさらに強力なクォンタムタッチまで提供され始めたようである。[34] また、レイキとクォンタムタッチには共通点が多いため、インターネット上ではその二つのセラピーの比較を頻繁に見かける。例えば、クォンタムタッチのホームページでは、「レイキマスターはクォンタムタッチを「レイキの強化」や「ターボ充電したレイキ」とも呼んでいる」という記述がある。[35] 別のサイトでは、レイキとクォンタムタッチの違いが次のように説明されている。「レイキもクォンタムタッチも手当て療法だが、レイキヒーラーはエネルギーの通路である一方、クォンタムタッチのヒーラーはより積極的に自分のエネルギーを使うことでエネルギーをコントロールでき、患者のエネルギーを調整しようとする」。[36]
現在では、登場が新しく、またエネルギーを使った手当て療法の場合、レイキと比較され、レイキとの違いを強調する傾向は避けられないようだ。

まとめ

本章の冒頭で紹介したAさんの話ではレイキが現在幾つかの理由で人気をなくしているそうであるが、私が議論したのは、レイキが一九九〇年代後半に日本で再び人気となってから日本のセラピー文化に入り込み、二〇年後の現在はそのセラピー文化に共通する基盤としての知識の一つとなったことである。そのため、ハマーが提示する「秘教伝統」(Esoteric Tradition) における伝統・歴史を構築するための三つのベクトルである「単純化」、「パターン認識化」、そして「同義化」を使用しながら、主に二〇〇九年のスピリチュアル・ブームが終わったころにインタビューしたセラピストの事例をもとにレイキの背景化を説明した。レイキは単純化によってその実用性や即時性がフォーカスされることになり、簡単に誰でもできる手当て療法としてスピリチュアル市場の入り口の一つとなった。そして、パターン認識化によってエネルギー・ヒーリングの代表的療法となったレイキにおけるアチューンメントは、他の精神療法に採用されたり、また一つのセッションとして独立して、商品化されたりしてきた。そして、さらなる同義化を通して、レイキの「歴史」があらゆる古代文明と同じくらい古いと見なされてからは、レイキの名を使ったハッピーレイキなど、世界中で新しく登場し続けているエネルギー・ヒーリングにとって、比較すべき基準となった。

最後に一つ、注意が必要である。本章で描写した「背景化」というプロセスは現代に限らず、いつの時代にも起こりうると思われる。特に、近代市場の出現とともにグローバルネットワークを通して普及した精神療法、メタフィジカル・セラピーのなかでいまだに残っているものは、背景化したからなのではないか、という議論はできるかもしれない。しかし、これは別の論文の課題にしたい。

註

（1）有元裕美子『スピリチュアル市場の研究——データで読む急拡大マーケットの真実』東洋経済新報社、二〇一一年。
（2）二〇〇九年四月七日のインタビュー。
（3）当時の広告をみると、ディグリー一から三までを取得するにはおよそ一五万円ほどかかり、その後自分も伝授できるようになるためのティーチャーズディグリーを取得するにはさらに一五万円払う必要があったようである（『心と体を癒すセラピー・オール・ガイド'98－'99』BABジャパン、一九九八年、九二－九四頁）。現在Aさんのサロンのホームページではディグリー一から三を取得するには各二万五千円かかるが、ティーチャーズディグリーには三万円の値段が付いている。
（4）二〇一六年三月五日のインタビュー。
（5）コリン・ジョイス「スピリチュアルと日本人」『ニューズウィーク日本版』（CCCメディアハウス）二〇〇七年五月一六日号、四七頁。
（6）前掲『ニューズウィーク日本版』（CCCメディアハウス）二〇〇七年五月一六日号、五一頁。
（7）小池靖『テレビ霊能者を斬る——メディアとスピリチュアルの蜜月』ソフトバンク新書、二〇〇七年、三九頁。
（8）Ioannis Gaitanidis, "Spiritual Therapies in Japan," in *Japanese Journal of Religious Studies*, 39(2), 2012, pp. 353–385.
（9）平野直子「拡散・遍在化する宗教——大衆文化のなかの「スピリチュアル」」（高橋典史・塚田穂高・岡本亮輔編著『宗教と社会のフロンティア——宗教社会学からみる現代日本』勁草書房、二〇一二年）九九頁。
（10）Ioannis Gaitanidis, "Gender and Spiritual Therapy in Japan," in *International Journal for the Study of New Religions*, 3(2),

2012, pp. 269–288, 275.

（11）『Star People』一九号、二〇〇六年、二〇頁。

（12）『Star People』一九号、二〇〇六年、二八－二九頁。

（13）ハマーは神智学の誕生からニューエイジまでの時代における秘教伝統をエソテリック・トラディションと呼ぶ。Olav Hammer. *Claiming Knowledge: Strategies of Epistemology from Theosophy to the New Age*, (Leiden: Brill, 2001), pp. 5–8.

（14）Olav Hammer, 2001, pp. 159–165.

（15）『Star People』一九号、二〇〇六年、二九頁。

（16）同頁ではレイキの一〇の特徴が表でまとめられている。その四つ目は「思想や宗教などに関係なく、レイキを信じようか信じまいが、必要に応じてエネルギーは流れる。ただし信じたほうが効果は高い」とされている。

（17）『Star People』一九号、二〇〇六年、一八頁。

（18）Olav Hammer, 2001, p. 164.

（19）Diane Stein, *Essential Reiki: A Complete Guide to an Ancient Art Healing*, (California: Crossing Press, 1995), p. 16.（和訳は著者による）

（20）ジャスティン・スタイン「臼井霊気療法とレイキ――二〇世紀日本に於けるスピリチュアル・ヒーリングについて言説空間」Nanzan Seminar, Nanzan Institute for Religion and Culture, Nagoya, Japan, May 31, 2015.

（21）Maureen Guirdham, *Communicating Across Cultures at Work*, (New York: Palgrave MacMillan, 3rd edition, 2011), p. 256.

（22）Yoshi Kashima, Olivier Klein, and Anna E. Clark, "Grounding: Sharing Information in Social Interaction" in *Social Communication*, ed. By K. Fiedler (New York, Psychology Press, 2007), pp. 27–78, 67.

（23）ケビン・ライアーソンはニューエイジにもっとも読まれているベストセラー『アウト・オン・ア・リム』（シャーリ

ー・マクレーン著、日本語訳初版が一九八六年に出版された）に登場するチャネラーである。

（24）バシャールはダリル・アンカというチャネラーが交信していると言われている宇宙人の名前である。ダリル・アンカが一九八七年五月に初めて来日した後、バシャールとチャネリングする日本人も現れた（藤田庄市『霊能の秘儀――人はいかに救われるのか』扶桑社、一九九二年、七三頁）。

（25）宇宙連合とは宇宙にいる超越的存在（神々、宇宙人、天使など）の集団に与えられている名称である。神智学のGreat White Brotherhoodが宇宙規模で発展した概念としてニューエイジ運動のキーワードの一つである。Christopher Partridge, "Channeling Extraterrestrials: Theosophical Discourse in the Space Age." in *Handbook of Spiritualism and Channeling*.（Leiden: Brill, 2015）, pp. 390–417.

（26）ヴォルテックスという会社の代表者は『癒しの手』の著者、望月俊孝である。

（27）Marion Bowman, "Healing in the Spiritual Marketplace: Consumers, Courses and Credentialism", in *Social Compass* 46（2）, 1999, pp. 181–189.

（28）http://reconnecting-japan.jp/top/?page_id=96（最終閲覧は二〇一六年三月三〇日）

（29）http://reconnecting-japan.jp/top/?page_id=98（最終閲覧は二〇一六年三月三〇日）

（30）http://bluemoonlit.jp/jp/attunement_free.html（最終閲覧は二〇一六年三月三〇日）

（31）http://bluemoonlit.jp/jp/attunements/PsychicProtectionFlame_jp.pdf（最終閲覧は二〇一六年三月三〇日）

（32）現在はこのセンターのホームページ（www.elementenergy.com）が存在しない（最終閲覧は二〇一六年三月三〇日）。

（33）現在は、Cさんのサロンのホームページにはそのセラピーがない。

（34）https://www.quantumtouch.com/index.php?option=com_content&view=article&id=1098&Itemid=319&lang=en（最終閲覧は二〇一六年三月三〇日）

（35）https://www.quantumtouch.com/index.php?view=article&catid=187:special-topic-reports&id=935&option=com_

content&lang=en（最終閲覧は二〇一六年三月三〇日）

（36）　http://www.livestrong.com/article/533831-what-is-the-difference-between-reiki-quantum-touch-therapy/（最終閲覧は二〇一六年三月三〇日）

Ⅳ　民間精神療法主要人物および著作ガイド

栗田英彦・吉永進一

目　次

第五章　療術期　一九三〇〜一九四五年　*368*

はじめに

ここでは、民間精神療法家（霊術家）やその主要著作の紹介を行いたい。(1)ただ、民間精神療法家は、明治三〇年末から昭和五年に療術の取り締まりが行われ衰退に向かうまで、数万人とも言われるほどの規模で出現した。しかもその出版物には会員限定などの小部数のものもあり、そのすべてを網羅することは不可能である。ここで取り上げるのはごく一部であり、特に代表的なもの、これまで研究が進んだものであることを断っておきたい。

次に療法家を案内する上での、民間精神療法の整理基準について述べておきたい。本書は、民間精神療法の歴史に焦点を当てており、ここでも時代区分に従って解説していく。区分の設定は本書「序論」に従い、次のものを用いる。

一　萌芽期　一八六八〜一九〇三年（明治元〜三六年）

二　精神療法前期　一九〇三〜一九〇八年（明治三六〜四一年）

三　精神療法中期　一九〇八〜一九二一年（明治四一〜大正一〇年）

四　精神療法後期　一九二一〜一九三〇年（大正一〇〜昭和五年）

五　療術期　一九三〇〜一九四五年（昭和五〜二〇年）

各時期の特徴については、まず「序論」を参照されたい。それを前提に、本部でも若干の補足を行っている。

治療家として活動を始めた時期、あるいは主要な著作が出版された時期によって、療法家・著述家を各時代に配している。それゆえ、ほとんどの療法家がその後の時代にも活躍していることに留意されたい。後の時代には技法を変えたり、宗教家に転身したりする者もいるが、それについては一つの項目内で記述している。

次に内容の分類についてである。まず治療内容による分類の可能性を考えたい。民間精神療法では、そもそも何を治療しようとしていたのか。ここであらかじめ注意しておきたい点は、「精神療法」が扱った病気には、赤面症、悪癖矯正や神経衰弱のような心身症、あるいはさまざまな機能的疾患だけでなく、器質的な病気も含まれていた、ということである。「精神療法」という語の内容は、「精神を癒す療法」というより、むしろ「精神によって（精神と身体を）癒す療法」が主であった。「自然良能」や「生命」といった根源的な治癒力に働きかけようとしており、近代医学が前提にする特定病因論とは異なる発想に基づいている。よってこの方向からの分類は困難である。

それでは技法による分類はどうだろうか。民間精神療法はその技法の出自から、密教、修験、禅仏教などの伝統宗教系、あるいは催眠術や欧米のニューソート系などと分類することは可能だろうが、出自が不明のものも多い。技法の内容を見ても、食養、呼吸法、強健法、観想法、催眠術的技法、自動運動（霊動）、手当て療法、マッサージ、電気や温熱を利用した物理療法まで多岐にわたるが、いくつかの技法を複合的に用いている場合がほとんどである。

民間精神療法の分類は難しく、その混沌こそがこのジャンルの「霊妙不可思議」な魅力と妖しさの所以《ゆえん》でもあり、いわば近代的な分類枠組みを越境していく、超近代的な（あるいは前近代的な）特徴を示している、ともいえるだろう。それゆえ、安易な類型化は、その特徴を損なうことにもなりかねない。そこでここでは、治療内容や技法の出自や内容での分類を避け、大きな分類として、

（A）自己治療系

（B）他者治療系

を用いることとする。

（A）は、自己の健康増進や精神安定、自己の人格向上や能力開発を主眼とする。具体的には、瞑想、坐禅、呼吸静坐法、体操による強健法、自動運動を用いた療法、断食療法を中心に含めている。（B）には、他者の治療を目的とする技法で、催眠術、気合術、暗示療法、さらに手当て療法から指圧や整体なども含めた。

ただしこの分類であっても、両者は厳密に分かれるわけではなく、自己修養の技法は他者治療の実践を行う場合の準備として用いられていたし、自己治療と他者治療を併用する場合も非常に多い。後期と前期で自己治療と他者治療の力点を変える者もいる。こうした修養と民間精神療法の連続性を踏まえた上で、おおよその目安として、特に自己治療の特色の強いものを（A）に位置付けている。

第一章　萌芽期　一八六八〜一九〇三年

この時期は、いまだジャンルとしての「修養」や「精神療法」が成立しておらず、自己治療は、仏教者や神道家など、伝統宗教の実践者が、西洋医学・科学や西洋哲学のインパクトを受け止めて提唱したものが多い。

他者治療は、明治二〇年代に第一期のブームを迎えた催眠術によるものが主流である。催眠術は、明治二〇年代に第一期のブーム、明治三〇年代に第二期のブームがあった。第一期ブームの担い手は官学やその出身者が中心で、西洋の新知識の紹介が第一の目的であったと考えられる(2)。

一―A　自己治療系

原坦山――惑病同源論

原坦山《たんざん》(一八一九―一八九二)は、東京大学の印度哲学初代講師も勤めた曹洞宗の学僧である。東京大学で行った大乗起信論講義は、加藤弘之(一八三六―一九一六)、井上哲次郎(一八五五―一九四四)や井上円了(後述)など、黎明期の哲学者に大きな影響を与えたことで知られている。その一方で、彼は幕末に蘭方医小森宗二(一八〇四―一八六二)との議論に負けてから発憤して生理学を学び、「脳脊異体惑病同源」論を唱えていた。それは、身体の病も心の悩みも同一の原因にあるとし、禅を生理学的心理学に基づいて解釈しなおした心身医学説であった(3)。

坦山の惑病同源論は、

『時得抄』(出版社不明、一八六九年)

『心性実験録　一名・西学弁解』(朝倉九兵衛、一八七三年)

『首楞厳経講義』(華蔵界万拙、一八九一年)

といった著作に記されている。坦山死後に門弟の荒木礒天《ぎてん》(一八六二―一九四七)は、『時得抄』の解説書として、『禅学心性実験録』(荒木礒天編、井冽堂、一九〇七年)を出版している。この本は坦山の惑病同源論を知るための比較的読みやすい手引きとなっており、二〇〇六年には八幡書店からの復刻もある。また『時得抄』と『心性実験録』は、『坦山和尚全集』(秋山悟庵編、光融館、一九〇九年)にも収録されている。

坦山の惑病同源論の内容を見てみよう。『禅学心性実験録』によれば、脊髄から陀那《だな》なるものが脳にのぼって惑体を生み出し、それがさらに全身に環流していき、憂鬱、恐怖、怠慢、貪淫、惰弱、弛緩、煩悶、喜予等、有らゆる妄惑の感動と為り、其一顰一笑が悉く身体の変化を起し、之れが万病の原因となるのみならず、其廃液の身外に泄除する者の顕著なるは、平常に於いて鼻涕粘痰と為り……外触時処の誘介に乗じて忽ち万病を醸起するなり。（一〇三頁。圏点削除、以下同様）

とある。この惑障の流れを絶つために、まず心気力（定力）を気海丹田に込め、次に胸に移り、最後に脳と脊髄をつなぐ部分を絶つ。

無明煩悩即ち惑体妄識は脳脊和合の流液なるが故に、其流行の部所に定力を込めて之を排除するなり、此に至つて理観念法は一切不用なり。（一一七頁）

それが仏教における「禅定」なのであり、したがって「勇猛精進工夫を怠らざれば、百人が百人ながら、千人が千人ながら其工夫を用ひたる部所は、必ず其功果を実にすることを得」るのである（一一九－一二〇頁）。

仏教の禅を宗教というよりは療法へと展開しており、万人への実効を強調しているのが特徴である。坦山自身もこの法を実践して効果もあったが、一度は誤って病を得たと言われる。いずれにせよ、誰もが実践可能な技術とした点において、後の民間精神療法に通じるものがあった。ただし、現在の仏教理解からすると荒唐無稽に見えるかもしれないが、坦山にとって惑病同源論は、仏教からの逸脱ではなく、仏教の真正の教えの回復であったことは留意しておくべきである。つまり、それもまた近代仏教の一つのバリエーションだったのである。

なお、門弟の曹洞宗僧侶・原田玄龍（一八三七－一九一九）は、坦山の説を学びつつ、脳脊の断絶に耳の後ろに定力を用いる方法を発案して、『**耳根円通論**』（耳根円通会、一八九四年）(4) を著した。その方法は「耳根円通法」と呼ばれ、木原鬼仏（後述）らを中心に霊術家によって継承されていくこととなる。

川合清丸——無病長生法

川合清丸（一八四八－一九一七）については、本書第Ⅱ部第一章の栗田論文を参照されたい。川合には多数の筆名があるが、仙術や健康法関係の著述には無々道人を用いた。

川合が『**僊家秘訣　無病長生法**』（日本国教大道社、一九〇一

年）で紹介している吐納法は、川合自身の考案ではなく、仙人・河野久からの伝授であり、他の健康法の内容も近世の養生論を踏襲したものである。ただそれが、神道、仏教、儒教といった枠組みを超えて「国教」の確立を目指すという近代的な試みのなかで主張されているところに、その後の精神療法や修養に通じる先駆的な意味があるといえる。

その他には、伊藤尚賢《しょうけん》（一八七四－一九二八）が川合に聞き取りをしてまとめた『**気海丹田吐納法**』（**伊藤尚賢編、東京崇文館、一九一二年**）という著作もある。こちらには、聞き取りによる吐納法の紹介のほか、『無病長生法』から「灌水法」を抜粋して収録し、弁護士の海野景彰《けいえい》による実験談を付している。伊藤は、七〇冊を超える通俗医学書・健康法紹介本を執筆している人物で、医師資格を持った正規の医師であり、漢方薬の調剤販売にも関わり、衛生新報社の記者をしていたこともある。(5)

『川合清丸全集』七巻（川合清丸全集刊行会、一九三一年）には、『無病長生法』のほか、川合の養生論、道教、仙術関係の著述が集められている。また、川合清丸全集刊行会の手により、別個『仙家秘訣　無病長生法』（川合清丸全集刊行会、一九三四年）が復刊されている。さらに『無病長生法』は吉永進一編『日本人の身・心・霊Ⅱ』二巻（クレス出版、二〇〇四年）で復刻されている。

釈宗演と鈴木大拙――静坐のすすめ

釈宗演《そうえん》（一八六〇－一九一九）は、明治期の代表的な禅僧である。慶應義塾に入塾し、洋学や英語を学び、シカゴ万国宗教会議への参加（一八九三年）や、米国布教（一九〇五年）を行った。臨済宗円覚寺派管長、建長寺派管長、臨済宗大学学長を歴任、夏目漱石の小説『門』に登場する老師のモデルとしても知られる。(6)

宗演の禅は幕末の今北洪川《こうせん》（本書第Ⅱ部第一章の栗田論文を参照）の系譜に連なるが、(7)明治末には新たな展開をみせていた。その新しさは、宗演の原案をもとに門下の居士・鈴木大拙（一八七〇－一九六六）が執筆した『**静坐のすすめ**』（**光融館、一八九九年**）(8)によく現れている。この本は、知的エリートの「青年」に向けて静坐（坐禅）を勧めるもので、「悟り」以前に、集中力向上、徳性涵養、精神の余裕などにも有効であると強調する。そして、その有効性の根拠は、血液循環やジェームズ－ランゲ説（身体の変化が情動の変化に先立つとする心理学の説）などの生理学や心理学に説明を求めている。また、静坐に類するものはキリスト教や儒教にもあると主張し、さらに公案の内容は聖書や論語に求めてもよく、禅堂に来る必要もないとまでいう。のちに仏教思想家として大成することになる鈴木大拙だが、初期にはこのような坐禅解釈を行っていたのである。

『静坐のすすめ』は、禅宗で重要な教外別伝や師資相承さえも否定して、科学的で普遍的な坐禅の説明をめざしている。ここには、新しい時代への適応を試みる仏教者の試行錯誤が垣間見える。この時期、気や陰陽五行説、あるいは『摩訶止観』などの仏典に依拠した東洋的な説明は、そのままでは布教対象の知識人に通用しないものとなっていたのだろう。白隠の養生論の近代的な再評価は、明治三〇年代後半（加藤咄堂《とつどう》の項目参照）を待たなければならない。

なお、『静坐のすすめ』は、宗演門下の棲梧《せいご》宝嶽《ほうがく》（一八七五－一九四二）[9]による大部の注釈付きで、**『釈評　静坐のすすめ』**（光融館、一九〇八年）として再刊されている。さらに『鈴木大拙全集（増補新版）』第一八巻（岩波書店、二〇〇一年）にも収録されている。

一－B　他者治療系

井上円了――心理療法

井上円了（一八五八－一九一九）は、明治を代表する哲学者・教育者であり、東洋大学の前身、哲学館を創設した人物である。真宗大谷派の国内留学生として東京大学に入学しており、同派との関わりが深い。**『真理金針』**（山本留吉、一八八六年）や**『仏教活論序論』**（哲学書院、一八八七年）など、排耶論、護教論的な仏教改良を主張する著作もある。一般的には、妖怪学の創始者として、あるいは「迷信打破」の啓蒙活動に生涯を捧げたことでも著名である。

さて、「心理療法」の造語者は井上円了であったと言われている[10]。彼は、「迷信」の誤謬を心理学によって指摘していたが、逆にいえば、そうした「迷信」の持つ心理的効果、つまり心理療法的な有効性も認めていた。祈禱やまじない、坐禅や瞑想といった宗教実践を心理学的に解釈して宗教的意味を退けつつ、実践的には利用していくというスタンスは、民間精神療法にも通底する。その意味では、いかに円了が「迷信打破」に力を入れていたにせよ、むしろそれゆえにこそ、彼の心理療法は民間精神療法の萌芽に他ならない。

井上円了の心理学・心理療法関連の著作の代表的なものは以下である。(11)

『通信教授　心理学』（通信講学会、一八八六年）
『心理摘要』（哲学書院、一八八七年）
『東洋心理学』（哲学館、一八九六年）
『仏教心理学』（哲学館、一八九七年）
『心理療法』（南江堂、一九〇四年）
『活用自在　新記憶術』（文昌堂、一九一七年）

いずれも『井上円了選集』九巻・一〇巻（東洋大学創立一〇〇周年記念論文編纂委員会、一九九一年）に収録されている。なお、通信講学会とは、一八八六（明治一九）年、『教育時論』の関係者によって、心理学を含む諸学科を学校教員や修学の志ある者に教授するために設立された通信教育機関であり、円了はその組織の心理学講師に就任している。(12) 民間精神療法でよく見られる、「通信教育」による技法教授の先駆者ともいえるかもしれない。

また円了は、広い意味での心霊研究の先駆者でもあった。一八八六年に「不思議研究会」、一八九〇（明治二三）年には「妖怪研究会」を発足して、奇夢、幽霊、狐狸、天狗、犬神、みこ、予言、コックリさん（テーブル・ターニング）など心霊現象に関する資料を収集している。こうしたトピックを心理学的に解明するのが円了の妖怪学であり、『妖怪玄談』（哲学書院、一八八七年）や『妖怪学講義』（哲学館、一八九三年）などにまとめられている。(13)

こうした円了の心理学、心理療法、催眠術は、哲学館で講義されていた。哲学館には寺院の子弟や在家仏教者が通っており、それによって若き改革的な仏教者のあいだに心理学や催眠術の知識が普及したといえる。哲学館からは、新仏教徒同志会で仏教改革運動を行った中心人物（境野黄洋《こうよう》・高島米峰《べいほう》ら）が巣立っていったが、その創立メンバーのなかに、後述する加藤咄堂、杉村楚人冠《そじんかん》などがおり、心理学的観点から東洋的修行法を再評価して、後の民間精神療法に影響を与えている。仏教者から精神療法家・修養法指導者となった藤田霊斎や五十嵐光龍などもまた哲学館の卒業生であった。民間精神療法史における円了の重要性のひとつは、仏教系知識人に心理学、心理療法、催眠術の知識を普及したことにある。

さて、ここでは『心理療法』より、その論の要点だけを紹介しておきたい。

まず円了は心身相関論（身心とあるのは仏教用語）に立つことを明言する。

一切の疾病は身心相関の上に現ぜざるは莫しと雖も、其原因の身面より生ずるものと、心面より発するものとの別あり。（一六頁）

身体を操作する治療法があるなら、心理を操作しての治療も可能であろう。民間の迷信まじないのたぐいは間違っているとはいえ、それらは一種の心理療法である。

民間に行《おこな》はるゝ信仰療法は多く迷信に陥り、今後の心理療法とはなし難し。もしその迷信を避けんと欲せば、高等の宗教によらざるべからず。然らざれば、哲学若くは心理学の道理に考えて、其方法を改定するを要す。余以為《おもえ》らく今より後、心理学を治療の方面に応用するに至らば、必ず今日に適応する療法を案出するを得べし。其一例は催眠術なり。（一八－一九頁）

円了は、まじないとは区別される漢方医学についても、効果の半分は心理療法にあるとまで見ていた。彼は生理療法と心理療法の両輪がそなわった医療を理想と考え、西洋医学自体は生理療法だが、キリスト教によってその欠は補われていると考えていたのである。

さらに西洋においても、宗教と医学のあいだに、新たな可能性を模索する動きがあったことを理解して、次のように述べている。

宗教の外にも、スピリチアリズムの如き精神の霊能を研究する学会あり。また催眠術の如きものあり。此等も多少心理療法に渉りて実験せるものなり。又耶蘇教会の教会の一種にして専ら万病を祈禱によりて冶することを唱ふるものあり。即ちクリスチャン、サイエンスなり。（七三頁）

円了の志向していたものは迷信排除と同時に、東洋的な身心両面にわたる全体的健康観の復権であり、西洋の物質主義的医学偏重の風潮に対しては強く批判した。

我邦は其名は西洋を学ぶと称しながら、独り生理療法を取りて、心理療法を排するは何ぞや。我邦には古来神道あり仏教ありて、心理療法を伝へて今日に至れるに、之を排斥して独り生理療法のみを用ふるは、余の大いに惑

ふ所なり。（七三－七四頁）

物質から精神へ、西洋から日本や東洋の伝統的知へという風潮は、明治四〇年代になるとはっきりしてくる。いうまでもなく、民間精神療法や修養法の流行はその現れであり、そこでは東洋的な心身技法が盛んに唱えられるようになる。それは、一面では円了の希望に沿うものであったかもしれないが、また一面では円了が「迷信」として排撃しようとしたものも多く含むことになった。実際、『新記憶術』では、次のように民間精神療法のパイオニア、桑原俊郎を批判している。

　桑原氏著の「精神霊動」の中に某師範学校生の記憶の悪い者に三回施術したが、一回毎に記憶力が進んで来たといふ事が書いてある。けれども我々の考へから眺めて見ると、是れ亦一種の迷信に過ぎない。（二一－二二頁）

　だが、それは円了の目指した心理療法・催眠術からの逸脱というより、ある種の必然だったのではないか。心身相関論に立つとき、心と身、精神と物質といった対立物の繋がりをいかに説明するかという問題を抱え込むことになり、デカルト以来の心身問題が必然的に生じてくる。円了は心身の二元性を前提に、一部の疾病の治療などについて限定的に相関を認めている。論理的というより現実的な扱いであり、穏当である。しかし、心身相関の問題を、不可分性・一元性の極へと進めたとき、精神と物質の境界は消失し、民間精神療法の壮大な宇宙論と超心理的能力が幕を開けることとなる。それは療法というカテゴリーさえ超えていくものなのであった。

ジョン・B・ドッズ——動物電気

　第一期催眠術ブームで出版された翻訳書、**メスマー『動物電気概論』**（鈴木万次郎訳、十字屋、一八八五年）は、国立国会図書館で確認できる限りで最初の催眠術書である。井上円了や大沢謙二（一八五二－一九二七、医学博士）によって学術的な催眠術が紹介される一方で、海外の民間精神療法である催眠術もまた早くから移入されてきたのである。

　ただし、本書はフランツ・アントン・メスマー（一七三四－一八一五）の著作の翻訳とされているが、実際の内容は、アメリカで広く流布していたジョン・ブーヴィー・ドッズ（一七八五－一八七二）の著作群をリライト翻訳したもののようである。メスマーおよび動物磁気説、メスメリズムの国内外での展開については、本書第Ⅰ部第二章の奥村論文を参照されたい。ここではドッズについてのプロフィールを補足しておく。

ドッズは催眠術師（メスメリスト）として知られるが、元はキリスト教の一派ユニバーサリズムの牧師であった。彼は、神と世界、精神（霊魂）と身体をパラレルなものと想定し、人間の精神と身体のあいだに神経電気が流れているように、神と世界のあいだに電気という媒体があると考え、さらにそれを進めて、要するに電気は宇宙の材料であり、神は電気から世界を創造したとする。(14) その意味で心身一元論ではあったが、創造主を認める点で宇宙論としては二元論であった。

ドッズの動物電気論は、日本でも民間精神療法の生命エネルギー的概念に強く影響を与え、実際、ドッズと民間精神療法の理論には似通った点も多い。しかし、ドッズが前提としていた創造神の観念はほとんど受け継がれず、日本ではむしろ一元論的宇宙論が主流となっている。この違いは、文化比較、歴史比較の観点からも示唆に富む。

なお、『動物電気概論』は吉永進一編『日本人の身・心・霊Ⅱ』一巻（クレス出版、二〇〇四年）で復刻されている。

近藤嘉三――魔術と催眠術

近藤嘉三《よしぞう》（生没年不詳）についての詳細は不明である。催眠術についての著書を出版しており、以下のものがある。

『心理応用　魔術と催眠術』（穎才新誌社、一八九二年）
『幻術の理法　附・神と幽霊』（穎才新誌社、一八九四年）
『催眠術独習』（大学館、一九〇四年）

なかでも『魔術と催眠術』は、明治における第一期催眠術ブームのベストセラーであり、精神療法の創始者桑原俊郎（後述）もまたこの本を読んで催眠術を始めている。(15) 近藤の著作の特色は、催眠術によって「不可思議なる魔術」（神話や古典に記された宗教者や英雄による奇蹟や霊能）を行えると断言していることにあり、円了が心理学的説明に基づき奇蹟などを精神上の錯誤としているのとは、著しい対比をなしている。この点で、民間精神療法の誕生に近藤の著作が果たした役割は大きい。

なお、『魔術と催眠術』は吉永進一編『催眠術の黎明』一巻（クレス出版、二〇〇六年）で、『催眠術独習』は吉永進一編『日本人の身・心・霊Ⅱ』一巻（クレス出版、二〇〇四年）で復刻されている。

第二章　精神療法前期　一九〇三～一九〇八年

この時期以降に活躍を始める精神療法家は、多くが明治維新以降生まれの第一世代（一八七〇年代世代）であり、幼少期から近代的学校制度のなかで教育を受けて来た経験を持つ。また「精神療法」や「修養」といった言葉が生まれるのもこのころである。[16] 伝統宗教に属するのではなく、修養論者や精神療法家として自立する者が多く、仏教などの伝統宗教に出自を持つ者であっても、むしろその枠を超えていくところに特徴がある。

催眠術についていうと、この時期は第二期ブームに相当する。第一期ブームではアカデミズムが主役だったのに対し、第二期では民間の催眠術研究者が流行の原動力となる。この時期の代表的な催眠療法家としては、本章で取り上げた人物のほかには、佐々木九平、山口三之助、富永勇といった人物がおり、それ以外にも多数の催眠術師がいた。[17] この時期の精神療法と催眠術の境は明確ではなく、後に精神療法・霊術を掲げる者も、まだ催眠術を名乗っている場合が多い。

二－A　自己治療系

岡田虎二郎――岡田式静坐法[18]

岡田虎二郎（一八七二－一九二〇）は、田原藩（現・愛知県田原市）の士族の子として生まれる。彼が最初に深く関心を持ったのは二宮尊徳（一七八七－一八五六）の報徳思想と農業であり、独学でありながら農業改良に成果を収めていた。しかし当時の愛知県知事と対立して農業を辞し、三〇歳で渡米する。

一九〇五（明治三八）年に帰国後、岡田は東京で「精神療法」の看板を掲げて活動を開始し、病者を横臥させて呼吸させたり、病者とただ相対して静坐していつの間にか治したりといったことをしていた。つまり、彼が最初に行っていたのは他者治療だったのである。

前者の横臥呼吸は、ラマチャラカ（後述）などニューソート系の著作にも見られ、白隠慧鶴《えかく》（一六八五－一七六八）の『夜船閑話』にも見られるものである。[19]

後者については、同時代に類似した他者治療を説いた本として、**加瀬神洲『呼吸術』（大学館、一九〇五年）**がある。加瀬神洲（生没年不詳）は、呼吸術は自己修養だけでなく、「対人治療」にも応用可能だという。それは次のような手順をとる。

施術者は患者とさしむかいで座り、両者が呼吸法（腹式呼吸）を行い安静状態に入る。術者は患者の額に布をおき、そこへ手を当てて、三昧（無念無想）に入る。額に手をおけないときは、患者の手と術者の手をわずかに接するようにしてもいい。そこでここぞというところで、「病気が治れ」、もしくは「性癖が治れ」という心象に向かって意力を集中する。眠るでも睡らないでもなく、醒めぬでも醒めたでもない。被術者はそういう三昧の状況になり、そこへ術者の意力が伝わる、という（四八‐四九頁）。これは桑原俊郎の催眠術＝精神療法にも通底する方法論である。岡田がこうした著作を参照したかは分からないが、初期の高弟さえも岡田の施術を「催眠術」のたぐいだと認識していた[20]。

しかし、門弟が増えるに従い、岡田自身が他者治療を行うことは減っていったようで、一九一〇（明治四三）年に、中心的な静坐会場となる日暮里の本行寺で静坐会が開かれるころには、呼吸法と坐法の指導に専念することになる。それが現在にも伝わる修養法「岡田式静坐法」である（なおこの名前は岡田自身の命名ではなく、ジャーナリストなどによって呼ばれ始めたものである）。

身体技法は難しくないが、「一毫の差は、千里といいます。天国と地獄は紙一重。いつも正しい姿勢をしていなくてはいけません[21]」という言葉が残っているように、厳密に遵守することが求められる。まず正座して臀部を突き出して腰を立て、下腹部（丹田）を張りつつ、鳩尾《みぞおち》を落とした姿勢を取る。呼吸はすべて鼻から行い、丹田に力を込めながらゆっくり息を吐き、力を緩めるとともに一瞬息を吸い込んで、再びゆっくり息を吐く（この呼吸法は通常の腹式呼吸とは逆に吐くときに腹を張るため、「逆呼吸」と呼ばれることもあった）。ただし身体技法が厳密である一方で、精神的にはあるがままに任せ、無念無想になろうとすることさえ必要ないとした。実践者たちはこの静坐法を、静坐会場で、あるいは朝晩に三〇分程度行い、またその姿勢と呼吸をいつでも維持することを心がける。

一方、興味深いことに、岡田式静坐法の実践によって、自動運動を起こす者もいた。具体的には、体をゆすったり、手を上下に振ったりといったものから、坐したまま飛んだり、唸ったりといった現象が見られたのである。それゆえ、当時の静坐会はなかなか騒々しかったようで、「ばたばた」と呼ばれることもあった。この体験を求めて参坐する実践者も少なくなかったが、最終的に太霊道の霊子術や大本の鎮魂帰神法などの類似現象と誤解されることを懸念して、岡田はそれを禁じている。ただ、こうした自動運動は、のちの野口整体の「活元運動」に見られるように、健康法において重要な水脈を形成していく。

岡田式静坐法は健康法として広まり、腹を太らせ体を作り、肺病や神経衰弱などへの効果が喧伝されたが、岡田自身は、静坐法は健康法ではないこと、静坐は「ゼロ」の境地であることを強調し、各自に備わっている道がおのずから引き出されるのが静坐である、と述べている。禅的な境地との類似もよく言われていたが(22)、「僕のやつてゐる静坐を世間では禅に類する様に云ふが、実際は親鸞聖人の思想に近い(23)」とも述べていた。つまり、静坐実践における自力か他力かの二分法を超えようとしていたのであり、岡田は静坐を「自然」の法則であると主張していた。

岡田は主に東京で活動し、上流階級、文化人、教師、学生など多くの信奉者を生んだ。岡田の熱心な直弟子のなかで特に著名かつ積極的な関わりを持った人物には、社会主義者の木下尚江（一八六九－一九三七）や相馬黒光《こっこう》（一八七六－一九五五）が挙げられよう。木下は一九一〇（明治四三）年から岡田に師事するようになり、木下を通じて黒光も静坐を始めた。黒光と夫の相馬愛蔵の経営する新宿中村屋は、荻原碌山《おぎわらろくざん》、高村光太郎、中村彝《つね》、中原悌二郎といった芸術家や文学者たちのサロンとなっており、一方で、インドの独立運動家ラース・ビハーリー・ボースやロシアの詩人エロシェンコの世話をしたり、頭山満《とうやまみつる》とも交流を持ったりするなど、国際的な政治運動とも関わりがあった。一方、木下には田中正造や逸見《へんみ》斧吉《おのきち》（逸見山陽堂社長）といった社会主義運動の人脈があった。田中正造も岡田を「岡田神呼吸」「岡田霊」と呼ぶほどに感銘を受け、静坐法に傾倒した(24)。中村屋と逸見邸が岡田の巡回する定期的な静坐会場となっており、このネットワークに岡田式静坐法は浸透していたのである。

また教師にも岡田式静坐法の信奉者が多かった。東京高等師範学校の関係者による静坐会は「水曜会」と呼ばれ、生徒監の峰岸米造宅で開かれた。参座者のなかでは、静坐法体験にヒントを得て綴り方教授を編み出した芦田恵之助《えのすけ》（一八七三－一九五一、当時東京高師付属小学校訓導）が著名である。地理教育改革を試みた北垣恭次郎《きょうじろう》もここに参坐した。当時高師の学生だった橋本五作（一八七五－一九三二、後に鳥取県師範学校教諭・旅順工科大学教授）や竹島茂郎（?－一九四五、後に東京女子高等師範学校教諭）もここから静坐を始めている。

早稲田大学の教職員とその家族による静坐実践者グループ

も重要である。ここに参坐したものには、早稲田大学教授の高田早苗、天野為之、浮田《うきた》和民《かずたみ》（一八五九－一九四六）などがいる。この静坐会は「早稲田正座会」と呼ばれ、一九一〇年ごろに始まった。当時早稲田大学教授であった坪内逍遥も熱心な静坐実践者で、当時彼が主宰していた演劇研究所「文芸協会」でも静坐会が開かれていた。島村抱月・東儀《とうぎ》鉄笛《てってき》・土肥《とい》春曙《しゅんしょ》なども参座しており、高田早苗が初めて静坐をしたのもここである。早稲田大学の英語教授で草創期の宗教学者でもあった岸本能武太《のぶた》（一八六六－一九二八）は、同僚の浮田から教えられて一九一〇（明治四三）年に入門している。彼はすぐに上達し、心身の健康を得て、自他共に「静坐の天才」を認められたという。

　岸本能武太は、キリスト教の一派ユニテリアンでもあったが、ユニテリアン系の人脈にも静坐法信奉者は多い。芝区にあった統一基督教会（東京ユニテリアン教会・惟一館）は静坐会場となり、岸本の外に、今岡信一良（一八八一－一九八八）、小《お》山東助《やまとうすけ》、星島二郎《にろう》など、静坐するユニテリアンは少なくなかった。今岡は、一九一〇年から一九一五（大正四）年まで欠かさず日暮里の本行寺で開かれていた静坐会に通っていたと、その回想録に記している。(25)

　他にも軍人の集まった「無名会」（会場・四谷正応寺）があり、海軍大将の八《や》代六郎《しろろくろう》もここで坐っている。また、皇族・華族・政財界にも門人が多く、それらの人々は個別に各邸宅で静坐会を開催して、岡田を招いていた。

　岡田式静坐法は隆盛を極めたが、その最盛期の一九二〇（大正九）年に岡田は四九歳で急逝する。その後、東京の静坐会では一時的に木下尚江が指導者に立ったが、すぐに分散してしまい、実践者は激減したと言われている（岸本や木下、戦後では柳田誠二郎など、東京でも個別に静坐会を開く者はいた）。

　ただし、京都の済世病院（東寺経営の慈善病院）の院長で、静坐法を治療法として取り入れた小林参三郎（一八六三－一九二六）が京都で活躍し、小林が亡くなった後はその妻の小林信子（一八八六－一九七三）が一九二七（昭和二）年に静坐社を設立して**雑誌『静坐』**（一九二七－二〇〇七年）を発行、全国の静坐会のネットワークを再構築した。静坐社の静坐会には、旧制三高、京都帝国大学、大谷大学などの教官、学生が集まっていた。さらに浄土真宗からは、大谷派の山辺習学（一八八二－一九四四）や金子大栄（一八八一－一九七六）、木辺派の足利浄円（一八七八－一九六〇）といった著名な僧侶が、小林参三郎および静坐社との関連から岡田式静坐法を実践していた。山辺や金子など、清沢満之の浩々洞門下が多いことも注目される点だろう。静坐社は二〇〇七年まで存続し、その他、大阪や舞鶴や岡田の故郷の田原などで小規模ではあるが、現在でも静坐会が開かれている。

さて、岡田式静坐法の書誌に移りたい。岡田虎二郎自身は、終生、静坐法について筆を取ることはなかったが、実践者には知識人が多かったこともあり、静坐法に関する本は多数執筆された。そうした本は、二つに分かれる。

一つは健康法の側面を重視して技法を解説したもので、伊藤銀月（一八七一‐一九四四）の著作『簡易斬新　実用的強健法』（実業之日本社、一九一五年）などはそれにあたる。ただ、健康法としては岡田式静坐法ほど単純なものはなく、技法を取り上げる場合は面白く展開するにも難しい。

他方、彼に弟子入りした知識人や教育者たちの残した体験談は、より精神性、宗教性を重視したものとなっており、今読んでも興味深い。岡田式入門書としては、実業之日本社編『岡田式静坐法』（実業之日本社、一九一二年）がもっともよく出来た本であり、実際、当時は爆発的なベストセラーとなった。この書は前半が岡田虎二郎の人物、静坐と呼吸の方法をまとめ、後半には実践者の体験談が収録されている。先述の木下、高田、天野を始め、帝国大学静坐会会員などの文も収められており、静坐法の実践者の社会層も分かる。前内務次官、鈴木充美《みつよし》（一八五四‐一九三〇）は肺病とリウマチを静坐法で癒しただけでなく、精神的にも七情調和してきたと述べている。

岸本能武太は雑誌『丁酉倫理』に、その静坐体験について執筆して大好評を博する。『丁酉倫理』は後の倫理学会にも繋がる哲学・倫理学系の雑誌だが、毎号、静坐法記事が載るという時期さえあった。これらの記事や岸本の講演をまとめて、以下の二冊が出版されている。

『岡田式静坐三年』（大日本図書、一九一五年）

『岡田式静坐法の新研究』（大日本文華、一九一二年）

要領よく書かれた本ではあるが、岡田自身は必ずしも全面的に岸本の静坐法を肯定していたわけではないようである。[26] 岸本は岡田式をベースに独自のやり方も加えており、その部分を岡田が好まなかった可能性は高い。例えば『岡田式静坐三年』では、静坐法を「念腹宗《ねんぷくしゅう》」と名づけ、「南無腹、南無腹、腹張列也《はれや》。腹張列、腹張列、腹張多《はった》。腹張留《はる》、腹張留、腹満《みつ》多《た》。腹張列、腹張列、腹張利多也《はりたや》。腹張留、腹張留、唵《うん》、唵、唵」という題目を作り、それを心の中で唱えることを提唱していた（四四七頁）。また、『岡田式静坐法の新研究』では、

「動坐」と呼ぶ一種の予備体操を静坐法に導入している（二五五 - 二九三頁）。

小林参三郎は以下の著作を残している。

『生命の神秘』（杜翁全集刊行会、一九二二年）

『自然の名医』（春秋社、一九二四年）

医師だけに、理論的というよりは具体的、実証的な内容である。フロイトの無意識説や、フォビア（病気恐怖）がもたらす病魔など、医学的心身相関論も叙述されている。ただ、小林自身の浄土真宗信仰とも相まって、そのような治療論を通じて一種の宗教論が展開されており、興味深い。[27] 宗教史的に注目すべき点としては、『生命の神秘』では神智学協会への参照があり、リードビーター（Charles Webster Leadbeater、一八四七 - 一九三六）のオーラ図を紹介している。また神智学のオーラを平野重誠《じゅうせい》（革谿・桜寧室・元良。一七九〇 - 一八六七）による近世養生書**『養生訣』**（一八三五年）と比較している。[28]

小林が『養生訣』に注目したのには、近世養生論をまとめた、**三宅秀《ひいず》・大沢謙二編『日本衛生文庫』第一 - 六輯**（教育新潮研究会、一九一七 - 一八年）が刊行され、医師・医学者らのあいだで日本の養生論へ関心が集まっていたこともあるだろう。だが、民間精神療法家のあいだでは明治末から『養生訣』には注目が集まっていた（ラマチャラカの項目を参照）。『養生訣』では、「孝悌仁愛の志あるもの」は身体から「気」を上下四方に発し、一家を保つものはその家の内を、一国を領するものはその国中を、天下を治めるものは天下を覆うと論じられている。[29]

その他、教育家の手になる岡田式体験談には次のものがある。

甲藤大器《かっとうたいき》『岡田式静坐と老荘』（大島誠進堂、一九一四年）

橋本五作『岡田式静坐の力』正（松邑三松堂、一九一七年）

橋本五作『岡田式静坐の力』続（松邑三松堂、一九二二年）

竹島茂郎『静坐と人生』（目黒書店、一九二一年）

芦田恵之助『静坐と教育』（同志同行社、一九三七年）

どれも実践者の真摯さによって、読むに価する本となっている。芦田の著作は、静坐法と教育の内在的連関を理解する上で重要であり、現代でも再評価される点を含む。[30]

また真宗の学僧による静坐論も『静坐』誌に掲載されており、興味深い。それらの論考からは、金子大栄の仏教論の展開に静坐実践が与えた影響が垣間見える。また仏教学者の山辺習学は、初期仏教の経典（『阿含経』や『大安般守意経』）を呼吸法の観点から読み直し、静坐法との類似性を論じている。[31]

その内容をまとめたものとして、山辺習学『心身鍛練之書』（東洋経済出版部、一九三九年）がある。

岡田本人の言葉は、次のものにまとめられている。

静坐社編『岡田虎二郎先生語録』（静坐社、一九三七年）

笹村草家人編『静坐　岡田虎二郎　その言葉と生涯』（無名会、一九七四年）

笹村草家人編『静坐　岡田虎二郎　その言葉と生涯（続）』（東京静坐会、一九八八年）

笹村草家《そうか》人《じん》（一九〇八－一九七五）は彫刻家であり、少年時代に父母に連れられて日暮里で静坐し、のちに津田寿一について本格的に静坐、戦後に作られた東京静坐会の常連であった。

岡田本人の文章を知る上での文献資料としては以下がある。

田原静坐会編『岡田虎二郎先生より令弟井上嘉三郎氏宛書簡集』（田原静坐会、一九七二年）

いずれも岡田の思想を知る上では不可欠な資料となっている。

藤田霊斎――息心調和法[32]

藤田霊斎（一八六八－一九五七）は新潟県に生まれ、一八七九（明治一二）年に真言宗寺院（智山派）で得度した僧侶であった（法名は祐慶）。自派の真言宗新義派大学林を卒業した後、一八九〇（明治二三）年、井上円了の哲学館に入学している。ここで藤田も、心理学や催眠術を学んでいた可能性は高い。哲学館卒業後は、真言宗内の宗政で権力を握ったらしいが、病を得て辞することになる。

一九〇五（明治三八）年、藤田の名前（「藤田蓮堂」名）は、桑原俊郎の精神学会の機関誌『精神』に再び現れる。[33]その主張は、「加持祈禱」の原理が催眠術の理解に役立つというもので、仏教者としての立場を維持していた。しかし、精神学会との関わりのなかで、藤田は仏教の枠を超えていくこととなる。

桑原が肺病で倒れると、一九〇六（明治三九）年一月から精神学会の顧問だった医師・真島丹吾がこれを引き継ぎ、「精神学院」と改称して機関誌『心の友』の発行を始めた。一旦はここに藤田も関わったが、三ヶ月後に桑原が亡くなったとき、すぐに数名の仲間とともに早稲田にて元の「精神学会」の名前で活動を始めている。[34]藤田のグループは、遠隔治療を基本とした真島の活動に不信感を持っていたらしい。藤田の右腕として活躍した池田天真（当時は千葉の学校長）は、真島を「詐欺」と痛烈に批判し、[35]「催眠術全盛の時代に当たつて、それ以外の治病法を唱導し、盛んに自力的修養の方法を説き来りしは独り我が此の会のみであつた[36]」と回顧している。

派閥争いゆえに批判内容の当否は置くとしても、元々は催眠術＝精神療法の流れにあった藤田派が真島に対抗する形で自己修養に重点を置いていったことは分かる。後述のように桑原には他者治療と自己修養の両方が含まれていたが、それぞれを強調する形で真島派と藤田派が袂を分かったのである(37)（とはいえ藤田が他者治療をやめたわけではない）。

藤田の精神学会は経営難で一年も経たずに立ち行かなくなるが、代わりに処女作『実験修養　心身強健之秘訣』（三友堂、一九〇八年）を出版、それが松村介石（一八五九－一九三九）の目にとまって、新たな道が拓けることとなる。松村は、明治期の有力なキリスト教指導者の一人で、自由主義神学とキリスト教社会主義の影響を受け、超教派と社会改良の志向を持ったクリスチャンであった。一方で世界史にも造詣が深く、キリスト教宣教が欧米の侵略主義の手段となってきたことも問題として受け止めていた(38)。それゆえ、西洋のキリスト教会から独立した日本固有の教会の建設をめざし、一九〇七（明治四〇）年に日本教会を発足する（一九一二年に道会に改称）。

日本教会＝道会の綱領には、「信神」（宇宙の神を信じること）、「修徳」（自己一身の修養）、「愛隣」（人類と国家のために尽くすこと）、「永生」（人格の不死を信じること）の四つを掲げていた(39)。この四綱領を奉じてさえいれば、入会において個人的信仰は問わないという方針であり、それゆえ、藤田のように仏教に出自を持つ者も道会に出入りするようになる（後述の平井金三《きんざ》や五十嵐光龍も仏教者）。

もう一つ、藤田霊斎との関わりで重要な日本教会＝道会の活動は、一九〇七年に松村と平井によって組織された「心象会」である。これは心霊研究を定期的に行う会合で、心霊現象（憑神・憑霊・占い・読心術・透視・幽霊など）の実験が試みられていた。それは「霊魂不滅」の科学的証明の試みと考えられており、道会の綱領「永生」に関わる問題でもあった(40)。その発足当時、道会の機関誌『道』には頻繁に心霊研究の記事が掲載されており、その熱心さがうかがえる。

この関係者の一人に、東京帝国大学の心理学者で催眠術研究を行っていた福来友吉（一八六九－一九五二）がいた。福来は、後の一九一〇（明治四三）年に、みずから透視（千里眼）と念写の実験に乗り出し、マスメディアで大きなセンセーションとなったが、実験の不首尾や被験者の相次ぐ急死により非難が相次いで幕引きとなる。いわゆる「千里眼事件」である。ただ千里眼実験での福来の主張は、民間の催眠術や精神療法の文脈からすればありふれたものであった。福来は一九一五

（大正四）年に東京帝大を辞職し、アカデミズムでの心霊研究は衰退するが、千里眼や念写は、文化的イコンとなり、むしろ精神力の物質への勝利を示す道標であり続けた。なお、福来の後半生は心霊研究よりもその応用や実践に向かう傾向を強め、民間精神療法家たちに思想的バックボーンを提供している（渡辺藤交の項目参照）。

さて、心象会には、実験協力のために、五十嵐光龍をはじめ、精神療法家や催眠療法家が出入りしていた。積極的に療法家と関わり、奇蹟的な治病例や心霊現象の情報を集めていた松村にとって、藤田の主張はごくありふれたものだったようだ。藤田の『心身強健之秘訣』に目をとめたとき、内容そのものには斬新さはないと感じたという。ただ、掲載されていた治療実例には関心を抱いたらしく、道会の機関誌『道』の新刊紹介で「著者に会ふて、其実際を見んことを希ふ」[41]と記している。そして、それを読んだ藤田は松村に面会して治病の実演をし、松村の信用を得ることになったのである。[42]

一九〇九（明治四二）年、藤田は、松村らと協議して「養真会」（一九二二年に調和道協会と改称）を結成する。[43]「養真会」の名づけ親は松村であり、藤田式の修養法に「息心調和」の名が冠されるのもこのときである。『道』の付録として、機関誌『養真会々誌』（一九〇九－一九一一年）も発刊された。

松村は『荘子』の言葉を借りて、「真は神なり、霊なり、無雑なり、無偽《むぎ》なり、形すべからず、説すべからず、而かも道の本体たるもの即ち是なり、……此の真を養ふもの之を真人と云ふ」と「養真」の意義を説き、イエスもまた「真人」の境遇だったと主張した。また、息心調和法については、「心身の充実活動を以て疾病を駆逐するにあるが、然しその奥には生命の源に通じ、不死不生の本体と結びつくので、そこに至つて宗教の極意に達する」とまで述べた。[44]

こうした経緯から初期の養真会の人脈は、道会と重なる部分が多い。具体的には、大川周明（一八八六－一九五七、アジア主義者）、村井知至《ともよし》（一八六一－一九四四、キリスト教社会主義者）、川合信水（一八六七－一九六二、基督心宗創始者）、大隈重信（一八三六－一九二二、政治家）、渡辺国武（一八四六－一九一九、政治家）、渡辺千冬《ちふゆ》（一八七六－一九四〇、政治家）、島田三郎（一八五二－一九二三、政治家）、石川半山（一八七二－一九二五、ジャーナリスト）、今村力三郎（一八六六－一九五四、弁護士・足尾鉱毒事件や大逆事件の弁護を担当）、野口復堂（一八六四－?、教談家）、森村市左衛門（一八三九－一九一九、実業家）らがそうである。特に村井知至は修養法に深く関心を懐き、後にはみずから『体験3S健康法』（三S健康社、一九三四年）と題した本まで出版している。

ただし藤田は道会の人脈に頼っただけではなく、それを利用しながらも、独自の組織展開をしていった。養真会発会後、藤田は、息心調和法は初伝・中伝・奥伝の段階を設定し、奥伝は記さずに秘儀化した。奥伝を授与された会員は「霊」の一字を含めた号を授けられて、養真会の幹部や地方支部長となる。こうして、修養の度合い（伝習のレベル）によって階層づけられるピラミッド型の組織形態を構成したわけである(45)。後に基督心宗を立教するクリスチャンの川合信水は、「霊月」の号を受けた養真会丹波支部の支部長であった。企業内講習にも早くから着手しており、一九一二年ごろから、松屋呉服店、郡是（現・グンゼ）、鐘ヶ淵紡績（現・カネボウ）、久原工業、川瀬銀行、富士生命保険、明電舎などで息心調和法の伝習を行った。川合が社会教育部に勤務していた郡是では、特に熱心に取り組まれていた(46)。

組織も全国に展開していった。一九一一（明治四四）年七月、日本教会から独立して機関誌『真人』の発行を始めると、翌年までに大阪、明石、神戸、横浜、丹波、名古屋、京都、浜松、米子、大正はじめには姫路、龍野、カナダのバンクーバーにまで支部を置いた。養真会本部および支部には、婦人会、児童会、青年会が組織され、それぞれで月に一度の修養会を行った。「心霊治療」（内容は後述の「純精神療法」だが日本教会と関係して以降に改称）の施術や調和法の伝習会は養真会の救済事業と位置付けられ、本部や各支部で行われていた。一九一三（大正二）年、講話会を開催して調和法を広める「普及団」も設立された。一九一七（大正六）年には調和法によって体現される四徳を「健康」「剛勇」「叡智」「至誠」と呼び、合わせて「調和道」とした。

また、養真会の組織発展は、旺盛な執筆活動と堅実な出版事業に支えられていた。養真会は独自に出版社「真人社」（一九一六年「養真会出版部」に改称）を設立し、『真人』の後は、

『養真』（一九一八年一月-一九二二年九月）
『調和』（一九二二年一〇月-一九三三年一月）
『健康と信仰』（一九三三年二月-一九三四年一二月）
『大調和』（一九三五年一月-一九四二年六月）

と雑誌名を変更しながら、休むことなく発行を続けた。

養真会の活動は軌道に乗り、一九一七年には高輪に心霊治療所を併設した本部道場「養真閣」を建設する。一九一九（大正八）年の統計では、一二の支部数、支部以外の修養団体が十有余、会員約五千人、雑誌は毎月四千部発行、中伝の伝

習者は約四万人を数えた[47]。これは、もはや同時期の道会会員数をしのぐ勢いであったし[48]、少しあとの桑田欣児（後述）の帝国心霊研究会と比較してもかなり多い。こうして養真会は名実ともに道会から独立していき、仏教でもキリスト教でもない、精神療法＝心身修養団体となっていくのであった。

さて、息心調和法の理論と実践を見てみよう。処女作『心身強健之秘訣』に記された藤田の理論的枠組みは、桑原の影響が明らかであり、「精神療法」を「純精神療法」と呼び、「宇宙精神」に独自の「真元」の語を当てている他はほとんど違いがない。ただし藤田は、治療者自身の修養を「自力的精神療法」と呼び、それについて詳細な身体技法と観念操作法の手順を定めたところに独自性がある[49]。これが後に「息心調和法」と呼ばれるものである。藤田はたびたび山籠もりや籠居を行い、そのたびに方法や用語を何度も細かく改訂しており、その解説のため、次のように多作であった。

『実験修養　心身強健之秘訣　息心調和之修養法　中伝』（三友堂、一九一一年）
『藤田式修養　息心調和法　初伝』（池田天真編、真人社、一九一三年）
『藤田式修養　息心調和法　中伝』（三友堂、一九一五年）
『藤田式調和法　前伝略解』（養真会出版部、一九二二年）
『調和法身心健康伝』（調和出版社、一九二七年）
『人は腹　腹の現代的認識と其の鍛錬法』（藤田祐慶名義、腹道報皇会、一九三四年）
『国民身心改造の原理と方法』（調和道協会、一九三八年）
『国民身心改造の原理と方法（上巻）原理篇・実修方法篇』（調和道協会、一九四一年）
『国民身心改造の原理と方法（下巻）調和医道「治病篇」』（調和道協会、一九四二年）
『心身改造の要諦　息腹調和法「基礎伝」』（調和道協会、一九五五年）

岡田虎二郎が一度決めた静坐法の形式をまったく変えなかったことと対照的だといえよう。紙幅の都合上、細かい違いは略し、初期のおおまかな手順を示しておく[50]。

息心調和法は「調身法」「調息法」「調心法」で構成される。「調身法」（姿勢や坐法）には細かい決まりはなく、少なくとも背骨を直立させておけばよい。重要なのは「調息法」（呼吸法）と「調心法」（観念操作法）の連動である。行う前にまず「公案」を決める。これは、通常の禅のそれとは違って、達成したい目標の文言のことで、「健康」などの具体的なものから

「神」「仏」「大我」といった抽象的なものまで、幅広く設定できる。調息法の呼吸は、下腹を張って「気力」を充たしながら行う。始めは意識して速く、次にゆっくりかすかに行い、最後には意識せずに呼吸している状態（「宇宙の生気」の呼吸）[51]に至る。これと連動して、公案を「腹読」（文字通り「腹」で読むとされる）するのが調心法である。調息法が進むにつれて、公案の内容がおのずと「観念」から「確信」に至り、このとき公案はすでに実現されているという。

一見すると、「公案」などの用語から臨済禅の影響を感じさせ、藤田自身も白隠『夜船閑話』の影響を公言していた。[52]しかし、藤田の息心調和法と白隠の内観法などとは、実際のところ大きな隔たりがある。むしろ、息心調和法は、加藤咄堂の項目で述べるような、同時代の居士（在家仏教者）らによって再評価された禅からの影響が大きいだろう。

藤田の息心調和法の技法上の大きな変化は、一九一六（大正五）年に監獄協会で講演・伝習を行い、また囚人にも直接指導を行うようになってからである。ある日、監獄で囚人の腹を観察（「査腹」）しているとき、藤田は、腹の形状が体質と性質に関係していることに気づく。「瓢腹」（上腹（鳩尾《みぞおち》のあたり）をくぼませ下腹のみ張り出す姿勢）が健全であるのに対し、「犬腹」「洋樽腹」の人は不健全な体質・性質で、査腹するとき「腹部硬結症状」があるという。それを境に、藤田は観念操作についてはほとんど触れず、「腹」の物理的な形状にこだわり、その腹を作るための体操的な運動の指導に力を入れるようになる。それは、ひとつには先述した「腹読」の分かりにくさを克服しようとしてのことだったのかもしれない。そしてまた、これは精神療法後期から療術期にかけて、壮大な宇宙論が後景に引き、身体技法に集中する、という全体的な傾向にも棹差しているといえるだろう。

療術期における藤田霊斎の動向については、後述する佐藤通次《つうじ》の項目で述べているので参照されたい。

加藤咄堂（熊一郎）——**新仏教と修養**

加藤咄堂《とつどう》（一八七〇－一九四九）は、仏教雑誌のジャーナリストとして出発し、新仏教徒同志会の中心人物として活躍して雑誌『新仏教』（一九〇〇－一九一五年）に多数の論考を発表、一九一三（大正二）年に雑誌『新修養』を刊行して、大正から昭和期の代表的な修養論者となった人物である。新仏教徒同志会は、「迷信の勦絶」を掲げて新しい時代の仏教を探求した、改革派の若手仏教者の集まりである。[53]メンバーには哲学館出身の者も多かった。加藤の仏教理解は、隠遁的というより、現世的、倫理的であり、そのような傾向は、新仏教徒同志会、ひいては同時代の革新的な仏教徒全体に見られるものであった。それゆえ、一九一五（大正四）年に『新仏教』が終刊すると、新仏教関係者は『新修養』に頻繁に寄稿し、『新仏教』を引き継ぐような特集が何度も組まれている(54)。

もちろん、加藤の現世的、倫理的な仏教理解について、近世以来の儒教的伝統の影響を考えることは可能である。実際、加藤は落魄士族の子弟という出自ゆえに、儒教的素養は十分にあった。だが、それだけではなく、加藤の語り口は「社会教化」のツールとして宗教思想を再編していくものであった(55)。

より具体的にいうならば、民間精神療法史において加藤が果たした重要な点は、①明治の新しい語り口であった「修養」と坐禅とをいち早く結びつけたこと(56)、②白隠の瞑想法を仏教や儒教とは異なる哲学や心理学の言葉で語ったこと、さらに③瞑想の比較論によって坐禅を仏教伝統というより普遍的な「瞑想（冥想）」のひとつとして評価したこと、にあるだろう。以下、それについて述べて見たい。

白隠の近代における再評価では、加藤とともに、新仏教徒同志会の創立メンバーでもあった杉村楚人冠《そじんかん》（一八七二－一九四五）が重要である。杉村は、のちに『アサヒグラフ』を創刊したことで知られるジャーナリストで、釈宗演《そうえん》の門下の一人でもある。彼は、当時アメリカで人気を博していた民間体育家ユージン・サンドウ（一八六七－一九二五）の鉄アレイ健康法を行っていたが、実践者の体力次第では弊害があることを実感し、別の民間体育家パウル・フォン・ベークマン（生没年不詳）の提唱する呼吸法によって内部の筋肉を鍛錬するようになった。杉村はベークマンの著作を『強肺術』（文明堂、一九〇三年）と題して翻訳してその横隔膜呼吸法を紹介したが、ここで『夜船閑話』にある「気海丹田の説」とはこの横隔膜呼吸であると論じたのである(57)。なお、藤田霊斎は杉村訳の『強肺術』を、『心身強健之秘訣』に引用している(58)。

さらに杉村は、新仏教徒同志会の機関誌『新仏教』でニューソートの著述家エリザベス・タウン（一八六五－一九六〇）の提唱する太陽神経叢覚醒呼吸法を取り上げ、太陽神経叢は白隠の言う「気海丹田」（下腹部の中心）に位置すると論じた(59)。同様の説を『強肺術』改訂増補版（鶏声堂、一九〇六年）でも掲載している（一四三－一六一頁）。タウンの説は観念法と呼吸法を用いて、腹にある太陽神経叢をコントロールすることで、あらゆる「悪」に打ち克つ「神的エネルギー」と「愛」を放出できるとするものであった。(60) 加藤咄堂は『冥想論』（東亜堂、一九〇五年）を執筆して杉村の見解を全面的に引用し、心理学や生理学の知見も踏まえて東洋的な心身相関論を論じ、冥想による「病者修養」、そして心身両面の安定を説いている。(61)

『冥想論』ではさらに、坐禅静坐を、キリスト教やイスラームの神秘主義から、神智学、神仙術、新プラトン主義、クエーカー、エックハルト、ヤコブ・ベーメ、スピリチュアリズム（降神術）、メスメリズム、自己催眠など、古今東西の広範な事例と比較し、それらはすべて究極的には「大我」と一致する方法＝瞑想だと論じた。(62)「大我」との一致をあらゆる宗教の目的と論じたのは、井上哲次郎（一八五六－一九四四）の倫理的宗教論である。「大我」との一致といっても、倫理的宗教論では、肉体や現実を否定する神秘的合一ではない。むしろ、現実を「大我」とすることで、そのなかで自己（「小我」）のなすべきことを実践的に把握していくことを主張している。それは西洋哲学を乗り越えるため、東洋思想を西洋哲学によって語り直すものであり、やはり近代的なものであった。

その意味で、加藤の言説は同時代の仏教者から浮き上がった議論というよりも、むしろ同時代の知識人の動向を踏まえつつ、坐禅の位置付けを模索しようとする革新的仏教者のなかにあったことがうかがえる。こうした瞑想の見解は、加藤の代表的著作『修養論』（東亜堂、一九〇九年）にも受け継がれていき、広く修養論として展開していく。いうまでもなく、それは民間精神療法のなかにも取り込まれていくことになる。

木原鬼仏（通徳）——耳根円通法

原坦山《たんざん》から原田玄龍に継承された耳根円通法が民間精神療法運動のなかで広まったのは、木原鬼仏（一八七三－？）による。木原通徳《つうとく》『身心解脱　耳根円通法秘録』（心霊哲学会、一九一七年）は、耳根円通法に関しては具体的で分かりやすい解説書である。

それによると、木原は愛媛県の生まれで、一時は孫逸仙（孫文。一八六六－一九二五）や康有為《こうゆうい》（一八五八－一九二七）らに協力したとあり、いわゆる国士的な活動をしていたようである。一九〇五（明治三八）年に心霊哲学会を発足し、心霊療法を開始。原田玄龍には同年より師事して耳根円通法を学んでいたが、一九一六（大正五）年になってようやく悟ることができたという。「耳根より定力を用ひて自然に後脳の活動を覚ゆる」（八七頁）とあり、この耳根円通法においても、やはり自動運動が起こるという点は興味深い。

さらに、この耳根円通法は、他者の治療にも応用可能であるとされた。それが「妙智療法」である。**木原鬼仏『耳根円通　妙智療法秘録』**（心霊哲学会、一九一七年）によれば、基本的には手当て療法に耳根円通法を組み合わせたもので、施術者の目を注視させる、耳根に定力を入れて掌《てのひら》を患部に当てて思念する、患者の体を伏せさせて脊髄に思念する、というものである。技法自体はそれほど複雑なものではなく、本書も半分は病気治癒記録で占められている。

木原は後に大本に入信して綾部に移住し、心霊哲学会の活動を止めたが、その際、京都で修養団体「明治修養会」を主宰していた弟子の片桐正雄が妙智療法を受け継ぎ、**『耳根円通法解説』**（健寿修養会、一九一九年）や**『気血活動円通法と簡易操練養健法』**（健寿修養会、一九一九年）を出版している。片桐の本も丁寧に書かれている。さらに片桐の門下から、森田笑悟《しょうご》が出て、**『森田式観音妙智療法秘録　一名観音耳根円通法妙智療法』**（観音妙智療法普及会、一九二二年）を著述している。

なお、木原はほどなく大本を脱退し、改めて霊術活動を続け、霊明法なる密教系とも思われる霊術を伝授していた。そちらは、**『霊明法講授秘録』**（心霊哲学会、一九二一年）としてまとめられている。

なお、『耳根円通　妙智療法秘録』は二〇〇三年に、『霊明法講授秘録』は二〇〇一年に、八幡書店から復刻版が刊行されている。

五十嵐光龍（生没年不詳）——自働療法

五十嵐光龍は元真言宗僧侶であり、一八八七（明治二〇）年ごろ哲学館で学んだときに心理療法の研究を始めたようである。まずは催眠術の実践家として活躍し、先述のように初期道会における心象会の心霊研究にも参加しており、ほぼ藤田霊斎と同様の経歴を持っている。

ただその後の藤田が修養団体・教化団体を組織していったのに対して、五十嵐は心理療法家として身を立てていくことになる。同じように自己治療に向かいながら、五十嵐は自動運動を用いた「自働療法」を提唱し、**『自働療法』**（婦女界社、一九二〇年）を出版している。自働療法とは、半跏坐で座り、腹式呼吸をしていると身体が自動運動を起こし、その作用によって病者自身が治療を行う、という技法である。無念無想の状態に入ると、身体はひとりでに治療運動を始め、病気の部分をさすって自己治療をはじめるという。「吾々の身体は、悪い所が出来れば自然と其処を治すやうな働きを起すやうに出来て居るのである」（二五頁）という身体や生命に対する信念は、民間精神療法では自然良能と呼ばれて共有されているものだろう。

　自動運動による自己治療技法は、さまざまな精神療法家に用いられて昭和期に至るまで流行する。一九二九（昭和四）年に、松本道別《ちわき》は「近頃最も流行するのは自働的運動療法」(63)と評し、その元祖として五十嵐光龍と川上又次を挙げている。真偽は不明ではあるが、松本によれば、五十嵐が岩田篤之介《とくのすけ》（後述）に、岩田が石井常造（後述）に伝えたという。

　なお、『自働療法』は吉永進一編『日本人の身・心・霊Ⅱ』七巻（クレス出版、二〇〇四年）で復刻されている。

二－B　他者治療系

桑原俊郎（天然）——**精神療法**

　桑原俊郎（一八七三－一九〇六）は、第二期催眠術ブームの立役者であるとともに、後に続く民間精神療法のパイオニアでもある。静岡師範学校の漢文教師であった桑原は、近藤嘉三『魔術と催眠術』を読んで一九〇一（明治三四）年ごろから催眠術実験を始め、その結果を教育雑誌『教育時論』に発表し、評判を呼ぶことになる。一九〇五（明治三八）年に精神学会を組織するが、翌年には三三歳で夭折している。精神学会のその後については、藤田霊斎の項目を参照していただきたい。他の著名な弟子には、岸本一念、宅間巌《いわお》、中堂謙吉、松橋吉之助（一八七五－一九四三）がいる。

　桑原の実験記録や理論については、以下の著作にまとめられている。

『実験記憶法』（開発社、一九〇三年）
『精神霊動　第一編　催眠術』（開発社、一九〇三年）
『精神霊動　第二編　精神論』（開発社、一九〇四年）
『精神霊動　第三編　宗教論』（開発社、一九〇四年）
『安全催眠術』（開発社、一九〇四年）
『精神霊動奥義』（桑原俊郎述・中堂謙吉編、開発社、一九〇六年）
『精神霊動　全』（開発社、一九一〇年）
　※印刷所の失火で版面が燃えたため、第一～三編を合本改版したもの。

　これらの著作では催眠術による治病のみならず、人身操作、千里眼（透視）能力の発現などについて報告される。こうした現象そのものは、従来の催眠術書などでも見られるものだが、桑原の新しさは、そうした現象が無催眠の状態でも起こることに注目し、術者と被術者の信念や精神力、そこから心身問題を突き詰めて「物心一如」の一元論を説いたことにあった。彼が構築した理論体系は、催眠術をも、狭い意味での治療をも大きく踏み出し、独自の宇宙論を展開していくことになる。

『精神霊動　第二編　精神論』によると、以下の通りである。

ものを焼くといふ精神（力）は、その精神のみで空間に居る訳に行かない。そこで火とか熱とかいふ形体を現はすのである。……火の形体、水の形体も無意味無意志のものではない。皆、是れ、活動しつゝある有意的活物である。（二八〇頁）

万物には意志があり、その意志を操作することで、一見意志のない物体を操作することも可能だという。そして万物が活動するのは、そこに共通の精神があるからである。

物、皆、共通の精神あり、大活動心あり。……此精神は万象一如である。（二九六頁）

人間の霊魂だけに精神力を認めてそこに物質との質的差異を設定するのではなく、万物に精神力があるとする立場は、逆に言えば、人間の心に特権的な位置を認めないということである。あるいは精神力自体の性格も、人格的というよりは機械的、生気的なものに近い。このように見ると、実はそれほど奇妙な説ではなく、精神力による具体的な超常現象という部分を除けば（ただし、形而上説が形而上説でとどまるか具体的な経験にもたらされるかは大変重要な差異であり、その点を見逃してはならないが）、一種の哲学的合理性を備えた宇宙観であり、その後の民間精神療法思想の基本的な枠組みとなっている。

物心一如の世界観では、人と宇宙は同じ「我」の大小で論じられる。すなわち桑原は、個々の精神（「小我」）の深層に、万物で共有される一つの「宇宙精神」（「大我」）があると主張した。人は「無我」となってこの宇宙精神と合一することで、万物を動かし、時空を超えてものを感知できるという。

また、宇宙精神とは、従来「天」「霊」「精気」「真如」「太極」「至大至剛の力」、または人格化されて「天帝」「神」「如来」などと呼ばれてきたもので、坐禅、読経、念仏などの宗教儀式は、宇宙精神に達する「道具」や「形式」だと論じてもいる。つまり、念仏や読経の内容、法統の継承は問題ではなく、無我となるための精神集中が重要であるため、深呼吸でもなんでもよいことになる。治療者はこれらの実践からひとつを選択し、それに専念することで宇宙精神と合一し、患者の病気を治すことができるという。ここに岡田虎二郎や藤田霊斎に通じる、自己修養の思想との連続性がある。桑原はこの理論を「精神哲学」と名づけ、それにもとづく治療法を「精神療法」と呼んだのである。

この用語法と物心一如の世界観は、明らかに井上哲次郎の倫理的宗教論を踏まえているが、それだけではなく、当時さまざまなレベルで流布していた霊的思想の風潮に一致するものであろう。桑原自身、東洋思想の伝統を自負しつつ、次のように述べている。

> 西洋物質的研究の為めに掩はれて、説けば迷信と云はれ、語れば愚と評せられて、東洋の哲学宗教は、維新以来、我国では屏息して居った。処が、その迷信と云ってをったことが事実となって、今、西洋で驚き始めたのである。（二〇三頁）

催眠術、呼吸法、坐禅静坐の流行、そしてそれを後押しするような形での養生論の復活、あるいは西欧の心霊研究、神秘主義、心霊主義の紹介と、明治三〇年代後半から明治四〇年代の一〇年間——民間精神療法前期——は、桑原がここで「西洋物質的研究」と総括した時代風潮からのターニングポイントになった。桑原の著作からすると、その転換のモメントとして三点を指摘することができよう。

一つ目には、欧米における風潮の変化である。心理学者ウィリアム・ジェイムズ（一八四二－一九一〇）が『宗教的経験の諸相』（原著一九〇二年）の結論部で心霊研究家フレデリック・マイヤーズ（一八四三－一九〇一）の潜在意識説を取り上げた結果、その説は一世を風靡することになった。マイヤーズの著書は日本でも読まれ、物理学者オリヴァー・ロッジ（一八五一－一九四〇）や哲学者アンリ・ベルクソン（一八五九－一九四一）などの一流の学者が心霊現象研究会に関係して心霊研究を行ったこともあり、超心理現象のリアリティ、そして個を越えたより大きな意識の実在が科学的に実証できるという期待感があった。桑原がそうした海外の風潮を意識していたのは間違いなく、

> 英国のマイヤー氏などは、Larger selfで無ければ説明が

出来ないと、昨今云ひ出したさうである……大学者然として威張って居られる先生達も、『今度は西洋が変ってきたから、私も説を変じます。今迄の心理的説明は取り消します』と云って出られるであらうと思ふ。(二〇七頁)

と述べている。西洋近代の内部からの反‐物質主義は、「迷信」と呼ばれてきたものの再検討を促す機運となっていた。桑原の精神療法のみならず、松村介石や平井金三(後述)らの心象会から、福来友吉による千里眼実験までが、その機運に後押しされていたことは確かだろう。

二つ目には、東洋の伝統的世界観、とくに道教‐神道、儒教、仏教にまたがるような「気」の思想の復活である。これ自体が第一のモメントに促されてのことではあるが、重要な点は、そこで立ち返って見直すべき世界観として「気」があったのである。玉利喜造(後述)の例に見られるように、気の世界観には、西洋の自然科学的世界観の代替補完として採用しうるような合理性(特に儒教的な合「理」性)が備わっていた。それは東洋的合理主義の枠内で霊現象を説明するときには頻繁に参照され、西欧の霊的思想に共通するメスメリズムの流体的宇宙観とは特に親和性が高いものであった。これらの点については、本書第Ⅰ部第二章の奥村論文、第Ⅱ部第二章の野村論文も参照されたい。

三つ目は、催眠術が引き起こす現象それ自体の力である。催眠術にはメスマーの時代から透視などの超心理的現象はつきものであった。このような現象が発生したとき、単に迷信や心理的錯誤といった説明では片づけられず、それ自体が心霊研究を生むきっかけにもなる。あるいは、アメリカにおいてメスメリズムからスピリチュアリズムが発生した経緯のように、再び人格霊の解釈を呼び込む、といったことにもなる。つまり、解釈はなんであれ、催眠術に伴う現象そのものが広い意味で「霊」的な解釈を促すのである。[64] これは井上円了の項目でも指摘した心身問題にも関連する事柄で、超心理的現象や心霊現象とは、まさに精神と物質の境界を客観的に超えていく現象に他ならない。

ここで念のために触れておくべきことは、「霊」という語の意味であろう。スピリチュアリズム(spiritualism、心霊主義)と違い、心霊研究(psychical research)では霊魂の死後存続や肉体から遊離した霊的存在を前提とせず、生きている人間の精神能力で現象を説明しようとした。それと同じく、桑原の「精神霊動」という語にも「霊」という語は含まれているが、これは一義的には日常的な限界を超えた状態、精神力の強大な働きを指すものに他ならない。桑原の著作のなかにも死者霊といった問題は含まれているものの、それほどの重要性は置かれていない。なぜなら、究極的にすべては宇宙の大精神の活力として「不滅」だからである（『精神霊動　第三編　宗教論』二一七頁）。これはその後の民間精神療法家・霊術家にも共通するところで、そこでは原理的には生者（あるいは術者）の精神力が問題であり、人格的な霊魂の有無とその死後存続は二次的な問題であった。霊という名称と超心理現象を共通項としながらも、人格的な神霊の存在を究極的な解釈枠組みとする大本の霊学と、代表的霊術団体、太霊道とのあいだに衝突が起こったのも当然な結果といえよう。

こうした哲学的世界観を持つ桑原の精神哲学は、単なる治療論というより、既存の諸宗教の差異や科学と宗教の対立を超える新たな「宗教」の提示であったともいえる。桑原は、最終的にはただ精神哲学を説くことによって、多数の人々の心身を一度に治療できるとさえ考えていた。それはもはや救済の教えを説く宗教者の姿に近い。だが、一時的な治療を超えた、教団や信仰共同体のような持続的関係は考えられていない。桑原は、宇宙精神に至った後は、出発点に引き返さなければならないと強調し、「日本に住むものは日本の規約、慣例、歴史に何処までも従がはねばならぬ[65]」という。桑原の依拠する共同体は、人々が「愉快」に人倫に従う「日本」であった。

桑原の『精神霊動』はやはり時代を画す著書であった。近代の学問的世界観が浸透したなかで、伝統的、宗教的な語彙を用いずに超自然現象の存在を説得的に論じようとするとき、民間精神療法の理論の展開が始まる。桑原の著述は、まさにそのような展開の口火を切ったのである。桑原の思想は、西洋近代の学知（ひいては西欧の文化帝国主義）への親炙《しんしゃ》と対抗、その時に更新されて立ち現れる「宗教」と「日本」など、今なお重要な問題を含んでおり、この問題群を新たな角度から考える上で興味深い事例だといえる。内在的には、井村宏次が『霊術家の饗宴』で指摘しているように、桑原自身の真宗信仰や精神主義と精神霊動との思想的関連など、さらに考究されるべき点は多いといえるだろう。

なお、『精神霊動』は吉永進一編『日本人の身・心・霊』四巻（クレス出版、二〇〇四年）で復刻されている。

小野福平——催眠術

小野福平（一八六八 - 一九一二）は、一八九五（明治二八）年に催眠術研究を始め、一九〇〇（明治三三）年に大日本催眠術奨励会（後に大日本催眠学会と改称）を発足、一九〇四（明治三七）年には機関誌『催眠学界』を発刊して催眠術の普及に努めた。一九〇八（明治四一）年の同会の会員数は一三〇〇人だったという記録がある。[66] 桑原とともに前期を牽引した催眠療法家・精神療法家のひとりである。奇しくも桑原と同様、早くに亡くなっている。

小野の著作は以下の通りである。

『催眠術治療精義』（大日本催眠学会、一九〇五年）

『催眠術応用　精神療法』（大日本催眠学会、一九〇八年）

『小野催眠学』（大日本催眠学会、一九〇九年）

『精神療法』の末尾の経歴に示されるように、小野は東京帝国大学心理学会や井上円了の哲学館に招聘されたり、また東京帝国大学教授の心理学者元良《もとら》勇次郎（一八五八 - 一九一二）の紹介で東京養育院や東京感化院で講演や催眠術実験を行ったりしており、アカデミズムや政府の社会事業との関わりがあった。千里眼事件で萎縮する前の大学の心理学と在野の催眠術の密接な関わりを示している。

また同書によれば、彼は「精神療法」を「薬物又は器械等の力を借らず吾人が具有せる天賦にして而も偉大なる精神の活力に依つて疾病を癒し或は悪癖を矯正する所の手段方法」（一頁）であると定義している。小野は桑原のような形而上学的世界観や超心理的能力の発現を主張することはほとんどなかったが、広い意味での「精神療法」という言葉の普及には小野の力が大きかっただろう。

なお、『小野催眠学』は吉永進一編『催眠術の黎明』六巻（クレス出版、二〇〇六年）で復刻されている。

品田俊平——心教

品田俊平（一八七三 - 一九三五）もまた第二期催眠術ブームにおける催眠療法家の一人であったが、その後の時代の趨勢から看板を塗り替える必要に迫られた民間精神療法家であったといえる。

品田は一九〇五（明治三八）年、山口三之助[67]の帝国催眠学会に入って催眠術を学び、同学会の新潟県支部を併設した北越心理療院を設立し、催眠術の実地研究と心理療法の施術を始める。最初の著述**『実地伝習　催眠術講義』**（北越心理療院、一九〇六年）では、オーソドックスな催眠術、心理療法について扱っている。

だがその後、疾病治療と悪癖矯正を謳いつつ、心教暗示術と称する思想と技法を打ち出すことになる。それ以降の著作としては、以下のものがある。

『感化救済心教暗示術　心理療法根本義』（北越心理療院、一九一二年）

『感化救済　心教』（北越心理療院、一九一三年）

『人生の解決』（心教学院、一九一六年）

『思想界之統一　忠元論』（心教学院、一九一七年）

『霊示鑑　吉凶前知』（心教学院、一九一八年）

『大日本の国教』（大日本国教心教本部、一九一九年）

『国精道華』（冨山房、一九二〇年）

『大国民の人生観』（心教学院、一九二六年）

品田によれば、心教とは教育勅語と暗示術を結びつけ、神道、儒教、仏教、キリスト教などを総合した教えであり、『忠元論』では真理、物質、宇宙、霊魂、人生、道徳、宗教などが論じられている。このような人工的な宗教の構想は明治二〇年代にもよく見られたが[68]、教育勅語と催眠術を結びつけている点は興味深い。著作については、時代を経るにつれて国民教化的な内容が主になり、教化団体としての性格を強めている。品田の心教は、太霊道、あるいは井口丑二《いのくちうしじ》（一八七一－一九三〇）の神国教など、明治末に出現した人工的な折衷宗教と比較すると興味深いかもしれない。

なお、組織的には、一九一四（大正三）年に東京に移って心教学院を設立、その後、一九二八（昭和三）年には静岡県富士郡に心教総本山を創設する。同地では、息子の品田聖平《しょうへい》（一九〇〇－一九九二）が中心となり精神病治療施設「不二大和同園」を開いて精神病者を収容し、心教を始め、さまざまな療法を併用しながら指導した。同施設は、一九五〇（昭和二五）年ごろまで続いている[69]。なお、品田聖平は神道大教の第八代管長となっている。

古屋鉄石（景晴）――催眠術から精神療法家へ

最も機を見るに敏であったのは古屋鉄石（生没年不詳）であった。大日本催眠術協会、博士書院、精神研究会と、組織を次々に変えて、多数の一般向け催眠術解説書を執筆出版している。催眠術から精神療法家へと移行した典型的な人物であり、昭和に至るまで息の長い活動を行った。

古屋の著作は非常に多く、ここですべてを列挙する紙幅はないが、なかでもよく売れたものには『催眠術独稽古』（大日本催眠術協会、一九〇五年）があり、一九一〇（明治四三）年には一〇〇版を数えている。他には『宗教奇蹟研究』（精神研究会、一九一〇年）から『男女生殖器病独療法』（精神研究会、一九一九年）まで、その内容は雑多である。

古屋の精神研究会の特筆すべき点は、その組織形態・運営形態であろう。古屋は催眠術の伝授を契約化し、通信会員と通学会員に分け、後者には二一日間の講義を受講させ、口述、実地、筆記試験通過後に「催眠学士号」を与えている。通信教育の活用、契約を通じた会員制度、大学教育システムの模倣など、まさに近代的という形容がふさわしい。こうした組織面での近代性は近世的な民間療法とは一線を画すものであり、後続の民間精神療法にも、程度の差はあれ受け継がれていった。田中守平の太霊道以前、東京に本拠を置き、最も成功した精神療法団体は古屋鉄石の精神研究会だったであろう。

村上辰午郎——注意術

村上辰午郎（生没年不詳）の場合は、術の名前こそ催眠術から注意術と変えたが、昭和期に至るまで一貫して実践的な催眠術師の役割で通した。

村上は農業道徳と教育学の教師であり、西村茂樹（一八二八－一九〇二）が創立した社会教育団体、日本弘道会の幹部でもあった。村上が催眠術師として活躍し始めるのは比較的遅く、第二次ブーム末の明治四〇年代である。その後は、大正教育会という組織を結成し、農業学校などで教育に関する講演と催眠術の公開実験を行い、催眠術を応用した教育を普及。催眠術師とはいえ、その社会的地位は他の者とはかなり異なるといえよう。

村上の技量については、中村古峡《こきょう》（一八八一－一九五二）からも、第一人者という評価を受けている(70)。心霊研究の実験も行い、テレパシーや千里眼などの超常現象を肯定しつつも、理論構築はしなかった。このあたりが村上の健全さでもあり、民間精神療法家としては妖しい魅力に欠けるともいえる。

村上の著書は以下になる。

『最新式催眠術』（成美堂書店、一九一二年）
『最新式実験催眠術講義』（金刺芳流堂、一九一二年）
『村上式催眠術』（大正婦女社会、一九一四年）
『村上式注意術講話』（明文堂、一九一五年）
『村上式注意術講習』（大正教育会本部、一九二〇年）
『注意術の手ほどき』（金刺芳流堂、一九二五年）

『精神統一　心理実験』（明文堂、一九二九年）

なお、『精神統一　心理実験』は吉永進一編『日本人の身・心・霊』一巻（クレス出版、二〇〇四年）、『最新式実験催眠術講義』は吉永進一編『催眠術の黎明』七巻（クレス出版、二〇〇六年）で復刻されている。

竹内楠三――催眠術・心霊研究の紹介

竹内楠三（一八六七－一九二一）は、成田中学校長を勤めた教育者であり、ドイツ語を中心とした語学教科書や倫理学や哲学の入門書を執筆している。竹内の催眠術書は、一九〇三－一九〇四年に大学館から立て続けに出版されており、第二期催眠術ブームは竹内の著作から始まったといっても過言ではない。

『学理応用　催眠術自在』（大学館、一九〇三年）
『実用催眠学』（大学館、一九〇三年）
『催眠術治療自在』（大学館、一九〇四年）
『催眠術矯正自在』（大学館、一九〇四年）
『実験自在　動物催眠術』（大学館、一九〇四年）

特に『学理応用　催眠術自在』は、ブームの口火を切った本としても重要である。また、同年には心霊研究の初期の紹介書『近世天眼通実験研究』（大学館、一九〇三年）や通俗心理学書『心理作用　読心術自在』（大学館、一九〇三年）も出版している（ここでの読心術はテレパシーではなく、通常の心理学の範疇に収まるものである）。さらに、千里眼事件のあった年に『千里眼』（二松堂書店、一九一〇年）と『催眠術の危険』（二松堂、一九一〇年）を世に出している。

これらは欧米の書物の安易な翻訳編集であったとしても、竹内にはかなりの筆力があり、また催眠術や異常心理を含めた心理学全般から心霊研究にまで幅広い知識を有していたことが分かる。

なお、合理主義者の竹内は、超心理現象の存在は認めていたが、霊魂の存在は認めていなかった。

> 若し少しでも天眼通的の事実がありとすれば、唯物論は之れに由つて破れるもの丶如く、霊魂の存在を証明するもの丶如く、速断する論者がある。宗教家などは特に其うい ふ風である。併し此れは誤想の甚だしいものと謂はざるを得ない。……其れを全く物質の作用として説明し得らる丶かも知れないのである。
>
> （『近世天眼通実験研究』二九九頁）

さらに『千里眼』においても霊魂説を否定している。竹内が国粋主義的宗教批判運動である「日本主義」に参加していたことを考えると、この「宗教」批判的な態度は当然といえよう(71)。

また『催眠術の危険』は、催眠術ブームの火付け役であった竹内が、その過去を反省して出版した催眠術批判書である。後半は社会主義者への無闇な恐怖を諌めるなど、ここでも彼の合理的な社会批判を垣間見ることができる。

なお、『催眠術の危険』は吉永進一編『日本人の身・心・霊Ⅱ』一巻（クレス出版、二〇〇四年）で、『学理応用　催眠術自在』は吉永進一編『催眠術の黎明』三巻（クレス出版、二〇〇六年）で復刻されている。

渋江易軒（保）——催眠術・心霊研究の紹介

竹内に続く翻訳紹介者と言えば、渋江易軒（一八五七－一九三〇）である。明治二〇年代にはすでにジョーンスツロム『催眠術』（渋江保訳、博文館、一八九四年）を翻訳しているが、一九〇九（明治四二）年に大学館から、心霊研究書の翻訳を四冊、催眠術書の翻訳を五冊、立て続けに出版している。いずれも竹内の翻訳書のタイトルに似通っており、二匹目のどじょうを狙う出版社の意向が分かりやすい。心霊主義や心霊研究関係は以下である。

『原理応用　降神術《スピリチズム》』（大学館、一九〇九年）
『原理応用　以心伝心術独習』（大学館、一九〇九年）
『原理応用　最近接神術』（大学館、一九〇九年）
『原理応用　神通力自在』（大学館、一九〇九年）

催眠術関係は以下である。

『学理応用　遠距離催眠術』（大学館、一九〇九年）
『原理応用　自己催眠術自在』（大学館、一九〇九年）
『人身磁力催眠術』（大学館、一九〇九年）
『独逸最近諸病治療催眠術』（大学館、一九〇九年）
『嶄新催眠術』（大学館、一九〇九年）

同じ翻訳紹介者とはいえ、渋江の場合には、竹内楠三のような怜悧な批判性や、クリスチャンでもあった高橋五郎（一八五六－一九三五）のような熱情は感じられないが、情報に通じていたことはまちがいない。

余談であるが、彼の父は、江戸期の医師で考証学派の儒学者・渋江抽斎（一八〇五－一八五八）である。森鷗外は一九一六（大正五）年に歴史小説『渋江抽斎』を発表しているが、その冒頭に鷗外が抽斎の情報を求めて、渋江易軒（小説のなかでは渋江保）に会いに行く様子が描かれている。文学の分野では、こちらの面でよく知られているだろう。

なお、『人身磁力催眠術』は吉永進一編『催眠術の黎明』三巻（クレス出版、二〇〇六年）で復刻されている。

玉利喜造——霊気・邪気説

玉利喜造（一八五六－一九三一）については、本書第Ⅱ部第二章の野村論文を参照されたい。

玉利自身の著作は特定の治療論を展開しているわけではないが、玉利は精神療法家と関わりを持ち、その治療を支持していた。ここでは、それらの精神療法について若干補足しておきたい。なお、これらの治療者の治療内容から、玉利を「他者治療系」に含めた。

彼が最も好んだのが紅療法で、これは元々鹿児島の伝統的な民間療法だが、昭和期には療術として一定の評価を得ていた。いくつかの流派があり（玉利が評価したのは山下常行の創案のもの）、東京や関西を始め、全国に伝わっている。やり方は、桑の木でできた小指大の棒の先に紅を点けて頭に擦り込むというものであり、体験者によれば、按摩を受けているようなので気持ち良く安眠できるらしい[72]。玉利はこれを「邪気排泄法」（『内観的研究』実業之日本社、一九一二年、一九九頁）であると解釈している[73]。

また玉利は、同じく鹿児島の精神療法家の木村天真（一八六三－？）を支持していた。木村は霊動状態の被術者に因縁罪業を告白させて病因を除去するという、一種のエクソシズムと心理カウンセリングを混合させた独自の治療法を行っていた。玉利は、**木村天真『病と霊』**（精神修養会本部、一九一七年）に「精神修養と霊気」のタイトルで寄稿している。木村については『霊術と霊術家』（本部第四章参照）にも記述がある。

なお、玉利の『内観的研究』は吉永進一編『日本人の身・心・霊Ⅱ』二巻（クレス出版、二〇〇四年）で復刻されている。

濱口熊嶽——人身自由術

井村宏次『霊術家の饗宴』（心交社、一九八四年）において、霊術家の扉を飾る人物として挙げられているのが、濱口熊嶽《ゆうがく》（本名・熊蔵。一八七八－一九四三）である。明治三〇年代から四〇年代にかけて濱口は一世を風靡し、気合一声で抜歯や黒子《ほくろ》除去を行うという彼の気合術を、当時の多くの新聞が取り上げていた。彼はまた、その自分の活動を取り締まろうとする警察と軋轢を起こすことを恐れず、各地で警察から出頭命令または拘留をうけること七百回以上、法廷に立つこと四〇回以上にも及んだと言われている(74)。現在でも『三重県史』で、尾崎行雄や御木《みき》本幸吉《もとこうきち》と並んで郷土の偉人として紹介されているところに、その活躍や人気が窺える。

ただ、濱口の技法は、催眠術に由来するものというより、むしろ近世までの修験（特に里修験(75)）のものといったほうがよいだろう。濱口は、元々は真言宗醍醐派の行者であり、自分の術は「真言秘密」から出たものだと述べている。故あって仏教界を去って「人身自由術」の名で行うようになるが、少なくとも濱口の口から、桑原のような体系的な理論や心理学的な解釈が述べられることはない。この時代の他の精神療法家がインテリ層に属するのに対して、濱口は「阿呆」だと自認している。

だが一方で、新聞や他の催眠療法家・精神療法家は濱口の施術を「催眠術」の一種と見ており、たとえば、近藤嘉三『催眠術独習』（一九〇四年）でも濱口を催眠術師の一人として共感を寄せている（一三四頁）。また『霊術と霊術家』（本部第四章参照）でも「精神療法の開拓者草分け」（二三九頁）として紹介されている。そのような意味で、やはり濱口は精神療法前期を彩る一人として数えておくべきだろう。

濱口には理論的な著作はないが、同時代の伝記や自伝としては以下のものがある。

瀬端晴吉『濱口熊嶽之伝』（瀬端晴吉、一九〇三年）

小長谷勝之助編『権律師濱口熊嶽之伝』（小長谷勝之助、一九〇八年）

濱口熊嶽述・北川米太郎編『摩訶不思議　濱口熊嶽自叙伝』（濱口熊嶽事務所、一九〇九年）

いずれも小説のような面白さがあり、彼が当時人気を博した理由の一端がうかがえる。

第三章　精神療法中期　一九〇八～一九二一年

中期は、前期の理論や実践を継承しながら、民間精神療法の運動が大きく花開いた時期である。この背景には、一九〇八（明治四一）年「警察犯処罰令」に催眠術の取り締まりの項目が加えられたことがあり(76)、従来の催眠療法家が「精神療法」家へと看板を掛け替えたという現実的な問題があった。先述の古屋鉄石、品田俊平、村上辰午郎らがその先駆であり、本章で述べる横井無隣の転身もその流れで考えることができよう。

ただし、それだけではなく、受け手の側の変化もある。日露戦争後、一定の近代化を達成した日本社会は、「煩悶の時代」と呼ばれるアノミー的状況に遭遇したと言われている。明治末に完成した近代学校制度によって、大学や師範学校の卒業者は年々増加していき、近代知識人層の厚みは増していた。共同体の民俗知から遊離した近代知識人は、もはや従来の宗教伝統に単純には回帰できなくなっており、それを埋めるものとして新しい宗教的、霊的なものを求める機運が盛り上がっていたということはあるだろう。それは、同時期に大本が鎮魂帰神法による霊体験によって知識人の入信者を増やしていたこととも関係する。もちろん、当時流行していた結核や神経衰弱に対して近代西洋医学が対処できなかったことも、近代社会への疑義と相まって、オルタナティブな療法を求める理由となっていただろう。

民間精神療法の隆盛については、この時期に登場する健康法紹介本で、民間精神療法が筆頭に挙がることからも分かる。ここでは、いくつか代表的なものについて紹介しておこう。

まず西川光二郎（一八七六－一九四〇）による**『最新健康法全書』**（丙午出版社、一九一六年／増補版：一九二一年）および**『心理療法全書』**（愛善社、一九一九年）がある。後者の方が民間精神療法の紹介が充実しており、比較分析にも興味深いものがある。著者の西川は、幸徳秋水や木下尚江とともに、日本最初の社会主義政党として知られる社会民主党を設立（一九〇一年）したメンバーの一人である。その後も平民社に加わるなど、日本の社会主義運動の一角を担うが、一九〇六（明治三九）年、電車賃値上げ反対運動で投獄され、出獄後は松村介石の日本教会に身を寄せることとなる。白熊生の筆名で『道』誌に新進宗教家列伝を連載し、岡田虎二郎、新井奥邃《おうすい》、川面《かわつら》凡児、山室軍平などを取り上げており、こちらも興味深い読み物となっている。西川のこうした展開は、社会主義運動の文脈からすると「転向」とされることが多いが、単なる伝統主義ではない西洋近代への異議申し立てという点では一貫しているともいえる。民間精神療法の政治的含意を考える上でも、西川は重要な人物である。なお、『心理療法全書』は吉永進一編『日本人の身・心・霊Ⅱ』七巻（クレス出版、二〇〇四年）で復刻されている。

『簡易斬新　実用的強健法』（実業之日本社、一九一五年）を執筆した伊藤銀月（一八七一―一九四四）は『万朝報』の記者であり、小説、人物評論、歴史、随筆、実用書など、幅広い分野で活躍した著述家でもある。この本では、岡田式、藤田式、川合（肥田）式などのいくつかの方法を論評した後で、伊藤式とでも言うべき強健法を提唱している。冒頭、日本人の虚弱さ、経済的な問題等、生活の問題をこまごまと記していて、健康法を求める背景がよく分かる。西川の理想主義的な雰囲気とはトーンが異なるが、むしろこのような現実的な問題から、民間精神療法に入る人のほうが数の上では多かっただろう。

　そうした実用的関心は、たとえば加藤美命《よしみち》（一八八九―一九二七）[77]が**『比較研究　廿大強健法』**（誠文堂、一九一八年）を著したことにも現れている。加藤は大正期に大ベストセラーとなった実用本シリーズ『是丈は心得おくべし』（誠文堂）の著者である。この本でも冒頭は日本人の虚弱化を嘆く文章で始まっており、実際にそうした懸念はあったのであろう。もちろん、こうした危機感の背景には国防の問題があり、個人の健康の希求は国民の体力、ひいては国家の体力に繋がっている。

　こうした意味で、陸軍軍医であった松尾栄が**『比較研究　七大健康法』**（万巻堂書店、一九一四年）を執筆することも頷ける。ここでも二木式腹式呼吸法、岡田式静坐法、藤田式息心調和法、川合式強健術などが紹介されており、この分野を知るには便利な本である。この本には壮神社より一九九四年に復刻がある。

　このように治療や健康という個人の実利的問題を主題としつつ、民間精神療法はそれを超えた問題を視野に入れていた。この時代の精神療法が、人間論、社会論、国家論、宇宙論までを含む壮大な体系を提唱した要因には、そうした時代的要請を指摘することもできるだろう。この点で、民間精神療法が実利的関心と結びついていたことを、決して軽視するべきではない。そのような水路を通じてこそ、哲学や文学の領域のみならず、あるいは知識人層にとどまらず、ジャンルや階級を超えて、全体論的、生命主義的、精神主義的な思想を行き渡らせることになるからである。その点で、同時代における思潮傾向であった「大正生命主義」(78)との相関や比較をしていくことも意義があるだろう。

三―A　自己治療系

檜山鋭――心身修養療法

檜山鋭《えい》(一八七二―?)については、『**比較研究実験批判　心身修養療法**』(研精会、一九一四年)や『**脳の働かせ方**』(二松堂書店、一九二六年)に経歴が記されているが、それによると、一八七二(明治五)年、茨城県水戸市で士族の家に生まれる。乳児より病気に悩まされ、成績も不良であった。しかし、二五歳から教員試験を立て続けに突破して、一八九九(明治三二)年に文検に合格、福島と福岡の師範学校教諭を経て、一九〇七(明治四〇)年に広島幼年学校の教授となる。しかし心身の具合が悪くなり、一九〇九(明治四二)年に学校を辞め、その後、精神療法家となる。

『霊術と霊術家』(本部第四章参照)の記述を参照すると、名前と団体名を次々と変えていたようで、「鉄心」「尚弘」「心斎」と名乗り、会の名称も尚弘会、心斎閣、能力研究会などと一定していなかったという。著作を見ても、『**心身改造精神的呼吸法**』(弘学館、一九一二年)では通常の医学による伝統的な腹式呼吸の解説が主であるが、それ以降の著作群ではエーテルという用語を用い、そして『脳の働かせ方』では脳内の器官である島脳を霊的能力の中枢と主張するなど、その説も変化している。彼に影響を受けた療法家は多いと思われるが、『脳の働かせ方』の記述からは高木秀輔や平田内蔵吉《くらきち》が弟子であったと思われる。

檜山は、病に悩み、いくつもの健康法を遍歴したあと、成田不動の断食堂で断食を行って健康を回復し、治病法を発見したと書いている。『心の友』六巻一〇号(一九一〇年一〇月号)にも、同誌の主幹、真島丹悟が断食による能力の獲得を報告しているので、この時期、断食を実践したのは檜山だけの着想ではなかったようである。また、檜山は書いていないが、古屋鉄石の『精神新報』八〇号(一九一一年七月号)には彼の名前と活動が紹介されており、古屋の傘下で治療家を開業したことがわかる。

檜山の技法で新機軸といえる点は、坐法、呼吸法、自動運動、手当てを組み合わせて体系化した点にある。『**檜山式療法伝授録**』(研精社、一九一八年初版)では細胞を霊動させて生命力をあげるための呼吸法が紹介されている。そのなかで基本と思われる霊動姿勢法を紹介しておこう。

（A）鎮心。右手で左手の親指を握り、両手を組み合わせる。瞑目して心を下腹部に鎮める。

（B）足と足を重ね、膝と膝を接する。

（C）霊動呼吸法。左右の掌《てのひら》を鳩尾《みぞおち》にあてて、押す。呼気で邪念邪気を払う（鳩尾をおして鼻から息を徐々に出す）、そして心身に宿る神（精神、エーテル、潜在心）が現れたという観想をする。

（D）鼻より吸い入れた息を、鳩尾がふくれないようにしたまま、下腹部にもたらす。吸い終わったら神霊出現、精神活動の観想をする。

（E）心の統一法として、合掌を行う。

（F）なにか適当な言葉（六根清浄、アーメンなど）を黙唱するが、境地が進めば無念無想となる。

この結果、「合掌せる手指が、電気の掛かつたように、ピチピチします」（二〇六頁）。

檜山の技法は、この『檜山式療法伝授録』もしくは『心身円満発達　檜山式正坐法　一名心身修養療法』（心身健康会、一九一三年）を参照されたい。ほかに、『心身修養療法原論』（忠誠堂、一九一五年）という本もあるが、こちらは総花的に学説を並べたきらいもある。

なお、『心身修養療法原論』は吉永進一編『日本人の身・心・霊Ⅱ』四巻（クレス出版、二〇〇四年）で復刻されている。

横井無隣（円二）――内観・精神統一法

横井無隣（生没年不詳）は大阪で活動した民間精神療法家である。一九〇一（明治三四）年から催眠術研究を始め、初期は精神科学会という名前で、催眠術治療とその通信教授を行っていたが、大正期後半から自己修養に鞍替えしている。

初期の著作としては、以下のものがある。

『神秘論　奇蹟の解決』（横井無隣監修・浜田至誠編、精神科学会、一九一〇年）

『臨床暗示術』（精神科学会、一九一一年）

『実地適応　催眠施術秘儀　全』（精神科学会、一九一七年）

『神秘論　奇蹟の解決』は、さまざまな「奇蹟」を紹介し、それらを催眠術または自己催眠で解釈するものである。『臨床暗示術』は病気ごとにその医学的説明と暗示の内容をまとめたものであるが、これだけを読んだ場合は、いささか隔靴掻痒のきらいがある。『実地適応　催眠施術秘儀　全』は催眠を施術する際の細かな注意書というべきものである。

後期の著作には次のものがある。

『精神統一自習書　内観録』（内観寮、一九一四年）

※一九二〇年に本書中の上中下編を独立させて、三巻本として再刊。

『内観録』上・中・下巻（内観寮、一九二〇年）

ここでは岡田式などに対抗して、精神統一法と内観という自己修養法も説いていた。

『精神統一自習書　内観録』によると、

内観法は予の精神統一に依る創造の所産であつて、予の信仰の煥発である。また予の内観法は宇宙即自己、自己即宇宙の信念に出発して、霊肉の不即不離に生命を認識するものである。即ち拡大すれば自己が大宇宙であり、縮小すれば大宇宙は自己の心身であつて我は神であり、神は我であると云ふことになるのである。（一一一頁）

真の自己は宇宙の太霊と感応道交して居る自己の心霊である。宇宙の太霊即自己の心霊であれば霊に二つはないのである。（一一二頁）

こうした唯我論は民間精神療法の典型であるが、その壮麗な言葉と比較すると、精神統一技法や経験の部分が乏しい感がある。

肥田春充——肥田式強健術・聖中心道

肥田春充（一八八三－一九五六）については、肥田式強健術の創始者として近年でも知る人は多い。旧姓は川合と言い、基督心宗の創始者川合信水の実弟であった（一九一七年に肥田家の婿養子となる）。春充もまた兄と同様に、松村介石の日本教会に出入りしており、処女作『実験簡易強健術』（文栄閣・春秋社、一九一一年）の刊行の際には松村から序文をもらっている。また、『病弱者の力』（尚文社、一九二六年）によれば、川合信水が藤田式の奥伝を許されていたことは、春充に影響を与えていたらしい（七頁）。春充の強健術は運動による身体鍛錬法だが、後年に主張した聖中心道は宇宙論とも通じる人体論を展開し、宗教的とも言える雰囲気を漂わせている。このことは春充のまわりに、松村、藤田霊斎、信水らがいたことと無縁ではないだろう。

著書は他に、

『腹力体育法』（文栄閣・春秋社、一九一二年）

『実験心身強健術　附　椅子運動法・自己療法』（武俠世界社、一九一四年）

『心身強健体格改造法』（尚文堂、一九一八年）

『川合式強健術』（尚文堂、一九二五年）

『聖中心道　肥田式強健術　天真療法』（聖中心道研究会、一九三六年）

など多数あり、現在は壮神社より復刻されているものも多い。

平井金三――三摩地会(79)

平井金三《きんざ》（一八五九―一九一六）は、京都生まれの英学者であり、また臨済宗で出家した仏教者でもあった（法名は龍華）。一八八五（明治一八）年には同志社に対抗して、英学塾オリエンタルホールを開き、そこでは加藤咄堂《とつどう》、姉崎正治《まさはる》（一八七三―一九四九、宗教学者）、甲斐和理子（一八六八―一九六二、京都女子大学創立者）、野口復堂（教談家）らが学んでいる。一方で、仏教復興運動に尽力して、一八八九（明治二二）年に神智学協会会長ヘンリー・S・オルコット（一八三二―一九〇七）を招聘している（当時の日本の仏教者は、欧米で仏教を評価する神智学協会を歓迎していた）。

一八九二（明治二五）年には不平等条約改正の訴えと仏教の伝道のために渡米し、寄寓先の法律家チェニー家で心霊研究を学ぶ。翌年にはシカゴ万国宗教会議に出席し、不平等条約がキリスト教モラルにもとると批判しつつ、アメリカ独立宣言の高邁さを謳い上げて喝采を浴びている。

一八九四（明治二七）年、日本に帰国すると、シカゴ万博宗教会議の理念を継承して、日本でも自由宗教に基づく会議を開こうとしていたが叶わず、日本のユニテリアン組織「日本ゆにてりあん弘道会」（惟一館）に参加する。ここで村井知至《ともよし》と知遇を得て、その紹介で東京外国語学校（現・東京外国語大学）の教授となっている。そして一九〇七（明治四〇）年、村井を通じて松村介石とも知り合って意気投合し、心象会、そして日本教会を始めることになる。日本教会の機関誌『道』には、平井の心霊研究関連の記事が掲載され、それは『心霊の現象』（警醒社、一九〇九年）としてまとめられている。

一九一〇（明治四三）年には村井と英語教育をめぐって諍いが生じ、東京外国語学校を辞職。その後は京都に戻って英語塾を経営する一方、三摩地会という禅修養団体を主宰して、坐禅法を教授して過ごした。これについてまとめているのが**『心身修養　三摩地』**（育成会、一九一四年）である。三摩地とは、サンスクリット語でサマーディ（三昧）のことである。人間には善の本性があり、その心は宇宙的にも広がりを持っていて、真如と呼ばれる。この本性、真心を引き出すためには、座って呼吸法（数息、随息）を行い三摩地に入る必要がある。その結果、病気が治るだけでなく、心霊能力までもが発揮できるという。

仏教語を用いてはいるが、彼はこの修養法を宗派的、宗教的な区別を超えた技法と見なしている。その自由宗教への希求と心霊研究の知識が、坐禅呼吸法として昇華したのだと言えるかもしれない。

なお、『心身修養　三摩地』は吉永進一編『日本人の身・心・霊』三巻（クレス出版、二〇〇四年）で復刻されている。

忽滑谷快天——『錬心術』

忽滑谷《ぬかりや》快天《かいてん》（一八六七‐一九三四）は、明治から昭和にかけて活躍した曹洞宗の禅僧である。一八八五（明治一八）年から一八八八年まで曹洞宗大学林、一八九一（明治二四）年から一八九三年まで慶應義塾大学にそれぞれ学び、英語に優れ、曹洞宗大学林の英語講師を一九〇三年から務めている。一九一一（明治四四）年から一九一四（大正三）年まで欧米を視察し、帰国後は曹洞宗大学の教頭、学長を歴任し、一九二五年に駒澤大学の初代学長となり、駒澤大学の学風の基礎を築いた。一九三四（昭和九）年三月に学長職を辞し、同年七月に死去する。

文献批判をとりいれた禅学研究、イスラーム研究、朝鮮などの仏教史、そして *Religion of Samurai*（1913）での英語での禅の紹介など、多くの分野で業績を残している。思想面からすると、人文系や自然系の諸科学によって仏教を再構築するという近代主義的な仏教者で、宇宙を究極の実在とする汎神論的な仏教を構想していた。こうした仏教論は、当時『新仏教』誌に拠っていた革新的な仏教者たちに共通してみられるところであり、忽滑谷自身も同誌の寄稿者でもあった。

彼はまた、一九一一（明治四四）年、門脇探玄との共訳でアディントン・ブルース『心霊の謎』を翻訳するなど、催眠術、心霊研究を含めて心理学系の諸学に関心が深かった。なかでも興味深い著作は一九一三（大正二）年に発表された**『養気錬心乃実験』**（東亜堂書房）（後に**『錬心術』**（忠誠堂、一九二六年）として改題発行）である。これは当時アメリカで流行していたヨーガを紹介し、禅と比較したもので、主にヴィヴェーカーナンダとラマチャラカの書籍に拠っている。忽滑谷は、アメリカのヨーガがインドのそれとは別個のものであることや、ニューソート、クリスチャン・サイエンスなどの勃興に連動してヨーガも流行していると指摘しており、現地の事情に通じていたことがわかる。神通力やプラーナを批判的に見ているものの、全体としては好意的に評価しており、日本最初のヨーガ入門書であろう。

忽滑谷は、精神療法運動にも好意的な態度をとっていたようで、桑原俊郎の後継団体、精神学院が発行していた月刊誌『心の友』に、一九〇九年から一九一二年までおよそ一〇本の記事を寄せている。一方、一九二八年、曹洞宗の「伝統派」の闘将であった原田祖岳は忽滑谷の近代的な仏教解釈を批判し、両者の関係者を巻き込んだ正信論争という一大騒動へと展開する。そのなかで忽滑谷を太霊道にこじつけて批判する文章も出るが、伝統派からすると近代派仏教者の精神療法への接近に苛立っていたという面もあったのではないか。ただし、駒澤大学関係の禅僧＝学者で、太霊道に深く関わったのは、米国で哲学博士号を取得してきた中根環堂（後に鶴見女子大学長）である。彼は太霊道の教義を日英二カ国語で著した『最新思潮太霊道』（洋洲社、一九一七年）を執筆している。

ラマチャラカと松田霊洋――プラナ呼吸法

ラマチャラカ（一八六二―一九三二）については、本書第Ⅰ部第三章のデスリプ論文を参照されたい。ここではラマチャラカの著作の最初の翻訳書『深呼吸強健術』（大学館、一九一五年）および『最新精神療法』（公報社、一九一六年）を訳した松田霊洋（卯三郎、生没年不詳）について若干補足しておきたい。

実は松田は、藤田霊斎の高弟であり、養真会のバンクーバー支部長であった。霊洋の号は、息心調和法の奥伝を授けられた時に与えられたものに他ならない。一九一四（大正三）年、自身の商用でアメリカに渡ったが、もう一つの目的として藤田式息心調和法を広めるということがあった。[80] 滞米中、彼はラマチャラカの著作を読み、精神療法を実践して効果を確認できたため、日本語に翻訳することを決めたのだという。[81]

養真会の機関誌の記事では、東洋の養生論とともに海外の霊性思想の紹介にも努めている。ニューソートの紹介もあった[82]が、一方で「気」の概念を西洋の霊性思想によって再評価した論説もあった。明治末から大正はじめの論文で藤田霊斎は、仏陀の後光や桜寧室『養生訣』（一八三五年）に書かれた人体より発する「気」が、一九一一年に行われたW・J・キルナーの実験によって「光輝《オーラ》」として科学的に実証されたと論じ、さらに一八九八年に発見されたラジウムの放射線も「気」と結びつけている。[83] キルナーの実験はその後の霊性文化でもたびたび引用され、頻繁に「気」などの不可視のエネルギーと同一視されるが（例えば岡田虎二郎の項で既述の小林参三郎『生命の神秘』など）、藤田の論文はその最初期の一例であろう。

　呼吸法、霊的で半物質的な「気」＝「プラーナ」、宇宙精神に関する理論において、ラマチャラカと藤田の思想は似ており、つまり松田にとってラマチャラカの原著は、すでに慣れ親しんだものの海外における再発見だったのかもしれない。だが、それは翻訳書の名前が示すように、「最新」の精神療法として日本にもたらされた。なお、この翻訳以降、松田の名前が養真会から消えるが、この翻訳が関係しているかどうかは不明である。

三―B　他者治療系

田中守平――太霊道

田中守平（一八八四―一九二九）の設立した太霊道は、宣伝戦略から技法に至るまで民間精神療法団体の代表的なものである。[84] 後述するように技法講習団体という性格上、太霊道を経由した精神療法家は多い。まず、栗田仙堂は太霊道の隠れたイデオローグだったと言われており、また松本道別《ちわき》も太霊道の協力者であった。また、生長の家の谷口雅春《まさはる》や神道天行居《てんこうきょ》の友清歓真《よしさね》が大本の信者だったことはよく知られているが、太霊道の講習も受けていた。高木秀輔も太霊道で学んでおり、[85] さらに松本道別によれば、大山霊泉、岩田篤之介《とくのすけ》も太霊道に所属していたという。[86] 桑田欣児も太霊道に入会しており、本名の源五郎名義で太霊道の機関誌に寄稿している。

　太霊道の理論では、「太霊」という宇宙の根本実体があり、真如もゴッドも天御中主《あめのみなかぬし》も究極的な太霊の一部に過ぎない。この太霊より発現する実体子を「霊子」といい、宇宙のあらゆる精神現象と物質現象の背後には、両者を統一した霊子の作用があるとされる。太霊道における「霊」概念は、この言葉の多義的なニュアンスを含みつつも、死者霊や人格神など人格的な霊魂観を採用していない。壮大かつ抽象的な物心一元論的宇宙論であり、そこから国家、社会、そして身・心・霊が階層的に論じられる。そこで想定される国家や社会は普遍的性格を持ち、彼の主張する政策は、普通選挙施行、婦人参政権付与、華族制度改廃、累進課税、学術振興など、進歩的、民主的である。それゆえ天皇の比重が軽く、品田俊平の「心教」のように教育勅語に権威を求めることもない。独自の用語法によって、心身から宇宙までを理論的、体系的に論じようとしたところが、太霊道の特筆すべき特徴であり、田中守平のカリスマ性と相まって、その理論に期待した多くの入会者を生んだと思われる。

　実際の技法は、正座と腹式呼吸、あるいは身体の自動運動（霊子顕動作用）を誘発させて治療や霊能に用いるというもので、同時期には檜山鋭も体系化しており、それほど特別なものではない。ただ、霊子の作用を実証するために「霊子板」という板を使う点が目新しいと言える。

　太霊道からの出版物には、把握している限りで以下のものがある。

『天真至上太霊真典』（太霊府修道館、一九一一年）

『奇蹟之田中守平』（満鮮実業社、一九一二年）

『太霊道及霊子術講授録』（太霊道本院宇宙霊学寮、一九一六－一九一八年）

『霊子顕動作用速修教授録』（栗田貞輔編、太霊会速修部、一九一七年）

『最新思潮太霊道　*A new thought, the doctrine of Tairei, its art of healing*』（中根滄海（環堂）、洋洲社、一九一七年）（英文と邦文）

『霊子顕動作用教授録　第二巻』（伊藤延次、宇宙霊学寮、一九一八年）

『霊子療法応用人体解剖図』（伊藤延次編、太霊道本院、一九一八年）

『太霊道主元伝』（宇宙霊学寮編、太霊道本院、一九一八年）

『太霊道の本義』（太霊道本院出版局、一九一八年）

『流感には霊子術　予防と治療』（伊藤延次編、太霊道本院、一九二〇年）

Taireido: a new revelation for the spiritual, mental & physical salvation of mankind（一九二〇年）

『太霊道全輯稿本　第一巻』（太霊道本院、一九二一年）

『太霊道全輯稿本　第二巻』（太霊道本院、一九二二年）

『太霊道断食法講義録』（太霊道総本院、一九二二年）

『太霊道神教聖典』（太霊道神教総本宮、一九二七年）

機関誌『太霊道之教義』（一九一六年創刊）

→『霊界時潮』（一九一七年一月改題）

→『太霊道』（一九一七年一一月改題）

なかでも『太霊道及霊子術講授録』や『太霊道の本義』が教理に関しては参考になる。

初期の田中はまず巡業する霊能者として活躍する。最初の著書『天真至上太霊真典』を完成させた後、田中は一九一一（明治四四）年から一九一三（大正二）年までのあいだ、朝鮮半島から蒙古まで霊子術の巡業に出て成功を収めている。田中は大陸における諜報活動に関与していた可能性もあり、一種の大陸浪人としての性格も持っていた。帰国後は、天洋、天来、天蒙といった号を使用しながら、甲府、新潟、富山、金沢、広島など、各地で治病と講習を行っている（この間に衆議院議員に立候補して落選）。その成功から見て、精神療法家としての田中は、自己プロデュースを含めて、かなり有能であったと思われる。

だが、田中が一時代を築くことになるのは、一九一六（大正五）年に太霊道の組織を設立してからである。太霊道は、古屋鉄石の精神研究会のように、『講授録』という教典、一〇日間の超能力開発を含むカリキュラム、そして霊学士などの認可制度など、「学校」を模した組織を整備する。霊能の開発が、金銭を媒介にした契約関係によって一定期間の研修を受けることで可能になったわけである。この点では、他の精神療法団体よりも太霊道ははるかに組織化されており、治療団体というよりは、治療法や修養法を講習、販売する団体という性格が強い。またメディア戦略にも力を入れており、一九一六年の「太霊道公宣」を皮切りに、一九一九（大正八）年まで計七回、新聞全面広告を打っていた。

ただ、他の精神療法団体に見られない太霊道の特徴は、政治、哲学思想を論じる高邁な姿勢にある。霊能者の自己宣伝としても過剰であり、その背景には、少年時代から続く田中のメシア意識、そして政治、宗教、思想を統一する世界救済の事業という意識があったように思われる(87)。

実際、彼は一九一九年に「国民協会」を結成して政治運動を試み、また武蔵野に「太霊道理想郷」を建設するために力を注いでいる。田中にとって精神療法教授は、そうした大きな理想の実現の一部だったのだろう。政治運動は挫折に終わるが、理想郷建設計画については場所を故郷の岐阜県恵那郡武並村（現・恵那市武並町）に移して継続している。一九二一（大正一〇）年末の火災で建設したばかりの六層の霊雲閣を焼失して打撃を受けるが、それでも積極的な活動を続けている。田中が寄付を申し出て、武並郵便局の開設、そして武並駅の設置が実現することになるが、これは理想郷建設計画の一環であった。

武並移転後の太霊道は「宗教」化を計っていく。その大きな理由は組織の維持であろう。太霊道の会員は講授会を卒業すれば各自の開業は自由であり、本部の統制が及ばなかった。「学校」化と称したように、霊子術の講授は金銭を介した契約関係である以上、「卒業」した者たちが太霊道にいつまでも援助を行う必要はなかった。さらに大本への太霊道会員の流出である。おそらく太霊道の方向転換は、大本の影響が大きかったのではないかと推測される(88)。ともかく、この後の田中の戦略は、それまで否定してきた憑依現象の承認や武並の聖地化など、直接的には御嶽講の模倣、そして間接的には大本を思わせる方向へ転換していく。

田中は、武並の聖地化を以下のように宣言している。

今茲に太霊神格は、霊勅を奉じて此地上に生を享け絶対超越の全真なる太霊大道の公宣流布に任ずる太霊道主元の霊格に随応顕現し、恵那の土を霊地と定め、武並邑龍宮淵に臨める国集ケ丘なる霊華殿に鎮御し、万衆霊化の大本確立さる(89)

ある土地を聖地化するには、通例は歴史的な事件（たとえば大本の出口なおの神がかり）や特別の景観（たとえば国柱会における富士山）、そうでなければ理論的裏付けを必要とする。だが、武並の場合、歴史的事件は田中守平の誕生だけであり、それまでの太霊道の普遍的な「太霊」「霊子」観からすれば、理論的裏付けにはさらに無理があった。

宗教化は古参会員の当惑、あるいは離反を招いたようであり、一九二二（大正一一）年、機関誌『太霊道』編集長の伊藤延次は、亡くなった古参会員の口を借りながら、太霊道の宗教化に対してかなり厳しい批判を展開している。

昨年五月の入山以来、我が太霊道の表現に於て著しい変化が来ました。たとへば太霊神格に対する絶対信が要求せられ、忘我棄己といふやうなことが唱えられ、信があれば霊能は泉の湧くが如くに発現するといふやうな趣旨が高調されるようになりました。で、氏は氏が嘗て体得せる霊子法の尊厳が、そのために甚しく傷つけられるやうに感じました。現に氏が体得せる霊能はかくの如く確実である。これによりて数千人否数万人の患者を癒し患者を救つた。それが更らに信奉と忘我棄己とに依らなければ全真のものにあらずとは、何等の矛盾、何等の撞着、主元狂せりや、然らずんば主元霊子法に対する信念を失へりやと、憤慨し且つ懊悩せられた結果、私にその感懐を述べられたことがありました[90]。

伊藤の名前は、同年五月発行の『太霊道』では消えており、太霊道を離れることになったのだろう。

そうしたこともあり、「宗教」化については一直線に進まなかったようであるが、従来の太霊道の路線の踏襲や断食会の開催などを行いつつ、最終的に「太霊道神教」なる宗教を作ることになる。しかし、それも田中の急逝（一九二九年）で途絶している。ただ、もし田中の急逝がなかったとしても、霊子術から宗教へと転換することは、太霊道が従来誇ってきた、宗教を超越、統一する教説という性格を失うことであり、困難な事態を招いたであろう。

なお、『太霊道及霊子術講授録』については、一九二一年版の復刻版（山雅房、一九八八年）および八幡書店による復刻版（二〇〇一年）がある。八幡書店版には、田中守平の社会思想や国家論が記された第一輯「太霊道真典講義」を含まないので注意されたい。また機関誌『太霊道』第四巻臨時号として発行された『霊光録』（一九二〇年）は、吉永進一編『日本人の身・心・霊Ⅱ』五巻（クレス出版、二〇〇四年）で復刻されている。また一般向けの太霊道の紹介本として、高木一行『奇跡の超能力開発法太霊道』（学研、一九八八年）がある。

栗田仙堂（貞輔、仏道）――リズム学

栗田仙堂（生没年不詳）の経歴ははっきりしないが、米国哲学博士を自称し、一時期、太霊道でゴーストライターを務めていたと言われている。その奇人ぶりについては、いくつかの証言がある[91]。太霊道から別れた後にリズム学院を設立して羽振りがよかったともいうが、一時投獄されたという話もある。

太霊道の一元論思想をさらに極端な物質的一元論に進めたものが、リズム学である。**『リズム学の精華　保健療病の原理』（リズム学院出版部、一九二四年）**では、次のように述べている。

其エーテルが宇宙にリズムの根本作用があるから、其れで生まれることができているんだ。……リズムの本質がエーテルと為り、更に電気と為るに及んで益々波長が長

くなる。……何でも凡ての事が此エーテル波動の原理に依れば説明が能きる、色も音もみな波動なんだ即ちリズムなんだ。（七一頁）

太霊道のような霊子ではなく、リズムという運動に物心の根源を置くのが特徴だが、万物に物心両面を認める点では、他の精神療法理論と大きな違いはない。肉体を離れて死後も存続する個性的な霊魂も認めていない。霊媒などの現象は、宇宙のリズムに写された生前の行為が出現したものと解釈される（宇宙的流体に刻印された記憶という理論は平井金三《きんざ》『心霊の現象』などにも見られる）。

基本的な技法は、呼吸法（「第一作術甲号式」）と掌《てのひら》の霊動法（「乙号式」）である。前者は、雑念を払って鼻から呼吸を深く吸い込み、下腹部に力を込めて、さらに吸い込む。耐え切れなくなったら、鼻から息を吐く。これを十分から一時間、朝夕二回行う。後者は、この呼吸法を行いながら合掌することで、電気（磁気、ラジウム）を循環させて指先に小刻みな振動を起こすことである。この振動を左右の眉と目の中心部分に当てることで、霊能力や治病能力が発現するとされた。栗田は、これを頭脳内部の小脳第三室（フォールニッキス）によって説明している（『リズム哲学の精華　超医学治病保健のリズム回元術講義録』金子淑、一九二四年）。

なお、『リズム学の精華　保健療病の原理』は吉永進一編『日本人の身・心・霊』五巻（クレス出版、二〇〇四年）で復刻されている。

江間俊一――江間式心身鍛錬法

江間俊一《しゅんいち》（一八六一－一九三三）は、静岡県見付の宿役人などをつとめた山本南陽の子供として生まれる。若いころは遊び人で、東京で米穀仲買人をしていた江間忠五郎の娘、常子と結婚してから学問を修める。静岡の自由党に加わり、あるいは東京で相場師となったあと、法律を志し、明治法律専門学校を卒業して弁護士となる。篆刻の名人であり、そのために東京の有名人との交流もあった。弁護士、政治家として活躍し、東京市会議長や衆議院議員などを務める。星亨《ほしとおる》の子分格で、東京市参事会員時代の一九〇五（明治三八）年には日比谷公園騒動事件に関係している。

江間が心身の修養に目覚めたのは、明治法律学校で勉強中、結核に苦しみ、郷里の先輩、寺田彦太郎老から教授された白隠の深呼吸法と冷水浴で健康を回復してからといい、一九〇二（明治三五）年から翌年にかけて冤罪で静岡監獄につながれた際に坐禅に耽り、その際に千里眼を経験している。その後、仏教の「喝」、武芸の「気合」を自習し、芸者や女中などで実験しながら治療法を開発したという。[92] 一九一三（大正二）年七月六日、明治大学で開催された第二回の東洋心理協会の実験会で、横瀬琢之、古屋鉄石、木村秀雄、田中守平、釈慶淳らと並んで舞台にたち、この時点ですでに業界のリーダーとなっていたことがわかる（『精神新報』八七号）。

江間の治療法は、気合いをかけて患者が催眠トランス状態に入ったところで暗示を施すもので、彼はこれを唯識説で説明している。それによると、第一識から第六識までは五官と意識で、第七識が潜在意識、第八識が根本生命識、さらにその下に第九識があるとされ、禅の悟りはこの六識と七識を奪った状態であるという。江間は白山の別邸に道場を開き、江間式心身鍛錬法後援会と人道教会を組織し、機関誌**『心身鍛錬』**を発行していた。主要な著作に**『江間式心身鍛錬法』**（網野霊峰筆記、網野廉次郎、一九一八年）、**谷夢庵『江間式気合療法の真髄』**（南天堂出版、一九二三年）がある。

なお、江間式に関係していた前野自錐《じすい》（長治）という居士がいる。臨済宗の中原鄧州《とうしゅう》について修行した経験を持ち、その書**『前野式静座法』**（泰山房、一九一七年）は呼吸法を図解入りで解説したもので、神通力についての記述を含む。なお、戦前は国士として国粋主義活動をして、戦後は禅僧として有名になった大森曹玄《そうげん》は、この前野の弟子である。

松本道別——人体ラジウム

松本道別《ちわき》（一八七二－一九四二）は詳しくは本書第Ⅰ部第二章の奥村論文を参照されたい。

彼は太霊道に協力した時期もあるようだが、そこを離れた後、人体の生命エネルギーがラジウムであるとして人体ラヂウム学会を興した。彼の**『霊学講座』全四冊**（霊学道場、一九二七・一九二八年）は、技法と理論に関しては霊術本のなかでも最も優れたものの一つである。松本はさまざまな霊術に通じているだけでなく、**H・P・ブラヴァツキー『霊智学解説』**（ステブンスン・宇高兵作訳、博文館、一九一〇年）、**フィランジ・ダーサ『瑞派仏教学』**（大原嘉吉訳、博文堂、一八九三年）といった欧米秘教の著作も読み込んでいるために、内容は豊かでその説明は非常に分かりやすい。さらに、大本の出口王仁三郎に鎮魂法を伝えた長澤雄楯《かつたて》（一八五八－一九四〇）の元で鎮魂法も学んでいるので、霊的な技法全般を知るには格好の本である。

人体ラジウムのような普遍的エネルギーというメスメリズム的概念と、神道霊学のように人格的な霊魂存在を前提とする体系が彼の思想のなかでどう結びついていたのか。また霊学的、皇道主義的立場からの大本批判など、その思想と人物はさらなる研究に価すると思われる。

『霊学講座』は、一九九〇年に壮神社と八幡書店からそれぞれ復刻が出ている。

渡辺藤交――日本心霊学会(93)

渡辺藤交（一八八五－一九七五）の日本心霊学会は、京都に本拠を置いた霊術団体である。渡辺は愛知県に生まれ、本名を久吉と言い、京都の浄土宗寺院で丁稚奉公をしていたらしい。さらに浄土宗専門学院（佛教大学の前身）で学んだ経歴があるため、会員の多くが浄土宗寺院住職であった。おそらく、寺院住職の副業として精神療法が用いられていたのであろう。機関誌『日本心霊』は一九一五（大正四）年二月に創刊し、一九三九（昭和一四）年七月に終刊（通号七〇三号）している。二〇一三年には、この『日本心霊』の全号を始め、日本心霊学会に関する資料が多数発見され、今後さらなる研究が期待される精神療法団体である(94)。

『心霊治療秘書』（日本心霊学会、一九一三年）は、生命論、心身論、観念力論、方法論の四編からなる。その理論の特徴として、交流のあった福来友吉の影響が強いことが挙げられる。宇宙霊における生命の根源が論じられている第一編生命論、心身論における意志の合目的活動、観念力論などが福来の所論であろう。第二の特徴は、エーテルによる流体的宇宙論である。宇宙にはエーテルが充満しており、観念は交流し他者の観念に影響を及ぼすことができる。したがって観念力による治療も霊的感応も可能であるという。これをラジオに喩えているのは、ニューソートや心霊主義では定番の比喩である（ラジオの放送開始は一九二五年）。

具体的な治療方法は、腹式丹田呼吸と自動運動と祈念を交えたもので、

> 丹田に八分の程度で気力を湛えると、一種の波動的震動を起こす。……これが光波震動である。この震動と共に病気を治してやろうとする目的観念を旺盛たらしめねばならぬ。……此観念が術者の全身に伝わり指頭を通じて対者、即ち病人の疾患部に光波として放射集注するので

ある。（二七八頁）

日本心霊学会は、一九二七（昭和二）年に、福来と共に千里眼の調査に当たった京都帝国大学教授今村新吉（一八七四－一九四六）の命名で「人文書院」へと改名し、その後、人文系書籍の出版社へと転身し、現在に至っている。日本心霊学会＝人文書院の出版物は、一九三五（昭和一〇）年ごろまでは精神医学や養生論の本が多く、とくに機関誌『日本心霊』の編集主任であった野村瑞城による『白隠と夜船閑話』（日本心霊学会、一九二六年）は大ベストセラーとなった。精神医学系の本については、福来友吉の他には、森田正馬《まさたけ》、石川貞吉《ていきち》、今村新吉、小酒井不木などの医学関係者の著述が多い。むしろ民間精神療法系のものは少なく、渡辺藤交や野村瑞城などの著作に限られている。民間精神療法と精神医学の狭間に位置していた団体であり、その点で中村古峡《こきょう》の『変態心理』と比べられるだろう。

なお、『心霊治療秘書』は吉永進一編『日本人の身・心・霊』五巻（クレス出版、二〇〇四年）で復刻されている。

清水芳洲（英範）――清水式心理療法

清水芳洲（一八七三－？）は、山梨県に生まれ、海軍主計部に勤務し、その後新聞記者となる。一九〇九（明治四二）年に東京心理協会を発足させ、心理療法を開始する。催眠術・心理療法については、特に誰かに師事したということはなく、主に小野福平、桑原俊郎の書籍によって独習した。

清水の最大の特徴は、他の精神療法家と交流を持ち、精神療法家同士の連携を取り持って業界を創出しようとしたことにある。一九二〇（大正九）年、民間精神療法業界の業界誌ともいうべき**『精神統一』**を創刊、一九二七（昭和二）年の息子の死を契機に一時的に廃刊するが、翌年に**『精神界』**（後に『療術の日本』と改称）を刊行し、六年間発行を続けている。業界団体としては、日本心療師会、大日本精神医師会などを発足している。また一九二八年には、日本心療師会主催で、日大講堂において「第一回精神療法大講演会」を開催している。登壇した講師は、清水の他、中村天風、村上辰午郎、大山霊泉、桑田欣児、前田霊泉（帝国修養会長・大山霊泉とは別人）、木村介忠、溝田象堂、壱色春峰、宮崎力堂、高木秀輔であった[95]。

このように清水は、精神療法家同士のネットワークを作って技術向上や相互連携を促し、ひいては精神療法業界の公認を目指していた。これは精神療法後期から療術期の先駆けとなる動きであったが、中期にはまだ稀有であった。そうした意味で、精神療法業界の指導的な人物だったといえる。『霊術と霊術家』（本部第四章参照）には、彼のこの能力が遺憾なく発揮されているといえよう。

清水自身の精神療法を記した書籍には、以下のものがある。

『清水式瞬間催眠法』（東京心理協会、一九一六年）

『自己催眠法の極意』（東京心理協会、一九一九年）

『誰でも容易に熟達する催眠施術法』（東京心理協会、一九二〇年）

『臨床暗示　清水式心理療法』（東京心理協会、一九二〇年）

『精神療法　病は気から』（二松堂書店、一九二二年）

『精神作興　活きた宗教』（東京心理協会、一九二四年）

『臨床暗示　清水式心理療法』の末尾には当局の催眠術取り締まりを批判した短文が収められている。また、慈恵医科大学の創立者で精神論者でもあった高木《たかき》兼寛《かねひろ》（一八四九－一九二〇）による序文では、川面《かわつら》凡児（一八六二－一九二九）の提唱していたみそぎの行について触れている。『精神作興　活きた宗教』は、催眠術、スピリチュアリズム、神道論などの評論集であり、太霊道や大本への批評も含まれる点が興味深い。

その後、清水は教派神道の神理教教師（入信は一九二一年）となって「英範」と号し、最終的には精神療法家業は廃したようである。一九三三（昭和八）年に『療術の日本』を『神国の日本』と改題したのが、この転身のメルクマールであろう。清水英範名義で書かれた**『皇道帰一と精神統一法』**（会通社、一九四二年）では、「霊術家とか、療術師といった連中は、精神療法で病気が癒ると信じ、そして之れを盛んに吹聴したのである。今日同療法の名声が地を払い、顧みるものもなくなったのは、宣伝ほどに効果が挙がらなかった」（一七五頁）からだと述べ、そこで主唱される精神統一法には病気に効果がないとまで言い切っている。完全に神道家という立場に転じ、内容も戦時体制に応じたものになっている。

なお、『臨床暗示　清水式心理療法』は吉永進一編『日本人の身・心・霊』一巻（クレス出版、二〇〇四年）で復刻されている。

第四章　精神療法後期　一九二一〜一九三〇年

この時期を画しているのは、岡田虎二郎の急逝や太霊道の退潮など、民間精神療法家の世代交代である。民間精神療法家はますます増加していき、〇〇式と銘打った看板も増えていく。必然的に、中期までの一〇や二〇程度の紹介本では飽き足らなくなり、大規模に民間精神療法家の比較論評が実施されることになる。そうした媒体として民間精神療法を専門的に扱う雑誌、つまり業界誌が現れ、精神療法業界が形成されていくのがこのころである。

この時期の民間精神療法家（霊術家）の批評紹介本のなかでも重要なものは、**霊界廓清同志会編『破邪顕正　霊術と霊術家』**（霊界廓清同志会、一九二八年）である。この本の著者はおそらく清水芳洲と考えられているが[96]、いまだ確定的な証拠はない。それぞれの「霊術家」に対する毀誉褒貶には精神療法家同士の反目も投影されているようで十分に注意が必要だが、精神療法家のプロフィールを知るには非常に便利な本である。同書は吉永進一編『日本人の身・心・霊』八巻（クレス出版、二〇〇四年）で復刻されている。

精神療法家の業界誌で重要なのは、一九二〇（大正九）年に創刊した清水芳洲の編集する**『精神統一』**およびその後継誌の**『精神界』『療術の日本』**である。また清水は一九二九（昭和四）年に二度も精神療法家の番付表を発行しており、これもこの時期の比較論評の一形態だといえよう。一度目は二月の修霊教化団（清水芳洲主宰）発行による**「全国精神療法家番付」**で、二度目は『精神界』三巻一一号（一一月）の付録として付けられた**「全国精神療法家大番付」**である。ここには、相撲の番付表になぞらえて東西の横綱や大関などが選出され、後者では四四八人もの精神療法家が番付されている[97]。

業界誌としては、**『通俗医学』**（通俗医学社、一九二三年創刊）も重要な雑誌である。もともとは医学知識の普及を目的とした雑誌であったが、一九二八（昭和三）年以降、民間療法の記事が次第に増えてくる。同誌の誌面からは、大げさな自己宣伝を排して、より効果に即して現実的な評価を下そうという態度がうかがえる。たとえば、「療法行脚＝民間療法の総まくり（二）」という記事では、「今日の時勢は誇大な言辞を用いて、自家標榜する時代ではなく、実質本位の、自覚の時代なのであるから、余りに、自己をいろいろの尊号や、敬称で、唯我独尊的に、崇め上げぬことである」[98]と述べている。『通俗医学』誌でも、一九二八年および翌年に、全国の精神療法家（無薬療法家を含む）の「信望投票」を行っている。一九二八年には、一位から一五位まで順に、江間俊一、松本道別、藤田霊斎、前田霊泉、牛田トク（圧迫療法）、石川素禅（天玄洞本院）、堤清、桑田欣児、武田芳淳、深谷瑞輔（健脳鍛錬法）、高木秀輔、秋山命澄、山田信一（山田式整体術）、青木霊嶽（霊光会）、清水芳洲が選ばれている。一九二九年には、一位から順に、桑田欣児、壱色春峰、岩田美妙（篤之《とくの》介《すけ》）、武田芳淳、青木霊嶽、嘉悦敏《かえつさとし》、秋山命澄、留川霊鴻、大山霊泉、牛田トク、前田霊泉、堤清、高木秀輔の名前が挙がっている。[99] ただし『通俗医学』は清水芳洲を随所で罵倒するなど、精神療法家のヘゲモニー争いや利害関係と無縁ではなく、その点でやはり注意が必要である。

　このような状況のなか、民間精神療法家自身からも、すでに出現したいくつもの精神療法・霊術を遍歴し、比較論評する者も増えてくる。特に松原皎月《こうげつ》『霊術大講座』シリーズ（後述）がその代表的なものであるが、それ以外の精神療法家の著書にも多かれ少なかれその傾向がある。またいくつかの技法を併用するタイプの療法家も増えてくる。中期の松本道別が先駆的だが、後期では高木秀輔、桑田欣児、松原皎月が典型的であろう。

　いずれにせよ、後期は大仰で形而上的な理論よりも、有効性、実効性が問われるようになっていったといえる。これは、民間精神療法の超心理的、宗教的な余白がそぎ落とされ、次の「療術」へと再編されていく過程でもあった。身体技法への関心は高まり、カイロプラクティックなどの手技療法が出現するのもこのころである（山田信一など）。催眠術系の精神療法の立場でも、太霊道のような装飾的な言葉を剝ぎ落して、より単純化・純粋化しようとする傾向がある。そうしたなか、それでも維持される精神療法の宗教性は、身体や自然の働きそのものへの畏敬であったり、人格修養などの道徳的な意味の強調であったりという形に収斂されていく。

　一方で、それ以前から盛んであった、スピリチュアリズム（心霊主義）や大本系の鎮魂帰神法といった人格的な霊魂を前提とする理論や技法を部分的に取り込むものも見られる。それらの総称として「霊術」という言葉が流通するのもこのころであった。

四－A　自己治療系

岩田篤之介（美妙）――本能療法

岩田篤之《とくの》介《すけ》は岡山県の美作に生まれる。大阪高等商業学校を卒業して醤油醸造業を継ぐが、妙見菩薩へ長女のリウマチ平癒祈願を行ううちに、身体の自動運動（霊動）が起こり、それによって治癒能力を得たという。自伝によると、その後、研鑽を積んで一九二三（大正一二）年に本能療法の名乗りを挙げたとされる。ただし、岩田は一九一八（大正七）年に太霊道の講授録を入手して太霊道に入門している[100]。太霊道での経験は、彼が家業を辞して精神療法の道に入る後押しになったようである。

岩田の著書は、『岩田氏本能法教科書』（本能会本部、一九三〇年）であり、先述の自伝もここに含まれている。治療の手引きとして読んでも懇切丁寧で面白く、自動運動を利用した治療法としては非常に完成されている。『新・霊術家の饗宴』（心交社、一九九六年）の著者であり、療法家でもある井村宏次は、本能療法の応用可能性について示唆している。岩田のその後は不明であるが、戦後になって岩田と同じ美作の出身の潮《うしお》晃充《てるみつ》（一九一三－？）が復活発展させて、自然療能誘起法として続いていた。

なお、『岩田氏本能法教科書』は吉永進一編『日本人の身・心・霊Ⅱ』五巻（クレス出版、二〇〇四年）で復刻されている。

大山霊泉（覚行）――霊掌術

大山霊泉（生没年不詳）は広島出身で、霊掌術を提唱した民間精神療法家である。

『霊掌術教授全書』（生道学会本部、一九二八年）によると、東京へ遊学中の二二歳のとき、胃拡張、神経衰弱、肋膜炎などを併発して不治を宣告されるが、故郷へ帰り仏教研究に集中して小康を得、再度上京して日暮里で岡田虎二郎の静坐会に参加。催眠術を研究し、断食や禅の修行を行う。一夜霊感に触れてから好転、神経質は全快し、さらに身心の修養で心霊光線を発することができるようになり、一九一八年四月に広島で治療家となり、『人体光波術』（東亜霊学院、一九二一年）を出版した。その後、カイロプラクティックを学び、生道学会を設立する。精神療法系の心霊光線（人体光波術）だけでなく、カイロプラクティックも教授している。

大山の技法は『霊掌術教授全書』に詳しいが、坐法、呼吸法、霊動、手当てを組み合わせたものであり、民間精神療法では標準的ともいえる。たとえば合掌交霊法では、胸の前で合掌し「帰命太霊」を黙唱すると、宇宙の霊気が心身にあつまり、自己の霊が宇宙の霊と合一し、両手は温かくなり、ビリビリと電気にふれたように感じて、手から全身にかけて霊動がはじまるという。あるいは心霊光線の発顕法では、意識的に身体全体を震動させてから両手を合わせると、交霊法以上にピリピリと顫動《せんどう》するが、これは細胞が霊動している証拠であるという。松本道別によれば、大山霊泉は太霊道、田中守平の門弟であったらしい[101]。全身をわざと震わせる方法は確かに太霊道を連想させるが、真偽は不明である。

　その後、大山は阿弥陀信仰へと傾いていき、広島市域を中心に信奉者を集めていた。戦後、彼が本部を置いていた広島は原子爆弾で壊滅し、一時、本部は岡山県井原市に移っていたこともあるが、戦後は仏教系の教団として続いたようである。戦後まもなく出版された『宗教時報』一五巻二号（一九五一年二月）には「信仰によって病気が治るか」という記事が掲載され、原子病で悩む患者が、大山霊泉の心霊治療で軽癒したのか、谷口雅春の講演を聞いて治ったのかという点をめぐって、両者の支持者たちが議論している。

なお、『人体光波術』に序文を寄せていた石井常造は、のちに大山から離れて独自の生気療法を展開し、全国的な規模で生気療法を普及させている。

　なお、『霊掌術教授全書』は一九九九年に八幡書店、二〇〇八年に山雅房から復刊されている。

石井常造――生気自強療法

石井常造（一八七五－？）は陸軍軍人として日露戦争に従軍、のち陸軍少将となり、一九二四（大正一三）年の予備役編入とともに生気療養法研究所を設立、生気自強療法を創始した。松本道別によれば、石井の生気自強療法は、大山霊泉から学んだものだという[102]。著書には、従軍記や戦術書など軍事に関するものも多数ある。生気療法については以下のものがある。

『生気自強療養法』（生気療養研究所、一九二五年）
『生気応用家庭看護法』（生気療養研究所、一九二五年）
『生気自強療法伝習録』（生気療養研究所、一九二五年）
『生気自強療法独習録』（生気療養研究所、一九二七年）
『生気自強療法綱要』（生気療養研究所、一九二八年）
『生気を基礎とする体育概論』（生気研究所、一九二八年）

生気自強療法も自動運動を用いた治療法である。主に石井が手から「生気」を伝えることで被術者に自動運動を起こしていたようだが、みずから自動運動を誘発させる方法も示されている。ただ、さまざまな方式がある岩田式に比べると簡便で、脱力して一分間に二〇～三〇回のペースで頭を左右に屈伸し続けると、二、三時間のうちに自動運動が誘発されるという（『生気自強療法独習録』七八―八三頁）。

石井によれば、生気とは細胞の活動によって発生する「人体のエネルギー」であって、電気とは異なる。「十数年前より電気療法、益々盛んとなりたるも、其の効果良好ならざるは、生気と其の性質を異にするが為」（『生気自強療法伝習録』八―九頁）と述べているように、電気との差異を強調する背景には、電気療法の流行があったようである。

『生気自強療法独習録』は、二〇〇七年に八幡書店から復刻がある。

高木秀輔——断食法・霊気術

高木秀輔（生没年不詳）は海軍の退役軍人であったが、一九一九（大正八）年より救世会を起こし、人体オーラ療法と断食療法を実践している。その後、救世会は高木断食寮と名前を変え、少なくとも日中戦争の始まる直前までは存続していたようである。一九二八（昭和三）年の第一回精神療法大講演会には講師として登壇している。

高木が霊動術を発見したのは、父のリウマチ平癒祈願のために、毎朝三時に八幡神社へ裸足参りをしていたときであった。一七日目に、神社の拝殿で一心不乱に祈念していると、両手の指先が温かくなって顫動が発生し、徐々に前後左右に活発に動き出し、やがて全身が猛烈に躍動することになる。躍動は数分で収まるが、帰宅して父を擦ろうとすると、掌《てのひら》がぴったり患部に引きつけられて静止し、身体内部の振動を伝えようとする。父は心地よさを感じ、四日後にはともに八幡神社にお礼参りをするまで回復したという。

しかし高木はそれを単に神のおかげとして理解せず、心理療法的な解釈枠組みを求めていくことになる。一九一三（大正二）年に檜山鋭《えい》に入門、一九一七（大正六）年に太霊道の特別講授会、一九二〇（大正九）年に山田信一よりプラナ療法、一九二二（大正一一）年に中村古峡《こきょう》より催眠術、さらに人体ラヂウム学会の松本道別からも学んだという。民間信仰に端を発しつつも、普遍的な理論体系を志向するところは、民間精神療法家の特徴である。断食瞑想の修行によって霊動を発見するという経緯もまた、田中守平や檜山を始め、他の精神療法家にもよく見られるものであり、高木はその振動を「霊性」によるものとし、振動をもって伝えられるエネルギーを「人体オーラ」と呼んだ。なお、高木は自動運動に対して「霊動」と名づけているが、それは桑原の著書ではなく、井上円了『真怪』のなかにある言葉に由来している。

高木の技法では、準備として水行と断食を行い、その後「養精法」（腹式呼吸法と観念法）と「祈念法」（思念によって自分の身体を動かす）を通じて、「霊動」を発動させる。高木の主な著書は以下のとおり。

『神秘霊動術講習録』（救世会出版部、一九二二年）
『断食法及霊気術講義　徹底したる治療と修養』（霊道救世会、一九二五年）
『信念の基礎』（高木断食寮、一九三四年）
『人を救う断食道話』（塚越英一筆記、高木断食寮、一九三六年）
『高木式六法術　断食体験録』（高木断食寮、一九三七年）
『六法術併用国民体力向上対策』（高木断食寮、一九三七年）

なお、『神秘霊動術講習録』は吉永進一編『日本人の身・心・霊Ⅱ』五巻（クレス出版、二〇〇四年）で復刻されている。

西村大観——心源術

西村大観（一八七一－一九二八）は、日蓮宗系の行者から転じて霊術家となった人物である。著書は多数あり、以下はその一部である。

『心源術秘書』（西村睿正、心友社、一九二〇年）
『交霊祈禱術』（西村天籟、心友社、一九二二年）
『神通自在　霊狐使用の口伝』（心友社、一九二四年。曙書院、一九三八年、復刊）
『図示解説　霊脈判定術』（心友社、一九二四年）
『祈禱術伝習録』第一巻（心友社、一九二四年）
『所感と実験集　各地会員質問応答』第一号（心王教本院、一九二五年）
『心王霊脈宝鑑』（心王教本院、一九二五年）
『心王霊脈大鑑　超科学の霊書』（心王教本院、一九二八年）
『心王霊医学基本教科書』（心王教本院、一九二九年）
『秘法伝授　祈禱霊術問答集』（日本仏教新聞社、一九六三年）

『心源術秘書』によれば、もともと自分の脚気を機に法華経信者となった西村だったが、母が胃癌にかかったとき、催眠術、霊子術、静坐法や哲理療法などの民間精神療法に没頭するが治療することは出来ず、みずから治病祈願のために百日間の苦修練行（日蓮宗の絶食瞑想）を行った。そのときに霊能発現を経験し、母の病気は平癒してしまったという。

それ以来、日蓮宗の祈禱について実験・研究を重ねたが、彼はその機序を心理学・生理学的に解釈して、結局のところそのような荒行は必要ないと断じる。治癒能力の根源たる「全真大我」「宇宙の本体」＝「心源」に自己の心霊（個我）を一致させるためには、毎日夜九時過ぎに瞑目して静かにゆっくり呼吸し、それぞれの信じる宗教の聖典の一節を読誦する。するとと一週間以内にかならず人格転換が起こるという。正しく人格転換して「全真大我」に一致すると、病気の根源が除去される。これが心源術である。心源術は、「霊医学」「心王教」と展開していった。

西村の特徴は、「祈禱」や「霊狐」といった民俗宗教的な語彙を維持していることにある。それは出自が日蓮宗系の行者であったからであろう。しかし、それら民俗宗教的な語彙は治病や発病の究極的説明とはなっていない。例えば、『神通自在　霊狐使用の口伝』においても、祈禱術を人間の潜在意識によって心理学的に解釈し、合理的な体系を再構成しようとしたものである。題名はおどろおどろしいが、内容は合理的であり、大本のような霊学というよりは、精神療法・霊術に分類できる。

西村もまたこの時期の精神療法家の例にもれずさまざまな精神療法を遍歴しており、その著書には経験した精神療法および宗教的祈禱について論評されており、興味深い。また、『秘法伝授　祈禱霊術問答集』のように、実際に術を実践した会員たちからの質問状に答えて率直に術のノウハウを説明している点で貴重な記録である。

なお、『神通自在　霊狐使用の口伝』と『交霊祈禱術』は、さわね出版より復刊されている（前者は一九九六年に復刊、後者は別の本と合本されて『交霊祈禱宝典』（一九九三年）となっている）。また『図示解説　霊脈判定術』は山雅房より一九八九年に復刊がある。さらに、『心源術秘書』『図示解説　霊脈判定術』『神通自在　霊狐使用の口伝』はまとめて『西村式霊術叢書』として二〇〇一年に、また『交霊祈禱術』『心王霊脈大鑑　超科学の霊書』『心王霊医学基本教科書』はそれぞれ別箇に二〇〇四年に、八幡書店から復刻されている。

四－B　他者治療系

桑田欣児（源五郎、道教）――帝国心霊研究会(103)

桑田欣児（一八八七－一九七二）は、大正後期から昭和期にかけて活躍した治療家である。精神療法（霊術）から生理的、物理的な療術へと変化するニーズに合わせて、催眠術から指圧まで、さまざまな技法を開発し、実践的な治療者を育てている。『霊光照遍』（帝国心霊研究会、昭和三年六月号）の「霊界雑観」というコラムでは、『霊術と霊術家』収録の「霊術家」一六〇名中、二二名が桑田式であると誇っている。後述の松原皎月《こうげつ》も桑田の弟子であった。

　桑田は、太霊道出身の精神療法家としては大成功した部類であろう。一九二九（昭和四）年二月の「全国精神療法家番付」で東の正横綱とされ、四月の『通俗医学』誌による「精神療法家信望投票」で第一位となり、一一月の「全国精神療法家大番付」で検査役に任じられている。

　桑田は徳島に生まれ、幼少時に北海道へ移住、貧困のなかで育つ。一九一七（大正六）年、太霊道に入会するが、実際生活に即応しないことばかりであったと後年に回想している。ともあれそれ以来、『太霊道及霊子術講授録』を熟読玩味して研究し、一九一九（大正八）年に特別講授会に参加、霊能力がどんどん発現するようになったという。『太霊道』大正九年三月号に桑田源五郎名義で寄稿した「霊子法体得苦心の道程」では、田中守平への感謝の言葉が述べられている。その後、一九二二（大正一一）年に帝国心霊研究会を発足、翌年には会報**『霊光照遍』**（帝国心霊研究会）を創刊している。北海道に拠点を置きながら、日本各地で講習会を開催、帝国心霊研究会は順調な成功を収めることになる。

　初期の桑田は「桑田式心霊術」を名乗り、治病術については「霊光療法」を主眼にしていた。著書**『心霊解薀』**（帝国心霊研究会、一九三〇年）によれば、彼のいう霊光とは人体ラジウムと同じくエネルギーを指しており、治療法の形式は、掌《てのひら》から霊光を患部にあてて癒すという、いわゆる手当て治療の一種である。「三丹田充実法」という呼吸法を行った後、「吸息の時『大気中の霊気指頭より流入し来る』と観念し／持息の時『霊力丹田に充実する』と念想し／呼気の時『霊光指頭より発射す』と思念し／乍ら行ずる」（一一七－一一八頁）と述べている。内容的にはおおむね太霊道での経験を活かしたものだったようである。

　ただし桑田は、清水式、小野式、古屋式、岡田式、藤田式、渡辺式、江間式、檜山式などなど、他の民間精神療法団体の技法から、大本の鎮魂帰神法までも「外伝」として教授していた。先述したように、松本道別や松原皎月をはじめ、いくつかの療法を併用するタイプの療法家はこの時期に増えてくるが、術の豊富さでは桑田欣児が抜きん出ていたといえる。

一方で、昭和期になると物理療法や手技療法の台頭に対応して、整体や指圧へと重点を移していく。桑田が、霊光治療などを主とする精神療法から方向転換する契機となったのは、一九二八（昭和三）年一〇月、日本大学で、清水芳洲の日本心療師会が主催した第一回精神療法大講演会に講師として出席してからであろう（清水芳洲の項、三五〇頁を参照）。この一週間がかりのワークショップに出席した結論として、桑田は、

> 今度の講習で療法の大勢が生理的に傾むいているを知った。私も敬発（ママ）された所少なくない。……現在生理的療法の必要を認めていまいが時代の推移を察したから今後本会を代表して、全国くまなく、各式を調査して定説を極め完全のものを諸君の前に提出する事を今より確約しておく。(104)

と述べている。

その言葉通り、桑田は「還元療法」や「天恵術」など整体療法を発展させ、指圧療法でも多数の弟子を育てあげている。そして『指圧療法』（真生会本部、一九四三年）(105)に技法をまとめているが、その例言に「カイロプラクティック、スポンデロテラピー、オステオパスを初め内外に刊行されし書により、生理的操掌指作に基く治療法を精査研究」（一頁）とあるように、その基本は海外の整体療法にあった。

その後、一九三四（昭和九）年、東京出張所（中野区天神町三）を新築し、翌年に真生会と改称している。桑田式指圧療法は療術界を席巻し、全国同業者中半数が桑田の門下生となり、全国の治療師会の会長、副会長は会員でしめられたという。(106)当時、野口晴哉《はるちか》と並び称されていたが、一九四九（昭和二四）年、指圧療術を捨てて宗教法人となり、教団真生会として登記を完了している。

宗教法人化について、桑田は二つの意図を語っている。ひとつは運動の継続である。

> この指圧を古草鞋の如く捨て宗教界に出たのは指圧法の前途を見届けることが出来たからである。民間療法は如

> 何に盛大でも二代続いて成績を上げる事は全国にないという。加えて法律的に堅実さのない指圧を子孫に伝えて家業にするには余りにも健全性がうすかった。然るに宗教界を見ると喰うや喰わずの様な生活をしながら迷信に近いものがいつか一大殿堂に変っている。(107)

宗教法人が指圧療術よりも「法律的に堅実」で「健全」だという判断である。組織維持という点では、太霊道と同様であった。

もうひとつは、治療の究極としての宗教という問題である。それは、宅間巌《いわお》や井上円了、あるいは小林参三郎のような医師においても共有されていた問題である。桑田は言う。

> 信仰の厚薄はあっても何かの形で宗教を持たぬものはない。一度医療で救われぬと決まった時、人智の最善を尽して解決せぬ不幸に出会った時、宗教心の閃くのが人の心の常である。(108)

民間精神療法は、医療からはみ出る「治療」を扱うことで、救済の問題に突き当たる。長く療法家を続けた桑田は、それゆえにこの問題を正面から受け止めようとしていた。ただし、続けて「本会は宗教臭味のない常識に精錬された豊かな感情と霊的効力を伴うものでなければならぬ」と述べるように、それは世界観を転換するようなものではなく、常識の範囲に収まるものとして構成しようとしており、その点で理想郷建築を目指した太霊道とは対照的であった。

桑田の著作は多いが、会員頒布を基本としているためか、市場に出回っていないものも多い。以下に、現状で確認できたものにかぎり、桑田の著作を記しておく。

『霊術集成書』（帝国心霊研究会、一九二三年、桑田式心霊術外伝）
『催眠法真伝書』（帝国心霊研究会、一九二四年、桑田式心霊術初伝）
『霊法秘伝書』（帝国心霊研究会、一九二四年、桑田式心霊術本伝）
『霊光療法奥伝書』（帝国心霊研究会、一九二四年、桑田式心霊術奥伝）
『心霊術極意書』（帝国心霊研究会、一九二四年、桑田式心霊術皆伝）
『還元療法』（帝国心霊研究会、一九二九年）
『自艾術』（帝国心霊研究会、一九三〇年）
『霊法教闡』（帝国心霊研究会、一九三〇年）

『天恵術』（帝国心霊研究会、一九三二年、桑田式叢書第五編）
『養心道』（帝国心霊研究会、一九三二年、桑田式叢書第八編）
『心霊学原理』（帝国心霊研究会、一九三三年）
『秘法全集』（帝国心霊研究会、一九三四年、桑田式叢書第九編）
『神正教』（帝国心霊研究会、一九三五年）
『日本精神』（真生会本部、一九三六年）
『修養法』（真生会本部、一九三九年）
『法相録』（真生会本部、一九四〇年）
『療術学』（真生会出版社、一九四九年）

また、桑田は、会報に帝国心霊研究会の状況について、かなり律儀に報告を繰り返している。几帳面な性格だったようで、その数字には信憑性がある。なかなか見えにくい精神療法家の裏事情が推測できる貴重な資料なので、ここで一部を紹介しておこう。

まず会員数であるが、一九二二年には通信会員と直接会員を合わせて五三名、一九二三年一六五名、一九二四年三六九名、一九二五年八七四名である。一九二六年通信一四四四名、直接一二九一名、一九二七年一月、通信一七五三名、直接一五二〇名にのぼったという。[109]なお、通信会員とは秘伝書による研修者であり、直接会員とは実地で講習会を受講したものである。『桑田会長』（真生会同志社、一九六二年）によると一九二五年から黒字に転じたとあり、精神療法家稼業は九〇〇名弱の会員規模で採算がとれたようである。[110]

会報の発行部数は以下の通りである。[111]

一九二三年九月（第一号）五〇〇
一九二四年四月（第二号）六〇〇／六月（第三号）八〇〇／九月（第四号）一四〇〇／九月（第五号）一四〇〇／一一月（第六号）一〇〇〇
一九二五年四月（第七号）八〇〇〇／六月（第八号）四〇〇〇／八月（第九号）四〇〇〇／一〇月（第一〇号）四〇〇〇／一二月（第一一号）三五〇〇
一九二六年四月（第一二号）三〇〇〇／五月（第一三号）一〇〇〇〇／八月（第一四号）四〇〇〇／八月（第一五号）四〇〇〇／九月（第一六号）三〇〇〇／九月（第一七号）三〇〇〇／一〇月（第一八号）二〇〇〇／一一月（第一九号）五〇〇〇／一二月（第二〇号）一五〇〇
一九二七年五月（第二一号）三〇〇〇／六月（第二二号）六〇〇〇／七月（第二三号）五〇〇／七月（第二四号）四〇〇〇／八月（第二五号）五〇〇／一〇月（第二

六号）五〇〇／一〇月（第二七号）一〇〇〇〇／
一一月（第二八号）八〇〇〇／一一月（第二九号）
五〇〇

かなりの増減があるのは、無料配布用に増刷したせいであろう。北海道に本拠をおく帝国心霊研究会でさえ一万部の増刷があったということは、全国紙で宣伝を繰り返した太霊道の無料進呈誌の数は一〇万部以上あってもおかしくはない。また、先述した「会員」は、おそらく一回だけの講習で抜ける者もあったと推測されるので、定着したコアな会員数は、会誌の最低印刷部数の五〇〇程度ではなかったかとも思われる。

　昭和に入ると全国各地に支部を設置しており、一九二八（昭和三）年一月にはのべ九二支部が報告されている。ただし「除名」「退職」「失権」「休職」したものを除くと、北海道は二支部（二）、東北四（四）、関東五（五）、中部九（七）、東京三（二）、京都五（四）、関西二（二）、中国地方九（八）、四国一一（八）、朝鮮四、台湾一、九州八（八）であり、六三支部となる。括弧内は、住所から判断して郡部に所在している支部の数であり、約八割以上が郡部にあることが分かる。(112)

　桑田が理論よりも実践を重視せざるをえなかった理由は、桑田自身が住んでいた地域および桑田式が展開した地域が医療サービスの乏しい郡部であったことと関係があるだろう。桑田の元には開運鑑定から憑き物落とし、精神病患者まで持ち込まれており、要するに「よろず屋」的な役割を引き受けていたのだと思われる。

松原皎月——洗心会

松原皎月《こうげつ》（一九〇八－一九三六）は姫路に拠点を置いて、洗心会を主宰していた精神療法家である。松原も桑田門下であり、『霊光照遍』（大正一四年六月号）によると、元霊道研究会長、関西第一支部長の松原覚仙として紹介されている。

　松原が活動を始めたのは一九二四（大正一三）年、わずか一七歳であり、療法家としては非常に早熟であった。その早熟ぶりは野口晴哉《はるちか》にもひけをとらない。先述の「全国精神療法家大番付」（一九二九年）では、「張出横綱」とされており、才能のある療法家だったことを思わせるが、残念ながら早くに亡くなっている。

　すでに市場に出回っていたさまざまな民間精神療法を論評し、批判的に摂取してみずからの技法を構築したという点では、後期の典型的な人物であり、また桑田欣児の弟子であったことを感じさせる。治療だけでなく執筆も盛んに行っており、主な著書に以下のものがある。
『霊術講座』（洗心会、一九二七年）
『催眠術講義』（洗心会、一九三〇年、『霊術大講座』二巻）
『心霊治療法』（洗心会、一九三〇年、『霊術大講座』三巻）
『かん虫封じ秘書』（洗心会、一九三一年、『霊術大講座』七巻）
『霊熱透射療法秘伝書』（洗心会、一九三三年、『霊術大講座』八巻）
『神伝霊学奥義』（洗心会、一九三四年、『霊術大講座』一〇巻）
『霊能開発法』（洗心会、一九三五年、『霊術大講座』一巻）
『霊の御綱』（洗心連盟会、一九三五年）
松原の著述は、理論的な側面よりも、さまざまな技法についての実践面の批評が興味深く、参考になる。『霊術講座』には他の霊術についての寸評と霊界百傑なる霊術家人名録がついている。『霊術大講座』と題されたシリーズは全一〇巻まで達し、かんの虫封じから生命鑑定まで多様な内容を含んでおり、当時の霊術や占い、心霊主義や霊学についても一通りの知識を持っていたことが分かる。
『霊能開発法』『霊の御綱』『神伝霊学奥義』を合わせて『神伝霊学奥義』という題で復刻も出ている（八幡書店、一九八八年）。また、八幡書店からは、『霊術大講座』の全巻を合本したものが二〇一六年に刊行されている。さらに『霊術講座』は、吉永進一編『日本人の身・心・霊Ⅱ』六巻（クレス出版、二〇〇四年）でも復刻されている。

秋山命澄――浄化療法

秋山命澄（生没年未詳）は師範学校卒業後に教職に就いていたが、一九一七（大正六）年に霊理研究会を発足、一九二〇（大正九）年には学校を辞職して治療活動に専念する。一時、精神療法業界を離れるが、一九二六（大正一五）年には浄化会を立ち上げて復帰する。その後、戦後まで長きにわたって活動した。
彼は「催眠術」や「精神療法」の技法と歴史にこだわりをもっていた人物でもある。後に「療術」の名前で物理療法と精神療法が包摂されることになった後も、療術が発達したのは精神療法のおかげであり、療術の根本はまず催眠術にあると述べている。[113]
また一九二八（昭和三）年以前から精神療法家公認期成会を立ち上げるなど、[114]精神療法および療術の地位向上に早くから尽力していた。続く療術期に形成されてくる療法家の全国組織や組合組織（日本治療師会など）においても、幹部として関わり続けており、療術業界の実力者であった。野口晴哉《はるちか》が立ち上げた「自然健康保持会」にも山田信一とともに関わっていたようである。

論争家でもあり、一九三七（昭和一二）年から翌年にかけて『通俗医学』誌上で電気治療（H・S線療法）の杉田平十郎と論争を繰り広げている。[115] 療術を、医学と異なる「民間治療」だと捉える秋山に対して、理論は違うが同じ「医学」だと主張する杉田が論争を仕掛けたものである。いずれは療術も医学の一分野となるべきだと考える杉田に対して、秋山は、療術を「医学と云ふ分野に大部分をさらつて行かれたあとの残つた部分」[116] を扱うものだと捉えていた。杉田から見れば、秋山の主張はみずから療術を貶めるものに他ならない。だが恐らく秋山は、医学の制度化そのものが生み出す余白、制度が生み出す制度の外部という構造的な問題に目を向けていたのであろう。この違いは物理療法と精神療法の立場の違いによるものかもしれないが、もう少し根源的な、療法の背景にある人間観の違いを反映しているのかもしれない。

このように日本治療師会内部でも療術家の見解はさまざまであった。一九三九（昭和一四）年には療術家の日本治療師会で内紛が起こり、反会長派の代表格であった秋山は同志とともに「大日本聯合治療師会」を結成している。[117] この内紛の原因は、療術の権益擁護や公認に向けての対策の違いにあったようである。この目的のために、当時の日本治療師会の会長には衆議院議員の守屋栄夫《えいふ》（一八八四－一九七三）が就任していたが、彼の戦略は、会員を五千人まで増やし、数の力で当局に要求を通そうというものだった。増員手法は、会員となって二円の運動助成金を支払えば権益擁護を保証するというものであって、治療師会や療術業界の改善というのは二次的な問題であった。一方、秋山はむしろ治療師会の改善を最優先課題としており、それなくして当局への公認や権益擁護は不可能だと考えていた。治療者の資質を問わずに増員することは、秋山には認められないことだったのである。

秋山の著書には以下のものがある。

『読心術教授秘書』（霊理研究会、一九一九年）
『簡易霊的病者の秘訣　病者の為めに』（命道霊理研究会、一九二一年）
『浄我』（浄化会本院、一九二八年）
『自己統制　附・病気は治る』（東学社、一九三八年）
『浄我の祈念』（東学社、一九三八年）
『天心無病』（大日本聯合治療師会出版部、一九四一年）

先述のように秋山の療法は催眠術＝暗示に由来するもので、思念が技法の中心である。『簡易霊的病者の秘訣　病者の為めに』によれば、具体的には、「私は宇宙精神の絶大な御力を信じます」などの文言を、閉目して心のなかで繰り返し強く唱える。そのうちに自然に呼吸も調節され、心身統一の状態になり、自然良能が働いてくるという。治病というよりは、大いなる宇宙・自然への帰依を目的としている。ちなみに『浄我の祈念』の巻末にある祈念誦には太霊道の影響もうかがえる。

　このように秋山の技法では、精神療法の実践そのものに宗教性を帯びてくることになる。とはいえ、いかにそれが宗教的であったにせよ、清水芳洲のように既存の宗教伝統に戻ることはなく、新しい霊性運動としての精神療法運動とともにその生涯を歩んだ。物理療法が盛んになってくる昭和期の療術界においても「精神療法」の矜持を守り、それを組合組織を通じて後進に伝えた人物だったといえよう。後世への影響の一つとして、野口晴哉との関係を考えることができる。詳細については野口晴哉の項目を参照されたい。

　なお、『浄我の祈念』は吉永進一編『日本人の身・心・霊Ⅱ』四巻（クレス出版、二〇〇四年）で復刻されている。

臼井甕男――臼井霊気療法

臼井甕男《みかお》（一八六五－一九二六）については本書第Ⅲ部第一章の平野論文を参照されたい。臼井霊気療法学会編『霊気療法必携』（臼井霊気療法学会本部、一九二二年）が出版されているのみで、それ以外に臼井の著作と呼べるものはない。同書は二〇一〇年に臼井靈氣療法学会から復刻されている。[118]

臼井霊気療法の系譜は、以下に大別できる。

【国内拠点】

臼井霊気療法学会（牛田従三郎）

直傳靈氣研究会（林忠次郎→山口千代子・山口忠夫）

【海外拠点】

レイキ・アライアンス（林忠次郎→高田ハワヨ→フィリス・フルモト）

ラディアンス・テクニーク（林忠次郎→高田ハワヨ→バーバラ・レイ）

臼井の活動期間は四年と短く、同時代ではほとんど無名の療法家であったが、その後、後継者たちによって欧米へと伝えられ、レイキヒーリングとして現在では爆発的な流行を見せ、逆輸入の形で日本でも知られるようになっている。これについては、本書第Ⅲ部第二章のスタイン論文、第三章のガイタニディス論文を参照されたい。

中村古峡——『変態心理』

中村古峡《こきょう》（本名・蓊《しげる》。一八八一－一九五二）は、小説家、心理学者、精神科医として知られる。奈良県生駒市に生まれ、一時、京都府立医学校に在籍したが、父の死に伴い、知己の杉村楚《そ》人冠《じんかん》を頼って上京する。旧制第一高等学校を経て、一九〇三（明治三六）年に東京帝国大学文科大学に入学、夏目漱石に学んでいる。卒業後は、杉村の関係で『新仏教』の編集に関わり、また東京朝日新聞社の社員となる。漱石に師事して小説や翻訳などを発表し、朝日新聞に連載した小説『殻』（春陽堂、一九一三年）は、弟の精神病に関する事件を描いている。なお、東京朝日新聞を一九一〇（明治四三）年に退職して、高輪中学の英語教員となっている。

そうした一方で、一九一五（大正四）年、中村は村上辰午郎に催眠術を学び、心理療法を始めている。一九一七（大正六）年、日本精神医学会（民間精神療法団体）を設立して、雑誌『変態心理』（日本精神医学会、一九一七－一九二六年）を創刊する。大本や天理教などの新宗教のみならず、太霊道をはじめとした他の民間精神療法を大々的に批判したことで注目を集める。(119)

一九二六（大正一五）年、四〇歳を過ぎて東京医学専門学校に学んで医師の資格を取得し、品川と千葉で診療所を開く。千葉の診療所は、現在では中村古峡記念病院として存続している。

以上のように中村は、民間精神療法家と精神科医のはざまに位置する人物であった。著書には以下のものがある。

『変態心理の研究』（大同館書店、一九一九年）
『変態心理学講義録　第一編　変態心理講義』（日本変態心理学会、一九二一年）
『変態心理学講義録　第六編　催眠術講義』（日本変態心理学会、一九二一年）
『精神衛生講話第一冊　神経衰弱はどうすれば全治するか』（主婦之友社、一九三〇年）
『精神衛生講話第二冊　ヒステリーの療法』（主婦之友社、一九三二年）
『精神衛生講話第三冊　神経衰弱と強迫観念の全治者体験録』（主婦之友社、一九三三年）
『精神衛生講話第四冊　病弱から全健康へ』（主婦之友社、一九三九年）

民間精神療法と新宗教批判書には以下のものがある。

『学理的厳正批判　大本教の解剖』（日本精神医学会、一九二〇年）

『迷信と邪教』（国史講習会、一九二二年）

『近代犯罪科学全集第四編　変態心理と犯罪』（武侠社、一九三〇年）

『迷信に陥るまで＝疑似宗教の心理学的批判』（大東出版社、一九三六年）

『天理教の解剖』（大東出版社、一九三七年）

批判書はいずれも面白く参考になる。中村の批判の論理は、心理学的な立場からの批判の一方で、主流の「物質医学」への批判という点で、大本や他の民間精神療法（霊術）とは立場を共有していた。その意味では、中村の批判に「近親憎悪」[120]という側面があることには注意しておくべきであろう。そしてまたその立ち位置は、井上円了の迷信批判と心理療法論を正しく受け継いでいるともいえる。

雑誌『変態心理』は民間精神療法についての情報の宝庫である。復刻版（不二出版、一九九九年）が出ているので参照しやすい。

第五章　療術期　一九三〇～一九四五年

この時期を画するのが、一九三〇（昭和五）年における警視庁令第四三号「療術行為ニ関スル取締規則」の制定である。この警視庁令では、療術師の届け出の義務、誇大広告の制限、施術室完備、衛生保持義務を列記し、違反者には業務停止または禁止、拘留または科料の処置を課すというものであった[121]。このときに「療術」とされたのは、「光熱機械器具其ノ他ノ物ヲ使用」する施術（物理療法）、または「四肢ヲ運用」する施術（手技療法）であり、「精神療法」は規定の準用という形で扱われていた。

物理療法とは、典型的には電気療法・光線療法・温熱療法などである。日本の物理療法の歴史については、本書第Ｉ部第一章の中尾論文を参照されたい。中尾論文で示されるように、民間の物理療法と精神療法は、不可視のエネルギーの概念を共有し、心身観において地続きになっていた。ただ、施術において精神力を重視する精神療法家と物理的器具を用いる物理療法家とは、療法家自身の意識においても、取り締まりの当局の視点においても異なる点は多い。

療術期は、物理療法や手技療法が大きく伸張し、精神療法が衰退した時期と見られる[122]。ただし、この「衰退」を、単純に精神療法家の減少、あるいは当局による統制や弾圧によるものとすることには注意が必要である。当時の内務省の衛生局医務主任伊原安固は、「精神療法は全部が暗示療法であつて、別に公衆保険に危害の伴ふものとは思はれませんから、これは棄て丶置くより他に方法はない[123]」と述べている。つまり、逆に言えば精神療法家は届け出をしようがしまいが、あまり問題にはならなかったのである。警視庁令の主眼は物理療法であり、医学界は物理療法への規制を強く望んでいた。つまり、精神療法の衰退の前に、多数の民間物理療法家の可視化があったといえる。

　では、この時期の民間精神療法に起こったことは何だろうか。一つには、精神療法後期から続く実効性の追求による形而上的な理論の衰微と、身体技法への関心の高まりがある。その点で、手技療法と精神療法は地続きで繋がっており、桑田欣児をはじめとして、整体などの手技療法を積極的に取り込む療法家は多かった。「精神療法」を自認していた野口晴《はる》哉《ちか》は、整体操法の標準化に尽力していた。つまり、この時期は、精神療法の手技療法化という傾向があったと考えられる。

　二つ目に、警視庁令に端を発して、物理療法家、手技療法家、精神療法家などが連合して、療術家の業界団体が大きく展開したことがある。一九三二（昭和七）年に発足する「日本治療師会」は、その代表的なものである[124]。業界団体は、当局に対して治療者の権益擁護を求めつつ、公認や法制化の促進を通じて法規制を業界に浸透する役割を果たした。ただし、先述したように当局の目は特に物理療法に向けられており、精神療法家にとって公認はそこまで重要な案件ではなかったかもしれない（もちろん清水芳洲のように熱心な者もいたが）。精神療法家の秋山命澄は、日本治療師会の幹部だったが、療術の権益擁護や公認よりも療術界の改善を優先させており、一九三九（昭和一四）年に起こった日本治療師会と大日本聯合治療師会の分裂もここに端を発している。ただ公認に向かうにせよ、改善に向かうにせよ、精神療法の持つ余白、混沌、妖しさは切り詰められて、整序される傾向があり、それがこの時期の「療術」化ということでもあった。

　最後に指摘しておかなければならないことは、「宗教」のカテゴリーとの往還の問題である。早い事例としては、清水芳洲が神理教教師へと鞍替えしたことがあるが、一九三九（昭和一四）年には宗教団体法が公布（翌年に施行）されており、それまでに比べて独立した宗教団体の認可は下りやすくなる。戦後になると宗教法人法の施行があり、この傾向はさらに強まる。こうしたなか、療法家の志向性と戦略、当局の統制との絡み合いから、「精神療法」「療術」と「宗教」のカテゴリーを行き来する者が現れる。代表例として桑田欣児がおり、他には、大本の元信者で戦後に世界救世教を立ち上げた岡田茂吉（一八八二－一九五五）が、一九三〇年代に「療術」の看板で活動していた[125]。また、同じく大本の幹部だった谷口雅春（一八九三－一九八五）が創立した生長の家は、発足時はニューソート系の「精神療法」あるいは「修養」の枠にあり、みずからを「宗教」と規定していなかったが、一九四〇年には宗教団体となっている。

この時期、精神療法家は、①療術の制度的枠組みに入る、②宗教の制度的枠組みに入る、③公認とは無関係に活動する、という選択肢があった。それぞれの選択を採るときの、各精神療法家の思想や戦略は、いまだ詳らかになっていない。この課題は、民間療法の戦前と戦後の連続と変容を探るのみならず、戦後の新宗教の増加、いわゆる「神々のラッシュアワー」を別の角度から見直すために重要な糸口を与えるだろう[126]。療術期は、いまだ明らかになっていない点が多く、今後探究されるべき重要な時代である。

五－A　自己治療系

佐藤通次――皇国と身体

この時期、自己治療系の呼吸静坐法・丹田呼吸法などは、それ自体が皇国的身体の象徴の地位に上り詰めていく。

そのような傾向は、大正末からすでに藤田式息心調和法の動向にも現れている。一九二五（大正一四）年、調和道協会は、社団法人（公益法人）化を目指して内務省に申請する。一九二七（昭和二）年に認可されたとき、藤田霊斎は、息心調和法が「国家が公けに認めたる国民必須の修養法となった」[127]と誇っている。その意味で精神療法家公認の先駆的な例だったわけである。これを契機に、藤田は国民心身の改善をめざし、直接国家に働きかける手段も取るようになる。一九二七年、「体育運動基本則実施期成会」を組織し、西洋式の胸本位体育（胸や腕の鍛錬を中心とする体育）に対抗して、「腹本位基本体育」を学校や軍隊で実施することを企てる。翌年には千人ほどの署名を集めて、この要求を文部省に建議する。藤田自身も当時有力な会員であった森永製菓社長の森永太一郎を伴って、当時の文部大臣の勝田主計《かずえ》に直談判した[128]。勝田にはまったく聞き入れられず、公的に制度化されることはなかったが、会員である海軍将校らによって、軍艦霧島や横須賀海兵団などで調和法が実修されていた[129]。

藤田の情熱は、さらに一九三四（昭和九）年「腹道報皇会」を発会させる。顧問には、末次正次（海軍大将）や松岡洋右《ようすけ》（外交官・政治家）などが就任した。末次は海軍「艦隊派」の領袖として、ロンドン海軍軍縮条約に不満を持つ層に支持されており、松岡は国際連盟脱退演説で国内では英雄となり、当時在野で政党解消運動を起こしていた。彼らの存在は、単なる客寄せ以上の政治的意味を持つ。このころの藤田が「先づ腹をつくれ[130]」と叫ぶとき、天皇機関説排撃や国体明徴の主張が重なりあっていたのである。

岡田式静坐法の系譜からは、佐藤通次《つうじ》（一九〇一－一九九〇）が登場してくる。佐藤は京都帝国大学助教授のドイツ文学者であったが、岡田の直弟子であったドイツ文学者小牧健夫《たけお》（一八八二－一九六〇）を通じて深く岡田式静坐法に傾倒し、一九三六（昭和一一）年より『静坐』誌に静坐法についてより具体的で興味深い論考を残している。その一方で、京都学派の影響を受けながら独自の身体論と皇道哲学を説き、昭和一〇年代には大日本言論報国会で言論弾圧に関わるだけでなく、一九四三（昭和一八）年以降、戦争の最終局面では教学錬成所（国民精神文化研究所の後身）の幹部として、「勤労」など身体行為を通じた国民教化（＝錬成）を積極的に推進した人物である。

佐藤は『身体論』（白水社、一九三九年）を通じて、呼吸静坐法を皇国の自覚の「行」として解釈した。同様の解釈は、哲学的な論理によって、身体、倫理、宗教、国家を体系的に論じた『皇道哲学』（朝倉書店、一九四三年）でも展開されている。

> 丹田による人格的呼吸は、睡眠時の自然呼吸そのままを、呼吸主体の責任的立場において現し出すものであって、呼吸主体の事行そのものにおいては、事行そのものは対象的には空であるから、自然呼吸と少しも違わぬのであるが、これを客観視するとき、もと空なる事行が、事象として存在化され対象化されるから、自然呼吸と異なるかのごとく、あるいは、自然呼吸の逆であるかのごとく見えるのである。……
>
> 日本においては、武道・芸道など、身を以て行ずる一切の行道において、丹田を、主体的立場又は超越的立場の座として重んずる。それは、天皇において超個の生命

体なる国家の具体的中心を仰ぎ奉る国体体験に通ずるものである。（『皇道哲学』二七三－二七四頁）

「丹田による人格的呼吸」を「逆であるかのごとく見える」と言っているのは、岡田式静坐法における「逆呼吸」を示している。それは、自覚的かつ具体的な主体形成の論理の実践であると解釈され、さらにそれが天皇への滅私奉公の体験と重ねられるのである。佐藤の皇道哲学では、丹田呼吸法と滅私奉公は、利己主義や個人主義を超えた、倫理的＝宗教的な意味での主体的な行為として一致するのであった。

岡田式静坐法は「自然」を強調したが、その自然は自力と他力、さらには個人と国家の対立を超克するものであった。その超克の位置に「丹田」の身体技法があったのだが、それは、佐藤通次を通じて昭和一〇年代における「近代の超克」の議論にも接続していく。それゆえ、佐藤の身体論や皇道哲学は、農本思想家の江渡狄嶺《えとてきれい》（一八八〇－一九四四）を始めとして、同時期の知識人に一定の影響力があったのである。[131]

平田内蔵吉——坐の研究

この時期は、民間精神療法後期から引き続き、民間療法の比較論評やカタログ化の傾向があるが、そのなかでも大部のカタログとして、平田内蔵吉《くらきち》（一九〇一－一九四五）の手による『民間治療法全集』全六巻（春陽堂、一九三一－一九三三年）を挙げておきたい。この第五巻に、民間精神療法が紹介されている。この全集には復刻版（エンタプライズ、一九七九年）がある。

平田は京都帝国大学医学部を卒業した医学者であったが、民間療法に造詣が深い人物であった。一九三〇（昭和五）年ごろから温熱療法や鍼灸に傾倒して、独自の療法を提唱している。また一方、次の著作からうかがえるように、静坐法にも注目していた。

『坐の研究』（山雅房、一九三九年）

『正坐法』（山雅房、一九四〇年）

平田自身は特に静坐や坐禅について誰かに師事したことはなかったが、『坐の研究』では、

> なおこの書には一度も生前にはおあひできなかつたが静坐法の岡田虎二郎、木下尚江、甲藤大器、岸本能武太、橋本五作、小林参三郎の六氏の霊にささげるこころと、現存の二木謙三、佐藤通次、山辺習学、藤田霊斎の四氏への感謝をこめてゐることをしるしておく。（三七〇頁）

とあり、平田が岡田式、藤田式、二木式といった大正期の静坐法を引き継ぐことを明言している（また肥田春充の姿勢を最良の姿勢と称賛している）。実際、次のような言葉を始め、佐藤通次の身体論の影響がさまざまなところに垣間見える。

真坐の行は日本精神の信《まこと》に発し、……それはどこまでもわれらの人体において行ぜられ、またその人体を国体に捧げるのに最良のものとしてゆく行である。（二二七頁）

なお、平田の著作はたにぐち書店から多数の復刻がある。

五－B　他者治療系

野口晴哉──整体

野口晴哉《はるちか》（一九一一－一九七六）および活元運動については、本書第Ⅱ部第四章の田野尻論文を参照されたい。ここでは、療術業界における野口晴哉という観点から、若干の補足と示唆をしておきたい。

野口は自伝において、東京治療師会、大日本聯合治療師会で評議員や理事を務め、自分が「精神療法」の立場に立っていたことを述べている。[132]大日本聯合治療師会は、日本治療師会と分裂して形成された療術家組合である。このときの分裂、創設のイニシアチブをとったのが秋山命澄であった。つまり、後者への参加の意味することは、日本治療師会分裂の際に秋山派であったということに他ならない。

野口は「自分の為し得ることは治療学としての手技療術であって、医学としての手技療術ではない」[133]と断言している点など、秋山の「民間療法」論に通じる療術論を持っていた。当時の日本治療師会における既得権益運動・法制化運動での紆余曲折は、若き野口に対して、思想面や制度面においてさまざまな影響を与えた可能性は高い。

昭和初期における療術業界の在り方を再構成しつつ、そのなかに野口を位置付けなおすことで、完成されたカリスマ的指導者ではなく、同時代で試行錯誤する一治療者としての野口を描き出すことができる。それは、民間精神療法史とその遺産の解明というだけでなく、野口晴哉の独自性や戦略をより精緻に描き出すことにも繋がるだろう。

なお、野口の療術期における著作は、『語録』（無薬時代社、一九三二年）および『療病談義』正・続・第三冊（自然健康保持会、一九四一・一九四四・一九四四年）などがある。野口の戦後の著作は多く、『野口晴哉著作全集』を始めとして復刊もされており、手に入りやすい。

江口俊博——手のひら療治

江口俊博（一八七三－一九四六）の手のひら療治については、本書第Ⅱ部第三章の塚田論文を参照いただきたい（同論文では「手のひられうぢ」と表記）。同論文にもある通り、臼井霊気療法を引き継ぎながら、「手のひら療治」として大きく伝道に踏み出したのが江口であり、江口から手のひら療治を伝授された三井甲之《こうし》（一八八三－一九五三）であった。三井の繋がりから、歴史ある言論雑誌『日本及日本人』で手のひら療治の特集が組まれたことは、その急速な拡大に寄与するものが大きかったと思われる。

当時の人気ぶりを示す記事が『通俗医学』にも出ているので紹介しておこう。

> かゝる群雄割拠の風潮に、何年かゞ過ごされつゝあつた時に、突如、彗星の如く現れたものは、例の西式健康術と、之に似た因子を多分に含む、彼の甲府中学校長江口俊博氏の『手のひら療治』だつた。……如何なる巧な宣伝によつたものか、いづれにしても急に大流行を来し、世は将に、滔々たる西式療法か或は『手のひら療治』かと云つた時代をその健康術に於て現出したかの感があつたのである。[134]

西式健康術とは、西勝造（一八八四－一九五九）の創始した健康法で、断食法、運動法、そして触手療法（手当て療法の一種）から成る。西式をバックアップしたのは実業之日本社で、一九二九（昭和四）年の『実業之日本』には「西式強健術と触手療法」が約半年に渡って連載され、翌年に同名の書籍**『西式強健術と触手療法』**（実業之日本社、一九三〇年）が出版されている。手のひら療治と同様、一般誌による特集の力は大きかったのであろう。

以下に三井と江口による手のひら療治の著作を紹介しておく。

江口俊博・三井甲之編『手のひら療治入門』（アルス、一九三〇年）

三井甲之『手のひら療治』（アルス、一九三〇年）

江口俊博・根本清六『手のひら療治読本』（回光社、一九三六年）

江口俊博著・中倉節男編『手のひら療治を語る　江口俊博

遺稿』（手のひら療治研究会、一九五四年）

なお、三井甲之『手のひら療治』は二〇〇三年にヴォルテックスから復刻されている（仮名遣い、語句、表現には修整がある）。

註

（1）　この部は、吉永進一「民間精神療法書誌（明治・大正編）」（岩田文昭代表『心理主義時代における宗教と心理療法の内在的関係に関する宗教哲学的考察』研究成果報告書・科学研究費課題番号一三四一〇〇一〇、二〇〇四年）をベースとしつつも全面的に再編集し、その後に進められた諸研究や新たな資料を用いながら、大幅に加筆修正を行ったものである。いくつかの項目は、吉永進一「解説　民間精神療法の時代」（吉永進一編『日本人の身・心・霊――近代民間精神療法叢書』八巻、クレス出版、二〇〇四年）、吉永進一「解説」（吉永進一編『日本人の身・心・霊――近代民間精神療法叢書Ⅱ』七巻、クレス出版、二〇〇四年）を参考にしてまとめている。それ以外の参考文献は、註に示している。

（2）　一柳廣孝『催眠術の日本近代』青弓社、一九九七年。吉永進一「催眠術の黎明　解説」吉永進一編『催眠術の黎明――近代日本臨床心理の誕生』七巻、クレス出版、二〇〇六年。

（3）　吉永進一「原坦山の心理学的禅――その思想と歴史的影響」『人体科学』一五巻二号、二〇〇五年。原坦山の仏教思想上の位置付けは、オリオン・クラウタウ『近代日本思想としての仏教史学』法藏館、二〇一二年、第Ⅰ部第一章が参考になる。

（4）　同書は、堀越修一郎編『坐禅法正解』（穎才新誌社、一八八九五年）や『通俗坐禅法』（藍外堂、一九〇〇年）にも収録されている。なお、「耳根円通」は、もとは『首楞厳経』にある観音の三昧の境地を意味しており、禅宗では注目されてきた言葉である。

（5）　伊藤尚賢については、「礫川全次のコラムと名言」（https://blog.goo.ne.jp/514303）に貴重な情報が掲載されている。

（6）　井上禅定編著『釈宗演伝――禅をＺＥＮと伝えた明治の高僧』禅文化研究所、二〇〇〇年。

（7）　Janine Tasca Sawada, *Practical Pursuits: Religion, Politics, and Personal Cultivation in Nineteenth-century Japan*, University of Hawai'i Press, 2004, pp. 136-143.

（8）　釈宗演・鈴木大拙「静坐のすすめ」『鈴木大拙全集（増補新版）第一八巻』岩波書店、二〇〇一年（初出：光融館、一八九九年）。

（9）　棲梧宝嶽は、一八八一（明治一四）年から翌年にかけて欧米に遊学、臨済宗妙心寺派管長、臨済宗大学長を歴任して、一九〇四（明治三七）年に建立された覚王山日暹寺（現・日泰寺）の住職となった人物である（菅原洞禅編『現代仏教界要覧』修養世界社、一九三七年、二八頁）。日暹寺は、タイ王国（創立当時はシャム）から送られた真舎利の安置のために立てられた超宗派寺院である。

（10）　島薗進『〈癒す知〉の系譜――科学と宗教のはざま』吉川弘文館、二〇〇三年、一四九‐一五〇頁。

(11) 井上の心理学に関する著作については、恩田彰「井上円了の心理学の業績」(清水乞編『井上円了の学理思想』東洋大学井上円了記念学術振興基金、一九八九年)を参照した。
(12) 清水乞「修学期における井上円了の座標」『井上円了センター年報』一五号、二〇〇六年、八七‐八八頁。
(13) 三浦節夫「井上円了の妖怪学」(『国際井上円了研究』二号、二〇一四年)を参照。
(14) 吉永進一「精神の力――民間精神療法の思想」『人体科学』一六巻一号、二〇〇七年、一〇‐一一頁。
(15) 桑原俊郎『精神霊動　第一編　催眠術』開発社、一九〇三年、四八頁。
(16) 栗田英彦「明治三〇年代における「修養」概念と将来の宗教の構想」『宗教研究』八九巻三輯、二〇一五年。
(17) 吉永前掲「催眠術の黎明　解説」六‐七頁。
(18) この項の多くは、栗田英彦「国際日本文化研究センター所蔵静坐社資料――解説と目録」(『日本研究』四七号、二〇一三年)に拠っている。
(19) 岡田式静坐法の由来が白隠にあるという説は、中西清三『ここに人あり』(春秋社、一九七二年、八八頁)に見られる。また、アメリカで学んだ呼吸修養法を参考にして編み出したという説は、早稲田大学総長高田早苗が述べている(実業之日本社編『岡田式静坐法』改版四六版、実業之日本社、一九一四年、一二九頁)。
(20) 甲藤大器『岡田式静坐と老荘』大島誠進堂、一九一四年、二頁。
(21) 森田重治編『白熊生、渡辺氏、久保田氏記録　岡田虎二郎先生語録』私家版、一九六七年、一九頁。実業之日本社編前掲『岡田式静坐法』にも「毫厘の差実に千里の相違を生ず」という言葉があり、岡田の口癖だった可能性は高い。
(22) 実業之日本社編前掲『岡田式静坐法』一七一頁。これは参禅経験のある鈴木充美の言葉である。また鈴木はサンドウの鉄アレイ術も実践していたが、それよりも岡田式が優れていると称賛している。
(23) 麻蒔見外「岡田先生語録(既刊書に洩れたと思ふ分)」『静坐』二一七号、一九五四年、二頁。
(24) 笹村草家人編『静坐　岡田虎二郎　その言葉と生涯』無名会、一九七四年、八‐九頁。
(25) 今岡信一良『わが自由宗教の百年』大蔵出版、一九八二年、四二頁。
(26) 麻蒔見外「思い出」『静坐』二六七号、一九五八年、二頁。
(27) 栗田英彦「宗教と医学を超えて――小林参三郎の治療論」『東北宗教学』七号、二〇一一年。
(28) 吉永進一「近代日本における神智学思想の歴史」『宗教研究』八四巻二輯、二〇一〇年、三八六頁。
(29) 三宅秀・大沢謙二編『日本衛生文庫』第三輯、教育新潮研究会、一九一七年、一六一‐一六四頁。

(30) 齋藤孝の一連の研究が、そうした試みのひとつとして理解できるだろう。『静坐と教育』に言及した論文としては、齋藤孝「身体知としての教養」（『教育学研究』六六巻三号、一九九九年）などがある。

(31) 栗田英彦「真宗僧侶と岡田式静坐法」『近代仏教』二一号、二〇一四年。

(32) この項の多くは、栗田英彦「腹式呼吸の近代——藤田式息心調和法を事例として」（『論集』四三号、二〇一六年）に拠っている。

(33) 藤田蓮堂「催眠学者の為に加持祈禱の原理を説く」『精神』一巻一〇号、一九〇五年。

(34) 藤田霊斎『実験修養　心身強健之秘訣』三友堂、一九〇八年、二一一‐二一四頁。同「回顧十周年」『養真』一〇二号、一九二〇年、七頁。

(35) 池田天真「神聖なる精神界の害虫（一‐四）」『真人』六三‐六六号、一九一六年。

(36) 池田天真「会長の籠居修養せらるゝに就て」『真人』六七号、一九一七年、三一頁。

(37) 藤田前掲『心身強健之秘訣』二一一‐二一四頁。

(38) 松村介石『続警世時論』救済新報社、一九〇〇年。同『天地人』警醒社、一九一一年。

(39) 松村介石『道会の主張』天心社、一九一二年。

(40) 松村介石「永生（其一）」『道』一六号、一九〇九年、一三頁。心象会会員には、他に加藤咄堂、元良勇次郎、野口復堂、高島米峰、桜井義肇、福来友吉、村上広治らがいた。

(41) 「新刊紹介　実験修養心身強健之秘訣」『道』一〇号、一九〇九年。

(42) 松村介石『信仰五十年』道会事務所、一九二六年、一八二‐一八三頁。

(43) 会長は藤田で主事（後に副会長）は池田天真。結成当初の名誉賛助員として、松村介石、平井金三、村井知至、野口復堂、田中正之助、齋藤松州、村上郊外、山田三七郎が名を連ねる（「養真会趣旨」『養真会々誌』一号（『道』一九号附録）、一九〇九年、二頁）。

(44) 松村介石「養真の意義」『真人』一四号、一九一二年、一〇‐一一頁。

(45) 岡田式静坐法は、散在する静坐会を岡田が巡回するというネットワーク型をとり、この点でも対照的である。

(46) 栗生実「郡是製糸株式会社の企業内教育に関する一考察——地域主義と何鹿郡蚕糸業教育との関係を中心に」『立命館経営学』四七巻五号、二〇〇九年、二二六‐二二八頁。池田天真「本会創立以来十個年間の成績」『養真』一〇一号、一九一九年、九‐一〇頁。

(47) 池田前掲「本会創立以来十個年間の成績」一三頁。

(48) 道会員は、一九一七（大正六）年に五一五名、一九二一（大正一〇）年に千数百名である（刈田徹「道会機関誌『道』

の「解題」ならびに『総目次』」『拓殖大学論集』一五八号、一九八五年、二二九頁)。

(49) 藤田前掲『心身強健之秘訣』一〇八－一五八、一八五頁。

(50) 藤田前掲『心身強健之秘訣』。藤田霊斎『実験修養　心身強健之秘訣　息心調和之修養法　中伝』三友堂、一九一一年。同『藤田式修養　息心調和法　中伝』三友堂、一九一五年。

(51) 藤田前掲『藤田式修養　息心調和法　中伝』二六五頁。

(52) 藤田前掲『心身強健之秘訣』一〇九－一一〇頁。

(53) 新佛教研究会編『近代日本における知識人宗教運動の言説空間――『新佛教』の思想史・文化史的研究』研究成果報告書・科学研究費課題番号二〇三二〇〇一六、二〇一二年。

(54) 岡田正彦「加藤咄堂と仏教演説――近代日本における「修養論」の系譜」新佛教研究会編前掲『近代日本における知識人宗教運動の言説空間』一六六頁。

(55) 岡田前掲論文「加藤咄堂と仏教演説」一六五－一六六頁。

(56) 栗田前掲論文「明治三〇年代における「修養」概念と将来の宗教の構想」。

(57) パウル・フォン・ベークマン『強肺術』杉村広太郎訳、文明堂、一九〇三年、二六頁。

(58) 藤田前掲『心身強健之秘訣』一二九－一三〇頁。

(59) 杉村楚人冠「生理上より見たる座禅観法」『新仏教』五巻四号、一九〇四年、三三二－三三三頁。

(60) Elizabeth Towne, *Just How to Wake the Solar Plexus* , The Elizabeth Town Co., 1901, p. 10.

(61) 加藤咄堂『冥想論』東亜書店、一九〇五年、六三－六八頁。

(62) 加藤前掲『冥想論』三一頁。

(63) 松本道別「最近流行する精神療法の趨勢と其内幕」『通俗医学』七巻一二号、一九二九年、一三－一四頁。

(64) 逆に言えば、催眠トランスには常にそうした（合理主義からすれば）陥穽が潜んでいるのである。そうした例に、一九八〇年代アメリカ、カナダで起こった虚偽記憶問題がある（吉永進一「記憶の中の悪魔――「悪魔教恐怖」論」『舞鶴工業高等専門学校情報センター年報』第二七号、一九九九年、三六－四八頁）。

(65) 桑原前掲『精神霊動　第三編　宗教論』開発社、一九〇四年、二四二頁。

(66) 小野福平『精神療法』大日本催眠学会、一九〇八年、一六頁。

(67) 第二期催眠術ブームを代表する催眠療法家の一人。アメリカの大学で哲学博士号を取得し、帰国後の一九〇二年に帝国催眠学会を結成した。教育や矯正施設での催眠術の応用を提案している（吉永前掲「解説　催眠術の黎明」一三頁）。著書に『教育上に応用したる催眠術』（帝国催眠学会、一九〇三年）、『実用催眠術講義』（帝国催眠学会、一九〇四年）、『催眠術秘書』（生方賢一郎筆記、帝国催眠学会、一九一六年）、『少年催眠術秘伝』（生方賢一郎筆記、帝国催眠学会、一九二八年）、『世界的大魔術』（生方賢一郎筆記、帝国催眠学会、一九二八年）がある。『教育上に応用したる催眠術』は、吉永進一編『催眠術の黎明』二巻（クレス出版、二〇〇四年）に復刻がある。

(68)　姉崎正治「宗教」『太陽』三巻一八号、一八九七年。

(69)　橋本明氏のブログ「近代日本精神医療史研究会」（http://kenkyukaiblog.jugem.jp/?eid=309）を参照した。なお、不二大和同園については、澤田恵子「戦前、精神障害者の治療を担っていた民間施設とは（三）——富士山中にあった民間療法施設「不二大和同園」」（『精神看護』一三巻三号、二〇一〇年）および橋本明「山里に暮らす精神病者——静岡県竜爪山穂積神社の場合」（橋本明編著『治療の場所と精神医療史』日本評論社、二〇一〇年）を参照。

(70)　一柳前掲『催眠術の日本近代』一七五－一八〇頁。

(71)　たとえば日本主義の中心人物、木村鷹太郎は以下のように述べている。「日本人は現世主義たるなり。日本主義は宗教に非ず、故に未来世界或は死後の存在等の迷信を説かざるなり」（木村鷹太郎『日本主義国教論』開発社、一八九八年、七六頁）。

(72)　内務省衛生局の伊原安固が調査目的で体験したときの感想である（『通俗医学』一三巻八号、一九三五年、一六三頁）。

(73)　紅療法の側からは、邪気説を紹介しつつも、ただ「按摩」の効果のみを評価して、紅の意義を評価しないことを不満とするものもあった（小脇繁一・佐佐木笑受郎『創説　紅療学講義』東京療院、一九二二年、五二－五四頁）。

(74)　井村宏次『霊術家の黄金時代』ビイング・ネット・プレス、二〇一四年、三五頁。

(75)　里修験については、宮本袈裟雄『里修験の研究』（吉川弘文館、一九八四年）を参照。

(76)　一柳前掲『催眠術の日本近代』一五二－一五三頁。

(77)　加藤については、南陀楼綾繁「大正の何でも博士——加藤美命のこと」（『ＳＵＭＵＳ』一一号、二〇〇三年）で調査されている。名前の読みは「みろん」の説もある（同論文、二六頁）。

(78)　鈴木貞美編『大正生命主義と現代』河出書房新社、一九九五年。

(79)　平井金三については、吉永進一代表『平井金三における明治仏教の国際化に関する宗教史・文化史的研究』（研究成果報告書・科学研究費課題番号一六五二〇〇六〇、二〇〇七年）および吉永進一・野崎晃市「平井金三と日本のユニテリアニズム」（『舞鶴工業高等専門学校紀要』四〇号、二〇〇五年）に拠った。

(80)　松田霊洋「欧米普及の第一歩」『真人』三一号、一九一四年。松田霊洋「北米バンクーバー支部通信」『真人』三三号、一九一四年。

(81)　ラマチャラカ『最新精神療法』松田霊洋訳、公報社、一九一六年、六－八頁。

(82) 養真会幹部のH・J・フーパーは、一九一六（大正五）年ごろまで『真人』にニューソートの記事を連載した。フーパーは横浜第一中学校などで教えていたイギリス人で、奥伝を授与されて霊暎の号を持つ（「奥伝授与式」『真人』一五号、一九一二年）。

(83) 藤田霊斎「人体の光輝」『真人』一四・一五号、一九一二年。藤田霊斎「養気之法」『真人』二二・二三号、一九一三年。なお、キルナーの実験は、ある化学薬品を塗布したガラス板を透かして、人体の周囲のオーラ（「光輝」）を可視化するというものである（Walter J. Kilner, *The Human Atmosphere; or the Aura Made Visible by the Aid of Chemical Screens*, New York: Rebman, 1911）。

(84) この章の多くは、吉永進一「太霊道と精神療法の変容」（吉永進一代表『近現代日本の民間精神療法に関する宗教史的考究――身体と社会の観点から』研究成果報告書・科学研究費課題番号二四五二〇〇七五、二〇一六年、三五－五三頁）に拠っている。

(85) 高木秀輔『神秘霊動術講習録』救世会出版部、一九二二年、五頁。

(86) 中村和裕「霊術団体・太霊道の崩壊（上）」『むさしの文学報』三六号、一九九九年。同論文が参考にしている資料は、松本前掲論文「最近流行する精神療法の趨勢と其内幕」である。

(87) 吉永進一「太霊と国家――太霊道における国家観の意味」『人体科学』一七巻一号、二〇〇八年、四五頁。

(88) 田中守平と大本の浅野和三郎は実際に対面して論争、そして田中への鎮魂帰神法の実験を行っている。さらにここに岡田式静坐法も加わった三つ巴の論争については、栗田英彦「霊動をめぐるポリティクス――大正期日本の霊概念と身体」（菊谷竜太・滝澤克彦編『身体的実践としてのシャマニズム』東北大学東北アジア研究センター、二〇一三年）を参照。

(89) 『太霊道』大正九年八月号、三頁。

(90) 『太霊道』大正一一年八月号、一五頁。

(91) 宮飼陶羊「綾部生活の思ひ出」『変態心理』七巻六号、一九二一年、八〇六頁。山村イヲ子「太霊道の霊子術解剖」『変態心理』六巻四号、一九二〇年、四六九－四七〇頁。

(92) 以上の経歴については、江間俊雄編『道楽物語・成婚五十年回想談・江間式心身鍛練法講義』（江間俊雄、一九三三年）による。

(93) 一柳廣孝「霊術を売る　日本心霊学会の言説戦略をめぐって」『奇なるものへの挑戦　明治大正／異端の科学』岐阜県博物館、二〇一四年。

(94) 石原深予「編集者清水正光と戦前期人文書院における日本文学関係出版――日本心霊学会から人文書院へ」『和漢語文研究』一六号、二〇一八年。

(95) 井村前掲『霊術家の黄金時代』第三章「清水英範と霊術家の時代」七一頁。
(96)「療法行脚＝民間療法の総まくり（三）」『通俗医学』六巻九号、一九二八年、八六頁。田邉信太郎『病いと社会――ヒーリングの探究』高文堂出版社、一九八九年、八二‐八三頁。吉永前掲「解説――民間精神療法の時代」四一頁。
(97) この番付については、一柳廣孝「全国精神療法家大番附　霊術家たちの最後の輝き」（一柳廣孝・吉田司雄編『闇のファンタジー』青弓社、二〇一〇年）に詳しい分析がある。
(98)「療法行脚＝民間療法の総まくり（二）」『通俗医学』六巻八号、一九二八年、八六頁。
(99)「全国精神療法家（無薬療法家を含む）信望投票」『通俗医学』七巻二号、一九二九年、一一一頁。「著名精神療法家の閲歴――精神療法家信望投票発表（其の一）」『通俗医学』七巻四号、一九二九年。「著名精神療法家の閲歴――精神療法家信望投票発表（其の二）」『通俗医学』七巻五号、一九二九年。田邉前掲『病いと社会』八三‐八四頁。
(100) 岩田篤之介「入門動機」『太霊道』大正八年五月号。
(101) 松本前掲論文「最近流行する精神療法の趨勢と其内幕」一四頁。
(102) 松本前掲論文「最近流行する精神療法の趨勢と其内幕」一四頁。
(103) この章の多くは、吉永前掲論文「太霊道と精神療法の変容」（五五‐六六頁）に拠っている。
(104)『霊光照遍』昭和三年一二月号、一四頁。
(105)「例言」には「昭和一八年七月」とあるが、手元の資料には奥付が欠けているため、暫定で一九四三年としている。
(106)「真生会のたどった道」真生会同志社編集部『桑田会長』真生会同志社、一九六二年、二八三頁。
(107) 中森幾子「本部講師養成会開催記録」真生会立教五十周年記念式典委員会編『真生会五十年史』真生会事務局、一九七五年、六二頁。
(108) 中森前掲「本部講師養成会開催記録」六二頁。
(109)『霊光照遍』第八号（大正一四年六月号、一二頁）および『霊光照遍』第三〇号（昭和三年一月号、二五頁）。
(110) 前掲「真生会のたどった道」二八二‐二八三頁。
(111)『霊光照遍』三〇号、昭和三年一月号、二五頁。
(112)『霊光照遍』三〇号、昭和三年一月号。朝鮮および台湾については、日本列島内に移住しているものがいくつかあり、参考になりにくいので郡部数のカウントでは除外した。
(113)『通俗医学』一三巻一〇号、一九三五年。
(114) 霊界廓清同志会編『破邪顕正　霊術と霊術家』霊界廓清同志会、一九二八年、一八四頁。
(115)『通俗医学』一五巻六‐一一号、一九三七年。『通俗医学』一六巻一号、一九三八年。
(116)「杉田、秋山両氏を犒ふ会」『通俗医学』一六巻二号、一九三八年、一〇〇頁。

(117) 田邉前掲『病いと社会』一五七頁。「療術界風聞記　雨降って地固まるか?」『通俗医学』一七巻二号、一九三九年。

(118) 寺石悦章「現代日本におけるレイキ——レイキはどのように紹介されているか」『四日市大学総合政策学部論集』七巻一二号、二〇〇八年。

(119) 小田晋・栗原彬・佐藤達哉・曾根博義・中村民男編『『変態心理』と中村古峡——大正文化への新視覚』不二出版、二〇〇一年。吉永進一「中村古峡」新佛教研究会編前掲『近代日本における知識人宗教運動の言説空間』二六四－二六五頁。

(120) 兵頭晶子「大正期の「精神」概念——大本教と『変態心理』の相剋を通して」『宗教研究』七九巻一号、二〇〇五年。

(121) 井村宏次『新・霊術家の饗宴』心交社、一九九六年、三一四頁。井村前掲『霊術家の黄金時代』七五頁。

(122) 一九三二(昭和七)年に療術の届け出が出されたのは三七三二名、そのうち最も多かったのは電気療法であり、約三八パーセントに達し、光線療法(約六パーセント)や温熱療法(約七パーセント)も合わせると、届出数全体の約五一パーセントに達していた。対して手技療法は一五パーセント、さらに精神療法は一〇パーセント程度にすぎない(本書第I部第一章の中尾論文第四節参照)。

(123) 「療術行為取締の打診　内務省伊原医務主任と本誌記者の一問一答」『通俗医学』一四巻五号、一九三六年、一六二頁。

(124) 日本治療師会ついては、田邉前掲『病いと社会』(一五三－一五八頁)を参照。

(125) 隈元正樹『療術から宗教へ——世界救世教の教団組織論的研究』ハーベスト社、二〇一八年、五五－九五頁。

(126) このことは井村もすでに「権力の弾圧化で闘ってきたという、戦前新宗教に対する決まりきった定説は再考されなければなるまい」と述べて、「霊術」から「新宗教」への注目を促している(井村宏次「清水英範と霊術家の時代」近代ピラミッド協会編『オカルト・ムーヴメント——近代隠秘学運動史』創林社、一九八六年、一六〇頁)。

(127) 藤田霊斎「社団法人を許可せられたる調和道協会」『調和』一八四号、一九二七年、一一－一二頁。

(128) 藤田霊斎『国民身心改造の原理と方法』調和道協会、一九三八年、九〇－一〇二頁、三〇頁。

(129) 竹内真輔「軍艦霧島に於ける調和法実修の成績」『調和』二一八－二二六号、一九三〇年。「横須賀海兵団に於ける腹の修養座談会」『大調和』二五巻九号、一九三五年。

(130) 「国体の明徴と腹」『大調和』二五巻五号、一九三五年、一頁。

(131) 岩崎正弥『大正・昭和前期農本思想の社会史的研究』博士論文(京都大学)、一九九四年。片山杜秀『近代日本の右翼思想』講談社、二〇〇七年。

(132) 「整体操法の提唱」『野口晴哉著作全集』三巻、全生社、二〇〇二年、四四三頁。

(133)「整体操法読本　巻一　総論」『野口晴哉著作全集』三巻、全生社、二〇〇二年、四頁。

(134)榊騮一「療術行為の盛衰を憶ふ」『通俗医学』一一巻一〇号、一九三三年、五頁。

あとがき

吉永進一

宗教と治病については、過去にさまざまな研究がある。新宗教研究や修験道研究などでは、むしろ当たり前の題材といっていいだろう。ただし、精神療法とは、伝統的な宗教的治病の脱宗教化、あるいは心理学の土着化によって、宗教とは別のものとして成立した。そのために今まで宗教学で、精神療法がひとつの独立した領域として研究対象になることはあまりなかった。本書はあえてそこに踏み込もうとした。踏み込みが足りないという評はあるかもしれないが、ともかく一歩を進めることはできたかと思う。

さて、ここで本書の基本的な仮説をまとめてみると、次のようになるだろうか。

ひとつは、個と個のあいだの見えない関係性、万物が感応しあう宇宙観についてである。近代にはいって迷信とされ排除されたとされるが、実際は断ち切られることなく続き、民間精神療法は科学や哲学でこれを基礎づけようとしたのではないか、という説である。

あるいは宗教学の視点からすると次のように言えよう。周知のように「宗教」という概念は外来語であり、プロテスタント的なビリーフを基本として定義された。これによって科学と宗教の間には安全な棲み分けがなされ、ビリーフを共有する信仰共同体の中で、見えない関係性は暗黙の前提として存続することになる。従来の研究では、その用語法によって切り捨てられたプラクティスの部分が、迷信として社会の片隅に追いやられたように語られる。しかし、実際には、民間精神療法という形で、呪術的な技法は近代化され、脱宗教化されて、一般社会の基礎構造（医療、科学、社会倫理、政治など）に入りこもうとしたのではないか、というのがこの本の仮説である。端的に言えば、近代は呪術を脱したのではなく、呪術も近代化したのであり、その顕著な現象が民間精神療法であったのではないか。これを学説史から見ると、ウェーバー近代化論の見直しということになる。ウェーバーの唱えた世俗化論はいろいろな形で見直されはじめてからすでに長く、日本では特に宗教社会学者、西山茂の〈二つの近代化論と再呪術化〉はひとつのメルクマールとなったが、それをさらに見直すことになるのではないか。

もうひとつの本書の基本テーゼは、グローバリズムである。民間精神療法の近代化は、祈禱者たちの自己変革というよりは、外来の技法（催眠術）の呪術化、土着化という形をとっている。その意味で民間精神療法は、一九世紀、二〇世紀のグローバルオカルティズム（催眠術、スピリチュアリズム、神智学など）という、キリスト教や資本主義と並ぶ「もうひとつの」グローバリズムにつながる運動なのであり、それがレイキのような日本発のグローバルなスピリチュアリティの形成にもつながったのである。つまり、「太平洋を往還するスピリチュアリティ」というイメージである。これは、正直に言えば、近代仏教史において近年盛んになっている近代化のモデルを借用したものである。仏教は明治一〇年代、二〇年代に西洋哲学を吸収してそれ自身を近代化していった。鈴木大拙の仏教解釈が世界に広まった背景には西洋思想の影響があった、と言われる。レイキヒーリングも、本論集で論証しているように、ラマチャラカのようなアメリカ生まれのヨーガが日本に輸入され、他の宗教文化と混じり合いながらレイキとして成立し、世界に向けて再輸出される、というコースをとった。それだけでなく、今回の論集では十分論じ切れていないが、民間精神療法自体が、仏教の近代化、哲学化の祖である井上円了による催眠術の紹介、そして真宗大谷派の熱心な門徒で知識人であった桑原俊郎による呪術化、という過程を経ている。仏教近代史における民間精神療法の位置づけは、今後の課題であろう。

以上は宗教学という視点からの要約であるが、これはまた医学史から見ることもできる。近年、精神医学史研究のなかで、宗教文化の影響を見る研究が進んでいる。日本でいえば橋本明の近世における精神病治療施設の研究、あるいは東洋における精神分析の土着化を調査したクリス・ハーディング、阿闍世コンプレックスを唱えた古澤平作における仏教者近角常観の影響を発掘した岩田文昭などの業績が挙げられる。文化的な制限のないはずの科学がそれぞれの文化から影響を受けつつどのように変容していったか、という問題でもある。本論集では、奥村大介、中尾麻伊香の二人が、そのような最近の科学思想史の視点から民間精神療法にアプローチしている。

以上のように、民間精神療法研究はいくつもの領域に関わる興味深い研究対象であると自信を持って言えるが、さて実際に研究するとなると、宗教史、社会史、科学史、医療史などさまざまな分野にまたがっていること、そしていまだそれぞれの研究領域では逸話《アネクドート》の域を超えないテーマであることもあり、共同研究者を探すことは大変難しい。ただ、今回の論集のもとになった共同研究で意外にスムーズに参加者を集めることができたのは、時代の要請があるのかもしれない。

次に、この論集のもとになった〈宗教と精神療法研究会〉の活動について触れておきたい。まず、宗教社会学の若手研究者で新宗教史研究の塚田穂高氏、レイキ研究者の平野直子氏とは「宗教と社会」学会などで知り合った。現代だけでなく近代の歴史についての興味を共有してくれる数少ない研究者であり、彼らと相談して、宗教と精神療法研究会を発足させたのが二〇一一年一〇月のことになる。

これ以前、二〇一〇年夏頃に、現在東北大学で教鞭をとるオリオン・クラウタウ氏から、同大の大学院生、栗田英彦氏をご紹介いただいた。栗田くんは博士論文のテーマとして静坐法を研究しているという話で、ちょうど偶然にも京都の静坐社が活動を停止し、その蔵書や資料の処分に困っていた頃であった。そこで栗田くんに静坐社の資料整理と調査に入ってもらったが、その結果、静坐社の貴重な旧蔵品は、和書と洋書は国際日本文化研究センター、書簡類は南山宗教文化研究所などに無事保存されている。氏は当時留学中であったので、二〇一三年の研究会に参加していただいた。

二〇一二年四月、「近現代日本の民間精神療法に関する宗教史的考究　身体と社会の観点から」という題目で科研基盤研究（C）に採択されている（二〇一六年三月まで。研究課題番号二四五二〇〇七五）。この科研のための最初の打ち合わせ会合に参加していただいたのが、中国思想と身体論、そして武道の実践家である野村英登氏、科学思想史の奥村大介氏である。その夏には、宗教社会学の研究者で現代スピリチュアリティ研究のヤニス・ガイタニディス氏、翌年初めには医学史の研究者で野口整体の実践家、田野尻哲郎氏が加わっている。放射線、原爆を中心とする科学史の中尾麻伊香氏は、二〇一四年八月に岐阜で行った研究会からの参加である。

フィリップ・デスリプ氏とは、二〇一二年九月にアイルランドのコーク大学で開催された近代仏教のカンファレンスで知り合った。この時は、主宰者のブライアン・ボッキング氏から突然メールを貰い、航空券を送りつけられて、飛行機恐怖症だった私もいかざるをえなくなったのだが、ホテルに缶詰になって朝から晩まで近代仏教について話すという、これ以上はない楽しい時間を過ごすことができた。フィリップ（呼び慣れた言い方を使わせていただく）は、会議ではイタリア人仏教僧と戦後ハリウッドという面白い切り口の発表をしていた。研究テーマがラマチャラカだと自己紹介された時、*Vril*（安東禾村訳『意志療法活力増進の秘訣』（日本評論社出版部、一九二二年）の原著）の匿名の著者はラマチャラカだろうかと不躾な質問をしたところ、喜んで説明してくれたのを覚えている。

この頃、ジャスティン・スタイン氏とも知り合っているが、これもオリオンくんからの紹介であった。平野さんとはそれ以前からレイキ研究の仲間で、当時はトロント大学の大学院生で、その後、レイキについての博士論文で博士号をえている。またジャスティンはレイキの実践家でもあり、彼のおかげで京都を拠点とするレイキの世界的なコミュニティーを知ることができた。何人かのレイキヒーリングの実践者に出会ったことで、他者を癒やすという経験の宗教的意味を考えるべきではないかと考えはじめたのだが、これは今後の課題である。

二〇一三年一二月、イスラエルのベングリオン大学で開催された、現代カバラの研究者ボアズ・ウースの主宰による神智学の国際ワークショップに参加することができ、この時は、ウィーン大学のカール・バイエル氏、オカルト史研究家で弁護士のパット・デヴニー氏と知り合うことができた。カールはヨーガ思想の研究を中心に、メスメリズムから禅まで広く心身技法の近代史を研究しており、パットは、一九世紀の実践オカルティズム団体「ラクソーのヘルメス同胞団」（ＨＢＬ）を発掘した研究家であり、世界各地で一次資料を渉猟したオカルト史の生き字引でもある。このカンファレンスの休み時間、ボアズとパットと私は、ボアズの研究室で、ユダヤ人オカルティスト、マックス・テオン関係の資料が詰まった段ボール箱を見ながら、テオンとＨＢＬの関係、テオンの弟子で日本に滞在したミラ・リシャールのことなどをあれこれ議論するという贅沢な時間を持つことができた。その他、禅のヨーロッパへの紹介と京都学派、ＨＢＬと明治仏教者、千崎如幻の禅の弟子でスーフィーになったサミュエル・ルイスなど、日本、アメリカ、ヨーロッパ、イスラエルで驚くほど多くの共通の話題と研究課題があることに、気づかされたカンファレンスであった。

国内外の研究者とのこうした出会いの一方で、研究会では、年に数回、主に早稲田大学を会場にして、メンバーによる発表を行ったが、牧野智和氏を招いて自著『自己啓発の時代』（勁草書房、二〇一二年）について合評会のワークショップや、仏教心理学や瞑想の研究家である葛西賢太氏の発表もあった。また、日本宗教学会では、二〇一三年度と二〇一四年度にそれぞれ「近現代日本の民間精神療法の展開」（平野、野村、栗田、塚田、ガイタニディス、對馬路人）、「近代日本の修養・精神療法・新宗教における身体論と国家論」（野村、栗田、塚田、永岡崇、吉永）と題するパネル発表を行っており、これらのパネル報告については『宗教研究』第八七巻別冊八四－九一頁と第八八巻別冊一〇五－一一二頁を御覧いただきたい。

民間精神療法の歴史に関わる場所で研究会を開催したこともある。二〇一三年三月六日に本郷の求道会館を会場に、「医学史研究会」（代表、鈴木晃仁）、「近角常観研究会」（代表、岩田文昭）との共催で、Christopher Harding, "Religion and Psychotherapy: In Theory and In the Word of Kosawa Heisaku" の発表をいただいている。言うまでもなく、求道会館は、古澤ゆかりの近角常観が建てた武田五一設計の洋風建築の説教所である。二〇一三年八月二一日には清水テルサで研究会を開催し、佐藤雅浩氏の著作『精神疾患言説の歴史社会学』（新曜社、二〇一三年）の合評会を行ったが、この時は静岡市内にある桑原俊郎記念の「霊術の碑」を探索している。二〇一四年八月二四日には、岐阜県立博物館が開催していた「奇なるものへの挑戦」という展示に合わせて、吉永と一柳廣孝氏が講演を行うことになり、その講演会を含めて研究会を開いた。この展示は、同県出身の桑原俊郎、田中守平、福来友吉など、民間精神療法家、心霊研究家の事績を紹介するもので、博物館の発行したパンフレットは大変充実したものとなっている。この翌日には太霊道大本院の跡地、神国教本部、桑原ゆかりの寺院などを見学した。また二〇一五年九月一二日には、京都大学人文科学研究所共同研究「日本宗教史像の再構築」第一一回研究会において、前年度の宗教学会でのパネルの続編ともいうべきワークショップ「身体と政治――近代日本の霊的な心身技法と国家論」を開催、塚田、並木英子、野村、栗田らが発表し、コメンテーターは、永岡、師茂樹、司会を吉永が務めた。

国際的な研究会としては、二〇一五年八月二五日には、ドイツ、エアフルトのＩＡＨＲ（国際宗教学宗教史会議）で、Healing Practice and Modern Esoteric Currents between Japan and the U.S. と題するパネル発表を行っている。発表者は、デスリプ、平野、栗田、スタイン、コメントはヘレン・ハーデカと吉永、パネルの代表と司会はガイタニディスである。国際的学会においてレイキに関するパネル報告が行われたのは、これが最初であったかもしれない。レイキの世界的な指導者の一人フィリス・フルモト氏など、レイキ関係者も何名か聴講しており記念すべき事件となった。ボストンから、わざわざこのパネルのためだけに来ていただきコメントをいただいたハーデカ教授には感謝してもしきれない。

二〇一五年一二月一三日には、京都大学人文科学研究所にて「日本宗教史像の再構築」プロジェクトとの共催で "Modernization, and Spiritual, Mental and Physical Practices: From Yoga to Reiki"（近代化と霊的・精神的・身体的実践――ヨーガからレイキへ）と題するワークショップを開催している。発表者は、カール・バイエル、デスリプ、木村敏明（東北大学）、石原深予、栗田、平野で、コメントに伊藤雅之（愛知学院大学）、堀江宗正（東京大学）、司会はガイタニディスが務めた。このワークショップは、私（吉永）は病気入院のため参加することはできなかった（そして海外からの参加者が病院まで見舞いに来てくれるという嬉しい事件もあった）が、今後の国際的な研究につながる種となったかと思う。

さらにつけ加えるに、二〇一三年一二月、人文書院のツイッターで、その前身の民間精神療法団体、日本心霊学会の資料が大量に発見されたということを知り、即座に連絡をとって調査に入っている。これはその後、別プロジェクトとして独立し、一柳廣孝氏を代表として「デジタルアーカイブ構築による人文書院戦前期資料の多面的文化史研究」というタイトルで基盤研究（C）の科研を得て、栗田、石原の二人を中心に、書簡などの資料の整理、機関誌の補修とデジタル化を行っている。

以上のように、四年間の研究は充実したものであったが、私の病気と会員の多忙もあって、科研終了後まもなく行うはずであった研究成果としての本論集の出版は大幅に遅れてしまった。とくに、この間の出版事情の大きな変化もあって、せりか書房で出版する予定が途中で国書刊行会に変わり、また実務を栗田、塚田、平野のみなさんに任せることになってしまった。この間、そしてそれ以前から、遅々として進まぬ執筆を叱咤激励していただいたせりか書房の船橋さんには心からの感謝とお詫びを申し上げたい。また、その後を引き受けて、テキパキと実務を進めていただいた国書刊行会の今野さんに感謝したい。

さて、これであとがきは終わるはずだったが、最後にひとつ、私がどうして民間精神療法という先行研究のほとんど存在しない領域を研究しはじめたのか、その点をカミングアウトしておきたい。

大学時代、私はＵＦＯ超心理研究会なるクラブに入っていた。このクラブは、大阪在住で在野の超心理研究家で鍼灸師の井村宏次氏から親しく指導いただいていた。彼は一方で霊的現象の存在を認めながら、常に批判的、科学的な態度を崩さず、彼の超心理学の実験に協力する中で、超常現象の可能性というよりも、科学的論証の厳格さを教えられたと思う。私が彼を知った当時、井村さんは鍼灸医になってまもなくの時期であった。人並みはずれた才能ですぐに名人として知られるようになるが、治療者としても唯一無二の存在であった。治療については強いプロ意識と自信を持ちながら、謝金をとろうとしない時期があった。

「患者は謝礼を払うとそれで満足してしまいよる。治療費をとらんのは、それ以上こちらに迷惑をかけんように、自分で直そうとする、自分で自分を直す気持ちに患者を追い込むためや」。「病人はエゴイスティックなもんや。しかしそれでは病気は治らん、病人が他人を思いやるようにしむけんと」。「なんでわしは金にもならんのに治療しとるのかなあ。治療は実験やな、実験」(ある時は、遊びや、遊び、とも)。鍼灸医の治療は物理的である。しかし、そこには精神的な仕掛けがあり、さらに宗教的ともいえるような使命感がある。治療という行為の根本的な宗教的意味を考える上で、井村さんの言葉は私には今でも重要なヒントになっているのだが、前後の文脈を切り取って、こうやって書きだすと面白くない。むしろ『霊術家の饗宴』(心交社、一九八四)を読んでいただいた方が、霊術家の描写に井村さんの姿が見え隠れする。ともかく、彼は治療にかけては研究心旺盛で、古書を渉猟して広く技法を研究しており、霊術なるものを発掘してきたことに驚きは感じなかった。

この一方、一九七六年、これも私が大学一年生の頃、『復刊地球ロマン』というオカルト雑誌が創刊されていた。この雑誌はオカルト史研究をテーマとした最初の雑誌であったが、その第四号で、戦前の日本の神智学やスピリチュアリズムなどが紹介されている。当時、オカルティズムというのは戦後アメリカから輸入されたものと思っていたところに、『地球ロマン』に紹介された戦前の心霊本は衝撃的であった。古本漁りが私の数少ない趣味であったが、そのレパートリーに心霊本が加わることになり、井村さんが霊術研究を開始すると、ついでに井村さんのために霊術古書を探しはじめる。一九七九年、私はクラブの先輩であった横山茂雄氏と『ピラミッドの友』なるオカルト史研究の同人誌を出している。先輩の横山氏は、当時イギリスで立ち上がりつつあったオカルティズム史研究に刺激をうけ、ドイツの民族主義オカルティズムと人種論、そしてそれらと戦前日本の超古代史との関連を調べはじめたからである。私は戦前日本のスピリチュアリズムの翻訳書、そして井村さんは濱口熊嶽、桑原俊郎、田中守平などを続々と発見していった。

横山氏の研究は、『ピラミッドの友』四号（近代ピラミッド協会、一九七九年）に「聖別された肉体」として発表され、その後、増補を重ね『聖別された肉体――オカルト人種論とナチズム』（書肆風の薔薇、一九九〇年）に結実する。一方、私は「霊と熱狂――日本スピリチュアリズム史序説」、井村さんは「近代日本異端医療の系譜――維新以後の霊術家の饗宴」をそれぞれ『迷宮』三号（白馬書房、一九八〇年）に発表する。後者はやはり大幅増補されて『霊術家の饗宴』として出版されている。私の方は、日本スピリチュアリズム史の研究を進めたわけではなく、そのまま放置していた。当時、学術研究とするのは難しかったというのもあり、また偶然読み始めたウィリアム・ジェイムズが面白くなってしまったからでもある。

その後、岩田文昭氏が代表をつとめる科研「心理主義時代における宗教と心理療法の内在的関係に関する宗教哲学的研究」（二〇〇一年度～二〇〇三年度）の研究分担者になって、岩田氏からの提案で民間精神療法の研究を再開することになった。手持ちの資料では足りず、井村さんから資料を借用することもあったが、当然ながら国会図書館が最も充実していた。当時まだデジタル化されていなかった資料を読むために永田町に何度も通い、科研の三年間が終わるころにはようやく、その概略が見えてきた。ここから先は、資料を読み論文を書き続けて今に至るのだが、結局、学界の流れにはあまり関係なく、井村さんの研究と資料にひきずられるままに読み続けてきたに過ぎない。いわば、掘り出し物を探して、ふらふらと古本屋の地下室へ降りていったら、偶然掘り出し物がつまった段ボール箱を見つけたようなものである。こう説明してみたが、結局、それからどうして精神療法を研究し続けているのか、それはいまだに自分でもよくわからない。わからないからこそ、さらにもう一階下へおりてみないといけないのかもしれない。

執筆者・訳者紹介（五十音順）

奥村大介（おくむら　だいすけ）
研究者、大学非常勤講師。慶應義塾大学大学院文学研究科博士課程単位取得退学。専門は文化史、比較文学。主な業績：「宇宙と国粋――三宅雪嶺のコスミズム」（金森修編『明治・大正期の科学思想史』勁草書房、二〇一七年）、『オウムと死刑』（共著、河出書房新社、二〇一八年）、レイノルズ&マコーミック『二〇世紀ダンス史』（共訳、慶應義塾大学出版会、二〇一四年）など。

ガイタニディス、ヤニス（Gaitanidis, Ioannis）
一九八〇年生。千葉大学大学院国際学術研究院助教。University of Leeds（英国国立日本研究所）卒業。博士（日本学）。専門は日本の宗教社会学、医療人類学。主な業績：“Spiritual Therapies in Japan” *Japanese Journal of Religious Studies* (2012), “More than just a photo? Aura photography in digital Japan,” *Asian Ethnology* (2019),「日本におけるヒプノセラピー――催眠術と民間精神療法の近現代」（『こころと文化』第一七巻第二号、二〇一八年）など。

栗田英彦（くりた　ひでひこ）
一九七八年生。愛知県立大学、愛知学院大学等非常勤講師。東北大学大学院文学研究科修了。文学（博士）。専門は宗教学、思想史。主な業績：「霊動をめぐるポリティクス――大正期日本の霊概念と身体」（菊谷竜太・滝澤克彦編『身体的実践としてのシャマニズム』東北大学東北アジア研究センター、二〇一三年)、「明治三〇年代における「修養」概念と将来の宗教の構想」(『宗教研究』第八九巻第三輯、二〇一五年)、「岡田虎二郎の思想と実践――越境する歴史のなかで」(第一二回涙骨賞最優秀賞受賞論文、二〇一六年)など。

黒田純一郎(くろだ じゅんいちろう)
一九八五年生。東京大学大学院人文社会系研究科博士課程在籍。東京大学大学院人文社会系研究科修士課程修了。修士(文学)。専門は宗教学。主な業績:「スピリチュアリティに基づいた環境保護活動の形態的特徴――ディープ・エコロジー運動を事例として」(『宗教学年報』第三一巻、二〇一四年)、「アメリカの戦跡の聖地化」(渡邊直樹責任編集『宗教と現代がわかる本二〇一六』平凡社、二〇一六年)など。

佐藤清子(さとう せいこ)
一九八二年生。成城大学等非常勤講師。東京大学大学院人文社会系研究科博士課程修了。博士(文学)。専門は宗教学、アメリカ合衆国の宗教史。主な業績:「信教の自由の下の宗教・宗派間対立――内外キリスト教連合とアンテベラム期合衆国の反カトリシズム」(『史潮』八二、二〇一七年)、「アメリカの「伝統」の新たな挑戦――多様な宗教・非宗教の共存」(藤原聖子責任編集『世俗化後のグローバル宗教事情 世界編I(いま宗教に向きあう3)』岩波書店、二〇一八年)など。

スタイン、ジャスティン(Stein, Justin)
一九七九年生。クワントレン工科大学アジア研究科講師。トロント大学にて博士号を取得。専門は宗教学。主な業

績：“Usui Reiki Ryōhō: An Annotated Bibliography（Part One: 1914–1980），” *Journal of the Japanese Network for the Academic Study of Esotericism*1（2018）；“Global Flows of Universal Energy? Aquatic Metaphors, Network Theory, and Modeling Reiki's Development and Circulation in North America,” *Eastspirit: Transnational Spirituality and Religious Circulation in East and West*, edited by Jørn Borup and Marianne Q. Fibiger（Leiden: Brill, 2017）.

田野尻哲郎（たのじり　てつろう）
大阪大学ＣＯデザインセンター招聘准教授。東京大学大学院総合文化研究科博士課程修了。専門は医学史、生命論、翻訳学。主な業績：「野口整体の史的変容――近現代日本伝統医学の倫理生成過程」（『医学哲学医学倫理』二七号、二〇〇九年）、リチャード・カッツ『〈癒し〉のダンス――「変容した意識」のフィールドワーク』（共訳、講談社、二〇一二年）、『病気とくすりの基礎知識』（共著、講談社サイエンティフィク、二〇一三年）など。

塚田穂高（つかだ　ほたか）
一九八〇年生。上越教育大学大学院学校教育研究科准教授。東京大学大学院人文社会系研究科博士課程修了。博士（文学）。専門は宗教社会学。主な業績：『宗教と政治の転轍点――保守合同と政教一致の宗教社会学』（花伝社、二〇一五年）、『徹底検証　日本の右傾化』（編著、筑摩選書、二〇一七年）、『近現代日本の宗教変動――実証的宗教社会学の視座から』（共編著、ハーベスト社、二〇一六年）、『宗教と社会のフロンティア――宗教社会学からみる現代日本』（共編著、勁草書房、二〇一二年）など。

デスリプ、フィリップ（Deslippe, Philip）
一九七七年生。カリフォルニア大学サンタバーバラ校博士号取得候補者。アイオワ大学にて修士号取得。専門は宗教学。主な業績："The Swami Circuit: Mapping the Terrain of Early American Yoga" *Journal of Yoga Studie* (2018); "The Hindu in Hoodoo: Fake Yogis, Pseudo-Swamis, and the Manufacture of African American Folk Magic" *Amerasia* (2014); William Walker Atkinson, *Kybalion*,（Tarcher/Penguin, 2011, 序論・注釈）.

中尾麻伊香（なかお まいか）
一九八二年生。広島大学大学院人間社会科学研究科准教授。東京大学大学院総合文化研究科博士後期課程修了。博士（学術）。専門は科学史。主な業績：『核の誘惑――戦前日本の科学文化と「原子力ユートピア」の出現』（勁草書房、二〇一五年）、『科学者と魔法使いの弟子――科学と非科学の境界』（青土社、二〇一九年）、「天変地異をめぐる科学思想――関東大震災と科学啓蒙者たちを中心に」（金森修編『明治・大正期の科学思想史』勁草書房、二〇一七年）など。

野村英登（のむら ひでと）
一九七三年生。法政大学、跡見学園女子大学兼任講師。公益財団法人日本台湾交流協会専門調査員。東洋大学大学院文学研究科博士後期課程修了。博士（文学）。専門は中国哲学、道教。主な業績：「民国初期の武術と内丹――呼吸法の近代化をめぐって」（田中文雄、テリー・クリーマン編『道教と共生思想――第三回日米道教研究会議論文集』大河書房、二〇〇九年）、『からだの文化　修行と身体像』（共著、五曜書房、二〇一二年）、「佐藤一齋の靜坐説における艮背の工夫について――林兆恩との比較から」（『日本中国学会報』第六五号、二〇一三年）など。

平野直子（ひらの　なおこ）
一九七九年生。駒沢女子大学、明星大学等非常勤講師。早稲田大学大学院文学研究科博士後期課程修了。修士（文学）。専門は宗教社会学。主な業績：「拡散・遍在化する宗教――大衆文化のなかのスピリチュアル」（高橋典史・塚田穂高・岡本亮輔編著『宗教と社会のフロンティア――宗教社会学からみる現代日本』勁草書房、二〇一二年）、「「オルタナティブな食」の言説と身体」（『宗教研究』第九〇巻第二輯、二〇一六年）、「精神療法」（大谷栄一・菊地暁・永岡崇編著『日本宗教史のキーワード』慶應義塾大学出版会、二〇一八年）など。

吉永進一（よしなが　しんいち）
一九五七年生。龍谷大学世界仏教文化センター客員研究員。京都大学大学院文学研究科博士課程修了。専門は近代仏教史、民間精神療法史。主な業績：『日本人の身・心・霊』（復刻版編集、クレス出版、二〇〇四年）、『催眠術の黎明』（復刻版編集、クレス出版、二〇〇六年）、『ブッダの変貌』（共編、法藏館、二〇一四年）、『仏教国際ネットワークの源流――海外宣教会（1888年～1893年）の光と影』（共著、三人社、二〇一五年）、*Religion and Psychotherapy in Modern Japan*, (Routledge Contemporary Japan Series, 54) (Routledge, 2014, 共編).

人名・団体名索引

あ行

か行

さ行

た行

な行

は行

ま行

や行

ら行

わ行

ローマ字

近現代日本の民間精神療法
——不可視《オカルト》なエネルギーの諸相
ISBN978-4-336-06380-9

2019年9月12日　初版第1刷発行
2021年6月10日　初版第3刷発行

編　栗田英彦
　　塚田穂高
　　吉永進一

発行者　佐藤今朝夫

〒174-0056　東京都板橋区志村1-13-15
発行所　株式会社　国書刊行会
電話 03(5970)7421　FAX 03(5970)7427
E-mail: info@kokusho.co.jp　URL: http://www.kokusho.co.jp

落丁本・乱丁本はお取替えいたします。
装幀　山田英春
印刷　創栄図書印刷株式会社
製本　株式会社ブックアート